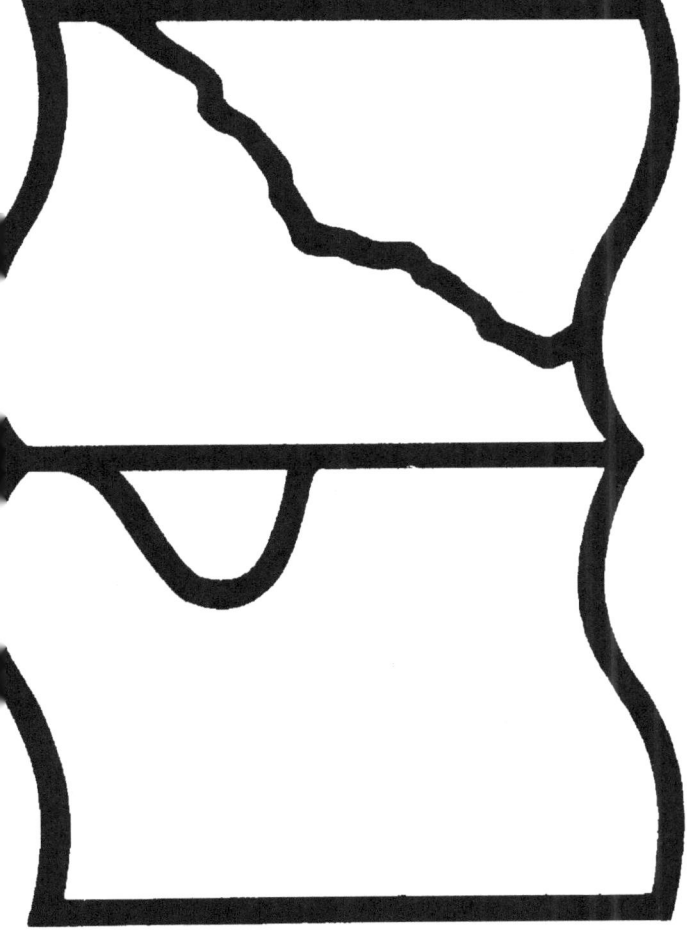

Texte détérioré — reliure défectueuse

# Comment Apprécier

LES

CROQUIS, ESQUISSES, ÉTUDES

# Dessins, Tableaux

AQUARELLES, PASTELS, MINIATURES

DÉFINITION DE LA TECHNIQUE DES ARTISTES

SIGNIFICATION DE 596 TERMES ET APPLICATION QU'IL EST D'USAGE D'EN FAIRE

DOCUMENTS RECUEILLIS ET PUBLIÉS
PAR
ÉDOUARD ROUVEYRE
Officier de l'Instruction publique

ACCOMPAGNÉS DE DEUX CENT VINGT REPRODUCTIONS
DONNANT 1339 EXEMPLES DES ACCEPTIONS DANS LESQUELLES LES TERMES PEUVENT ÊTRE PRIS

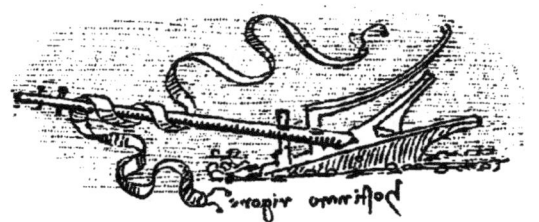

Devise composée par Léonard de Vinci. (Voir fig. 182.)

PARIS
LIBRAIRIE G. BARANGER FILS
5, Rue des Saints-Pères, 5

MCMXI

— LEGENDA AUREA —
## LA LÉGENDE DORÉE DE JACQUES DE VORAGINE
*Nouvellement traduite en français*
PAR
### L'ABBÉ J.-B.-M. ROZE
*Avec notice, notes et recherches sur les sources par Édouard Rouveyre.*
Trois volumes in-8° carré, ensemble 1720 pages. . . . . . . . . . . . . Épuisé.

## FEUILLETS, MANUSCRITS ET CARNETS INÉDITS
DE
# LÉONARD DE VINCI
**Publiés par Édouard Rouveyre**
D'après les originaux conservés à la Bibliothèque royale du Château de Windsor, au British Muséum, et au South Kensington Museum, à Londres.
**ÉTUDES ANATOMIQUES. — SCIENCES PHYSICO-MATHÉMATIQUES
PROBLÈMES DE GÉOMÉTRIE ET D'HYDRAULIQUE**
Ensemble 29 volumes in-folio et in-4°.
*Publication honorée de la souscription
du Ministère de l'Instruction publique et des Beaux-Arts.*

## CONNAISSANCES NÉCESSAIRES AUX BIBLIOPHILES
*Accompagné de notes critiques et de documents bibliographiques*
**Recueillis et publiés par Édouard Rouveyre**
Dix volumes in-8° carré (14 × 22,5), illustrés de 1800 figures.. . . . . . . . Épuisé.
*Publication honorée de la souscription
du Ministère de l'Instruction publique et des Beaux-Arts.*

DERNIÈRE PUBLICATION, PARUE EN AVRIL 1911
## CINQ CENT SOIXANTE RECETTES ET PROCÉDÉS
Pratiques et Expérimentés
**Conservation. Nettoyage, Réparation des Meubles, Objets divers, Bibelots, Bois.
Argent, Bronze, Cuivre, Laque, Terre cuite, Albâtre, Marbre,
Faïences et Porcelaines, Statuettes, Étoffes, Tapisseries, Galons, etc.
Composition des Couleurs et Vernis, Entretien, Réparation des Murs, des Parquets,
Hygiène des Habitations et Désinfection des Appartements.**
Un volume in-8° de 300 pages. . . . . . . . . . . . . . . . . . Prix **3 fr. 50**

### L. ROGER-MILÈS et ED. ROUVEYRE
Comment devenir Connaisseur
# Meubles et Objets d'Art
Accompagné de 1.337 reproductions documentaires dans le texte et hors-texte.
Un volume in-4° broché. . . . **25 fr.** | Un volume reliure amateur. . . **32 fr.**

# COMMENT APPRÉCIER
### LES
### PREMIÈRES-IDÉES, CROQUIS, ESQUISSES, PRÉPARATIONS
### ÉTUDES, TABLEAUX, DESSINS
### AQUARELLES, GOUACHES, PASTELS, MINIATURES

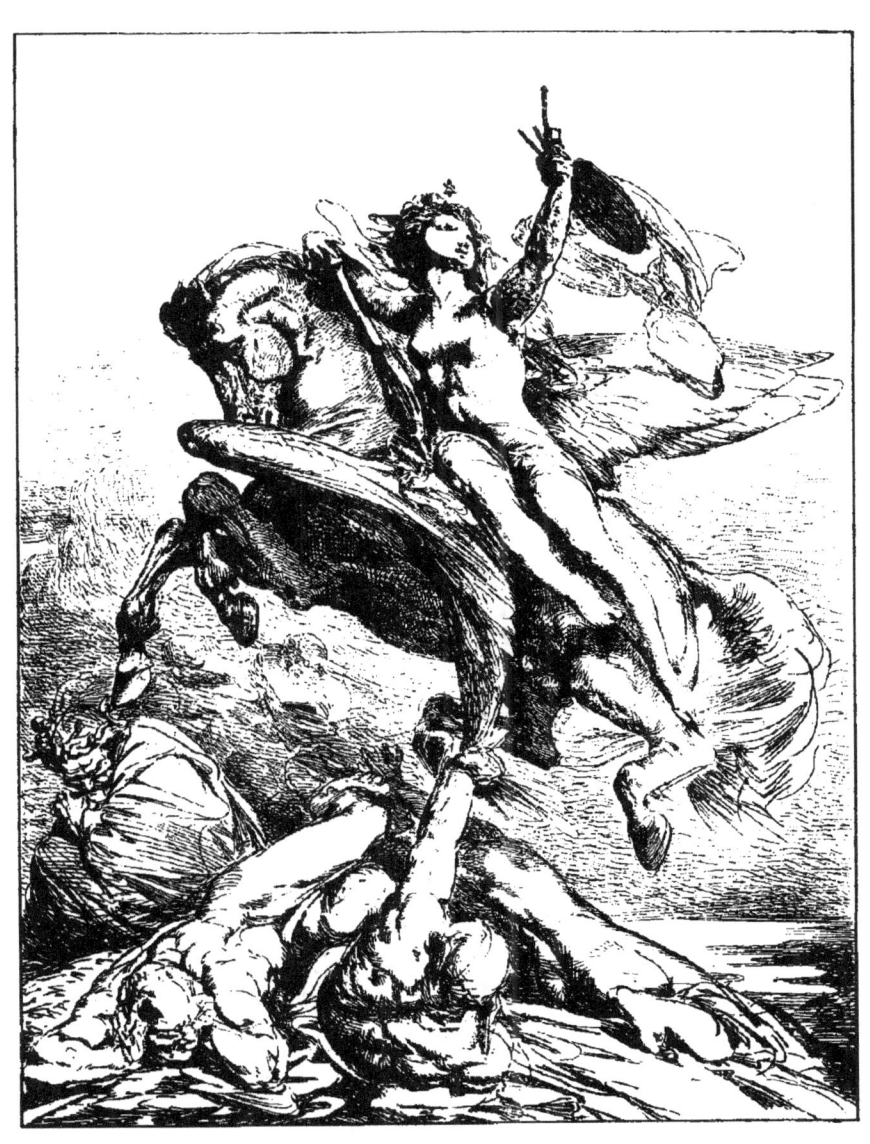

*Le Génie de la Peinture*

# Comment apprécier

LES

CROQUIS, ESQUISSES, ÉTUDES

# Dessins, Tableaux

AQUARELLES, PASTELS, MINIATURES

## DÉFINITION DE LA TECHNIQUE DES ARTISTES

SIGNIFICATION DE 596 TERMES ET APPLICATION QU'IL EST D'USAGE D'EN FAIRE

DOCUMENTS RECUEILLIS ET PUBLIÉS

PAR

### ÉDOUARD ROUVEYRE

Officier de l'Instruction publique
Membre de la Commission chargée d'étudier toutes les questions
relatives à l'organisation des Musées de Province et à la conservation de leurs richesses artistiques.

**ACCOMPAGNÉS DE DEUX CENT VINGT REPRODUCTIONS**

DONNANT 1539 EXEMPLES DES ACCEPTIONS DANS LESQUELLES LES TERMES PEUVENT ÊTRE PRIS

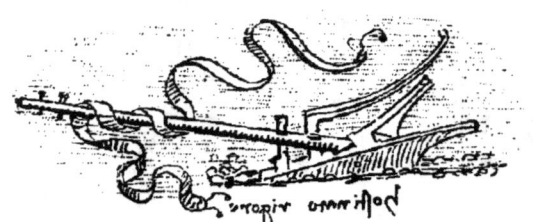

Devise composée par Léonard de Vinci. (Voir fig. 182.)

## PARIS

LIBRAIRIE G. BARANGER FILS

5, Rue des Saints-Pères, 5

MCMXI

Tous droits réservés.
Copyright by G. Baranger fils, Paris. 1911.

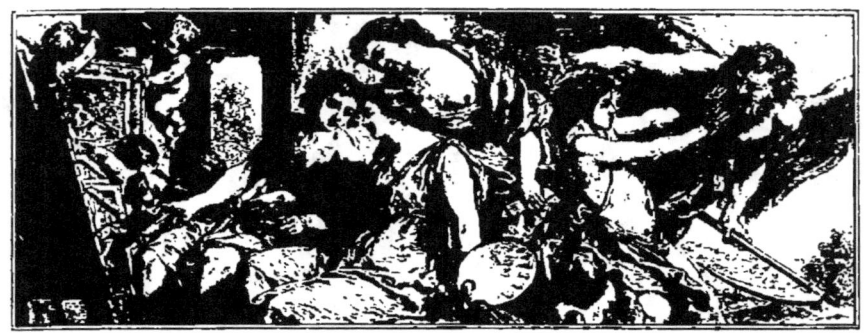

Fig. 1. — Les peintres doivent avoir recours à l'allégorie, toutes les fois qu'ils veulent exposer autre chose que le matériel des faits (V. page 40).

## NOTRE EXPOSÉ SERA D'UNE GRANDE UTILITÉ POUR QUICONQUE S'INTÉRESSE AUX CROQUIS, ÉTUDES, DESSINS, TABLEAUX, PASTELS, ETC.

Si l'aptitude à distinguer le beau, à l'estimer dans sa valeur, dans son prix, dans son utilité, dans son mérite, est un fait à noter chez quelques hommes remarquables de notre temps, et une qualité qui leur a quelquefois manqué pour un ordre de faits plus graves ou plus importants, nous sommes obligé de constater que, parmi les amateurs s'intéressant aux premières-idées, croquis, esquisses, préparations, études, dessins, tableaux, aquarelles, gouaches, pastels et miniatures, il en est qui ne peuvent juger le mérite, et fixer la valeur, d'œuvres tracées d'une main ferme et habilement conçues. (¹)

Certains même, ignorant la technique des artistes, la signification de ses termes et l'application qu'il est d'usage d'en

---

(¹) Il y a un siècle, François-Pierre-Guillaume Guizot (1787 † 1874) écrivait que « l'étude des arts a ce charme incomparable qu'elle est absolument étrangère aux affaires et aux combats de la vie. Les intérêts privés, les questions politiques, les problèmes philosophiques divisent profondément et mettent aux prises les hommes. En dehors et au-dessus de toutes ces divisions, le goût du beau dans les arts les rapproche et les unit. » Cf. *De l'état des Beaux-Arts en France et du Salon de 1810.* Paris, Maradan, 1810, in-8°.

faire, sont incapables de définir les sensations qu'ils éprouvent en face d'une belle œuvre, dont ils soupçonnent l'intérêt sans le comprendre, et ne peuvent se rendre compte en quoi consistent les défauts d'une composition médiocre.

Ce ne sont donc pas des documents pour qui voudrait écrire une histoire de la peinture, que nous allons publier, mais des définitions techniques, aussi brèves que possible, claires et compréhensibles, la plupart inédites ou peu connues. (²)

Pour en compléter la nomenclature, nous avons consulté les descriptions de Musées et de Galeries célèbres, et analysé de nombreuses notes manuscrites, relatives aux Beaux-Arts, provenant de C.-N. Cochin, E. Deloynes, J. Goddé, C.-A. Jombert, **Lazare Duvaux, G. Lomazzo, P.-J. Mariette, F. Milizia, J. Pernety**, Quentin de Lorangère, et autres artistes et amateurs, français ou étrangers, des dix-huitième et dix-neuvième siècles.

Notre recueil forme, pour quiconque s'intéresse aux dessins et aux tableaux, un ensemble indispensable où comparaissent à la fois, sans prendre leur rang, les diverses époques de l'art, les noms et les œuvres, les anecdotes et les théories; les hommes d'aujourd'hui et les hommes d'autrefois s'y entremêlent comme dans les *Dialogues des morts* de Fontenelle.

« Si génial que soit un écrivain, il n'est jamais « un produit de lui-même ». Son œuvre n'est qu'une résultante d'efforts humains antérieurs ou concomitants à ses travaux personnels. Le grand homme de lettres concrétise son époque, additionne ses prédécesseurs, formule en phrases claires des pensées éparses dans la foule; il prend, comme Shakespeare, comme

---

(²) Tout ce qui peut servir à fixer les idées et développer le jugement y est discuté sans longueur et sans ennui; le précepte ne s'y montre jamais isolé : on se rend compte partout d'où il naît, et ce qu'il doit produire. L'enthousiasme et le goût sont assujettis à certaines règles; elles y sont tracées.

Les indifférents n'y puiseront sans doute ni cette vive émotion dont l'âme tire sa vigueur, ni ce tact exquis d'un sens intime qui la dirige dans ses mouvements; mais les amateurs et les collectionneurs aussi bien que les experts et les connaisseurs qui en sont pourvus, y trouveront des renseignements qu'ils pourraient ignorer.

Un connaisseur, auquel il ne restera plus rien à apprendre, comprendra quelle sûreté de vue est nécessaire, et combien l'horreur du médiocre est indispensable, pour apprécier les esquisses, les dessins, les tableaux, les aquarelles et les miniatures, qui ne peuvent avoir de valeur que par la beauté des exemplaires.

Corneille, comme Molière, son bien « où il le trouve »; mais, vis-à-vis de la société, il n'est qu'un collaborateur et qu'un dépositaire. » (³)

Au dix-huitième siècle, Pierre-Daniel Huet affirmait, dans son *Traité philosophique de la faiblesse de l'entendement humain*, que tout ce qui a été écrit depuis l'origine du monde pourrait tenir dans quelques volumes, les détails de l'histoire exceptés, si chaque chose n'avait été dite qu'une fois; on a donc lieu de croire que s'il n'y avait dans les livres que des choses originales, nouvelles, et une fois dites, la vie ordinaire de l'homme serait assez longue pour les lire tous.

« A côté ou au-dessous des travaux d'érudition, il faut à toute science des exposés synthétiques, oraux et écrits. Dans de pareils exposés, les idées générales sont nécessairement au premier plan, les faits au second, alors qu'au contraire, dans l'enseignement érudit, il faut, comme disait Fustel de Coulanges, une année d'analyse pour autoriser une heure de synthèse. Cette heure ne sonne pas pour tout le monde; mais quand elle sonne, il est bon d'en profiter et, mieux encore, d'en faire profiter les autres. » (⁴)

Lorsque nous avons entrepris la publication des *Feuillets, Manuscrits et Carnets inédits de Léonard de Vinci* (⁵), il nous a été possible, par un rare privilège, de visiter presque toutes les parties de l'Europe, et d'étudier des Galeries privées et des Collections royales ou princières, d'un accès difficile. C'est

---

(³) Cf. Maurice Ajam, député. *La propriété littéraire et la concurrence des morts*. Proposition de loi.

(⁴) Cf. Salomon Reinach, Membre de l'Institut, professeur à l'École du Louvre. *Apollo, Histoire générale des Arts plastiques* professée à l'École du Louvre. Sixième édition, Paris, Hachette et Cⁱᵉ, 1910. In-16. — Paul Gaultier. *Le sens de l'Art*, sa nature, son rôle, sa valeur. Préface par Émile Boutroux, de l'Institut. Paris, Hachette et Cⁱᵉ, 1907, in-18.

(⁵) Notes et Dessins sur la Génération; le Cœur; les Mesures et les Proportions du Corps humain; le Thorax et l'Abdomen; les Nerfs et les Vaisseaux; les Attitudes de l'Homme; la Physiognomonie; les Études Anatomiques; les Têtes Grotesques; la Botanique; le Cheval; les Devises et les Rébus; les Études de Têtes; l'Atmosphère; les Canaux; la Chevelure et le Traité de Peinture; la Mécanique et l'Architecture (*Royal Library. Windsor*). — Sciences Physico-Mathématiques (*British Museum. London*). — Problèmes de Géométrie et d'Hydraulique (*South Kensington Museum. Forster Library. London*). — 29 volumes in-fol. et in-4°.

ainsi que nous avons multiplié des rapprochements et communiqué une unité à l'ensemble de ce répertoire dont la lecture et l'étude seront, nous l'espérons du moins, d'un concours quelquefois précieux et toujours profitable.

Les œuvres que nous avons choisies et reproduites, comportent de nombreux exemples des acceptions dans lesquelles peuvent être pris les termes qui appartiennent à la théorie, à la pratique et à l'enseignement des arts du dessin.

En résumé, nous allons donner, sous une forme sensible, un chapitre important des qualités que doivent posséder les amateurs. Pour peu qu'ils soient doués, et nous accordent quelque attention, ces amateurs pourront arriver à exprimer les finesses de la forme ou la variété de la couleur, et devenir insensiblement bons juges et connaisseurs.

*Edouard Rouveyre*

*Paris, 12 Octobre 1911*

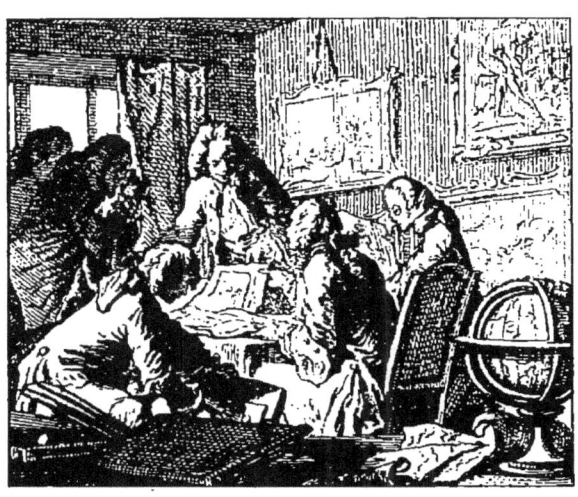

Fig. 2. — Cabinet du Connaisseur Quentin de Lorangère, 1744.

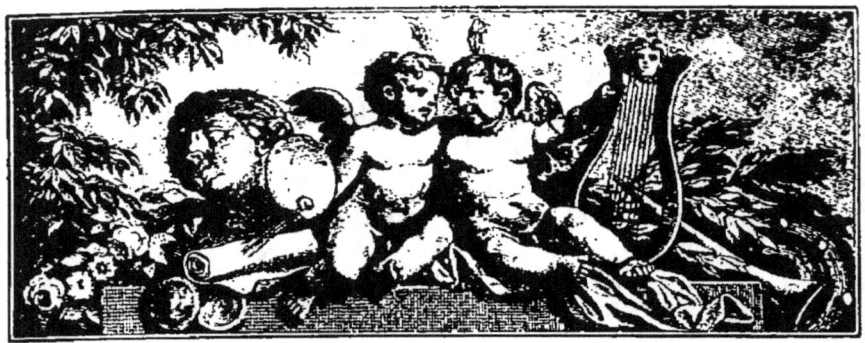

Fig. 3. — Génies de la Peinture et de la Musique. (Allégorie.)

> LORSQUE VOUS AUREZ DES TABLEAUX A JUGER,
> ALLEZ LES ÉTUDIER A LA CHUTE DU JOUR,
> C'EST UN INSTANT TRÈS CRITIQUE.
> DIDEROT, SALON DE 1767.

## QUELQUES NOTES SUR LES DESSINS ET TABLEAUX

### C'EST SUR L'ENSEMBLE DE SES OUVRAGES QU'IL FAUT JUGER LE MÉRITE D'UN PEINTRE.

C'est sous le seul point de vue des effets produits du dessin que l'on doit envisager les peintres et qu'ils méritent d'être distingués ; en effet, on doit fixer une limite entre les artistes proprement dits et les entrepreneurs de peinture, la médiocrité la plus frivole ayant trouvé son compte à cette dénomination banale : artiste! L'artiste est celui qui cultive un art où le génie doit avoir pour interprète l'habileté de la main : c'est pourquoi on ne donna d'abord le nom d'artiste qu'aux peintres, aux sculpteurs, aux graveurs et aux architectes ; on le donne aussi, par extension, aux musiciens exécutants, pour les distinguer des musiciens compositeurs, parce que les premiers peuvent exprimer le sentiment de leur âme, tandis que les seconds sont obligés de se servir du secours des autres pour rendre vivantes leurs créations.

Le véritable artiste a des idées, des besoins, un genre de vie qui en font un être à part ; son existence est toute de méditation et de contemplation; la nature l'a marqué d'un sceau particulier. Sa vocation se décèle dès les premières années, et ce serait en vain qu'on essaierait de la combattre ; quelquefois, il lui faut une occasion pour se manifester. (⁶) Sa vie est tout à fait en dehors de la vie réelle ; il emploie des termes spéciaux, ceux de son art ; le sujet continuel de ses études, de son admiration, c'est la nature ; et là où l'indifférent passe sans rien voir qui soit digne de son attention, l'artiste remarque un effet piquant, des lignes heureuses, une inspiration bien sentie ; c'est qu'en vérité il faut étudier la nature pour en apprécier toute la beauté. Dans ce sens la maxime épicurienne : *sequere naturam*, est toujours vraie.

En général, on se fait une idée d'un Maître après en avoir examiné trois ou quatre tableaux ; on se croit alors posséder un titre suffisant pour décider sur sa manière, sans réfléchir aux soins plus ou moins grands que ce peintre a pris pour les faire, ni à l'âge auquel il les a faits. « On brûle le lendemain ce que l'on a adoré la veille, écrit M. H. Fierens-Gevaert, ou du moins, on croit agir ainsi, car les individualités qui, aux yeux de leurs contemporains, semblent nettement étrangères l'une à l'autre, prennent infailliblement dans la suite des temps la marque ineffaçable de leur génération commune : tels Raphaël et Michel-Ange, rivaux de leur vivant et placés aujourd'hui côte à côte dans le Panthéon de l'Art. (⁷)

« Sans que nous nous en doutions, par le seul fait des besoins et des nécessités quotidiennes, par l'organisation de la vie

---

(⁶) C'est Filippo Lippi, dont la famille était pauvre et obscure, s'émerveillant, enfant, des peintures que Masaccio terminait pour la chapelle des Carmes de Florence et qui furent, pour son intelligence, comme une silencieuse révélation du génie qui dormait en lui. C'est Claude Gellée, dit le Lorrain, dont le talent naissant intéresse un négociant qui l'emmène en Italie. A Rome, le Lorrain entre au service de Tassi ; là il panse le cheval de son maître, fait la cuisine et broie les couleurs ; mais ses yeux s'ouvrent, il devient un grand peintre, sa réputation franchit les limites de l'atelier de Tassi, elle s'étend de jour en jour et enfin le Maître est éclipsé. C'est encore, entre mille, Lantara, le petit pâtre ; si furtives que fussent les leçons qu'il sut prendre, elles n'en formèrent pas moins son jugement ; car, à peine le soleil dorait-il l'horizon, que le pauvre enfant, assuré de n'être point interrompu dans son travail, allait reproduire le site dont il avait suivi l'étude auprès des peintres qui fréquentaient la forêt de Fontainebleau.

(⁷) Cf. *Essais sur l'art contemporain* ($ Variabilité des goûts artistiques), par H. Fierens-Gevaert. Paris, Félix Alcan, 1903. In-18.

sociale, par la religion, le mode de gouvernement, les découvertes, par mille contingences qui influent sur l'âme d'une nation ou d'une race, nous nous développons d'une certaine façon avec des traits *extérieurs* totalement différents de ceux des âges passés.

« Depuis les temps historiques, les variations et les progrès physiologiques de l'humanité sont presque nuls; de même, les instincts et les impulsions restent de nature immuable. Mais l'individu tend à se façonner et à transformer ce qui l'entoure suivant un idéal, qui, n'étant jamais réalisé complètement, s'attache toujours à de nouvelles révélations. La philosophie alexandrine a admirablement exposé pour l'idéal humain ce double mouvement de *procession* et de *régression* que nous retrouvons dans toutes les évolutions de l'art. »

Ce n'est pas sur quelques tableaux, mais sur l'ensemble de ses ouvrages qu'il faut juger du mérite d'un peintre; car, il n'y a pas d'artiste qui n'ait fait quelques bons ou quelques mauvais tableaux. Il n'y en a point aussi qui n'ait eu son commencement, son progrès et sa fin, c'est-à-dire trois manières : la première tient de celle de son Maître, la deuxième formée selon son goût, donne la mesure de son talent ou de son génie, et la troisième dégénère ordinairement en ce qu'on appelle décadence; parce qu'un peintre, après avoir étudié longtemps la nature, veut user, sans la consulter davantage, de l'habitude qu'il s'en est faite.

Il est donc indispensable, pour se permettre de critiquer un artiste, et de le juger sans être taxé de témérité, d'en avoir étudié les différentes œuvres et de s'en être formé une idée complète. (⁸)

« Si une élite de connaisseurs a le privilège de la critique, écrit Louis Viardot, il ne s'ensuit pas que chacun de ses

---

(⁸) Sommes-nous aujourd'hui, en critique d'art, plus intelligents et plus justes qu'on ne l'était en 1739 quand de Brosses écrivit ses *Lettres familières*? Suivant M. P. Hasard\*, nous avons gagné. Il y a un effort méritoire qui se traduit par une sympathie plus grande pour les œuvres et les artistes. On considère maintenant que l'art n'est pas seulement une jouissance, mais un enseignement. Partout on fait la part plus belle à la critique d'art qui acquiert la valeur d'une science.

\* Cf. *Le Correspondant*, 25 juin 1907.

membres ait le don d'infaillibilité. Loin de là ; elle est comme cette démocratie aristocratique d'Athènes où chaque citoyen n'avait que son vote personnel, et ne pouvait dominer qu'à la condition de convaincre.

« Comme il n'y a qu'une autorité dans l'empire du bon : la conscience, il n'y a qu'une autorité dans l'empire du beau : le goût. Seulement la conscience parle à tous les hommes le même langage, tandis que le goût, au contraire, même le goût acquis et formé, est aussi multiple que les tempéraments, les passions et les idées.

« Le goût varie de pays à pays et d'époque à époque ; dans chaque pays et à chaque époque, il varie d'homme à homme, et dans chaque homme, d'âge en âge. »

On a beau se faire un devoir de lire tous les livres, d'écouter tous les avis, de consulter des hommes qu'on tient pour plus habiles que soi, d'appuyer son propre jugement de jugements plus sûrs et plus autorisés, il n'est permis à personne, dans la critique des arts, où manque la règle absolue, de se croire une autorité ; on n'est qu'une opinion.

Si on doit écouter avec déférence les avis de ceux qui savent donner raison de leurs avis, on peut se dispenser d'accorder une grande attention aux jugements aveugles et tumultueux que prononce la multitude, et qui font tout au plus la vogue.

Dans les arts, la voix publique est celle d'un fort petit nombre, mais intelligente, exercée et passionnée avec désintéressement. Celle-là seule donne aux vivants les récompenses de la réputation ; celle-là seule donne aux morts l'immortalité de la gloire.

L'homme compte-t-il, parmi ses instincts, le sentiment du beau comme celui du bon? Oui, en principe, puisque l'innéité est la condition de toutes les facultés humaines; mais rien de plus qu'à l'état latent. Celui-là est seulement possible, et seulement médiat. Le sentiment du bon, qui forme le commun fondement de toutes les sociétés, est un élément essentiel de notre nature, un don forcé de la Providence; sans lui, l'homme ne serait pas l'homme. Au contraire, le sentiment du beau, moins nécessaire, et pouvant être rare, étant superflu, est une acquisition de l'intelligence, lente, laborieuse, incertaine, et souvent refusée aux plus sincères efforts. L'un ne coûte, comme la noblesse, que la peine de naître ; l'autre exige, comme toute science, une aptitude préalable, une sorte de révélation où le hasard souvent doit aider à la nature, enfin du temps, de la réflexion, du travail d'esprit dans le loisir du corps. Aussi, le premier mouvement de l'homme, en fait de bon, est presque toujours juste ; en fait de beau, presque toujours faux.

M. Georges Perrot, dans ses considérations en faveur de l'éducation artistique, servant de préambule à une fort belle *Étude sur des fouilles en Chaldée*, déplore que le public français ne soit pas préparé au goût des tableaux et des statues « par ces connaissances générales qui, seules, permettent de jouir pleinement d'une œuvre d'art en la replaçant dans le siècle et dans le milieu qui lui ont donné naissance ». Ce savant voudrait que, dans le programme de nos écoles, « l'histoire de l'art » tînt une place, et il estime qu'on ne lui en a fait qu'une bien petite et bien insuffisante dans nos examens universitaires.

Pour être à même d'apprécier une œuvre d'art, il ne suffit pas de voir, il faut savoir. Si les artistes seuls, et quelques curieux, peuvent se livrer aux longues études élémentaires et pratiques, les amateurs doivent être à même d'acquérir des notions générales d'esthétique, et ne sauraient rester étrangers à la connaissance des principaux faits relatifs aux œuvres qui font l'objet de leur admiration.

« Tandis que l'art est vivant, qu'il entre partout, qu'il attire, intéresse et convertit tout le monde, la faculté de juger les œuvres de la peinture semble complètement étrangère au public.

« De toutes parts s'ouvrent des Salons officiels et des Expositions privées, où se précipite une foule sans lumières, et qui, faute de notions, d'éléments et de principes, donne tête baissée dans un déluge d'erreurs.

« L'art n'est pas une simple imitation de la nature ; il doit révéler, sous ce qui frappe les sens, l'idéale beauté que l'esprit seul perçoit. Cela est vrai de tout ce que la création offre à nos regards, depuis la fleur qui penche sur les eaux, jusqu'à l'homme qui élève vers les cieux son front sublime. Il se mêle toujours quelque chose de nous aux lieux que nous voyons. » (⁹)

Mais comment analyser l'impression que nos sens en reçoivent, qui se transforme au dedans de nous-mêmes et y suscite, pour ainsi dire, une image idéale en harmonie avec nos pensées, nos sentiments, notre être intime ? Nous allons en rechercher les causes, en constituer les principes, et indiquer quelles sont les qualités que doit posséder un amateur de dessins et de tableaux ; puis, nous donnerons le détail de ce qui appartient au dessin et au coloris.

## QUALITÉS QUE DOIT POSSÉDER UN AMATEUR

AMOUR DE L'ART. — SENTIMENT DU BEAU. — SENSIBILITÉ VIVE ET DÉLICATE.
ESPRIT FIN ET PÉNÉTRANT. — RAISONNEMENT SOLIDE.
INTELLIGENCE DES PARTIES ESSENTIELLES DE LA PEINTURE.
MÉTHODE A SUIVRE DANS L'EXAMEN ET L'ÉTUDE D'UN TABLEAU.

« Chaque jour, au milieu de ce Paris qui se croit une nouvelle Athènes, nous voyons des personnages de distinction, des Lucullus naturalisés et des gens d'esprit, donner publiquement le spectacle des hérésies les plus monstrueuses, illustrer aujourd'hui un caprice que mille badauds imiteront demain, et enchérir jusqu'au scandale les paravents, les chiffons ou les poupées d'un peintre de dernier ordre, alors que les grands maitres, les augustes souverains de l'art sont marchandés honteusement, et passent la frontière.

« De sorte que la France présente cette incroyable anomalie d'une nation intelligente qui fait profession de cultiver les arts, mais qui n'en sait ni les principes, ni la langue, ni l'histoire, ni la vraie dignité, ni la véritable grâce. » (⁹)

Au nombre des qualités que doit posséder un amateur de tableaux, il faut mettre l'amour de l'art ou le sentiment du

---

(⁹) Cf. *Grammaire des arts du dessin*, Architecture, Sculpture, Peinture, par CHARLES BLANC. Seizième édition. Paris, Henri Laurens, 1907. In-8° jésus.

beau, une sensibilité vive et délicate, un esprit fin et pénétrant, un raisonnement solide.

Les connaissances qu'il faut acquérir pour bien juger les tableaux sont, les unes générales, les autres spéciales.

Un amateur ne peut en juger le mérite, ni en fixer la valeur, s'il manque d'une instruction étendue et variée, surtout en histoire, et s'il n'a pas étudié et observé la nature. Il ne porte que des jugements vagues et imparfaits s'il ne s'est pas exercé le goût par la vue et l'examen d'un grand nombre de tableaux de Maîtres, et s'il n'a pas l'intelligence des parties essentielles de la peinture, qui peuvent se réduire à trois principales : la composition, le dessin, le coloris. Enfin, il lui est indispensable de suivre une méthode dans l'examen et l'étude d'un tableau.

### ACCORD DES COULEURS ET VALEUR DU TOUT ENSEMBLE.

Lorsqu'un tableau se présente aux regards, on doit commencer par le considérer de loin, et à une distance assez grande pour que l'on ne voie les objets qui le composent que confusément ; il faut rester quelque temps à ce point de vue vague et imprécis. C'est de là que l'on appréciera d'abord deux choses remarquables : l'accord des couleurs et la valeur du tout ensemble. Il faut faire abstraction des objets particuliers ; ne s'occuper ni des carnations, ni des étoffes, ni des fonds, examiner seulement si cet assortiment de couleur n'a rien qui puisse blesser les yeux et si l'on n'y aperçoit rien de dur et de tranchant, rien d'opposé et d'incompatible.

Si les yeux trouvent à s'y reposer, non seulement sans répugnance, mais avec une sorte d'attention et de satisfaction ; si l'on s'aperçoit que les couleurs se lient naturellement les unes aux autres, qu'aucune en particulier n'a un ton trop dominant et trop fort, qu'il en résulte pour les yeux, non un sentiment de fatigue et d'incommodité, mais une sensation de douceur et de repos, on pourra affirmer qu'il y a accord de couleurs dans ce travail ; on devra lui refuser ce mérite si l'on a éprouvé des sentiments opposés. Ensuite, sans se rapprocher du tableau, on considérera l'effet du tout ensemble, voir si cet effet est frappant ou insipide, s'il attire, s'il fixe malgré soi l'attention, ou si l'on est obligé de faire effort pour lui appliquer des regards qui ne soient pas distraits. On examinera si l'inspection générale de ce tableau met en éveil des sentiments de grandeur et de magnificence, de noblesse et de fierté, d'épouvante et de terreur, d'élégance et d'agrément; enfin s'il procure une sensation d'art, s'il flatte par quelque endroit.

###### CE QUI DÉCIDE DE L'EFFET D'UN TABLEAU.

Se sent-on d'abord frappé et saisi, prêt à entrer dans une sorte de transport et d'enthousiasme, c'est que le tableau est d'un très grand effet; si, sans être saisi vivement, on éprouve pourtant quelque chose qui frappe, c'est qu'il produit une certaine sensation. Si l'on n'éprouve rien de particulier, si l'âme ne sent aucun mouvement qui la ranime, c'est que ce tableau est sans effet. Il en est à cet égard des ouvrages de peinture comme de toutes les autres beautés de la nature. Un regard jeté sur elles vaguement, et sans entrer dans aucun détail, décide de l'impression produite. C'est un sentiment involontaire qui nous en avertit, et c'est cette impression plus ou moins vivement sentie qui caractérise leur effet plus ou moins frappant.

###### CONNAISSANCE DU SUJET ET ÉTUDE DE LA COMPOSITION.

Après avoir donné quelque temps à l'inspection vague d'un tableau, on s'en approchera pour bien connaître le sujet et en étudier soigneusement la composition.

Si le sujet paraît obscur et énigmatique, si on a peine à le deviner, si même on a besoin de méditer pour savoir au juste à quoi s'en tenir, c'est un défaut qu'il ne faut pas traiter de léger. Le premier devoir de tout artiste, c'est de ne laisser aucune incertitude sur le sujet qu'il traite. Un peintre ne peut expliquer son ouvrage; il faut que cette œuvre porte un titre en soi, s'il est permis de s'exprimer ainsi, et que l'amateur en comprenne le sujet presque aussitôt qu'il y jette les regards.

###### EXAMEN DE L'ACTION, DES CARACTÈRES ET DES EXPRESSIONS

Une fois que le sujet est connu, on examinera celui de l'action que le peintre a eu l'intention de représenter; on verra si ce moment est bien choisi; si, en prenant l'action par toutes ses faces, il ne se présente point quelque circonstance beaucoup plus avantageuse et d'un plus grand intérêt que celle que l'auteur a préférée. Ce choix est une affaire de génie, et on lui donnera plus ou moins de louanges, selon qu'il marquera un discernement plus ou moins exact.

Lorsque l'on sera fixé sur le choix du moment, l'attention devra se porter sur le nombre des personnages, pour examiner s'il n'y en a aucun d'inutile et de postiche, d'étranger à l'action ou d'incompatible avec elle. On observera leurs airs ou leurs physionomies, leurs armes et leurs ajustements, leurs façons de se présenter et d'agir, pour bien s'assurer s'il n'y a rien de contraire aux connaissances que nous donne l'histoire, et si le costume de l'époque, c'est-à-dire les usages des différents temps, des différents lieux, relatifs aux objets extérieurs auxquels le peintre est obligé de se conformer, n'y est pas faussé par des anachronismes, ou pour mieux dire, par d'étranges fantaisies historiques.

De là, on passera à l'examen des caractères et des expressions que chaque figure doit avoir; on verra si l'âge, le sexe, la condition, sont vraiment marqués à ne pas s'y méprendre ; si les passions et les mouvements dont le sujet demande que ces figures soient agitées, sont exprimés avec force et sans exagération, par l'attitude du corps et les traits du visage.

Si tout cela répond avec exactitude aux idées présentées ; si on éprouve, en considérant un tableau, tous les sentiments qui résultent de l'action que l'artiste a voulu peindre, c'est que le sujet sera bien inventé et bien traité.

### EXPRESSIONS DE SENTIMENT, DISPOSITION, ORDONNANCE.

Pour apprécier avec équité le mérite des expressions de sentiment, mérite auquel on ne peut accorder trop d'attention, on distinguera : les expressions qui, quoique naturelles et vraies, sont pourtant communes, imitées, usées en quelque sorte par leur répétition trop fréquente dans les ouvrages des peintres ; les expressions fines et délicates, qui supposent une pénétration d'esprit peu ordinaire et une grande connaissance du cœur humain ; les expressions singulières, neuves et marquées au coin du génie. On se gardera bien de céder à l'illusion que font d'abord certains mouvements exagérés, qui annoncent un grand feu d'imagination. Rien de trop, c'est la grande maxime en toutes choses. On donnera toujours la préférence aux expressions qui émeuvent sans un effort trop marqué, et conservent, dans le transport des grandes passions, un caractère de simplicité et de sagesse.

Ensuite, on examinera la disposition et l'ordonnance qui règnent dans un tableau; on verra si l'arrangement n'en est pas contraint et confus, si les figures y sont placées librement et avec facilité, si elles sont groupées sans affectation, s'il y a enfoncement et perspective, si chaque figure est à la place qui convient au rôle qu'elle joue, et si elles ont toutes assez de place pour que leurs mouvements restent libres et dégagés.

## CE QUI APPARTIENT AU DESSIN ET AU COLORIS

ARTIFICE DES GROUPES ET RÈGLES DE LA PERSPECTIVE.
PROPORTIONS. — APPUI. — MOUVEMENT. — ATTITUDES. — AIRS DE TÊTE.
CHAIRS. — DRAPERIES. — EXTRÉMITÉS. — VISAGES. — CONTOURS.
ACCORD DES COULEURS ENTRE ELLES. — INTELLIGENCE DES LUMIÈRES ET DES OMBRES.
HARDIESSE ET LIBERTÉ DES TOUCHES.

Quelquefois il se présente, dans certaines œuvres, des figures qui se mêlent et se foulent, sans que le sujet demande ce désordre tumultueux; c'est que le peintre, ignorant l'artifice des groupes et les règles de la perspective, a été hors d'état de détacher ses figures les unes des autres, et d'en faire une disposition nette.

Le grand mérite de la disposition consiste dans la netteté et l'enchaînement des objets; il faut qu'ils soient liés entre eux et distincts les uns des autres. Il y a aussi, dans la disposition, un artifice qui augmente l'effet d'un tableau : c'est lorsque tous les objets sont placés de façon telle qu'ils se font valoir mutuellement, et que le concours de ceux-ci relève, par opposition, le caractère de ceux-là; si on y constate toutes ces règles c'est que la disposition en est admirable.

Il nous reste maintenant à entrer dans le détail de ce qui appartient au dessin, au coloris et à rechercher :

Si chaque figure a une exactitude apparente de proportions, et si cette exactitude se conserve sensible dans la diversité des attitudes, des éloignements et des raccourcis; si ces proportions sont variées selon le caractère des figures; si la prépondérance et l'équilibre se conservent dans toutes sortes de situations et de mouvements;

Si le défaut d'appui est bien marqué dans toutes les figures qui ne tiennent point à terre;

Si la cessation de tout mouvement est bien ralentie dans les corps qui ne sont plus vivants;

Si les attitudes sont bien naturelles et bien variées;

Si les airs de tête ont quelque chose de remarquable dans leur choix et d'intéressant dans leur variété; s'il règne dans les mouvements, dans les attitudes et dans les airs de tête, de l'opposition et du contraste;

Si les contours sont légers et coulants; si, infiniment éloignés de toute raideur et de sécheresse, ils donnent à chaque partie la mollesse, le grand goût, la gentillesse, la grâce, la noblesse qui lui est propre;

Si les chairs, toujours moelleuses et bien différenciées de tout ce qui a de la dureté, sont nerveuses et musculeuses dans les esclaves et les gens du peuple, mâles et vigoureuses dans les héros et les hommes plus distingués, tendres et délicates dans les femmes et les enfants;

Si les draperies sont bien jetées, si elles entourent légèrement les membres sans les effacer; si les plis sont grands, peu multipliés, et d'une inflexion aisée et naturelle;

Si les extrémités des figures sont bien terminées; si les pieds et les mains sont soignés dans leurs contours, exacts dans leurs articulations;

Si les visages sont bien étudiés dans toutes leurs parties, et si c'est là principalement que le peintre a signalé la correction et la pureté de ses contours;

Si chaque chose a sa couleur véritable, de façon que le blanc de l'étoffe, le blanc du linge et le blanc de la chair soient aussi différents dans le tableau qu'ils le sont dans la nature, et ainsi des autres parties; si les couleurs n'ont rien de cru, ne portent point avec elles de l'ocre, du carmin, etc., et si elles sont bien d'accord entre elles; si le ton de la couleur est monté tout aussi haut qu'il peut l'être, par l'artifice des teintes et demi-teintes, et par l'intelligence des lumières et des ombres; s'il en résulte, en un mot, un coloris fort, qui ait de la vivacité, de l'éclat, de la fraîcheur et de la suavité;

Enfin, si le pinceau a donné aux étoffes les yeux qui les caractérisent; si les touches ont de la hardiesse, de la liberté; et si, dans les objets les plus près de la vue, les teintes sont bien fondues ensemble.

Voilà dans quelle étendue et avec quelle succession, doivent se faire l'examen et la discussion qui préparent le jugement et l'appréciation qu'on désire.

Il est aisé de conclure de là que la plupart des arrêts portés en ces matières sont précipités, parce que, en général, on ne consacre que quelques instants à un examen qui demanderait une longue étude. On n'attache cet examen qu'à certaines parties : chacun suit en cela son goût particulier; et quelques observations très superficielles, secondées par l'opinion que fait naître la célébrité d'un artiste, décident souvent de l'approbation ou de la censure. ([10])

### L'AMATEUR DOIT S'AGRANDIR AVEC LE PEINTRE.

L'âme d'un véritable artiste ayant mis en œuvre toutes les ressources de la pensée et de l'art, l'âme de l'amateur doit résonner à l'unisson. Si cet amateur n'est pas assez instruit pour pénétrer dans tous les détails, soit d'invention, soit d'exécution; s'il n'est susceptible d'un peu de l'enthousiasme

---

([10]) Une des plus grosses erreurs que l'on puisse commettre, c'est de confondre les deux mots : *mérite* et *succès*. Ils ne vont pas assez souvent de compagnie pour qu'on les prenne l'un pour l'autre. Tel soi-disant artiste, sans mérite aucun, obtient par sa manière d'être, par son savoir-faire, un énorme succès, hors de toute proportion avec ce qu'il a produit; tel autre, au contraire, génie modeste, manquant d'habileté dans les rapports du monde, enfantera des œuvres admirables.

De temps à autre, il meurt dans quelque coin un Maître qui a vécu ignoré, dédaigné peut-être. La réclame produite par l'annonce de son décès intrigue bien des gens.

— Vous dites qu'un homme de talent est mort? Comment s'appelle-t-il? Un tel. Ah! vraiment. Et c'est lui qui a fait cela? Mais c'est admirable!

Et voilà un nom de plus qui devient illustre. Il est bien temps. On a laissé peiner le pauvre homme toute sa vie.

Le lendemain de sa mort on le couvre de lauriers. Combien n'ont obtenu ainsi de leurs contemporains qu'une justice posthume!

qui animait le Maître, il ne lui offrira qu'une admiration vulgaire : son tableau n'est pas fait pour lui. (11)

L'amateur doit s'agrandir avec le peintre; plus celui-ci déploie de ressources et de talent, plus il faut à celui-là de connaissances pour l'apprécier; l'esprit d'un homme de talent supérieur ne peut réfléchir que sur des esprits analogues les grandes pensées qu'il a produites. Le véritable artiste ne montre sa pensée qu'à quiconque a des yeux pour voir. (12)

### LE TABLEAU DOIT ÊTRE JUGÉ COMME LE LIVRE.

Le tableau doit être jugé comme le livre ; l'œuvre d'art ne peut avoir de mérite que par les mêmes pensées et les mêmes

(11) Ce qui distingue un connaisseur d'un amateur, lisons-nous dans le *Dictionnaire de l'Académie*, ce n'est pas seulement, comme le terme l'implique, la supériorité du savoir et du goût réfléchi sur l'inclination pure, la faculté acquise de juger en connaissance de cause, des mérites ou des défauts particuliers d'une œuvre d'art; c'est aussi l'autorité, indépendante jusqu'à un certain point, de l'expérience scientifique, que peuvent donner des aptitudes innées et une clairvoyance naturelle. Pierre-Jean Mariette (1694 † 1774), par exemple, était dans l'acception la plus exacte du mot « connaisseur », parce que les lumières que son intelligence avait dues à l'étude comparée des œuvres appartenant aux diverses Écoles, n'avaient été que la conséquence et le développement de l'étincelle secrète qu'il portait en lui.

On entend en général, par amateur ou par curieux, un homme que ses instincts entraînent à rechercher la vue ou la possession de certains tableaux, objets d'art ou raretés; mais il ne s'ensuit pas que, en méritant d'être ainsi qualifié, cet homme ait par cela même une compétence irrécusable : un connaisseur, au contraire, n'est tel qu'à la condition de ne pas s'en tenir au plaisir de jouir instinctivement des choses. Un amateur enfin, pour tout ce qui concerne les arts du dessin, comme un dilettante en matière de musique, peut n'avoir que des goûts, et même des goûts peu éclairés; la dénomination de connaisseur ne saurait s'appliquer qu'à des hommes capables non seulement d'aimer les œuvres de l'art, mais encore d'en discerner sûrement, d'en apprécier avec une complète justesse, les beautés ou les imperfections.

(12) « Le plus grand artiste n'est pas celui qui vient dans nos maisons revêtir nos costumes, se conformer à nos habitudes, nous parler l'idiome de chaque jour et nous donner le spectacle de nous-mêmes : le plus grand artiste est celui qui nous conduit dans les régions de sa pensée, dans les palais ou les campagnes de son imagination, et qui là, tout en nous parlant la langue des dieux, tout en nous montrant des formes et des couleurs idéales, nous laisse croire un instant, à force de vérité dans ses mensonges, que ces régions sont celles où nous avons toujours vécu, que ces palais nous appartiennent, que ces paysages nous ont vu naître, que cette langue est la nôtre, et que ces formes, ces couleurs créées par son génie, sont les formes et les couleurs de la nature elle-même. » CHARLES BLANC. *Op. cit.*

qualités qui font le prix de la littérature. A l'orateur et au poète seuls, appartient le privilège dénié au peintre d'expliquer leurs pensées, et d'attacher une signification aux images; Raphaël lui-même n'a pu donner la vie morale à une multitude de figures allégoriques dont il s'était plu à inventer les formes, le mouvement et les attributs.

« Le meilleur tableau, écrit John Ruskin, dans ses *Lectures on Art*, est celui qui renferme le plus d'idées et les idées les plus hautes »; à quoi il ajoute « que les plus hautes idées sont celles qui tiennent le moins à la forme qui les revêt, et que la dignité d'une peinture s'élève exactement dans la même mesure où les conceptions qu'elle traduit en images sont indépendantes de la langue des images ».

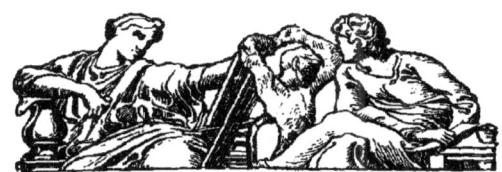

## NOMENCLATURE DES 596 TERMES ANALYSÉS

### EXPLICATIONS PRELIMINAIRES

Les acceptions des termes, dont nous allons donner la nomenclature, pouvant entrer dans la formation de nombreuses expressions variées, ou de sens différents ou opposés, il ne nous a pas été possible de donner, pour chacune d'elles, la reproduction d'une œuvre de Maître permettant d'en rendre saisissante, pour l'esprit et pour les yeux, la caractéristique et la technique.

Nous avons dû nous borner à n'en présenter que deux cent vingt, choisies avec soin. Leur caractéristique, inscrite en tête de chacune, est composée en **CARACTÈRES ANTIQUES**.

En-dessous, ou au bas de la page qui les précèdent, nous avons placé des notes explicatives dans lesquelles entrent des termes, pris dans un sens général ou qui s'y rapportent. Afin d'en faciliter l'intelligence, ces expressions sont signalées par des *caractères italiques*.

Les 141 termes qui ont servi pour nos démonstrations sont précédés d'un astérisque : * ACCESSOIRE. Les numéros d'ordre, composés en carac-

## NOMENCLATURE DES TERMES ANALYSÉS.

tères gras, placés immédiatement après, sont ceux des œuvres reproduites et auxquelles il y a lieu de se reporter : * ACCESSOIRE, 7 (*Voir* fig. 7). Les chiffres en caractères maigres (17) qui les suivent, aussi bien que ceux accompagnant les 142 termes non précédés d'un astérisque, permettent, en se reportant aux dessins, tableaux, etc., reproduits, de retrouver l'emploi de treize cent soixante-neuf expressions prises dans une acception générale.

Il ne s'ensuit pas que la définition des 313 autres termes soit d'un intérêt secondaire. Leur application technique et raisonnée, selon la méthode que nous avons adoptée, pourra en être faite par ceux de nos lecteurs au jugement desquels des œuvres dessinées ou peintes seraient soumises.

### NOMENCLATURE

ACADÉMIQUE, 128.
* ACCESSOIRE, 7, 17, 18, 22, 23, 24, 96, 199, 215.
ACCIDENT, 62, 63, 116.
ACCORD, 99, 100, 101, 104, 105, 144, 145.
* ACCUSER, 8, 51.
ACHEVÉ.
ACTION, 9, 14, 34, 41, 42, 46, 51, 89, 90, 99, 100, 101, 105, 144, 145, 151, 161, 162, 214.
ADHÉRENCE.
ADOUCIR.
ADOUCISSEMENT.
* AÉRIEN, 9, 53, 54, 66.
AFFÉTÉ.
AFFÉTERIE.
AFFAIBLIR.
AFFAIBLISSEMENT.
AGENCEMENT, 51.
AIR, 122, 129, 130, 215.
AJUSTEMENT, 7.
* ALLÉGORIE, 10, 11, 12, 22, 23.
AMATEUR, 43.

AME. — AMOUR.
ANACHRONISME, 47, 48.
* ANAMORPHOSE, 13.
* ANATOMIE, 14, 58.
ANIMALIER.
ANTIPATHIE.
APPRÊT
AQUARELLE.
ARCHAÏSME.
ARRANGEMENT, 15, 88, 169.
ARRÊTER.
ARTICULATION.
ARTISONNÉ, 148, 184.
ARTISTEMENT.
* ASSORTIR, 15, 88.
ASSOURDIR.
ATTACHES.
ATTITUDE, 14, 41, 42, 99, 171, 199, 211, 215.
ATTRAPER.
ATTRIBUT.
* ATTRIBUTION, 16.
AURÉOLE.
AUSTÈRE.
AVANCER.

BACCHANALES.
BALANCE.
* BALANCEMENT, 17, 18, 7, 72, 104, 105, 140, 141, 171.
BALANCER, 171.
BAMBOCHADE.
BARBOUILLAGE.
BARBOUILLEUR.
* BATAILLE, 19, 20.
BAVOCHÉ.
* BEAU, 21, 45, 46, 57, 202, 215.
BEAUTÉ, 43, 59, 95, 108, 126, 127, 203.
BIENSÉANCE.
BISTRE.
* BORDURE, 22, 23, 24 à 31.
BOSSE.
BOUEUX.
BRILLANT, 187, 192, 193.
BRIO.
BRIQUETÉ.
BROSSER.
BRUNISSANT.
* CADRE, 24 à 31.
CALQUE. — CALQUER.

TABLEAUX.

CAMAÏEU.
CAMPER.
* CAPITAL, **32, 33**.
* CARACTÈRE, **34**, 52, 79, 80, 95, **124**, 125, 138, 140, 141, 160, 165, 166, 173, 174, 201, 214, 215.
CARESSÉ.
CARNATION.
CARREAU, 102.
* CARTON, **35**.
CATALOGUE.
* CÉNACLE, **36, 37**.
CHAIRS, 136.
CHAMP, 89, 90, 144, 145.
CHAMPÊTRE, 96, 158, 192, 193.
CHANCIR, 191.
CHASSIS, 148.
CHATOIEMENT.
CHAUD.
CHEF-D'ŒUVRE.
* CHEVALET, **38**, 95, 94, 204 à 207.
CHIC.
CIEL, 60, 122, 156, 157.
* CLAIR-OBSCUR, **39**, 66, 67, 68, 73, 117, 118.
CLAIRS, 123.
CLASSIQUE.
COLORIER, 55, 54.
* COLORIS, **40**, 97, 199.
COLORISTE, 88, 121.
* COMPOSITION, **41, 42**, 17, 18, 58, 72, 79, 80, 91, 100, 101, 103, 104, 105, 106, 107, 115, 123, 124, 131, 132, 144, 145,

146, 147, 156, 157, 168, 173, 178, 183, 195, 203, 208, 209, 211, 214.
* CONNAISSEUR, **43**.
CONTORSION.
* CONTOUR, **44**, 58, 73, 125, 175, 177 à 181, 200, 212.
CONTOURNER.
* CONTRASTE, **45, 46**, 91, 196, 210.
CONTRASTER, 211.
CONTRE-ÉPREUVE.
CONTRE-ÉPREUVER.
CONTRE-HACHER.
* CONVENANCE, **47, 48**, 15.
CONVENTION, 209.
* COPIE, **49**, **50**, 98, 102, 115.
COPIER, 102.
COPISTE.
* CORRECTION, **51**, 8, 120, 175.
CORRESPONDANCE.
* COSTUME, **52**, 34, 158.
COUCHER.
COULANT. — COULÉ.
* COULEUR, **53, 54**, 15, 22, 25, 40, 49, 50, 51, 65, 75, 89, 90, 91, 104, 105, 121, 173, 174, 187, 188, 198.
COUP.
COUP-D'ŒIL, 82, 85.
CRASSE.
CRATICULER.
CRAYON, 119, 187, 198.
* CROQUIS, **55, 56**, 102, 106, 107, 160, 200.

CROUTE.
CRU, 49, 50.
CYMAISE.
* DÉCENCE, **57**.
DÉCORÉ, 12, 13, 196, 197, 209.
DÉCOUPÉ.
DÉGRADATION, 40.
DÉLICATESSE.
DÉLINÉATION.
DEMI-TEINTE.
DÉPOSITION, 167.
* DESSIN, **58**, 13, 35, 45, 47, 48, 50, 51, 73, 74, 82, 83, 97, 98, 102, 106, 107, 114, 139, 175, 188, 198, 200, 212.
DESSINATEUR, 75, 187.
DESSINER, 8, 139, 200.
DÉTACHER.
* DÉTAIL, **59**, 65, 116, 119, 195.
DÉTREMPE.
* DEVANT, **60**.
DÉVELOPPEMENT, 103, 144, 145, 214.
DEVISE.
DISPOSITION, 8, 17, 18, 115, 140, 141, 215.
DISTRIBUTION, 64.
* DONATEUR, **61**.
DOUBLE.
DRAPERIE, 7, 74, 128, 169.
DUR, 49, 50.
ÉBAUCHE, 73.
ÉBAUCHER.
ÉCAILLAGE, 215.
* ÉCHAPPÉE, **62, 63**.
ÉCHELLE.

## NOMENCLATURE DES TERMES ANALYSÉS.

\* ÉCHO, **64.**
ÉCLAT, 64, 91, 121, 187, 194.
ÉCLECTISME.
ÉCOLES, 43, 98, 121, 121, 135, 142, 196.
ÉCORCHÉ.
\* EFFET, **65**, 15, 39, 45, 46, 52, 53, 54, 64, 66, 67, 68, 88, 96, 117, 118, 122, 128, 129, 130, 136, 156, 157, 196, 198, 199, 201, 209.
EFFIGIE.
EFFUMER.
ÉGRATIGNÉ.
ÉLÈVE.
\* ÉLOIGNEMENT, **66.**
ÉLUDORIQUE.
EMBLÈME.
EMBOIRE.
EMBU.
EMMANCHEMENT.
EMPATEMENT.
EMPATER.
ENCAUSTIQUE.
ENCOLLER.
ENDUIT.
\* ENFONCEMENT, **67, 68.**
ENFUMÉ.
ENFUMER.
\* ENLÈVEMENT, **69.**
ENLUMINER.
ENLUMINURE.
ENNEMI.
ENSEMBLE, **70, 71,** 60, 79, 80, 84 à 87, 99, 103, 133, 134, 154, 155, 211.
ENTENTE.

ÉPISODE, 195.
\* ÉQUILIBRE, **72,** 171.
ÉQUIVOQUE.
ESPRIT, 116, 199.
\* ESQUISSE, **73, 74,** 109 à 113, 160.
ESQUISSER.
ESTHÉTIQUE.
ESTOMPE.
ESTOMPER.
ÉTEINDRE.
ÉTOFFE, 128, 169, 217.
\* ÉTUDE, **73, 74,** 158.
ÉTUDIER.
EXAGÉRATION, 108, 198, 210.
\* EXÉCUTION, **75,** 81, 97, 100, 101, 135, 152, 153.
EXPOSITION.
\* EXPRESSION, **76 à 78,** 41, 42, 76, 77, 78, 100, 101, 128, 151, 165, 166, 210.
EXTRÉMITÉS.
EX-VOTO.
\* FABRIQUE, **79, 80,** 74, 96, 140, 141, 156, 157, 208.
FACE, 135, 154, 165, 166, 182.
FACILE, 119, 120.
\* FACILITÉ, **81.**
FACTURE.
FAIRE, 81, 98, 119, 121.
FAMILLE.
FANTAISIE.
FARINÉ.
FATIGUER.
FERME, 175.
FERMANS.

\* FERMETÉ, **82, 83,** 75.
FEU, 160.
FEUILLÉ, 122, 201.
FIDÉLITÉ.
FIER.
FIERTÉ.
\* FIGURE, **84 à 87,** 7, 8, 9, 12, 15, 17, 18, 19, 20, 22, 23, 32, 33, 36, 37, 38, 51, 60, 66, 72, 73, 76, 77, 78, 89, 90, 95, 96, 99, 100, 101, 103, 115, 122, 128, 133, 134, 140, 141, 142, 144, 145, 151, 161, 162, 171, 172, 173, 174, 177 à 181, 182, 183, 184, 200, 201, 216.
FIN.
FINESSE, 97.
FINI, 97, 120.
FIXÉ.
FLAMBOYANT.
FLATTER.
\* FLEURS, **88,** 189, 204 à 207.
FLOU.
\* FOND, **89, 90,** 60, 67, 68.
FONDRE.
FORCE.
FORME, 8, 10, 11, 14, 51, 114, 122, 142, 202, 215.
FOUGUE.
\* FRACAS, **91,** 199, 210.
FRAICHEUR.
FRANC.
FRANCHISE, 160.
\* FRESQUE, **92,** 35, 47, 48, 211.
FROID, 49, 50.

FUIR.
GALANT.
* GALERIE, **93**, **94**, 12, 159, 191.
GÉNIE, 92, 114.
* GENRE, **95**, **96**, 137, 140, 141, 196, 204 à 207.
GERÇURE, 213.
GIGANTESQUE.
GLACER.
GLACIS.
GLOIRE.
* GOTHIQUE, **97**.
GOUACHE.
GOUSTOSE.
* GOUT, **98**, 22, 23, 43.
* GRACE, **99**.
GRACIEUX, 192, 195.
* GRADATION, **100**, **101**.
GRAND, 126, 127, 140, 141, 182.
GRANDIOSE, 205.
GRAS.
* GRATICULER, **102**.
GRÊLE.
GRIS.
GRISAILLE.
GROTESQUE.
* GROUPE, **103**, 21, 100, 101, 151, 167, 183, 211.
GROUPER.
GRYLLE.
HACHER.
HACHURE.
HARDI, 120, 126, 127, 214, 215.
HARDIESSE.
* HARMONIE, **104**, **105**, 88, 158, 188.
HÉROÏQUE.

HEURTER, 119, 120.
HISTOIRE, 12, 74, 89, 90, 95, 131, 152, 137, 138, 161, 162, 173, 174, 204 à 207.
* HORIZON, **106**, **107**, 168, 184.
HUILE.
HUMORISTE.
ICONOLOGIE.
* IDÉAL, **108**, 57, 95, 138, 182.
IDÉALISTE.
* IDÉE, **109** à **113**, 115.
ILLUSION, 67, 68.
IMAGE, 12, 44, 114, 163, 164, 200, 202.
* IMAGINATION, **114**, 45, 46, 52, 57, 65, 109, 110, 111, 112, 113, 156, 157, 160, 210, 211.
IMAGINER.
* IMITATION, **115**, 39, 49, 50, 88, 98, 128, 156, 198, 202, 216.
IMPRESSION, 52.
IMPRESSIONNISTE.
IMPRIMER.
INCERTAIN.
INCORRECTION.
* INDIVIDUEL, **116**.
INGRAT.
INSERTION.
INSPIRATION.
INSTITUT.
* INTELLIGENCE, **117**, **118**, 41, 42.
INTÉRIEUR, 62, 63, 195.
INTRANSIGEANT.
INVENTION.
JET, 160.

JUSTE, 82, 83.
* LARGE, **119**, 120, 126, 127, 149, 150.
LAVIS.
LÉCHÉ, 53, 54.
LÉGER. — LÉGÈRETÉ.
LIBERTÉ.
* LIBRE, **120**.
LICENCE.
LICENCIEUX.
LIGNE, 44, 79, 80, 104, 105, 106, 107, 140, 141, 156, 157, 163, 164, 168, 200.
LINÉAIRE, 66, 212.
* LOCAL, **121**.
LOINTAIN, 66, 201.
* LOURD, **122**.
LUISANT.
* LUMIÈRE, **123**, 39, 45, 46, 53, 54, 62, 63, 64, 96, 100, 101, 103, 104, 105, 117, 118, 119, 122, 123, 128, 129, 130, 145, 149, 150, 188, 195, 199.
LUMINISTE.
MACHINE.
MAGIE.
MAIGRE.
MAIN, 75, 81, 82, 83, 120.
MAITRE.
* MALE, **124**, **125**.
MANIEMENT.
MANIER.
* MANIÈRE, **126**, **127**, 16, 58, 72, 81, 98, 115, 119, 121, 146, 147, 155, 173, 174.
MANIÉRÉ.
MANNEQUIN.

## NOMENCLATURE DES TERMES ANALYSÉS.

* MANNEQUINÉ, **128**.
MANŒUVRE.
MAQUETTE.
MARCHE.
* MARINE, **129**, **130**, 196.
MAROUFLER.
MASQUE.
MASSE, 7, 17, 18, 64, 72, 104, 105, 122, 140, 141, 149, 150, 171, 182, 188, 196, 215.
MAT.
MATÉRIEL.
MÉCANISME, 125.
* MÉGALOGRAPHIE, **131**, **132**.
MÉLANGE.
MÉNAGER.
MÉPLAT.
MESQUIN.
* MESURE, **133**, **134**.
MÉTIER.
MICHELANGESQUE.
MIGNARD.
MINIATURE, 61.
MODÈLE, 35, 51, 102, 108, 116, 138, 159, 211.
MODELÉ, 175, 198.
MODELER.
* MODERNE, **135**.
MOELLEUX.
MOLLESSE, 49, 50.
MONOCHROME, 40.
MONOTONIE.
MONTER.
* MORBIDESSE, **136**.
MORCEAU, 74.
MORESQUE.
* MORT, **137**.

MOU.
MOUVEMENT, 8, 76, 77, 78, 99, 104, 105, 171, 195, 200, 210.
MYSTÉRIEUX.
* NAÏF, **138**.
NAÏVETÉ, 138.
* NATURE, **139**, 35, 88, 95, 108, 116, 128, 137, 154, 155, 158, 171, 173, 174, 198, 214, 215.
NATURALISTE.
NERF.
NETTOYER.
NEUF.
NEZ, 133, 134, 177 à 181, 184.
NIMBE.
* NOBLE, **140**, **141**, 95.
NOIR, 145.
NOURRI.
NOYER.
NU, 142.
NUANCE.
* NUDITÉ, **142**, 57.
NUIT.
OBSCUR, 145.
* OMBRE, **143**, 39, 53, 54, 62, 63, 119, 125, 128, 149, 150, 188.
OMBRER, 45, 46.
OPPOSITION, 123, 199.
* ORDONNANCE, **144**, **145**, 17, 18, 58, 97, 103, 119, 149, 150.
ORDRE, 21, 64, 70, 71, 203.
ORIENTALISTE.
ORIGINAL, 102.
* ORIGINALITÉ, **146**, **147**, 173, 174.

ORNEMENT, 24 à 31, 210.
OUTRÉ.
PALETTE.
* PANNEAU, **148**, 38, 185.
PANORAMA.
PAPILLOTAGE, 119.
PARACHRONISME.
PARQUETAGE. (Voir PANNEAU.)
* PARTI, **149**, **150**.
PASSAGE.
* PASSION, **151**, 45, 46, 76, 77, 78, 194, 195.
PASTEL.
* PASTICHE, **152**, **153**, 98, 115.
PASTORALES, 192, 193.
PATE.
PATEUX.
PATINE.
PAUVRE, 144, 145.
PAUVRETÉ.
* PAYSAGE, **154** à **158**, 79, 80, 89, 90, 96, 129, 130, 140, 141, 173, 174, 192, 193, 196, 201, 204 à 207, 208.
PAYSAGISTE, 73, 79, 80, 154, 155, 196.
PEINDRE, 198.
PEINÉ, 49, 50.
PEINTRE, 74, 169, 171, 187, 197, 198, 216.
* PEINTURE, **159**, 35, 104, 105, 119, 125, 131, 132, 135, 177 à 181, 183, 185, 192, 193, 204 à 207, 216.
PENDANTS.
PÉNOMBRE.
* PENSÉE, **160**, 220.

PENSER, 9.
PERCÉ.
* PERSONNAGE, **161**, **162**, 47, 48, 61, 91, 100, 101, 138, 151, 199, 214, 215.
* PERSPECTIVE, **163**, **164**, 53, 54, 66, 67, 68, 106, 107, 197.
PETIT, 126, 127.
* PHYSIONOMIE, **165**, **166**, 41, 42, 116, 199.
* PIETA, **167**.
PINCEAU, 198.
PIQUANT. — PIQUER.
PLAFOND, 12, 13, 58.
PLAFONNER.
* PLAN, **168**, 44, 60, 66, 89, 90, 100, 101, 184.
* PLIS, **169**, 128.
POÉSIE.
POÉTIQUE.
* POINT DE VUE, **170**, **170**bis, 106, 107.
POINTILLISTE.
POINTILLÉ.
PONCER.
PONCIS.
* PONDÉRATION, **171**.
* PORTRAIRE, **172**.
PORTRAIT, 116.
* PORTRAITURE, **172**, 116.
POSE, 103, 128, 211.
POSER, 128.
POUSSER.
* POUSSINESQUE, **173**, **174**.
PRATIQUE, 114.
PRÉCIEUX, 82, 85.

* PRÉCISION, **175**.
* PRÉDELLE, **6**, **55**.
PRÉPARAITON.
PRESTESSE, 75.
PRIMITIF.
* PRIMITIFS, **176**, 138.
PRINCIPAL, 123, 214.
PRINCIPE, 108, 215.
PROCÉDÉ.
* PROFIL, **177 à 181**.
PRONONCER.
* PROPORTION, **182**, 102, 122, 153, 154, 173, 174, 182.
PROPRETÉ.
PUR.
* PYRAMIDER, **183**.
RACCORDER.
* RACCOURCI, **184**.
RADIAL.
RAGOUT.
RAIDE, 200.
* RAIES DE BOIS, **185**.
RAME, 204 à 207.
RAPHAÉLESQUE.
RAPPEL.
RAPPORT, 144, 145.
* RÉALISME, **186**.
RÉALISTE.
RECHERCHER, 128, 195, 211.
RÉDUCTION.
RÉDUIRE.
REFLET.
REHAUSSER.
* REHAUTS, **187**.
RELEVER.
RELIEF.
RENDRE, 67, 68, 189.
RENTOILAGE.

REPEINT, 213.
REPENTIR.
RÉPÉTITION.
RÉPLIQUE.
* REPOS, **188**.
REPOUSSOIR.
RÉSOLUTION.
* RESSEMBLANCE, **189**, 108, 116.
RESSENTI.
RESSORT.
* RESTAURATEUR, **190**, **191**.
RESTAURER, 69.
RETOUCHE.
RETOUCHER.
RÉVEILLON.
REVIVRE.
* RIANT, **192**, **193**.
RICHE. — RICHESSE.
ROMANESQUE.
* ROMANTIQUE, **194**, **195**.
ROMANTISME.
ROMPRE, 64.
* RUINE, **196**, 66.
RUPTURE.
SACRIFICE.
SAGE.
SALE. — SALIR.
* SCÉNOGRAPHIE, **197**, 209.
SCIENCE.
SEC.
* SENTIMENT, **198**, 65, 99, 102, 154, 155, 195, 199, 200.
SFUMATO.
SGRAFITTO.
* SILENCE, **199**.
SIMPLICITÉ, 144, 145, 199.

SINUEUX.
SITE, 96, 154, 155, 156, 157, 192, 193, 195, 197.
SOIGNÉ, 120.
SOLIDE, 122.
SORTIR.
* SOUPLESSE, **200**, 136.
SOURD. — SOUTENIR.
* SPIRITUEL, **201**.
STANTÉ.
STRAPASSER.
STYLE, 95, 125, 135, 140, 141, 142, 173, 174, 209.
SUAVE.
* SUBLIME, **202**.
SVELTE. — SYMBOLE.
SYMÉTRIE.
SYMPATHIE.
* TABLEAU, **204 à 207**, 58, 59, 61, 65, 67, 68, 69, 79, 80, 105, 106, 107, 115, 117, 118, 120, 125, 129, 130, 135, 137, 138, 139, 142, 148, 149, 150, 151, 152, 153, 156, 157, 158, 159, 160, 161, 162, 168, 173, 174, 175, 183, 185, 187, 188, 189, 191, 196, 198, 208, 215, 216.

TACHE.
TALENT.
TAPAGE. — TAPER.
TATER.
TEINTE, 125, 143, 188.
TEINTER.
TENDRE.
TENDREMENT.
TENDRESSE.
TERMINER.
* TERRAIN, **208**
TERRASSE.
TÊTE, 74, 133, 134, 177 à 181, 184, 215.
* THÉÂTRAL, **209**, **210**,
THÉORIE.
TIMIDE, 126, 127.
TON (TEINTE), 187.
TOUCHE, 82, 83, 119, 120, 128, 175, 187, 198, 201.
TOUCHER.
* TOURMENTER, **211**, 188.
TOURNER.
TOUT-ENSEMBLE, 188, 205.
* TRAIT, **212**, 55, 56, 73, 76, 77, 78, 102, 109,

110, 111, 112, 113, 116, 119, 160, 165, 166, 198, 201.
TRAITER.
TRANCHANT, 149, 150.
TRANSPARENT, 122.
TRAVAIL, 119.
* TRÉZALÉ, **213**.
TROU. — TUER.
TYPE. — UNION.
* UNITÉ, **214**, **215**, 64, 144, 145, 203, 214.
VAGUE, 201.
VALEUR.
VAPOREUX, 122.
* VARIÉTÉ, **215**, 129, 130, 144, 145, 201.
VÉRITÉ, 121, 138, 144, 145.
VERNIR.
* VIE, **216**.
VIERGE.
VIGOUREUX.
VIGUEUR, 122.
VOTIF, 61.
VRAI (VÉRITÉ).
VUE, 64, 125, 156, 157, 158, 170, 170bis, 184, 188, 192, 195, 198.
* YEUX, **217**, 108, 128.

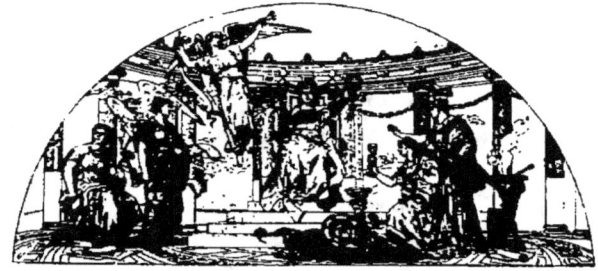

Fig. 5. — Fresque de la Façade du Palais des Beaux-Arts, à Turin.

## PUBLICATIONS A CONSULTER

*Les Primitifs français*, par HENRI BOUCHOT. — *Nos peintres du siècle*, par JULES BRETON. — *Le Musée Gustave Moreau*, par P. FLAT. — *La peinture française au début du dix-huitième siècle*, par PIERRE MARCEL. — *Félix Ziem*; et, *Rosa Bonheur*, par L. ROGER-MILÈS. — *En Flânant*, par HENRY HALLAYS. **(G. Baranger fils.)**

*Histoire de l'Art*, depuis les premiers temps chrétiens jusqu'à nos jours. Ouvrage publié sous la direction de M. ANDRÉ MICHEL. **(Armand Colin.)**

*Histoire générale des Beaux-Arts*, par ROGER-PEYRE. — *Traité de la Peinture*, par LÉONARD DE VINCI. Traduction nouvelle d'après le *Codex Vaticanus*, avec un Commentaire perpétuel par PÉLADAN. **(Ch. Delagrave.)**

*Les Primitifs Français*; et, *Inventaire général illustré des dessins de l'École Française du Musée du Louvre et du Musée de Versailles*, par JEAN GUIFFREY. **(Charles Eggimann.)**

*Les Chefs-d'œuvre de la Peinture, de 1400 à 1800*, par MAX ROOSES. — *Histoire des Beaux-Arts, de 1800 à 1900*, par LÉONCE BÉNÉDITE. — *Histoire de France, complétée par l'Image*, par ARMAND DAYOT. — *Bibliothèque des Arts appliqués aux métiers*, par : HENRY HAVARD, ALFRED KELLER, AUGUSTE LEFEBURE, ROGER-PEYRE, GEORGES DE RECY, EDMOND VALTON. **(Ernest Flammarion.)**

*Études sur quelques artistes originaux.* — *Les Maîtres de l'art contemporain.* — *Petite Bibliothèque d'Art moderne.* **(Henri Floury.)**

*Léonard de Vinci*, par EUGÈNE MÜNTZ. — *La peinture anglaise contemporaine.* — *Ruskin et la religion de la beauté.* — *Les questions esthétiques contemporaines*, par R. DE LA SIZERANNE. — *Les Beaux-Arts et la nation*, par CH. COUYBA. — *Histoire générale de l'Art.* **(Hachette et Cie.)**

*Les peintres illustres*, publié sous le haut patronage de M. HENRY ROUJON, de l'Académie française, Secrétaire perpétuel de l'Académie des Beaux-Arts. **(Pierre Lafitte et Cie.)**

*Histoire des peintres de toutes les Écoles*, depuis la Renaissance jusqu'à nos jours, avec notes, recherches et indications, par CHARLES BLANC. — *Histoire populaire des Beaux-Arts*, École Italienne. École Française. Écoles Flamande et Hollandaise. Écoles Allemande, Espagnole et Anglaise, par ARSÈNE ALEXANDRE. — *Répertoire chronologique de l'histoire universelle des Beaux-Arts*, par ROGER-PEYRE. — *Les Grands Artistes*, Collection d'enseignement et de vulgarisation. — *Les Galeries d'Europe.* — *Les Maîtres contemporains.* **(Henri Laurens.)**

*L'art de regarder les tableaux*, par A. BEAUNIER. — *L'Art français, des origines au dix-neuvième siècle*, par MARCOU et MOLINIER. — *Crayons du seizième siècle*, par MOREAU-NÉLATON. — *Les Artistes français*, par TH. SYLVESTRE. **(Émile Lévy.)**

*Les Chefs-d'œuvre des Musées.* — *Collection d'Art Français.* **(Manzi, Joyant et Cie.)**

*L'Art de notre temps.* — *Les plus grands artistes de l'École moderne.* **(Ed. Mignot.)**

*Les Musées d'Europe*, par GUSTAVE GEOFFROY. **(Perr Lamm.)**

*Les Maîtres de l'Art*, Collection de Monographies d'artistes, publiée sous le haut patronage du Ministère de l'Instruction publique et des Beaux-Arts. **(Plon, Nourrit et Cie.)**

*Dictionnaire Critique et Documentaire des peintres, dessinateurs, graveurs et sculpteurs, de tous les temps et de tous les pays*, par E. BENEZIT. **(R. Roger et F. Chernoviz.)**

*Archives de l'Art Français. Nouvelles Archives de l'Art Français.* — *Critique et controverse, touchant différents points de l'histoire des arts*, par L. DIMIER. **(Jean Schemit.)**

*Le Professorat du Dessin*, par HENRY GUÉDY, avec Préface de M. EUGÈNE GUILLAUME, Directeur de l'Académie de France, à Rome. **(Vuibert.)**

Les grandes publications hebdomadaires illustrées : *Historia*, directeur : JULES TALLANDIER. — *L'Illustration*, directeur : RENÉ BASCHET. — *Le Monde Illustré*, directeur : JOSÉ FRAPPA.

Les Magazines mensuels et bi-mensuels : *Je sais tout.* — *Les Lectures pour tous.*

Les Revues d'Art : *L'art et les Artistes*, directeur : ARMAND DAYOT. — *Art et Décoration*, directeur : EMILE LÉVY. — la *Gazette des Beaux-Arts*, directeur : THÉODORE REINACH. — *La Revue de l'Art ancien et moderne*, directeur : JULES COMTE. — *Les Arts*, Revue mensuelle illustrée des Musées, Collections et Expositions : MANZI, JOYANT ET Cie.

Les Revues de littérature et d'art : *Le Correspondant.* — *Gazette de l'Hôtel Drouot.* — *Mercure de France.* — *Revue Artistique.* — *Nouvelle Revue.* — *Revue des Deux Mondes.* — *Revue Contemporaine.* — *La Revue* (ancienne Revue des Revues). — *Revue de Paris.*

Nous avons relevé de précieuses indications dans les descriptions de Galeries célèbres, et analyses des Ateliers de Maîtres, que notre collaborateur et ami L. Roger-Milès, expert près la Cour d'Appel de Paris, a présentées aux connaisseurs pendant ces vingt dernières années.

Il y a, dans ces publications qui constituent une bibliothèque spéciale, une source abondante d'informations, rédigées avec le souci constant de l'exactitude et qui nous ont fourni des renseignements techniques d'une réelle utilité.

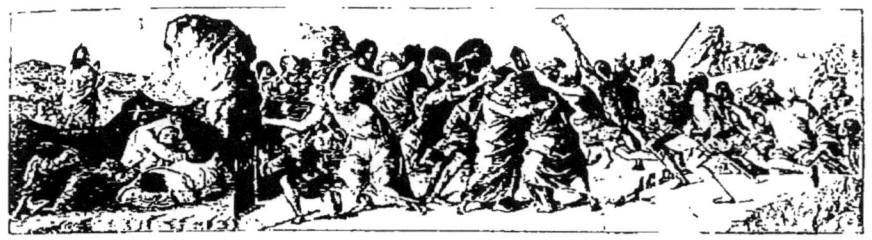

Fig. 6. — École de* Roberti (1450? ✝ 1496?).
Le Christ au Jardin des Oliviers, et son arrestation (V. fig. 55).
Partie de la *Prédelle* conservée au Musée royal de Dresde (V. page 266).

# COMMENT APPRÉCIER
## les
## PREMIÈRES-IDÉES, CROQUIS, ESQUISSES, PRÉPARATIONS
# ÉTUDES, TABLEAUX, DESSINS
## AQUARELLES, GOUACHES, PASTELS, MINIATURES

### DÉFINITION DE LA TECHNIQUE DES ARTISTES
#### SIGNIFICATION DES TERMES ET APPLICATION QU'IL EST D'USAGE D'EN FAIRE

**ACADÉMIQUE** (adj.). — Le véritable STYLE ACADÉMIQUE ne se caractérise ni par la contrainte ni par l'emphase, mais par une tendance marquée vers le noble et le délicat. C'est la protestation de l'imagination réglée contre l'imagination sans règle, de l'art inspiré, mais convaincu et scrupuleux, contre l'art insoucieux et négligé ; un retour vers l'antiquité, qui voyait dans la beauté physique l'image de la beauté morale ; un moyen de ramener les âmes par le secours de l'art aux sphères supérieures de la grandeur, de la pureté et de l'idéal (V. CLASSIQUE).

**ACCESSOIRE**, et plus ordinairement, dans le langage de l'art, ACCESSOIRES, au pluriel (s. m.). Fig. 7. — Ornements indépendants des figures du tableau, et qui, sans être essentiels à la composition, sont cependant utiles, soit sous le rapport pittoresque, pour remplir les parties qui seraient sans cela trop nues, pour établir le balancement des masses, former des repoussoirs, concourir à l'harmonie des couleurs, ajouter à l'éclat et à la richesse du tableau ; soit sous le rapport de la composition poétique, pour faciliter l'intelligence du sujet, rappeler quelques-unes des circonstances qui ont précédé ou qui vont suivre l'action, faire connaître l'état et les habitudes des personnages, caractériser les mœurs générales, et par elles le siècle et le pays dans lesquels l'action s'est passée, etc. On dit du peintre qui compose et exécute ces objets avec talent, qu'il fait bien les accessoires, ce qui alors comprend aussi toutes les parties de l'ajustement des figures, les draperies exceptées.

Quelques auteurs rangent parmi les accessoires tout ce qui n'est pas partie essentielle du sujet de la composition, et même les personnages qui ne sont pas nécessaires à l'action. Mais, en ce sens, le mot accessoire se prend adjectivement, cesse d'être technique et rentre dans l'acception générale.

**ACCIDENT, Accident de lumière** (s. m.). — Imitation des effets d'une lumière, autre ou autrement distribuée que celle que le jour a coutume de répandre sur les objets. Tel est l'effet des rayons du soleil, dardés entre les nuages, entre les feuilles d'un arbre touffu ; celui de la lumière qui pénètre par une ouverture étroite dans un lieu obscur ; l'effet du clair de lune, de la lueur de la foudre, des météores, d'une lampe, d'un flambeau, d'un incendie. Bien que, dans le langage de l'art, le mot accident ne s'entende que de ces effets de la lumière, on ne l'emploie pas sans spécification. Ainsi, on ne se ferait point comprendre en disant d'un tableau qu'il présente de beaux accidents, de singuliers accidents, de lumière.

**ACCORD** (s. m.). — Le choix, l'assortiment, et la dégradation par nuances, des couleurs, tels qu'il les faut pour produire un ensemble harmonieux (V. HARMONIE).

Ces expressions, accord, harmonie et quelques autres semblables, transportées ainsi du vocabulaire technique de la musique à celui de la peinture, n'ont rien de trop hardi, rien qui ne se sente fort bien, et ne se puisse comprendre facilement.

Le rapprochement de certaines couleurs produit sur l'œil le moins délicat une sensation désagréable que l'on exprime en disant que ces couleurs, ainsi mises ensemble, jurent. Il est, au contraire, d'autres couleurs dont la réunion est douce à la vue, qui vont bien ensemble, comme l'on dit aussi vulgairement.

Un tableau, indépendamment du sujet qu'il représente, et de la manière dont ce sujet est disposé et tracé sur la toile, à ne le considérer que par son action sur l'organe de la vue, sera donc un objet plus ou moins agréable, suivant le choix des couleurs et l'ordre dans lequel elles auront été disposées et nuancées. Or, cette action du concours des couleurs sur l'organe de la vue est assez semblable à celle du concours des sons sur l'organe de l'ouïe, pour que leurs principaux effets communs se puissent exprimer par les mêmes mots (V. ANTIPATHIE).

**ACCUSER** (v. a.). Fig. 8. — Accuser le nu, faire que l'on distingue, que l'on aperçoive, sous leur enveloppe, la forme, la disposition et le mouvement des parties de la figure que le vêtement recouvre.

Pour accuser le nu sous les draperies, il faut après avoir bien conçu, ou, mieux encore, après avoir dessiné correctement le modèle nu, ajuster le vêtement de manière que le jet et le mouvement des plis soient conformes à la disposition et au mouvement de la figure, et que par intervalles la draperie, tombant et s'appliquant d'elle-même

**LES ACCESSOIRES SONT INDÉPENDANTS DES FIGURES D'UN TABLEAU**

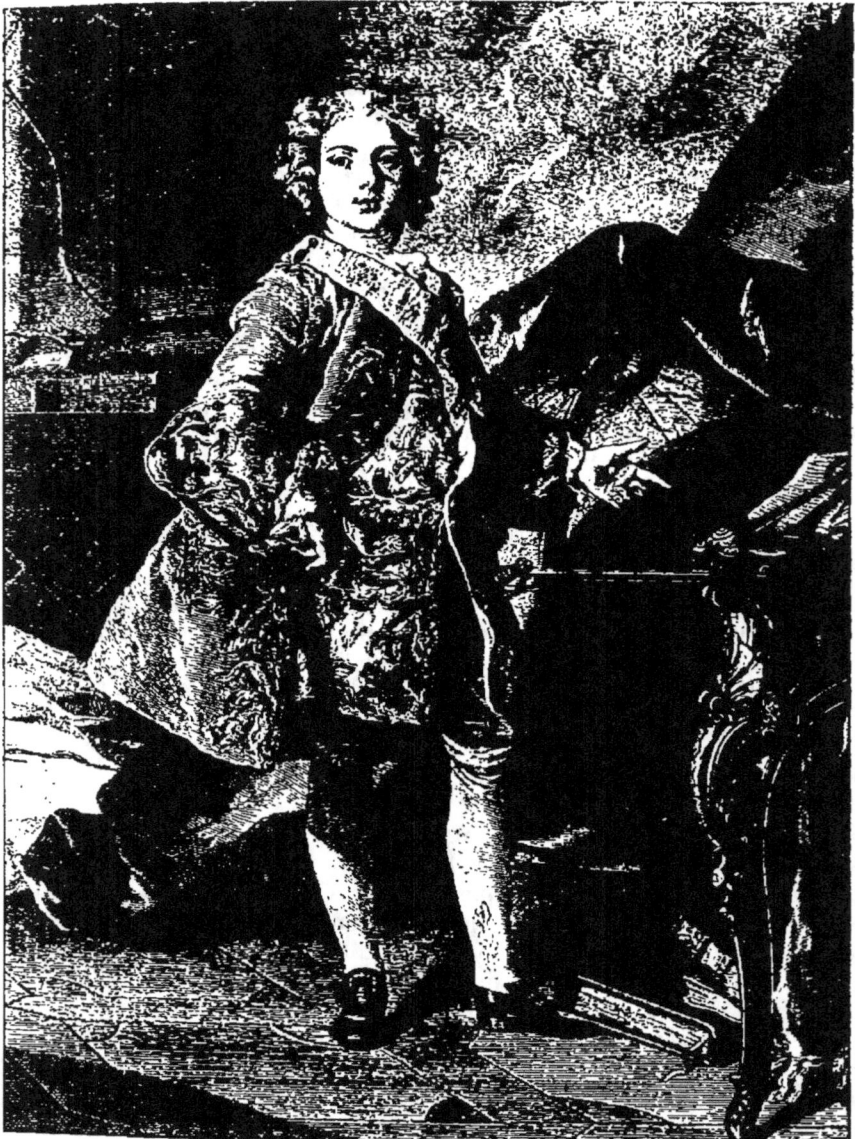

Fig. 7. — Louis Tocqué (1696 ✝ 1772). — Louis XV adolescent (Musée du Louvre).

Les *accessoires*, *draperies* diversement *ajustées*, trophées appendus aux murailles, devises, images des divinités, meubles, tapis, lampes, groupes de vases, d'armes, etc., sont indépendants des *figures* d'un *tableau* et forment des *repoussoirs*, établissent le *balancement* des *masses*, etc.

sur les parties saillantes, se prête exactement à leur forme, et n'ajoute presque rien ou même absolument rien à leur volume.

En effet, les plus grands peintres ont souvent pris le parti de faire abstraction en quelque sorte de l'épaisseur de la draperie, tellement que les parties de nu qu'ils ont voulu accuser ne diffèrent en rien, quant à la pureté et à la franchise des formes, du nu à découvert. A l'aide d'une fiction presque toujours heureuse, la présence de la draperie n'est indiquée, dans ces endroits, que par sa couleur différente de celle de la peau. Les sculpteurs font de même ; ils ne donnent presque pas ou même point du tout d'épaisseur aux draperies, dans les endroits où le nu doit être accusé. Les uns et les autres n'ont pas craint quelquefois d'user de cette fiction à l'égard d'enveloppes qui l'admettent moins facilement encore que les draperies. Telles sont, dans un grand nombre de tableaux, ces cuirasses malgré lesquelles tout le système musculaire du torse s'aperçoit avec le même détail, et aussi exactement que si la figure était nue. La sculpture elle-même fournit quelques exemples de cette espèce d'armure idéale (*V.* DRAPERIE).

Dans le même sens : accuser les muscles et les os sous la peau, c'est dessiner le nu correctement, et quelquefois marquer les méplats, les renflements, les insertions des muscles, la saillie et les articulations des os, un peu plus fortement même que ne le comportent dans la nature l'épaisseur et le degré de souplesse de la peau.

**ACHEVÉ, ÉE** (adj.). — Accompli, parfait ; expression du langage géné-

---

NOTE RELATIVE A LA FIGURE 8. — La plupart des tableaux anciens ont subi des restaurations ; on possède peu de ces œuvres telles qu'elles ont été créées. Entre plusieurs centaines d'exemples, signalons le *Saint Michel* de Raffaello Santi (fig. 8) qui, primitivement peint sur bois, était si endommagé lorsqu'il arriva à Fontainebleau en 1518, que Francesco Primaticcio (1504 † 1570) fut chargé de le restaurer en 1550, en même temps que la *Sainte Marguerite*, la *Sainte Anne* (la sainte Famille), et le *Portrait de la reine de Naples* (Jeanne d'Aragon). Le Primatice ne se contenta pas de nettoyer le vernis de ces tableaux, il les retoucha.

La restauration du Primatice ne fut pas suffisante, puisque les *Comptes des bâtiments royaux* nous apprennent, à la date du 8 mai 1685, qu'on délivra « 2,200 livres au sieur Guérin, peintre, pour avoir rétabli le tableau de *Saint Michel* de Raphaël, pour le service du roy ». A en juger par la somme allouée à l'artisan cette restauration dut être fort importante.

En 1755, le panneau étant fortement artisonné, Picault transporta la peinture sur toile. En 1776, la toile se trouvant gâtée, Haquin rentoila le tableau qui, une fois encore, fut soumis à la même opération en 1800 par Picault fils. — Vers 1860, la peinture du *Saint Michel* se détachant par écailles ou se réduisant en une espèce de poussière, aussi fragile que le pastel, on dut renoncer à refixer les parties soulevées et il fallut procéder à l'enlèvement. Cette opération, en mettant à nu l'envers de la peinture jusqu'au simple contour préparatoire, tracé au crayon par le Maître avant de prendre la palette, a étalé, pour ainsi dire chronologiquement, la série des restaurations que le *Saint Michel* a subies.

De nombreux tableaux ont été couverts par des superpositions de vernis épais, voile jaunâtre, cachant de maladroits repeints, taches de lèpre étalées par des peintres improvisés restaurateurs, qui, pour raccorder plus aisément le ton, ont étalé des plaques de couleur sur des portions de peinture tout à fait saine. Quelques-uns, pour satisfaire à des scrupules de pruderie mal entendus, n'ont pas craint de gratter des rehauts pour appliquer plus commodément leurs barbouillages. Charles-Antoine Coypel (1694 † 1752), n'avait-il pas imaginé d'affubler d'une serviette de bain à tons plâtreux, la figure centrale de l'admirable groupe des Trois Grâces, de l'*Éducation de Marie de Médicis* ! (*V.* fig. 12). — Consulter le mot RESTAURATION.

## CE QU'ON ENTEND PAR ACCUSER LE NU, LES MUSCLES ET LES OS

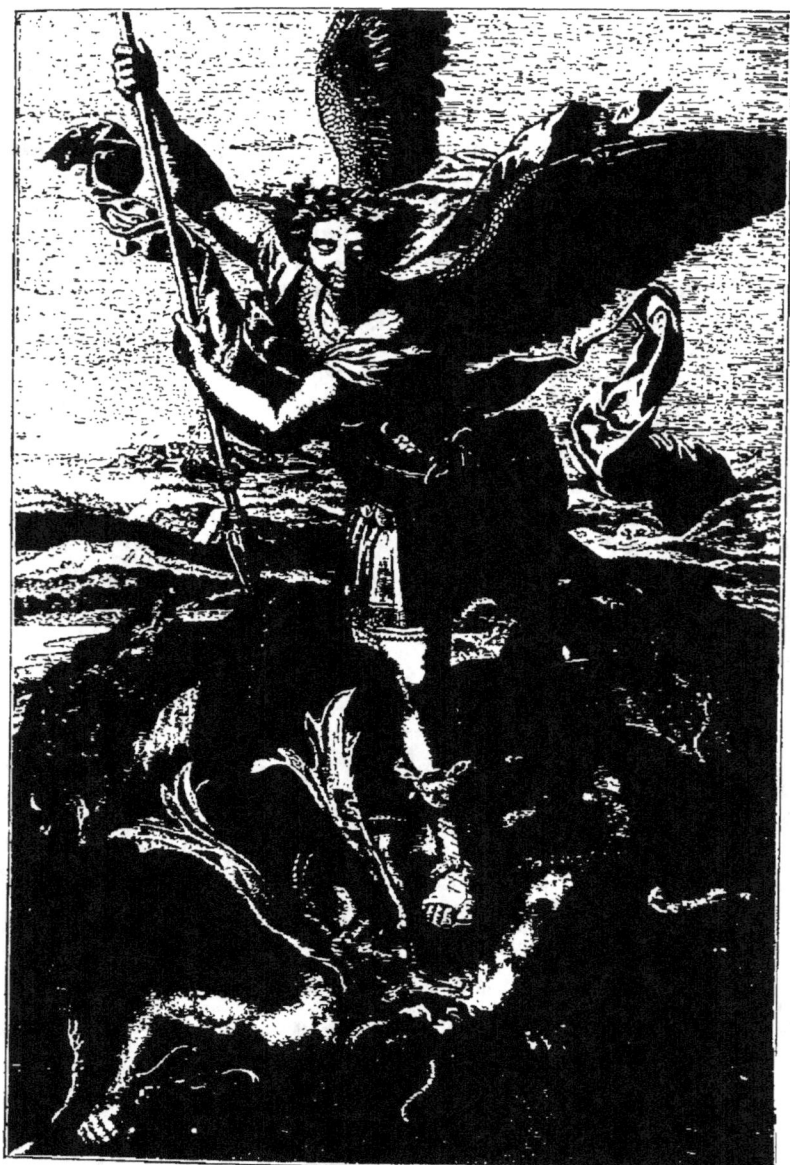

Fig. 8. — RAFFAELLO SANTI (1483 ☩ 1520). S¹ Michel terrassant le démon (Louvre, Paris).

*Accuser* le *nu* est faire que l'on distingue, que l'on aperçoive sous leur enveloppe, la *forme*, la *disposition* et le *mouvement* des parties de la *figure* que le vêtement recouvre. Accuser les muscles et les os sous la peau, c'est dessiner le *nu correctement*.

ral, que nous ne mentionnons que pour ne la point confondre avec les mots fini, terminé (V. FINI, TERMINÉ).

**ACTION** (s. f.). — Effet d'une figure ou de plusieurs figures qui semblent agir. On dit également qu'une figure a de l'action, et qu'il y a de l'action dans l'ensemble d'une composition, pour signifier que cette figure a l'attitude, l'habitude musculaire et l'expression de physionomie, d'un personnage agissant, ou bien pour faire entendre que le concours et la disposition des figures d'un tableau, donnent l'idée d'une action plus ou moins vive.

On appelle aussi action, dans l'acception générale de ce mot, le principal événement qui fait le sujet d'un tableau ou d'un bas-relief, et l'on dit en ce sens qu'une figure, un personnage, prend ou ne prend pas part à l'action. Dans aucun cas, il ne faut confondre l'action avec le mouvement (V. MOUVEMENT).

**ADHÉRENCE** (s. f.). — Effet des parties d'un tableau, qui, manquant de relief, ne se détachent pas assez du fond et semblent adhérentes à la toile.

**ADOUCIR** (v. a.). — Adoucir le coloris d'un tableau, c'est rendre l'effet général des couleurs moins vif, moins fatigant, moins dur, pour l'organe de la vue, soit en diminuant l'éclat de ces couleurs, soit en établissant entre elles plus d'accord, au moyen de demi-teintes graduées convenablement (V. AFFAIBLIR).

**ADOUCISSEMENT** (s. m.). — Procédé par lequel on adoucit le coloris d'un tableau.

**\* AÉRIEN** (adj.). Fig. 9. — S'emploie particulièrement pour spécifier cette partie de la perspective dont les effets résultent de l'interposition de l'air, entre l'objet et l'œil du spectateur (V. PERSPECTIVE AÉRIENNE).

On appelle aussi figures aériennes celles par lesquelles les peintres cherchent à représenter les êtres aériens, les amours, les démons, les songes, les génies, les ombres, tels que les conçoivent les poètes et les philosophes.

Dans ces figures, le peintre fait, autant que son art le permet, abstraction de la pesanteur, de la solidité, de l'opacité du corps, et de l'effort nécessaire à l'action.

**AFFÉTÉ** (adj.). — Se dit d'une figure, ou même de l'ensemble d'une composition pour lesquelles l'artiste a recherché avec affectation une sorte d'élégance et de grâce, autres que celles qui résultent de la beauté des formes ou de la sagesse et de la simplicité de l'ordonnance. Affété se prend donc toujours en mauvaise part.

**AFFÉTERIE** (s. f.).— Manière d'être de ce qui est affété.

**AFFAIBLIR** (v. a.). — Signifie, pris en bonne part, la même chose qu'adoucir (V. ADOUCIR).

Le terme affaiblir s'emploie aussi dans un sens moins favorable, pour exprimer l'abus ou l'exagération de l'adoucissement.

**AFFAIBLISSEMENT** (s. m.). — Effet de l'opération par laquelle on affaiblit le coloris d'un tableau, les tons d'une fresque, d'une estampe.

## ABSTRACTION DE LA PESANTEUR DES CORPS DANS LES FIGURES AÉRIENNES

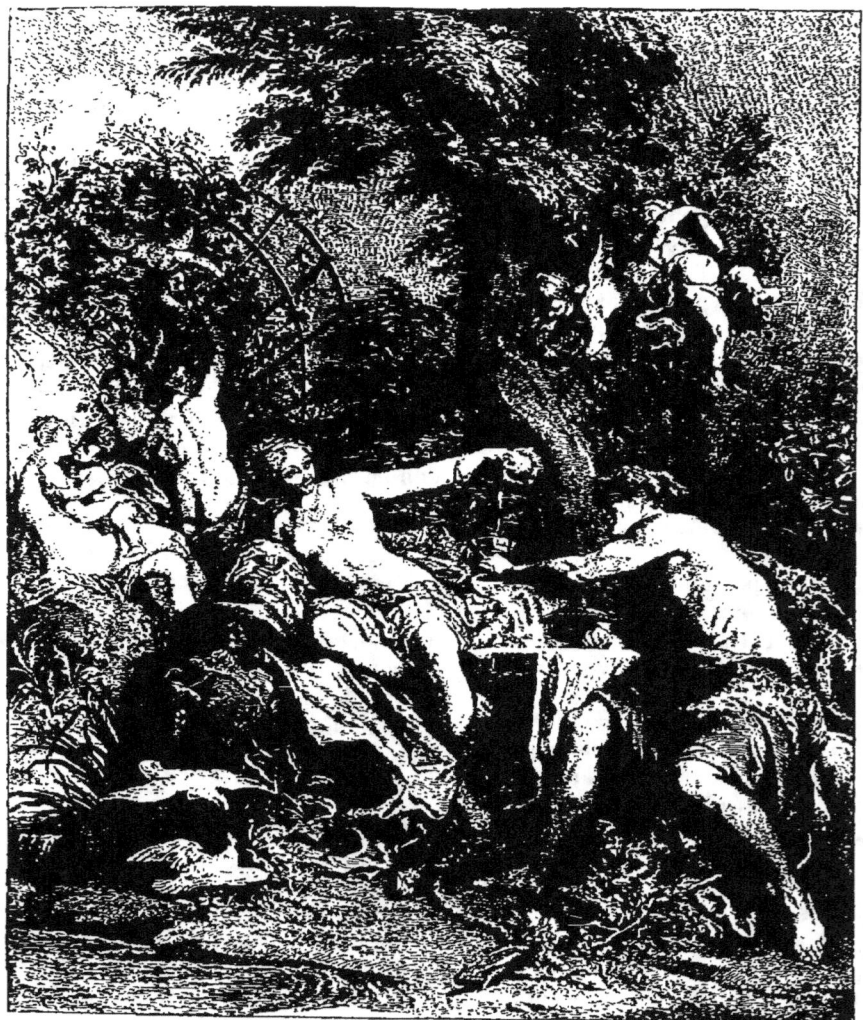

Fig. 9. — Noël-Nicolas Coypel (1692 † 1734). — Alliance de Bacchus et de Vénus.

Les *figures aériennes* sont celles par lesquelles les peintres cherchent à représenter les êtres *aériens*, les amours, les démons, les songes, les génies, etc., tels que les conçoivent les poètes et les philosophes. Dans ces *figures*, le peintre fait, autant que son art le permet, abstraction de la *pesanteur*, de la *solidité*, de l'opacité du corps et de l'effort nécessaire à l'*action*.

**AGENCEMENT** (s. m.). — Arrangement, disposition des parties d'une figure, des draperies sur la figure, ou de plusieurs figures groupées ensemble; il se dit même de la disposition, et de l'arrangement des accessoires d'un tableau.

**AIR** (s. m.). — Apparence, imitation des effets de l'air considéré comme fluide, milieu des corps. On dit qu'il y a de l'air dans un tableau, quand les objets qu'il représente se détachent bien les uns des autres et du fond du tableau, en sorte que l'œil parcourt et mesure l'espace dans lequel le peintre a voulu les faire paraître isolés. Cet effet demande le concours de la perspective linéaire et de la perspective aérienne; mais il procède essentiellement de cette dernière.

AIR. Manière d'être, ne s'applique, dans le langage de l'art, qu'à la tête des figures, et toujours avec spécification : air de tête signifie le port, l'habitude de la tête, son effet général au premier aspect; il ne se dit guère qu'en parlant de portraits : de beaux airs de tête, des airs de tête maniérés, etc.

**AJUSTEMENT** (n. m.). — L'agencement, la composition, l'ordonnance, sont à l'ensemble d'un tableau ce que l'ajustement est à l'accessoire.

On dit la composition d'un tableau, l'ajustement d'une draperie.

\* **ALLÉGORIE** (s. f.). Fig. 10, 11 et 12. — Artifice de l'esprit, par lequel on exprime les idées abstraites et l'on représente les êtres de raison, au moyen et sous la forme d'êtres réels. L'écrivain, qui trouve dans la langue des mots représentatifs des êtres de raison et des êtres réels, use à son choix de ces mots ou de l'image allégorique. S'il préfère quelquefois cette dernière, c'est comme chose de luxe, en quelque sorte, parce qu'elle donne au discours plus d'élégance et de persuasion, ou qu'elle prête à la pensée plus d'éclat, et non faute de pouvoir s'exprimer d'autre manière avec non moins de clarté.

Il n'en est pas de même du peintre, dont la langue, si l'on peut dire, manque de termes pour exprimer les choses intellectuelles, et n'a que des substantifs matériels. Force lui est de recourir à l'allégorie toutes les fois qu'il veut exposer autre chose que le matériel des faits.

Pour cela, la peinture a les attributs, les emblèmes, et certains personnages nés de l'imagination des poètes, ou qu'elle crée pour son propre usage; et de ces divers objets elle compose des tableaux, comme avec les mots et les phrases on compose le discours.

Une massue, un sceptre, un joug, signifient la force, l'autorité, la soumission; une balance, un frein, deux mains pressées l'une dans l'autre, comportent l'idée de la justice, celle de la tempérance et de la bonne foi; un vieillard ailé, armé d'une faux, et traversant l'espace d'un vol rapide et continu, figure le temps; une vierge nue, un miroir à la main, est la vérité; l'envie est représentée par une femme dont un serpent pénètre les entrailles et dévore le foie, tandis que d'autres serpents se hérissent et sifflent sur

## EXEMPLES D'ALLÉGORIES PLEINES DE VIE ET DE SPLENDEUR

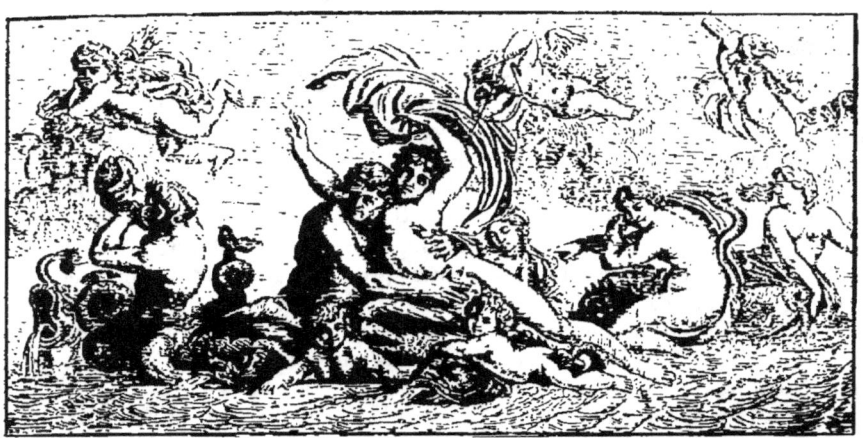

Fig. 10. — Annibale Carracci, dit Annibal Carrache (1560 † 1609).
Le Triomphe de Galatée (Palais Farnèse, Rome).

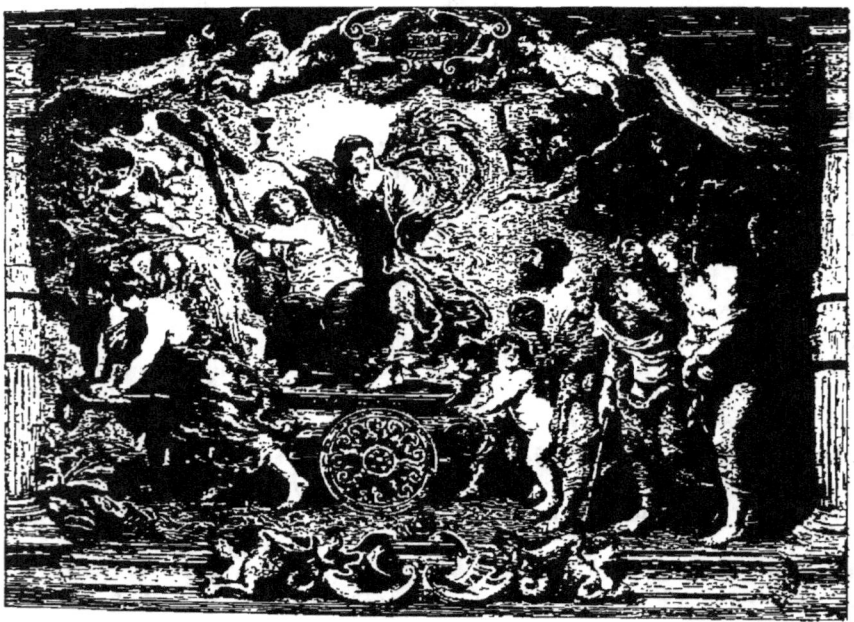

Fig. 11. — Petrus-Paulus Rubens (1577 † 1640). — Le Triomphe de la religion
(Musée du Louvre, Paris).

L'*allégorie* est un artifice de l'esprit, par lequel on exprime les idées abstraites et on représente les êtres de raison, au moyen et sous la *forme* d'êtres réels. Les *allégories* d'Annibale Carracci sont pleines de *vie*, et celles de P.-P. Rubens sont, en général, pleines de splendeur.

TABLEAUX.

sa tête; la discorde est aussi une femme armée d'une torche ardente et d'un poignard.

Le Poussin veut-il dire, dans le langage de son art, que les passions haineuses et la fureur des partis aveuglent ou trompent les contemporains, sur bien des choses que la postérité est appelée à voir sous leur véritable jour, il prend les quatre figures que nous venons de décrire, et compose un plafond où l'on voit le temps enlevant dans son vol et montrant à la terre la vérité, qu'il vient de délivrer de liens où la retenaient la discorde et l'envie. Ce tableau est tout allégorique, et ne représente qu'une pensée, qu'un fait de l'ordre moral : c'est le tableau allégorique simple.

Quelquefois aussi le peintre mêle les images allégoriques à la représentation des objets matériels, de même que l'historien sème de réflexions le récit des faits. Ainsi, dans les tableaux de la Galerie du Luxembourg, transportés au Musée du Louvre, Rubens n'a pas cru devoir se borner à la représentation muette des événements de la vie orageuse de Marie de Médicis; il a voulu dire aussi quelles avaient été les causes, ou quels devaient être les résultats de ces événements. Pour cela, il a introduit, dans plusieurs de ces tableaux historiques, les figures allégoriques de la paix, de la sagesse, de la musique, de la discorde, de l'hypocrisie, de l'éloquence, etc. Charles Le Brun en a usé de même pour les peintures des voussures de la Galerie de Versailles (V. fig. 13).

L'allégorie du genre simple, c'est-à-dire qui ne se mêle pas à quelque sujet d'histoire, et n'est rien que la représentation d'idées abstraites, est souvent obscure, inintelligible, à mesure que se perd la tradition du sens que l'auteur y avait attaché.

Quant aux allégories qu'on fait entrer dans le tableau historique, elles servent plus ou moins et ne sauraient jamais nuire à l'intelligence du sujet. Presque toujours, elles sont l'occasion de belles figures idéales, de belles dispositions pittoresques, et ne blessent en rien la raison, non plus que le goût, quand l'artiste a su en user avec réserve et discernement.

Le mieux, malgré l'autorité de l'exemple des Annibal Carrache, des Rubens, des Le Brun et autres grands peintres, est que les personnages allégoriques ne prennent point part à l'action, du moins de la même manière que le pourraient faire des personnages historiques; il faut, autant qu'il est possible, éviter de les mêler parmi ces derniers, et les distinguer par quelque caractère qui ne puisse appartenir qu'à des êtres surnaturels.

Un point important, c'est que l'artiste se défende de l'ambition de créer des personnages allégoriques; mais qu'il se fasse une loi de n'employer que ceux qui sont nés du cerveau des grands poètes, et dont un long usage a constaté et rendu authentique l'existence. A l'orateur et au poète seuls appartient le privilège dénié au peintre d'expliquer leurs pensées, et d'attacher une signification aux images; Raphaël lui-même n'a pu donner la vie morale à une multitude de figures allégoriques dont il s'était plu à inventer les formes, le mouvement et les attributs.

## LES PLUS GRANDS PEINTRES ONT USÉ DES FIGURES ALLÉGORIQUES

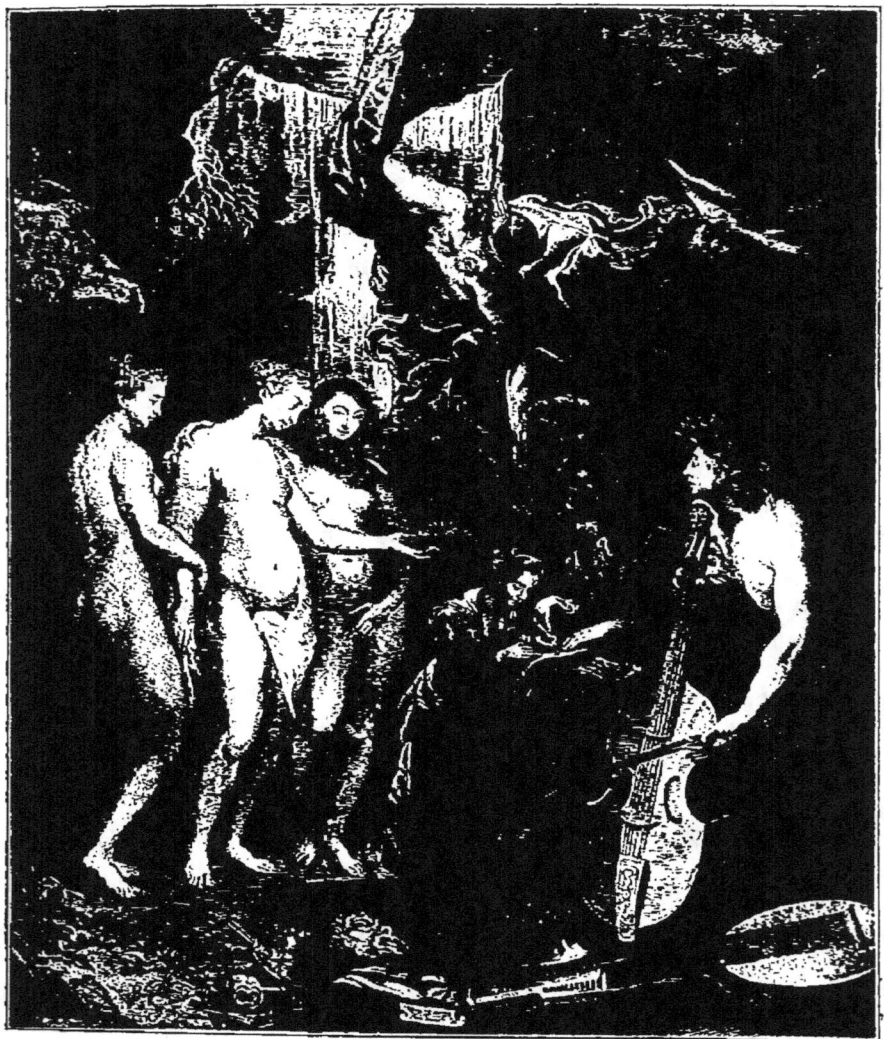

Fig. 12. — Petrus-Paulus Rubens (1577 ✝ 1640). — L'Éducation de Marie de Médicis (Musée du Louvre, Paris). (Consulter la note, page 36.)

Quelquefois le peintre mêle les *images allégoriques* à la représentation des objets matériels, de même que l'historien sème de réflexions le récit des faits. Ainsi, dans les tableaux de la *galerie* du Luxembourg, transportés au Musée du Louvre, P.-P. Rubens n'a pas cru devoir se borner à la représentation muette des événements de la vie orageuse de Marie de Médicis; il a voulu dire aussi quelles avaient été les causes, ou quels devaient être les résultats de ces événements. Pour cela, il a introduit, dans plusieurs de ces *tableaux historiques*, des *figures allégoriques* de la paix, de la sagesse, de la musique, etc. Charles Le Brun en a usé de même pour la *décoration* des voussures de la *galerie* de Versailles (V. fig. 15).

**AMATEUR** (s. m.). — Est, relativement à la peinture, à la sculpture, à l'architecture et à la musique, celui qui a pour ces arts un goût et une admiration éclairés, et qui s'en occupe, sans néanmoins les exercer, ou bien en les exerçant, mais seulement pour son agrément et sans en faire sa profession.

**AME** (s. f.). — Avoir de l'âme, se dit d'une figure peinte, dans laquelle domine l'expression de sentiments qui supposent, à un certain degré, l'émotion de l'âme. On dit aussi de l'artiste habile à donner à ses figures cette sorte d'expression, qu'il a de l'âme.

**AMOUR** (s. m.). — Peint, dessiné, modelé, avec amour ; expression précieuse et vague, introduite en France dans le langage de l'art au dix-huitième siècle, pour tâcher de signifier ce qui peut, à l'aspect d'une figure, faire présumer que l'artiste l'a peinte, dessinée ou modelée, avec la facilité, l'abandon, la complaisance et tout à la fois le soin que l'on a coutume d'apporter à un travail qui nous plait. Comme ces douceurs ne se trouvent guère que dans les choses que l'on fait sans de grands efforts, l'expression peint, dessiné, modelé avec amour, ne s'applique qu'à de petits ouvrages du genre gracieux et facile. Elle est, aujourd'hui, peu usitée.

**ANACHRONISME** (s. m.). — Faute contre la chronologie et erreur qui attribue aux personnages d'une époque, les costumes, les usages d'une autre époque. C'est ainsi que les anciens, représentés sur nos théâtres, furent longtemps vêtus à la moderne. Les peintres italiens, des XV<sup>e</sup> et XVI<sup>e</sup> siècles ont, dans le costume et les attributs, commis de nombreux anachronismes (*V.* ARCHAÏSME et PARACHRONISME).

\* **ANAMORPHOSE** (s. f.). Fig. 13. — Tableau représentant une figure informe, un amas de traits et de couleurs confus, en apparence, mais combiné de telle sorte, suivant les lois de l'optique, que, vu d'un point et sous un angle déterminés, il apporte à notre œil l'image d'une figure régulière. Telle était, dans l'ancienne maison des Minimes de la Place-Royale, à Paris, une peinture exécutée sur le mur d'un long corridor fort étroit. En parcourant ce corridor, où l'on entrait brusquement, on voyait sur la muraille la représentation d'une plage aride que le mouvement du flot avait sillonnée, et sur laquelle étaient jetées éparses des masses de coquilles et de plantes marines ; mais quand on avait ramené le spectateur à un certain point, en dehors de la porte du corridor, tout cela présentait à l'œil l'image d'une figure de femme (la Madeleine) demi-couchée sur la terre.

En résumé, on appelle anamorphose la représentation d'un objet quelconque, faite suivant les règles de perspective, et qui paraît difforme lorsqu'elle est regardée de tout autre point de vue que celui où l'on a supposé l'œil dans la construction de l'anamorphose. Les raccourcis dans le dessin, le tracé des figures dans les voussures, sont des espèces d'anamorphoses.

On fait aussi, et plus facilement

LES FIGURES, DANS LA DÉCORATION DES VOUSSURES, SONT DES ANAMORPHOSES

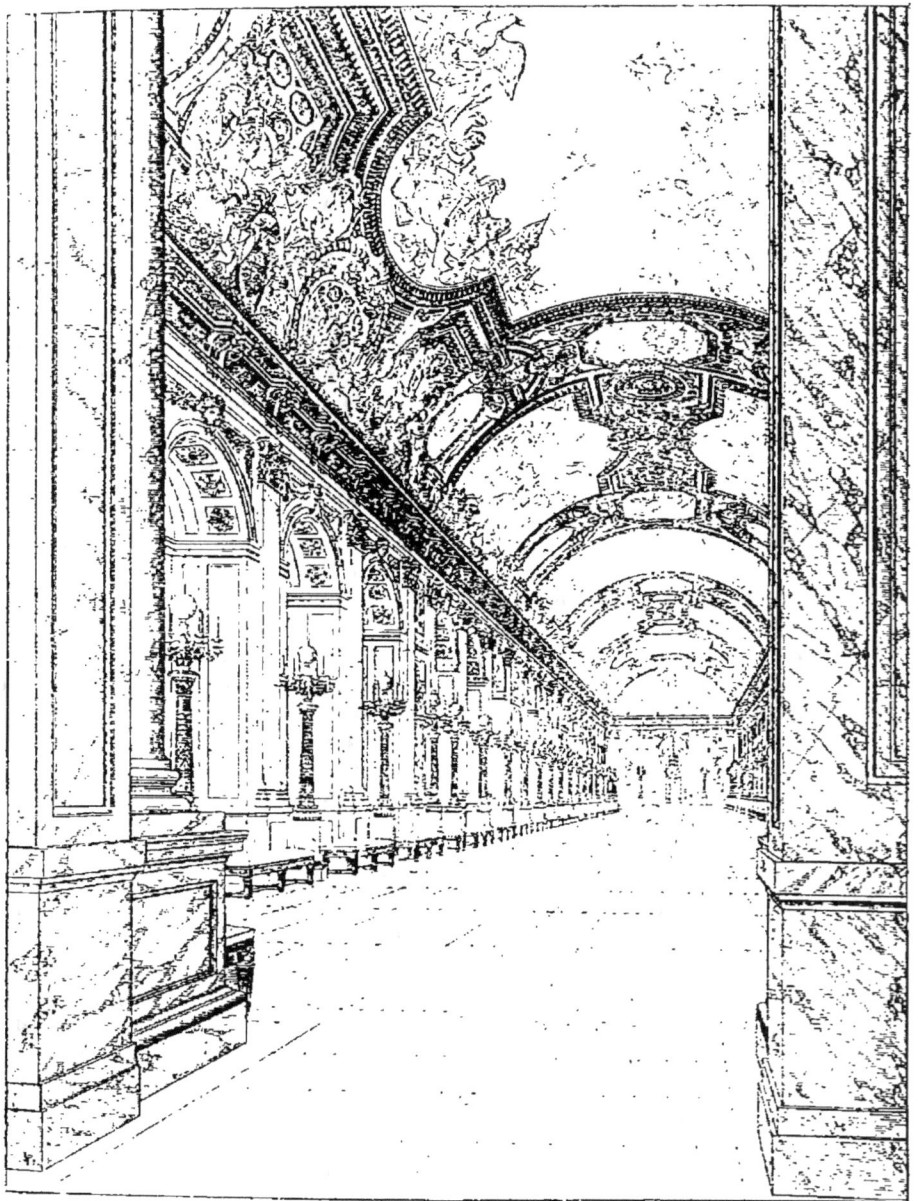

Fig. 13. — Charles Le Brun (1619 † 1690). — Décoration de voussures
(Galerie des glaces, Palais de Versailles).

Les *raccourcis* dans le *dessin*, le tracé des *figures* dans les coupoles, dans la *décoration* de voussures, des *plafonds*, etc., sont des espèces d'*anamorphoses*.

encore, des anamorphoses calculées selon les lois de la catoptrique (partie de l'optique qui traite de la lumière réfléchie). Telles sont toutes ces figures bizarres et informes sur le papier, qui présentent une image nette et régulière dans un miroir cylindrique, conique, ou de toute autre forme selon laquelle l'anamorphose a été calculée (V. PLAFOND et RACCOURCI).

\* ANATOMIE (s. f.). Fig. 14. — L'anatomie est, pour les artistes en général, l'étude des formes extérieures du corps dans toutes les attitudes données; l'étude de la forme des muscles, de leur position relative, de leurs fonctions et des modifications qu'ils éprouvent en remplissant ces fonctions; l'étude du système des os et des nerfs dont la forme et l'action influent aussi sur l'habitude de la surface du corps. Comme les lignes qui décrivent les os et les muscles sont variées pour ainsi dire à l'infini par des inflexions d'une souplesse et d'une harmonie admirables, fort supérieures à ce qu'offre aucun autre objet de la nature, dessiner le squelette et l'écorché est un exercice excellent pour former la vue et la main du peintre, même dans les genres qui n'ont point pour objet principal la figure de l'homme.

ANIMALIER (n. m. et adj.). — Se dit des artistes qui s'adonnent spécialement à la représentation des animaux. Le genre animalier, en peinture, date de la fin du XVII<sup>e</sup> siècle.

ANTIPATHIE (s. f.). — Concours de couleurs dont le rapprochement est d'un effet désagréable à l'œil. Les grands coloristes ne reconnaissent pas, ou paraissent ne pas reconnaître de couleurs antipathiques; ils ont le secret d'établir l'accord entre celles qui semblent le plus ennemies (V. ACCORD).

APPRÊT (s. m.). — Préparation que l'on fait subir au champ de cuivre, de toile, de bois, ou de maçonnerie, sur lequel on veut peindre un tableau. Il importe au peintre de connaître les procédés de cette préparation, pour pouvoir les choisir et en surveiller l'application. L'apprêt consiste, en général, en un enduit de colle et de plusieurs couches de peinture, soit à l'huile, soit en détrempe. Cet enduit est ordinairement d'un gris blanc plus ou moins foncé, ou d'un rouge brun; le peintre choisit selon la manière de peindre et de colorier qui lui est propre. Ceux qui peignent légèrement, au premier coup, et avec des couleurs transparentes, préfèrent l'apprêt blanc.

De nos jours l'apprêt est presque toujours à l'huile. Les peintres du seizième siècle, particulièrement ceux de l'École vénitienne, y employaient plus volontiers la détrempe, et leurs devanciers ajoutaient, à la couche de détrempe, une dorure que l'on retrouve dans les parties de ces tableaux que le frottement a usées. L'usage de cette dorure, dont on ne voit pas l'utilité, procédait vraisemblablement de celui où avaient été plus anciennement encore les peintres venus de Constantinople, aux premiers jours de la Renaissance de l'art, de détacher leurs figures sur

## EXEMPLE DE L'IMPORTANCE DE L'ÉTUDE DU SYSTÈME DES OS ET DES NERFS

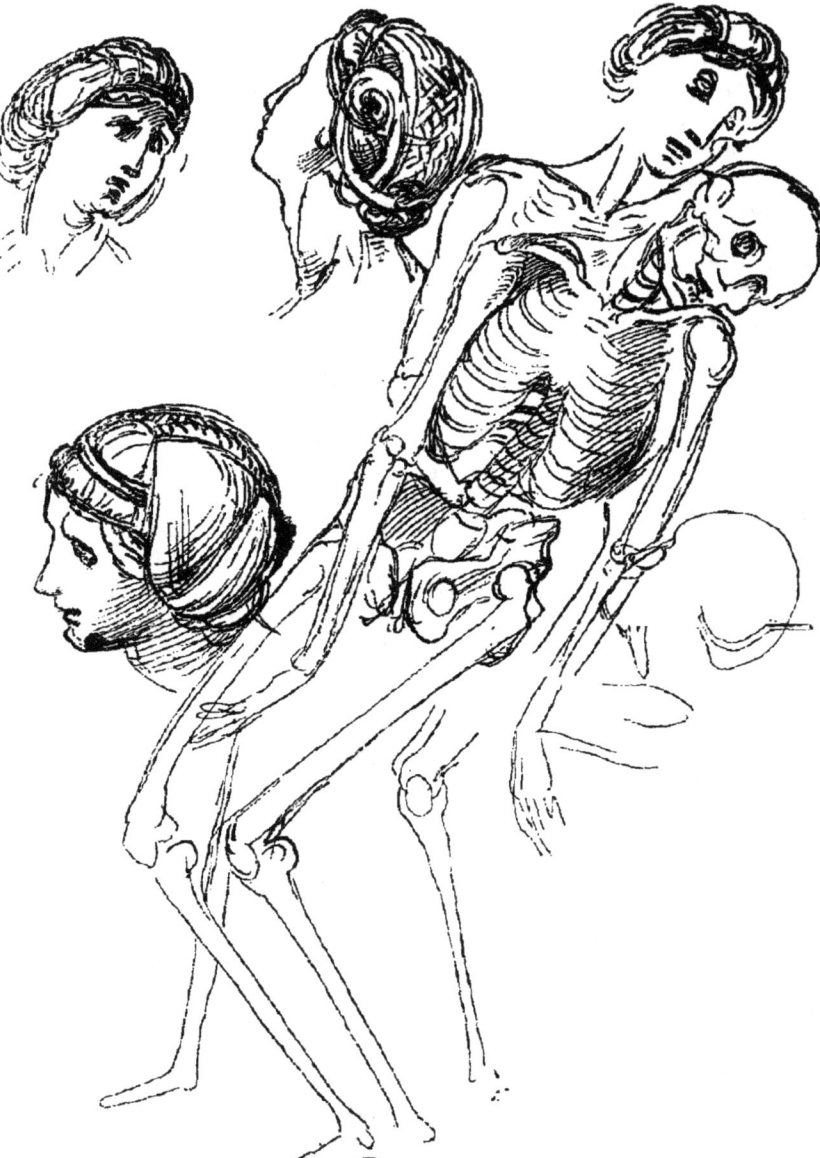

Fig. 14. — Raffaello Santi (1483 † 1520). — (Cabinet de Malcolm of Poltalloch, Esq.). Le Squelette de la Vierge soutenu par les saintes femmes.

*L'anatomie* est, pour le peintre, l'étude des *formes* extérieures du corps dans toutes les *attitudes* données; l'étude de la *forme* des muscles, de leur position relative, de leurs fonctions et des modifications qu'ils éprouvent en remplissant ces fonctions; l'étude du système des os et des nerfs dont la *forme* et l'*action* influent aussi sur l'habitude de la surface du corps.

un champ de dorure, sans autre fond. Cela convenait assez en effet à des artisans qui n'avaient qu'une idée fort confuse de la perspective.

**AQUARELLE** (s. f.). — Dessin au lavis et de plusieurs couleurs, pour lequel on emploie des couleurs transparentes et ayant le moins possible d'épaisseur. Les peintres du dix-huitième siècle n'employaient l'aquarelle qu'à l'état de lavis.

**ARCHAISME** (n. m.). — On dit d'un tableau reproduisant, avec l'exactitude la plus minutieuse, tous les types et les costumes des anciens, qu'il est d'un style archaïque (V. ANACHRONISME et PARACHRONISME).

**ARRANGEMENT** (n. m.). — Disposition des figures, combinaison des groupes dans un croquis ou un tableau.

**ARRÊTER** (v. a.). — On dit d'un dessin, ou même d'une esquisse à laquelle l'artiste ne veut plus rien changer, et dont toutes les parties sont déterminées et placées avec précision, que c'est une esquisse arrêtée, un dessin arrêté, pour les distinguer du croquis et de l'esquisse légère, dont les masses et les formes ne sont qu'indiquées vaguement. Le dessin arrêté, dans un tableau, est celui dont les contours sont tracés avec précision, et dont les figures sont bien articulées.

**ARTICULATION** (s. f.). — Les peintres emploient ce terme, ainsi que font les anatomistes, pour exprimer la jointure des os, et ils disent des parties d'une figure dans lesquelles le passage d'un membre à l'autre est bien marqué, et dessiné exactement, qu'elles sont fortement articulées, bien articulées.

**ARTISONNÉ** (n. m.). — On dit d'un tableau peint sur bois qu'il est artisonné, lorsque le bois est attaqué, rongé par les insectes coléoptères du genre *anobium*, auxquels on donne le nom de vrillettes. (A wood vorme. — Cf. *A french-english dictionary*, compil'd by M. Randle Cotgrave; with another in english and french. Whereunt are newly added the animadversions and supplements, of James Howell. London, George Lathum, 1650, fol.) (V. PANNEAU).

**ARTISTEMENT** (adv.). — Avec art, pris dans le sens d'adresse. Littré, dans son *Dictionnaire* dénonce le mot ARTISTIQUE (qui est du domaine des beaux-arts), comme un néologisme mal fait.

\* **ASSORTIR** (v. a.). Fig. 15. — Mettre plusieurs choses ensemble de manière qu'elles se conviennent. On dit quelquefois, en ce sens, assortir les couleurs d'un tableau, pour combiner leur arrangement de manière à produire un effet agréable.

**ASSOURDIR** (v. a.). — Diminuer de la vivacité de la lumière et des détails dans les demi-teintes, ou dans les fonds d'un tableau.

**ATTACHES** (s. f. pl.). — On appelle attaches, les muscles et les charnières qui unissent les os, et qui établissent les mouvements dont ils sont susceptibles. Les os, les tendons et les muscles, sont

## ASSORTIMENT DES CHOSES ET DES COULEURS, COMBINAISON DE LEUR ARRANGEMENT

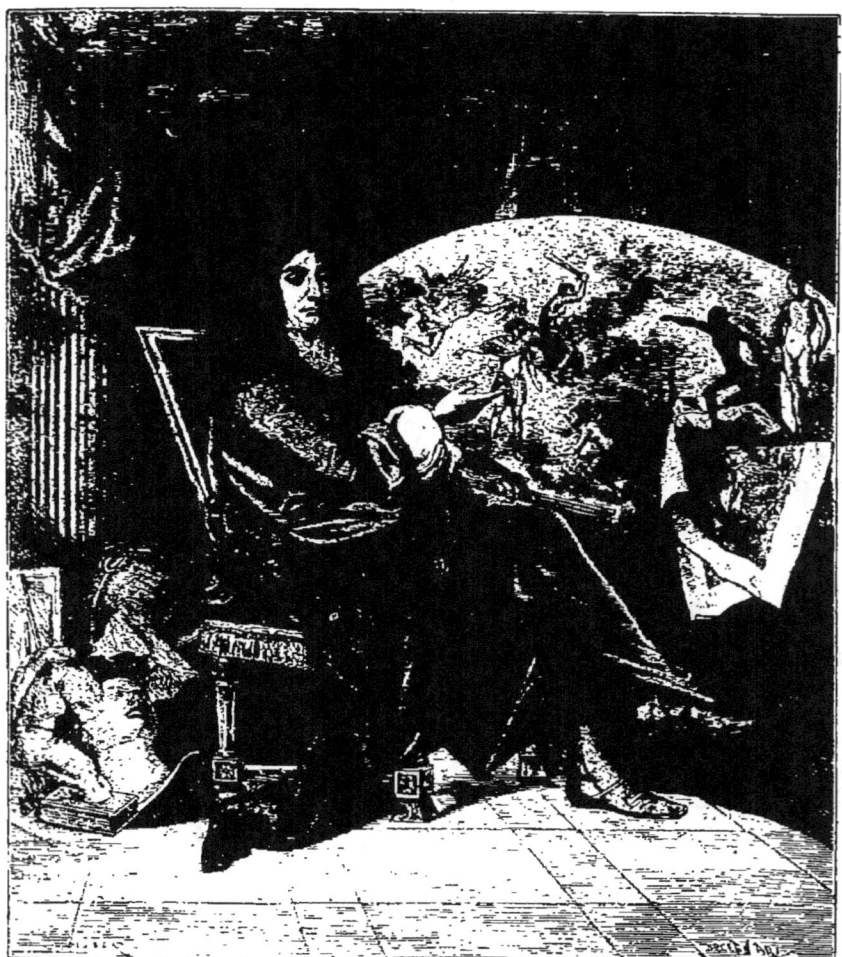

Fig. 15. — Nicolas de Largillière (1656 ✝ 1746). — Le peintre Le Brun (Figure assise).
(Musée du Louvre, Paris).

En général, les peintres du xviii<sup>e</sup> siècle, et Nicolas de Largillière en particulier, avaient l'art d'*assortir*, de mettre plusieurs choses ensemble, de manière qu'elles se *conviennent*.
On dit quelquefois, en ce sens, *assortir* les *couleurs* d'un *tableau*, pour combiner leur *arrangement* de manière à produire un *effet* agréable.

TABLEAUX.

accusés sous la peau plus fortement à l'endroit des attaches que partout ailleurs ; il importe au peintre de bien connaître la forme de celles-ci.

**ATTITUDE** (s. f.). — Position de l'ensemble du corps dans un état d'immobilité, instantané ou continu. En cela, l'attitude diffère du geste et de l'action. On dit, néanmoins, les attitudes d'un tableau. Mais cette manière de s'exprimer ne se présente guère à la pensée qu'à la vue d'une composition dans laquelle il y a peu d'action, ou lorsque l'art du peintre n'a pas été jusqu'à prêter le mouvement à l'image immobile. Attitude s'emploie surtout en parlant de portraits ; et, dans ce cas, elle comporte l'idée d'un certain apprêt, soit de la part du peintre qui a posé son personnage, soit de la part de ce personnage qui a composé sa contenance pour se faire peindre.

**ATTRAPER** (v. a.). — On dit, dans le langage de la peinture, attraper ou saisir une ressemblance, pour faire un portrait ressemblant; et, attraper la manière d'un maître, pour imiter sa manière de faire.

**ATTRIBUT** (s. m.). — Chose qui caractérise une figure, parce qu'elle est exclusivement, ou au moins particulièrement et habituellement, propre au personnage représenté. Telle est pour Hercule sa massue ; telles sont la palme de la victoire, la foudre de Jupiter, etc. On caractérise aussi, ou même on exprime, par des attributs, les choses inanimées et des êtres de raison, telles les moissons, les vendanges, la guerre, la paix, la religion. Quand il s'agit d'êtres de raison, les attributs s'appellent aussi symboles.

\* **ATTRIBUTION** (n. m.). Fig. 16. — La plupart des œuvres picturales des xv$^e$ et xvi$^e$ siècles étant anonymes, il s'ensuit que le critique et l'expert sont dans l'obligation d'attribuer certaines de ces œuvres à tel ou tel peintre, dont ils reconnaissent le style et analysent le procédé, la manière. Pour se prononcer sur une attribution, il faut examiner les œuvres avec soin et juger avec prudence.

**AURÉOLE** (s. f.). — Cercle lumineux que les peintres placent sur la tête des saints, en signe de gloire (V. GLOIRE et NIMBE).

**AUSTÈRE** (adj.). — Ce mot, qui présente dans le langage usuel des idées de sévérité et de rigueur, s'applique au sujet et à la composition d'un tableau et aussi à la manière d'exécuter du peintre. L'austérité relative au sujet et à la composition consiste dans une ordonnance simple et dans le choix de personnages graves, ou du moins sérieux, occupés d'une action de quelque importance. Celle qui est relative au faire, veut dans le dessin une certaine correction, dans le pinceau une touche large et ferme, une couleur vraie, mais sans éclat, sans effets recherchés, et disposée par grandes masses.

**AVANCER** (v. a.). — Le peintre dit avancer, faire avancer une figure, et de même, reculer ou faire reculer une figure, afin de la mettre sur

## LA PLUPART DES ŒUVRES PICTURALES DES XV° ET XVI° SIÈCLES SONT ANONYMES

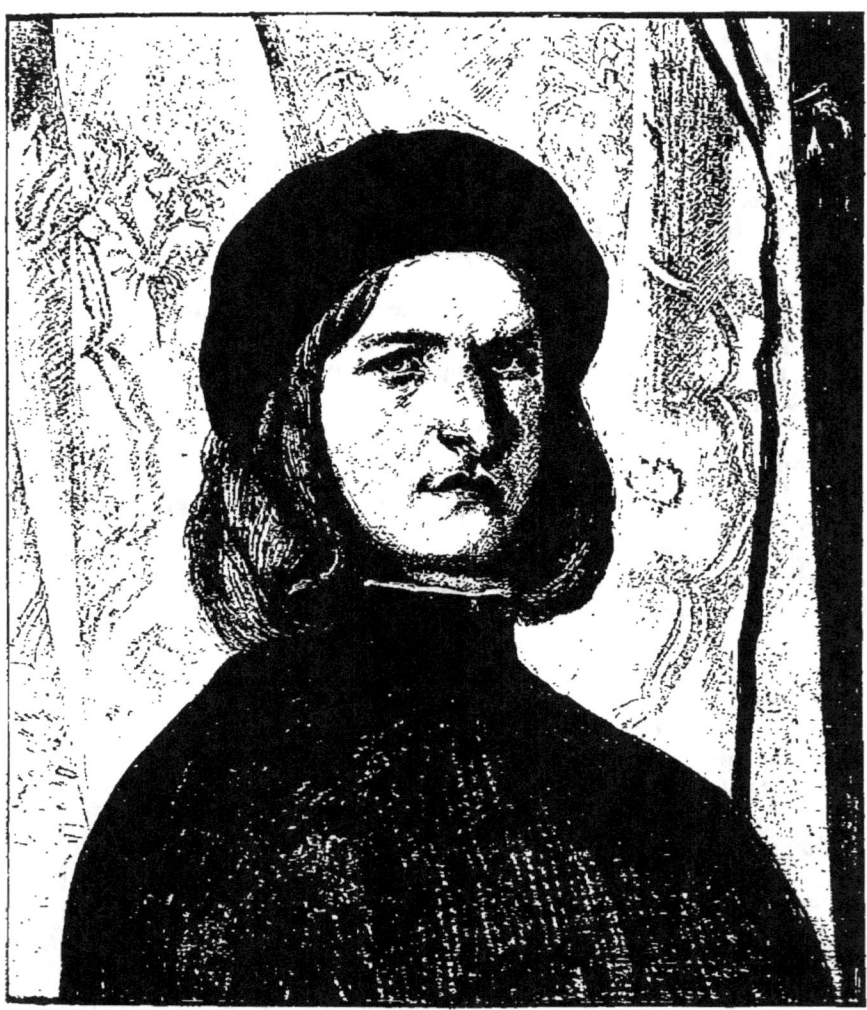

Fig. 16. — Jacopo de' Barbari (Jacob Walch) (1448? † 1515?).
Portrait attribué à J. de' Barbari (Galerie Impériale et Royale, Vienne).

La plupart des œuvres picturales des XV° et XVI° siècles étant anonymes, il s'ensuit que le critique d'art et l'expert sont dans l'obligation d'*attribuer* certaines de ces œuvres à tel ou tel peintre, dont ils reconnaissent le *style* et analysent le *procédé*, la *manière*. Pour se prononcer sur une *attribution*, il faut examiner les œuvres avec soin et juger avec prudence.

son plan. Le plan réel sur lequel doit être chaque figure d'un tableau est déterminé mécaniquement, pour ainsi dire, selon les lois de la perspective linéaire. Mais, quel que soit le point de la toile qu'occupe une figure, elle ressortira plus ou moins, elle paraîtra plus ou moins avancée ou reculée, relativement aux objets environnants, par les seuls effets de la perspective aérienne et du clair-obscur, c'est-à-dire selon l'état et la dégradation de la lumière et des teintes. Or, lorsque l'imitation de ces effets de la perspective aérienne n'est pas parfaitement en rapport avec la situation de la figure, dans l'ordre de la perspective linéaire, cette figure paraît plus rapprochée ou plus éloignée que ne le comporte son plan. C'est alors que, pour la remettre sur ce plan, on l'avance, ou bien on la recule, en modifiant convenablement la lumière et les teintes.

AVANCER un tableau, c'est en faire successivement l'esquisse, l'ébauche, et en poursuivre le travail jusqu'à ce qu'il soit plus ou moins près d'être terminé.

La plupart des peintres célèbres ont fait avancer leurs ouvrages par leurs élèves.

**BACCHANALES** (s. f. pl.). — On donne ce nom à des compositions qui ont pour sujet des danses, des marches et des jeux, tels qu'il s'en exécutait aux fêtes de Bacchus.

**BALANCE** (s. f.). — Expression étrangère par elle-même à l'art, mais que de Piles lui a en quelque sorte appropriée, en établissant, sous le titre de *Balance des Peintres*, un tableau comparatif du mérite des plus habiles d'entre eux, sous le quadruple rapport de la composition, du dessin, du coloris et de l'expression. De Piles suppose que chacune de ces branches de l'art est susceptible de s'élever à vingt degrés, terme de perfection auquel aucun peintre n'a jamais atteint. Ainsi, il trouve dans les ouvrages de Raphaël la composition à dix-sept degrés, le dessin à dix-huit, le coloris à douze, l'expression à dix-huit; et, dans ceux de Paul Véronèse, la composition à quinze degrés, le dessin à dix, le coloris à seize, l'expression à trois.

On peut quelquefois contester la justesse à cette balance, comme lorsqu'elle attribue à Rubens un degré de coloris de plus qu'à Paul Véronèse; et à Léonard de Vinci un degré de dessin de moins qu'au Dominiquin et aux Carraches.

* **BALANCEMENT** (s. m.). Fig. 17 et 18. — Est, dans la composition pittoresque, dans l'ordonnance d'un tableau, la disposition des objets, de manière qu'un côté de la toile ne soit pas vide, tandis que l'autre est surchargé de figures ou d'accessoires; et aussi que l'œil, appelé par l'ordre des idées à se porter d'un point à l'autre du tableau, ne rencontre pas dans la masse de ces objets une disparate désagréable. Le balancement est l'espèce de symétrie propre à la peinture, différente de la symétrie en général, en ce qu'elle n'exige pas la parité et la conformité exacte des objets. Ainsi, une masse d'arbres balancera une masse de fabriques ou de rochers, une draperie balancera un fragment d'architecture, un groupe

## DU BALANCEMENT DANS LA COMPOSITION PITTORESQUE D'UN TABLEAU

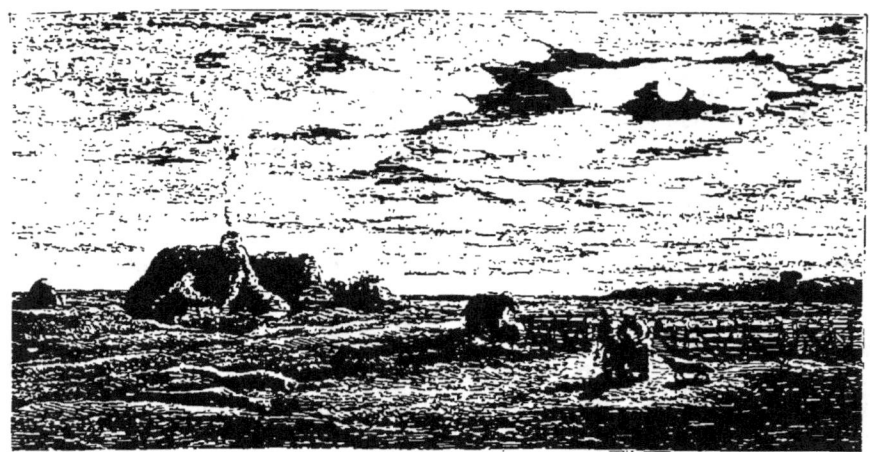

Fig. 17. — Charles-François Daubigny (1817 ✝ 1878). — Lever de Lune.

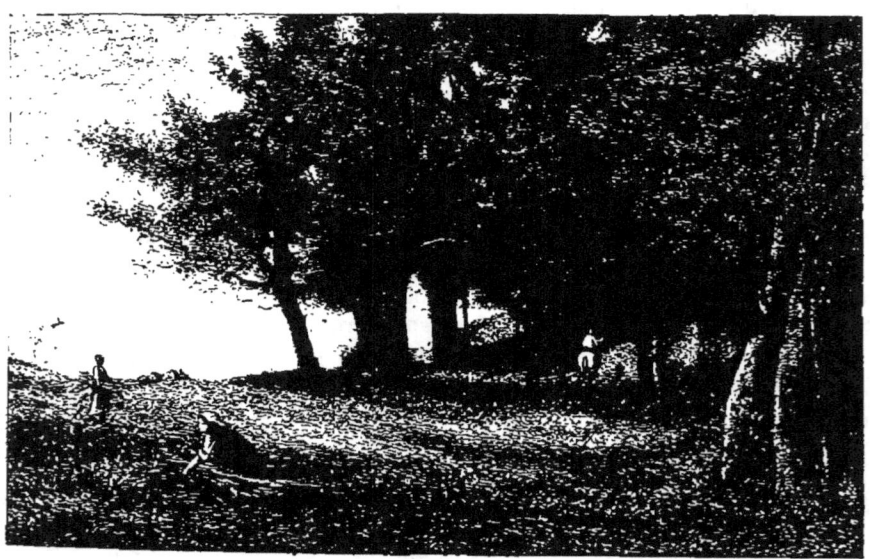

Fig. 18. — Jean-Baptiste-Camille Corot (1796 ✝ 1875). — Les Bûcherons.

Le *balancement* est, dans la *composition* pittoresque, dans l'*ordonnance* d'un tableau, la *disposition* des objets, de manière qu'un côté de la toile ne soit pas vide, tandis que l'autre est surchargé de *figures* ou d'*accessoires*; de manière aussi que l'œil, appelé par l'ordre des idées à se porter d'un point à l'autre du tableau, ne rencontre pas dans la *masse* de ces objets une disparate désagréable. Le *balancement* est l'espèce de *symétrie* propre à la peinture, différente de la *symétrie* en général, en ce qu'elle n'exige pas la parité et la conformité exacte des objets.

de femmes et d'enfants balancera un groupe de guerriers, et il sera bon que les attitudes, le mouvement et le nombre des figures ne soient pas les mêmes dans chacun des deux groupes. Il ne faut pas non plus que les contours des masses qui se balancent soient uniformes (*V.* ÉQUILIBRE et SYMÉTRIE).

**BALANCER** (v. a.). — Balancer une composition, y introduire les masses nécessaires au balancement.

**BAMBOCHADE** (s. f.). — Genre de composition qui a pour objet la nature commune rustique et grossière, qui embrasse les actions de la vie les plus ordinaires, et ne fait point, comme la peinture du genre noble, abstraction des accidents et des difformités naturelles des personnages, sans toutefois rechercher ni exagérer les caprices de la nature, mais en s'appliquant au contraire à la représenter avec naïveté. En cela, la bambochade demeure au-dessus de la composition à figures grotesques, avec laquelle il ne faut pas la confondre. Teniers, Van Ostade, Brawer, ont peint la bambochade dans le temps même que Pierre de Laar, dit *Bamboche*, tant à cause de la difformité de sa taille que par le choix de sujets grotesquement comiques qu'il affectionnait, attachait son surnom à ce genre. La peinture n'admet la bambochade, non plus que le genre grotesque, qu'en y employant des figures de petite dimension (*V.* GRYLLE).

**BARBOUILLAGE** (s. m.). — Enduit de couleur grossièrement fait à la brosse sur un mur, un plancher, un plafond; il se dit aussi avec mépris et dérision d'un mauvais tableau.

**BARBOUILLEUR** (s. m.). — Peintre en bâtiment, chargé des ouvrages qui ne consistent qu'en un enduit grossier. Par dérision, on appelle barbouilleur tout mauvais peintre.

\* **BATAILLE** (s. f.). Fig. 19 et 20. — TABLEAU DE BATAILLE. On a fait de la représentation des batailles une espèce particulière de tableaux. La multitude des personnages et des incidents, la fougue, la confusion, la quantité, et quelquefois aussi le caractère des détails ne permettent guère de traiter ce genre autrement qu'avec de petites figures, et même on n'entend ordinairement par tableau de bataille que ceux qui sont ainsi traités. Lorsque les figures sont de grandeur naturelle, cela rentre dans le tableau d'histoire en général.

On ne dit point des Batailles de Constantin, par Raphaël, ou des Batailles d'Alexandre, par Le Brun, que ce soient des tableaux de batailles; bien moins encore peut-on appeler ces artistes peintres de batailles. Cette désignation n'appartient qu'à celui qui s'occupe principalement de peindre des batailles dans la petite manière dont il est parlé d'abord.

**BAVOCHÉ** (adj.). — Contours bavochés, contours qui ne sont pas tracés nettement.

\* **BEAU** (adj.). Fig. 20. — Se dit des choses qui ont la beauté en partage. Pris substantivement comme

## DISTINCTION A ÉTABLIR ENTRE LES TABLEAUX DITS DE BATAILLE

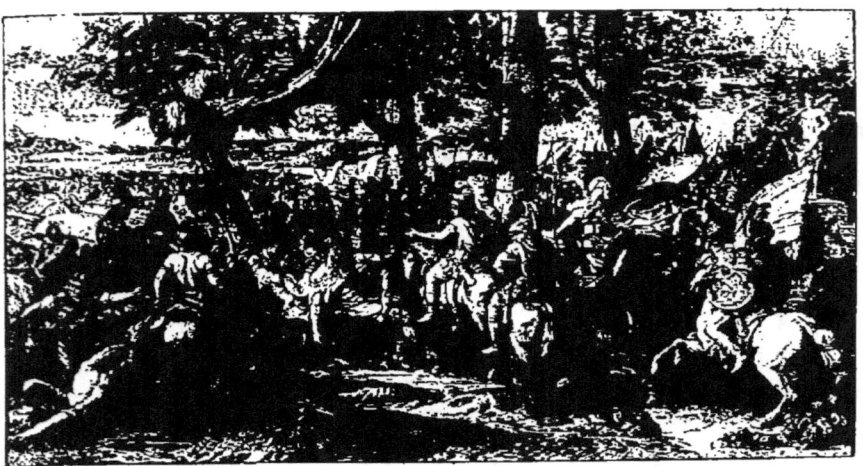

Fig. 19. — Charles Le Brun (1619 † 1690). — Bataille d'Alexandre. Fragment (Musée du Louvre, Paris).

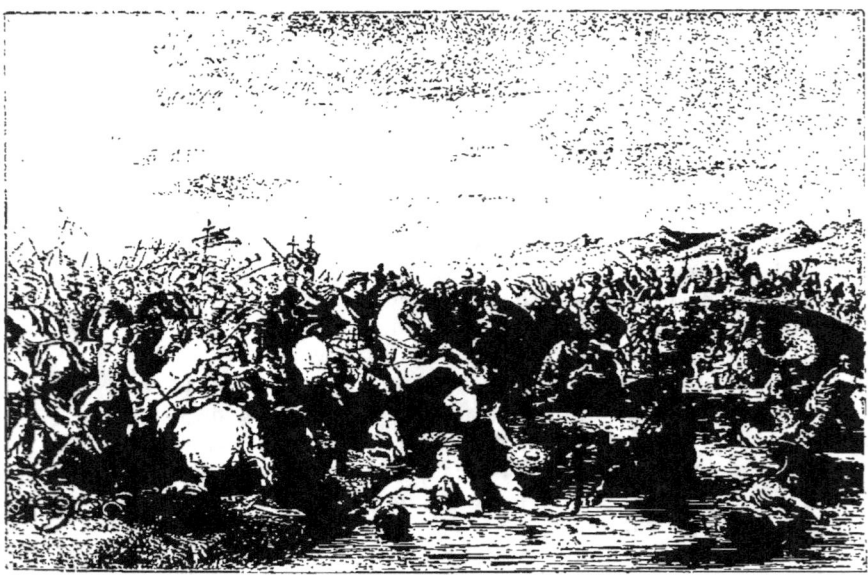

Fig. 20. — Raffaello Santi (1483 † 1520). — Bataille de Constantin. Fragment.

On ne dit point des *Batailles* de Constantin, par Raffaello Santi, ou des *Batailles* d'Alexandre, par Charles Le Brun, que ce soient des *tableaux* de *batailles*; bien moins encore peut-on appeler ces artistes peintres de *batailles*.

La désignation, peintre de *batailles*, n'appartient qu'à celui qui traite ce sujet avec de petites *figures*, et non avec des *figures* de grandeur naturelle.

terme absolu, il s'entend de ce qui constitue essentiellement la beauté. Dans ce sens, le beau a été pour les philosophes l'objet de définitions dont aucune n'a encore reçu l'assentiment général et acquis force de chose convenue.

Dans notre travail, où il ne s'agit que de la signification habituelle des mots et de l'application qu'il est d'usage d'en faire, il nous suffit de remarquer : 1° que beau exprime l'admiration, et qu'il se dit le plus ordinairement à l'occasion des choses auxquelles s'attachent l'idée de l'ordre, ou les idées d'étendue et de grandeur, par quoi il ne faut pas entendre seulement l'immensité des espaces et le grand volume des masses, mais aussi la longue durée, l'action d'une grande force matérielle ou intellectuelle, tout exercice d'une grande puissance, ainsi que l'autorise l'usage dans ces façons de parler : étendue de temps, profonde sagesse, vaste savoir, combinaisons étendues, exercer ses forces, son ascendant, sa puissance, dans toute leur étendue, etc.; 2° qu'il y a en effet disposition naturelle à l'admiration pour tout ce qui présente l'idée d'un ordre régulier, ou celle d'une grande étendue de temps, de lieu, de masse, de puissance matérielle ou intellectuelle; 3°, enfin, que le sentiment de l'admiration devient plus vif alors que ces deux attributs, l'ordre et l'étendue, se rencontrent dans un même sujet, et, au contraire, qu'il n'y a jamais lieu à admiration là où ils manquent tous deux.

Ainsi, pour trouver beau et admirer, en ce qui concerne les arts du dessin, on veut, s'il s'agit de peinture, l'image de quelque événement admirable lui-même, selon les conditions que nous venons de dire; puis une ordonnance pittoresque, au moyen de laquelle les parties de la composition, liées et subordonnées les unes aux autres, se rattachent toutes à l'objet, ainsi qu'à l'action principale, afin que les yeux, aussi bien que l'esprit, soient d'un seul coup frappés de tout l'ensemble du tableau ; et un système de clair-obscur, tel qu'en même temps qu'il appelle la vue sur l'objet principal, il lui rende facile de s'étendre à toutes les autres, d'un seul coup d'œil.

De ce même ordre des parties tendant à l'unité, dépend la beauté du groupe.

Celle de la figure est, soit dans la simplicité de la pose et du mouvement, d'où résulte une suite de grandes lignes doucement articulées, soit dans l'expression de la force et dans la manifestation des innombrables combinaisons du système musculaire.

C'est aussi par l'ampleur des masses et la grandeur du trait qui les dessine, que les draperies concourent à la beauté du tableau.

Si l'ouvrage qui réunit toutes ces conditions est exécuté d'un pinceau facile, hardi, et néanmoins correct, il excitera encore cette espèce d'admiration qu'inspire la puissance du talent.

Le Grandiose, c'est-à-dire une apparence de grandeur imprimée au tout ensemble, par le seul effet de l'ordre qui règne dans les parties, est, pour la peinture, comme

DE L'ORDRE DES PARTIES, TENDANT A L'UNITÉ, DÉPEND LA BEAUTÉ DU GROUPE

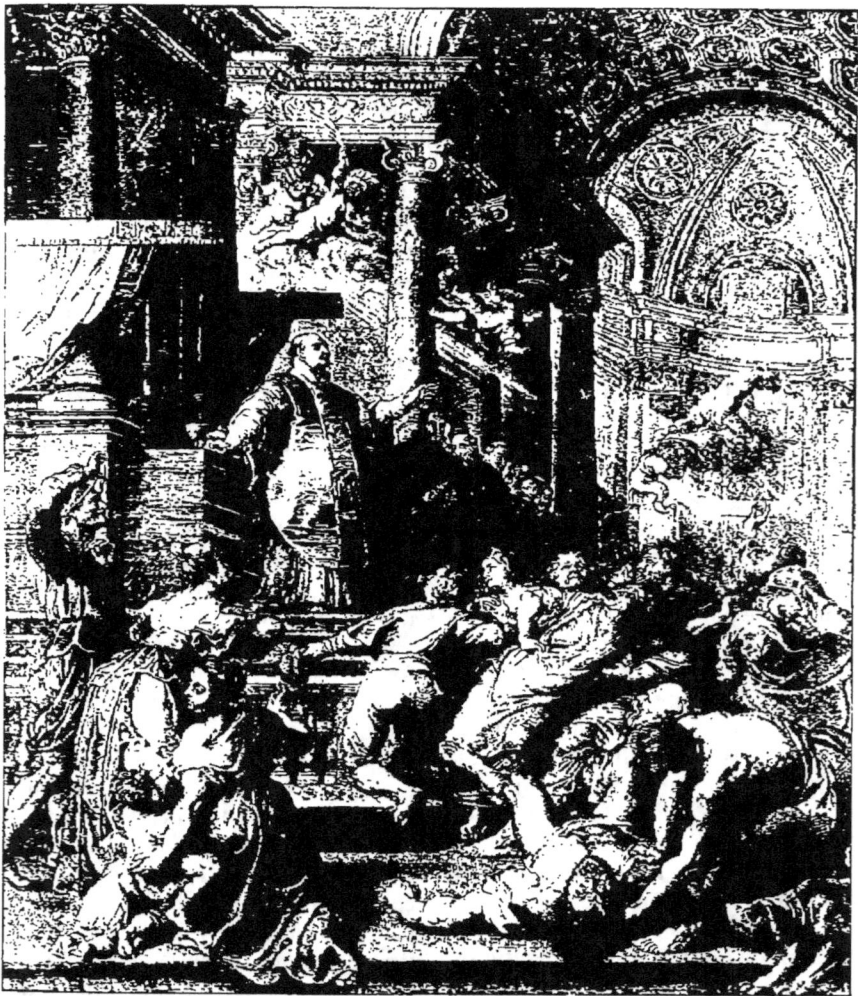

Fig. 21. — PIETRUS-PAULUS RUBENS (1577 † 1640).
Saint Ignace guérissant les possédés (Galerie Impériale et Royale, Vienne).

La *rue*, appelée sur l'objet principal, permet à l'esprit de s'étendre à toutes les autres, d'un seul coup d'œil. De cet *ordre des parties* tendant à l'*unité* dépend la *beauté* du *groupe*.

TABLEAUX. 8

pour tous les autres arts, le principe du beau, le plus généralement admis.

**BEAUTÉ** (s. f.). — Qualité de ce qui est beau, ce qui fait qu'une chose est belle (V. BEAU, GRANDIOSE).

**BIENSÉANCE** (s. f.). — C'est dans la composition d'un tableau, comme dans celle des autres ouvrages de l'imagination, la partie des convenances relative à la décence publique, aux bonnes mœurs et aux usages voulus par les lois et les institutions. Ainsi, il serait contre la bienséance de composer un tableau voluptueux pour décorer l'appartement d'une jeune femme, de choisir parmi les fictions les plus gracieuses de la Fable le sujet d'un tableau fait pour l'appartement d'un prélat, ou dans l'histoire profane celui d'un tableau destiné à une église. Il serait de même contre la bienséance de représenter un magistrat dans des occupations frivoles, ou de faire figurer un personnage grave dans une scène burlesque. Ces lois de la bienséance, auxquelles l'artiste est, pour ce qui le concerne, soumis, ainsi que tout le monde, n'ont rien qui s'applique particulièrement à l'art en lui-même. Nous ne les rappelons ici que pour ne point omettre un mot dont d'autres lexicographes ont cru devoir faire une application particulière à la peinture (V. CONVENANCE et DÉCENCE).

**BISTRE** (s. f.). — Préparation de suie dont on se sert pour faire des dessins au lavis. Sa couleur est d'un jaune de rouille, et sa teinte plus ou moins foncée au gré du peintre et suivant les tons du dessin.

\* **BORDURE** (s. f.). Fig. 22 et 23. — En général, ce qui termine ou orne les extrémités d'une chose. Bordure, et plus spécialement, cadre d'un tableau, est le châssis de bois peint ou doré, quelquefois de cuivre doré, dans lequel on place un tableau. Le cadre est nécessaire pour circonscrire la composition et figurer la baie à travers laquelle on aperçoit les objets peints que l'illusion de la perspective fait présumer au delà du mur sur lequel le tableau est appliqué (V. CADRE).

**BOSSE** (s. f.). — Dessiner, peindre, d'après la bosse, c'est dessiner ou peindre d'après une statue, un bas-relief, antique ou moderne, de marbre, de plâtre, de pierre, de bronze. Les élèves se livrent particulièrement à cette étude après qu'ils ont été suffisamment exercés à copier des dessins, pour se préparer à dessiner d'après le modèle vivant.

**BOUEUX** (adj.). — Les aquarelles boueuses sont celles qui ne sont pas exécutées avec verve; elles deviennent pâteuses, peu nettes et en quelque sorte sales, les tons, sur lesquels l'artiste est obligé de revenir, perdant de leur fraîcheur.

**BRILLANT** (adj.). — Se dit de la couleur, de la lumière, ou de l'effet général d'un tableau. Les tableaux nouvellement peints sont de couleur brillante, pour ainsi dire, naturellement, mais leur effet brillant, rarement harmonieux, perd de son

# L'ART DE L'ENCADREMENT EST LOIN D'ÊTRE UNE AFFAIRE DE CAPRICE

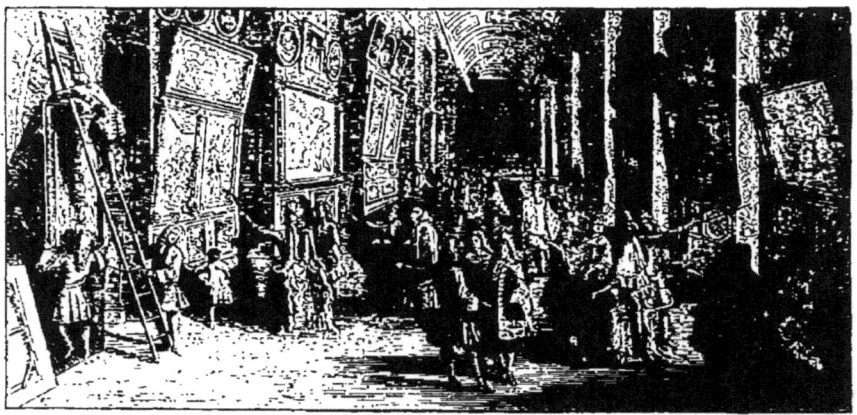

Fig. 22. — Première exposition de peinture au palais du Louvre, à Paris, en 1699.

Les anciennes gravures nous fournissent des documents authentiques sur la forme des encadrements, et leur décoration, qui est loin d'être une affaire de caprice.

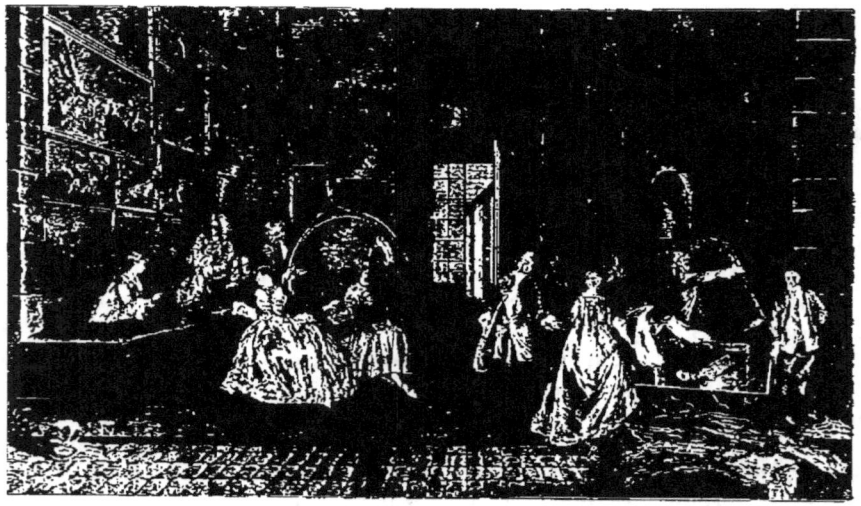

Fig. 23. — JEAN-ANTOINE WATTEAU (1684 † 1721). — L'Enseigne de Gersaint
(Palais de Sans-Souci, Postdam).

La dorure a été employée sur les *bordures*, d'abord vraisemblablement sans excès, ensuite avec plus de prodigalité. Le mauvais *goût* enfin est parvenu à les surcharger d'ornements empruntés à l'architecture : de sculptures, de *figures*, d'*allégories*, d'or mat, brillant ou *colorié*, et le *tableau* est devenu l'*accessoire* de la *bordure* qui devrait lui être subordonnée.

L'art de l'encadrement, loin d'être une affaire de caprice, est assujetti à des conditions essentielles dictées par la loi du *sentiment*. Ce qui est important dans le *cadre*, qui rehausse l'œuvre, c'est sa *couleur* : sentir quel *ton* il faut lui donner, c'est tout ce qu'il importe.

Il faudrait, autant pour juger de la couleur des *tableaux* que de la *tonalité* de leurs *bordures*, les remplacer dans les milieux pour lesquels ils ont été créés. Pourquoi la *couleur* de quelques *tableaux* des XVIIe et XVIIIe siècles nous paraît-elle fausse ? C'est que leurs bordures ne sont plus de la même teinte que celle qui avait été choisie par l'artiste, et que nos lambris n'ont pas la couleur claire qui les faisaient valoir.

éclat et s'adoucit avec le temps. La lumière brillante est le résultat toujours plus ou moins précieux des combinaisons du peintre.

**BRIO.** — On dit qu'un tableau a du brio lorsque l'on juge qu'il a été exécuté avec entrain, vivacité ; avec facilité, pour ainsi dire d'un premier jet.

**BRIQUETÉ** (adj.). — Qui affecte la couleur rougeâtre de la brique. Cette tendance à une couleur quelconque, et qui porte assez fréquemment sur le rouge, est toujours dans un tableau un défaut ou un accident. Elle provient, soit d'une mauvaise habitude, d'une espèce de manie du peintre, à laquelle la disposition particulière de sa vue peut souvent contribuer, soit de la mauvaise qualité des couleurs, ou de la nature et de la teinte de l'apprêt de la toile. Dans ces deux derniers cas, l'effet briqueté ne se manifeste qu'après plus ou moins de temps.

**BROSSER** (v. a.). — Peindre vigoureusement ou ébaucher avec un gros pinceau fait de poils de sanglier ou de porc. On dit qu'un tableau est brossé pour indiquer qu'il a été exécuté avec verve, largement, franchement.

**BRUNISSANT** (adj.). — Les couleurs brunissantes sont celles qui deviennent plus sombres, qui montent de ton au fur et à mesure que le tableau vieillit.

\* **CADRE** (s. m.). Fig. 24 à 31. — Bordure d'un dessin ou tableau. Les dimensions d'une bordure, d'un cadre, doivent être fixées de façon à mettre le croquis, tableau ou gravure en valeur (V. BORDURE).

**CALQUE** (s. m.). — Dessin copié, qui a été calqué sur un dessin original.

**CALQUER** (v. a.). — Produire trait pour trait le double d'un dessin, en promenant sur ses contours la pointe, la plume ou le crayon ; ce qui se peut faire de diverses manières : on enduit le revers du dessin, ou mieux encore une feuille de papier dont on double ce dessin, de sanguine, de mine de plomb, ou de crayon noir ; puis, après avoir appliqué ce revers ainsi préparé sur le champ destiné à recevoir la copie, on promène une pointe, appelée calquoir, sur les contours de l'original, en appuyant suffisamment pour que l'enduit de crayon, pressé par la pointe, marque la trace de celle-ci sur ce champ, papier, toile ou muraille ; ou bien on met sur le dessin original un papier huilé ou verni, assez transparent pour qu'on puisse, au travers, suivre, avec le crayon ou la plume, les contours du dessin, qui se trouvent ainsi retracés sur ce papier. On peut encore, si le dessin a lui-même un certain degré de transparence, l'appliquer, recouvert d'un papier ordinaire, sur une vitre exposée au grand jour.

Dans ce cas, on se sert du crayon. La plume est ici hors d'usage, parce qu'il faudrait la tenir dans une position horizontale, qui ne permettrait pas à l'encre de couler.

Mais ces procédés ne suppléent

## LE LUXE DES BORDURES DÉGUISE SOUVENT LA MÉDIOCRITÉ DES ŒUVRES

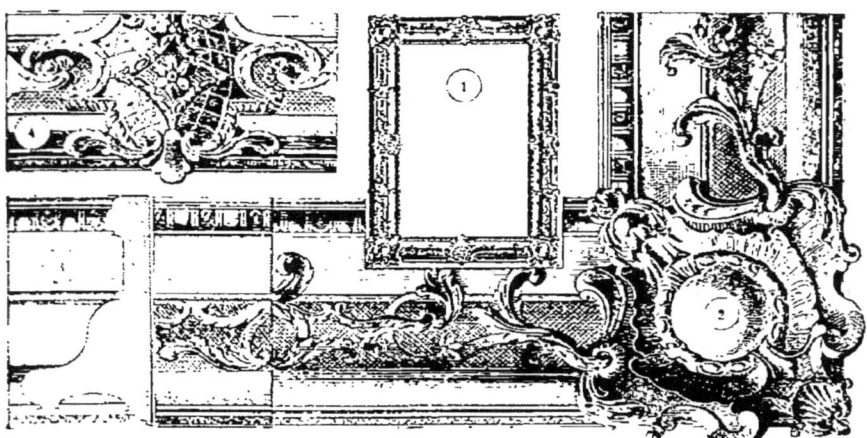

Fig. 24 à 26. — Cadre (et détails). Époque Louis XIV. Bois sculpté et doré
(Musée du Louvre, Paris).

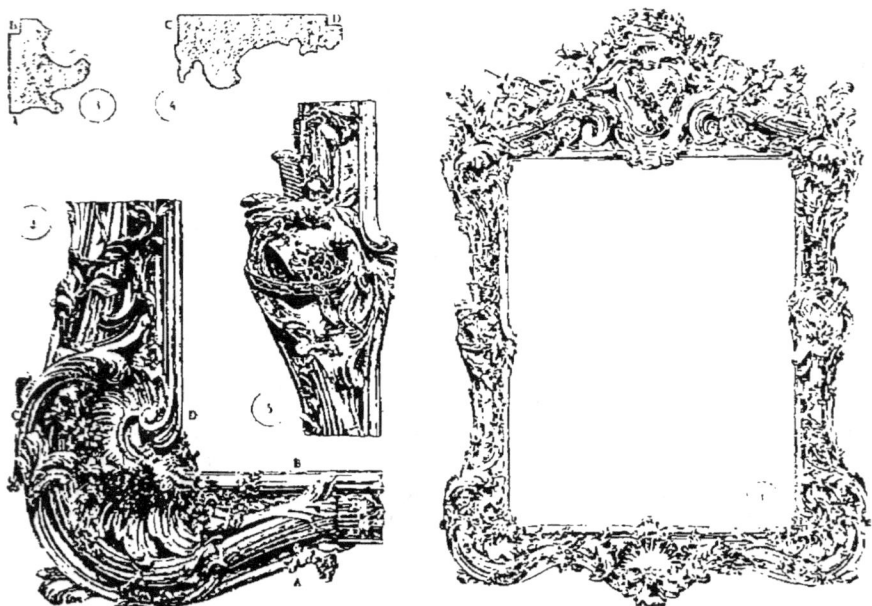

Fig. 27 à 31. — Cadre (et détails). Époque Louis XV. Bois sculpté et doré
(Musée des Arts décoratifs, Paris).

La *cadre* d'un *tableau*, ainsi que la parure d'une femme, ne doit point fixer les yeux en les détournant trop de l'objet qu'il embellit ; mais l'un et l'autre doivent faire valoir les beautés dont ils sont l'*ornement*. Dans tous les objets qui nous frappent, nous ne sommes que trop enclins à regarder comme les plus importants ceux qui brillent davantage, ou étalent plus de richesses : le luxe des *bordures* semble déguiser la médiocrité de certains *tableaux*.

pas, comme on est d'abord porté à le croire, à l'art du dessinateur. Pour en user avec succès, il faut d'abord posséder cet art. Celui qui n'aurait aucune habitude de dessiner n'obtiendrait, même en calquant, que des contours incertains, et presque aussi faux, presque aussi incorrects que ceux qu'il pourrait tracer en dessinant à la manière ordinaire.

L'habitude de calquer, loin d'être un moyen de profiter pour les élèves-dessinateurs, doit leur être interdite ; elle fausse la main et n'exerce point la vue. Mais l'artiste consommé use de ce procédé sans inconvénient et avec avantage, pour se procurer promptement des copies exactes de ses propres ouvrages ou des ouvrages des maîtres. Il est même des circonstances où l'on ne peut se dispenser d'en faire usage, comme lorsqu'il s'agit de peindre à fresque.

**CAMAÏEU** (s. m.). — Peinture monochrome, ou d'une seule couleur, qui ne représente les objets que sous le rapport de la solidité et du relief exprimés par le moyen des ombres. On appelle aussi les tableaux de cette espèce peintures en clair-obscur. Les dessins à un seul crayon, les estampes en noir, sont de ce genre. On donne ordinairement le nom de grisailles à celles de ces peintures qui sont en blanc ou en jaunâtre, pour imiter les bas-reliefs en plâtre, en pierre ou en marbre; et l'on réserve celui de camaïeu à celles qui sont en vert, en rouge, en bleu, etc. Ces camaïeux, qui diffèrent également des couleurs de la nature et de celles des représentations que l'on fait de la nature par le moyen de la sculpture, ont été fort à la mode dans le courant du dix-huitième siècle; on ne les employait qu'à de petits sujets, pour assortir dans les intérieurs des appartements, les ornements en peinture, aux couleurs de l'ameublement. Ironiquement, pour exprimer l'effet et le défaut d'un tableau dont la couleur est fausse, lourde et monotone, on dit que ce tableau est un camaïeu.

**CAMPER** (v. n.). — Une figure fièrement campée est posée avec soin, bien dessinée ; ses lignes sont élégantes et robustes tout à la fois.

\* **CAPITAL** (adj.). Fig. 32 et 33. — Ce mot n'a, dans le langage de l'art, son application qu'en parlant des tableaux. On appelle tableau capital un ouvrage remarquable par son étendue ou par sa perfection, entre les productions d'un peintre lui-même distingué. Cette expression est d'usage parmi les marchands et les amateurs; ils l'emploient surtout en parlant d'ouvrages de peintres dont les fresques et les tableaux variés de dimensions, et parmi lesquels il y a un choix à faire, sont en grand nombre.

\* **CARACTÈRE** (s. m.). Fig. 34. — Mode distinctif de chaque espèce d'être dans chaque genre, et de chaque individu dans chaque espèce. Tels sont, pour l'homme, le port, les formes du corps, qui le distinguent des autres animaux; et, dans le genre humain, les particularités naturelles ou accidentelles résultant du sexe, du tempérament, de l'âge, du climat, de l'action habituelle ou extraordinaire des pas-

## APPLICATION DU MOT CAPITAL EN PARLANT DES FRESQUES ET DES TABLEAUX

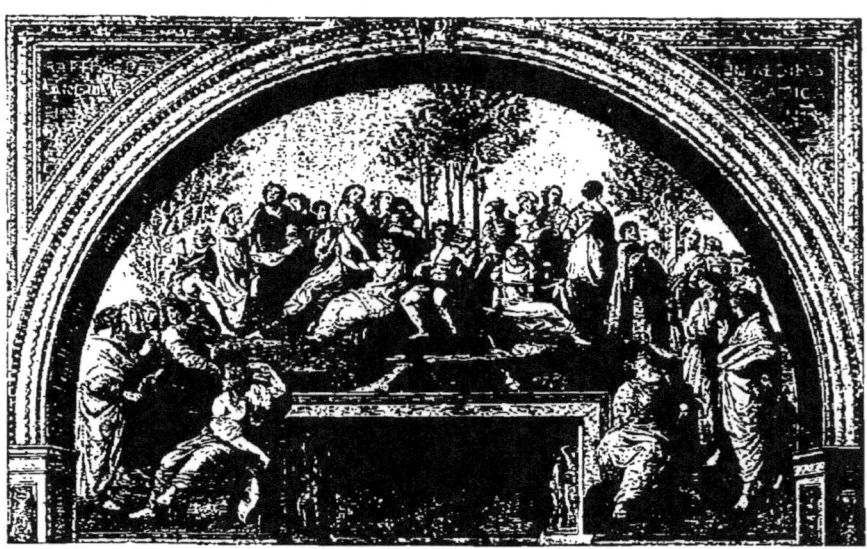

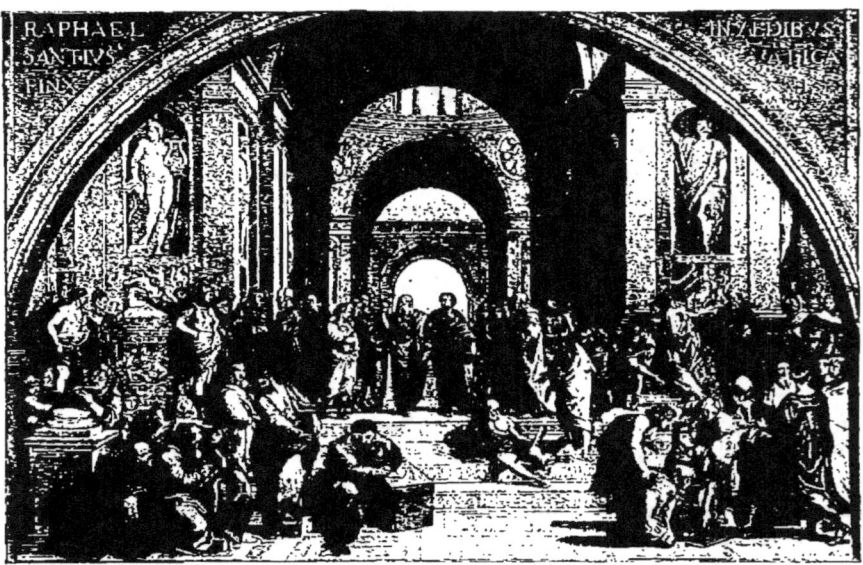

Fig. 32 et 33. — RAFFAELLO SANTI, DIT RAPHAEL SANZIO (1483 † 1520). — Le Parnasse; et, L'École d'Athènes. Fresques (Chambre de la Signature au Vatican, Rome).

Le mot *capital* n'a, dans le langage de l'art, son application qu'en parlant des *fresques* et des *tableaux*. On appelle *tableau capital* un ouvrage remarquable par son étendue ou par sa perfection, entre les productions d'un peintre lui-même distingué.

sions, de l'état de l'individu dans l'ordre social, de sa manière de vivre. Ces particularités, ces différences, sont, après l'étude de la figure de l'homme en général, l'objet le plus important des méditations et des travaux du peintre, puisque, de ces différences et de ces particularités, dépend tout le sens de ses compositions. Chaque genre, chaque famille d'animaux a aussi ses caractères généraux et particuliers. Il en est de même des productions inanimées de la nature, des arbres, des rochers, des campagnes, qui varient réellement, ou en apparence, selon le climat, les saisons, l'heure du jour, l'état accidentel du ciel ; et encore, selon les modifications qu'ils ont pu recevoir de la main des hommes, de l'action du temps. Si toutes ces choses, observées avec sagacité et choisies avec goût, sont fidèlement représentées dans un tableau, on dit que les animaux, les arbres, les rochers de ce tableau sont d'un beau caractère.

Quant aux personnages, indépendamment du caractère propre à l'âge, au tempérament, aux passions de chacun, selon l'action dans laquelle on le fait figurer, il est encore, pour plusieurs, un caractère de tradition prescrit par le récit des historiens et des poètes, ou convenu par les artistes, et transmis par eux de siècle en siècle. Il ne suffit donc pas de donner aux personnages de cette espèce le caractère convenable à la situation, il faut que ce caractère soit en même temps celui que la tradition et l'usage indiquent ; autrement le tableau serait inintelligible, bien que l'action fût en elle-même représentée avec vérité. Toutefois, on ne dirait point absolument de telles figures qu'elles manquent de caractère, mais seulement qu'elles n'ont pas le caractère historique. Il en est de même des accessoires et du costume qui peuvent avoir le caractère convenable à l'action, sans avoir le caractère propre au lieu et au temps. Quelquefois aussi les costumes et les accessoires manquent absolument de caractère.

La couleur a plus ou moins de fraîcheur et d'éclat, le dessin a plus ou moins de fermeté ou de souplesse. Ces différences constituent aussi un caractère au dessin et à la couleur. Quelquefois ce caractère tient à la manière habituelle de faire du peintre, et se retrouve dans tous ses ouvrages ; quelquefois aussi il est habilement varié par le même artiste selon les sujets qu'il traite. Mais, en général, on appelle beau caractère de dessin, grand caractère de dessin, ces contours fermes, soutenus, prolongés sans efforts, purs, arrêtés avec précision, qui se prêtent le mieux à dessiner des figures de grande proportion, bien articulées, dont le mouvement est simple et la pose d'un beau développement. On dit que le dessin est sans caractère, lorsqu'il ne concourt pas par les qualités qui lui sont propres, telles que la fermeté, la délicatesse, etc., à faire naître l'idée que le peintre a voulu nous donner de l'ensemble de son tableau ou de chacun de ses personnages. Le couleur a ou n'a point de caractère, suivant qu'elle est ou n'est pas, par son effet général, analogue au sujet du tableau. On dit quelquefois aussi d'une figure qu'elle a

## IL FAUT DONNER AUX PERSONNAGES LE CARACTÈRE CONVENABLE A LA SITUATION

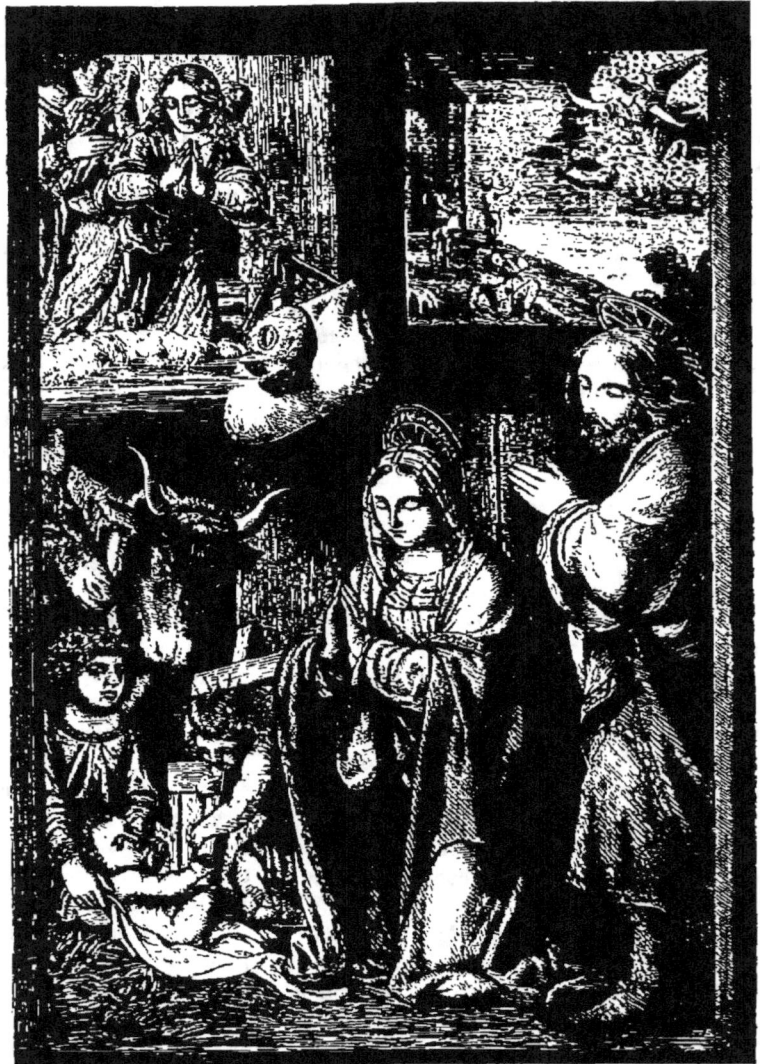

Fig. 34. — Bernardino Luini (1484?✝1535). — La Nativité. Fresque
(Musée du Louvre, Paris).

Les *accessoires* et le *costume* peuvent avoir le *caractère* convenable à l'*action*, sans avoir le *caractère* propre au lieu et au temps. Quelquefois aussi les *costumes* et les *accessoires* manquent absolument de *caractère*.

Il ne suffit pas de donner aux personnages le *caractère* convenable à la situation, il faut que ce *caractère* soit en même temps celui que la tradition et l'usage indiquent ; autrement le tableau serait inintelligible, bien que l'*action* fût en elle-même représentée avec vérité.

le caractère idéal, ce qui s'entend des modifications et des abstractions au moyen desquelles l'art élève l'objet de ses imitations à un degré de beauté surnaturel. Telles sont les acceptions du mot caractère en parlant de la peinture.

**CARESSÉ** (adj.). — Se dit, en parlant de tableaux d'un fini précieux, non seulement pour exprimer le travail du pinceau qu'on a repassé légèrement et plusieurs fois sur chaque partie, mais aussi pour figurer l'idée de la délicatesse de l'ouvrage et des soins minutieux que l'artiste lui a prodigués. Cette manière de peindre ne s'applique guère qu'à de petits sujets; elle conduit facilement à la froideur et à la mollesse.

**CARNATION** (s. f.). — Imitation de la chair représentée par le coloris; s'emploie d'une manière générale pour exprimer l'ensemble des parties de chair que présente un tableau. On ne dirait pas la carnation d'un bras, d'une jambe, ou de toute autre partie de la figure; mais on dit d'un tableau que les carnations en sont belles; et d'un peintre, qu'il sait faire de belles carnations. La carnation, l'imitation de la couleur de la chair modifiée par les reflets propres à la contexture de la peau et par le mouvement de circulation qui l'agite incessamment plus ou moins, est, concurremment avec le dessin des formes, l'objet essentiel de la peinture. La carnation, ainsi que les contours de la figure humaine, varie à l'infini par des transitions et des nuances d'une délicatesse qui ne se retrouve nulle part ailleurs; elle varie, non seulement d'un individu à l'autre, selon l'âge, le sexe, le tempérament, le climat; mais dans chaque individu, selon l'état accidentel de la santé, selon l'action qui le met en mouvement, ou les passions qui l'agitent, etc. C'est l'art de saisir et de rendre avec vérité l'effet résultant de ce concours de circonstances qui constitue le peintre coloriste. Comme le mot carnation comporte l'idée de la couleur, il n'a point son application dans le langage de la sculpture, qui a aussi cependant ses procédés et ses termes pour ce qui concerne l'imitation de la chair (V. MORBIDESSE).

**CARREAU** (s. m.). — CARREAUX DE RÉDUCTION. Lignes perpendiculaires et transversales que l'on trace à la craie, ou avec des fils, sur un tableau ou sur un dessin, pour en faciliter la réduction (V. CRATICULER et RÉDUIRE).

\* **CARTON** (s. m.). Fig. 35. — Esquisse ou dessin exécuté sur papier pour servir de modèle à un tableau, une peinture à fresque, une tapisserie de haute ou basse lice, etc. Les dessins des cartons sont, en général, dans les mêmes dimensions que les ouvrages à l'exécution desquels on veut les appliquer, c'est-à-dire le plus souvent de grandeur naturelle, ou même au-dessus de nature. Ceux qui sont destinés à l'exécution des fresques sont faits au crayon et au simple trait, sur carton, si l'on est dans l'intention de les découper pour en tracer les contours à la pointe, et sur papier, quand on les

LE CARTON EST UNE ESQUISSE OU UN DESSIN EXÉCUTÉ POUR SERVIR DE MODÈLE

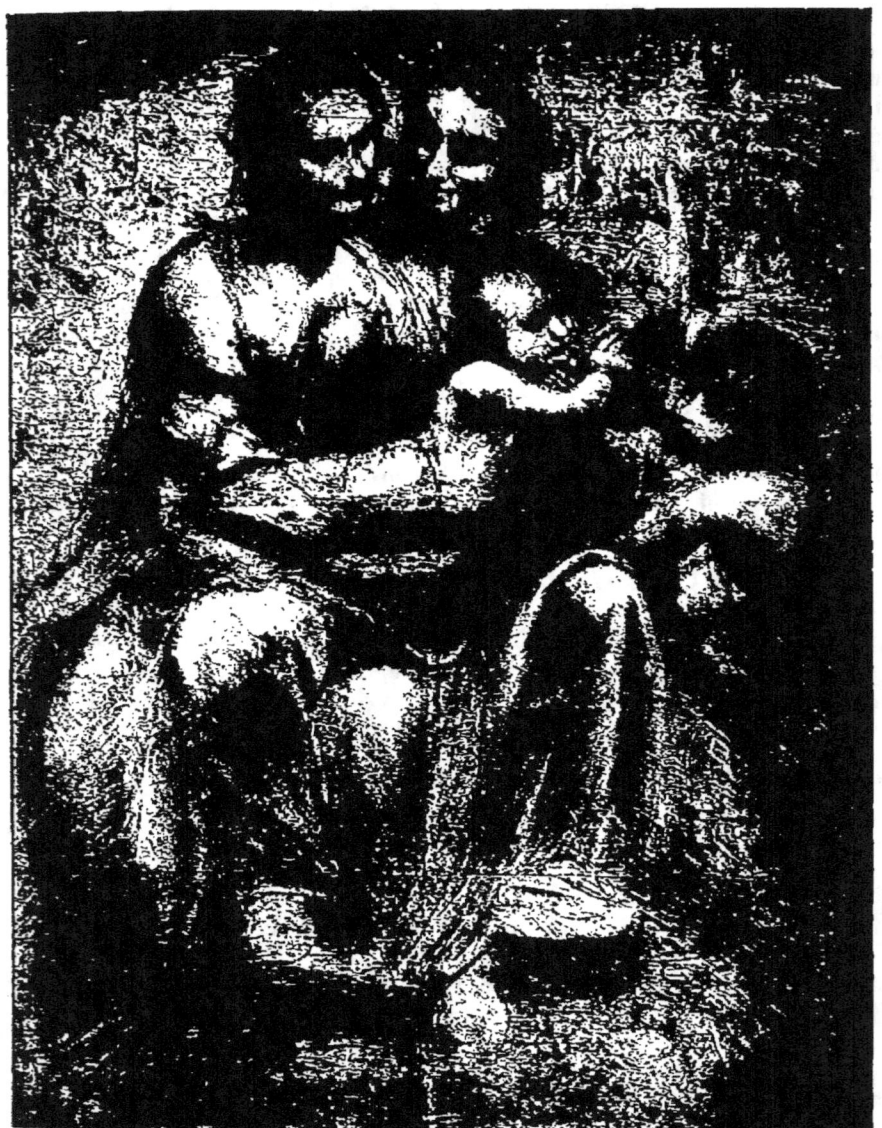

Fig. 35. — Lionardo da Vinci (1452 † 1519).
La Vierge. Sainte Anne, l'Enfant Jésus et Saint Jean-Baptiste
(d'après le *carton* de la Royal Academy of Arts, Londres).

Le *carton* est un *dessin*, exécuté sur fort papier ou carton, pour servir de *modèle* à un *tableau*, une *peinture* à *fresque*, une tapisserie de haute ou basse lice, etc. Les *dessins* des *cartons* sont, en général, dans les mêmes dimensions que les ouvrages à l'exécution desquels on veut les appliquer, c'est-à-dire, le plus souvent, de grandeur naturelle, ou même au-dessus de *nature*.

veut poncer. Dans l'un et l'autre cas, l'objet de ces cartons est de reporter d'une manière expéditive et du premier coup, sur l'enduit de la muraille, l'esquisse de la composition qu'on se propose de peindre à fresque (V. FRESQUE).

**CATALOGUE** (s. m.). — Catalogue de tableaux, liste, état, plus ou moins explicatif, des objets composant un Cabinet, une Galerie, un Musée. Les catalogues sont ordinairement rédigés par ordre alphabétique, selon le nom des maîtres auxquels les tableaux sont attribués. Quelquefois on les divise par École, et presque toujours on distingue chaque morceau par un numéro.

Les catalogues, qui sont rédigés avec discernement, fournissent des renseignements et des matériaux utiles pour l'histoire de l'art.

\* **CÉNACLE** (s. m.). Fig. 36 et 37. — Cette acception n'est plus d'usage que dans le style de l'Écriture Sainte, et, en ce sens, on l'emploie aussi pour signifier un tableau représentant la Cène, comme lorsqu'on appelle Cénacle de Léonard de Vinci la fameuse fresque du réfectoire de Sainte-Marie-des-Grâces, à Milan.

**CHAIRS** (s. f.). — Ce mot s'emploie ainsi toujours au pluriel dans la même acception que carnations, et dans une acception plus étendue. Il s'entend de la chair, non seulement sous le rapport de la couleur, mais aussi sous celui de la porosité et de toutes les autres qualités de la chair qu'il est donné à l'art d'imiter. Ainsi, au lieu que le mot carnation n'est à l'usage que de la peinture, le mot chairs s'emploie également en parlant de peinture et de sculpture (V. CARNATION).

**CHAMP** (s. m.). — L'espace, le fond préparé sur lequel le peintre a à travailler.

**CHAMPÊTRE** (adj.). — STYLE CHAMPÊTRE (V. GENRE).

**CHANCIR** (v. n.). — CHANCIS, maladie des tableaux, moisissure, commencement de la corruption du vernis (V. RESTAURATION).

**CHASSIS** (s. m.). — On appelle châssis d'un tableau l'assemblage des bois sur lequel la toile est fixée. Les peintres et dessinateurs donnent aussi ce nom à un cadre en bois, divisé en plusieurs carreaux, dont ils se servent pour faire des réductions.

**CHATOIEMENT** (n. m.). — Quelques tableaux ont une tonalité brillante, un éclat vif; on dit que le reflet en est chatoyant.

**CHAUD** (adj.). — Ton chaud, coloris chaud. (V. TON.)

**CHEF-D'ŒUVRE** (s. m.). — Ouvrage excellent en lui-même, ou relativement aux autres ouvrages d'un même artiste. Ainsi, l'on dit du tableau de la *Transfiguration* et de l'*Apollon du Belvédère*, que ce sont les chefs-d'œuvre de la peinture et de la sculpture, ou seulement des chefs-d'œuvre, et de tel tableau, le meilleur qu'un peintre

## ACCEPTION DES TERMES EN USAGE DANS LE STYLE DE L'ÉCRITURE SAINTE

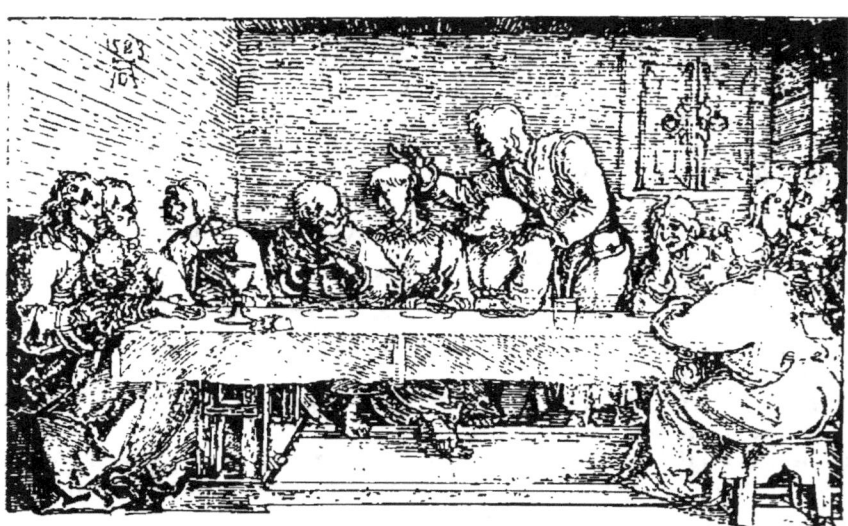

Fig. 36. — Albrecht Dürer (1471 † 1528). — Le Cénacle. Dessin (Albertine, Vienne).

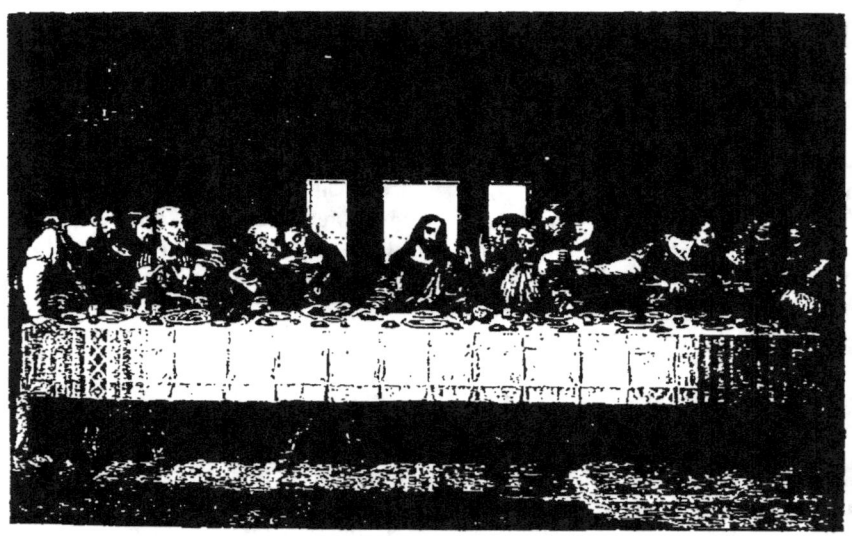

Fig. 37. — Leonardo da Vinci (1452 † 1519). — Le Cénacle
(Réfectoire de Sainte-Marie-des-Grâces, Milan).

*Cénacle*, en vieux français, signifie salle à manger. Cette acception n'est plus d'usage que dans le style de l'Écriture Sainte, et, en ce sens, on l'emploie pour signifier un *tableau* représentant la Cène, comme lorsqu'on appelle *Cénacle* de Léonard de Vinci la fameuse *fresque* de Milan.

du second ordre ait fait, que c'est le chef-d'œuvre de ce peintre. Toutefois, ce titre ne s'appliquerait pas sérieusement à un ouvrage au-dessous du médiocre, alors même qu'il serait ce que son auteur aurait fait de moins mauvais.

\* **CHEVALET** (s. m.). Fig. 38. — TABLEAU DE CHEVALET. — Le chevalet est le petit appareil en bois sur lequel le peintre place sa toile ou son panneau. Ainsi, tous les tableaux, autres que ceux qui sont exécutés sur des murailles et des plafonds, sont des ouvrages de chevalet, quelle que soit leur étendue. C'est ainsi qu'on l'entend lorsque pour distinguer, dans les œuvres de quelque maître, les fresques et les plafonds, des tableaux portatifs sur panneau ou sur toile, on appelle ceux-ci ses tableaux de chevalet. Mais, par une seconde acception dérivée de la première, on appelle, dans le commerce et parmi les amateurs, tableaux de chevalet, les tableaux de petite dimension, pour les distinguer des grands tableaux, bien que ces derniers aient été peints aussi sur le chevalet (V. GENRE).

**CHIC** (n. m.). — Faculté mécanique, habileté manuelle de l'artiste; exécution faite de chic, sans avoir eu recours au modèle ni avoir consulté la nature.

Quelques dessins faits de chic sont d'une élégance facile, d'une tournure agréable.

**CIEL** (s. m.). — On appelle ciel, et plus ordinairement ciels, la partie d'un tableau, d'un paysage, qui représente les nuages et l'espace. Dans cette acception, on dit, au pluriel, ciels et non pas cieux. Les ciels lourds sont ceux qui sont trop montés de ton, trop vigoureux. Les beaux ciels ont de l'ampleur.

\* **CLAIR-OBSCUR** (s. m.). Fig. 39. — Le sens de cette expression, que les mots dont elle se compose semblent devoir rendre facile à saisir, est néanmoins compris par peu de personnes. Cependant, le *Dictionnaire de l'Académie* définit fort bien le clair-obscur : « L'imitation de l'effet que produit la lumière en répandant des jours sur les surfaces qu'elle frappe, et en laissant dans l'ombre celles qu'elle ne frappe pas ». Comme cet effet de la lumière, plus ou moins abondante sur les diverses parties d'un corps solide, est le seul moyen que nous ait donné la nature d'apercevoir, par le sens de la vue, la solidité et la forme des corps, l'imitation du clair-obscur, c'est-à-dire de la distribution de la lumière, des ombres et des demi-teintes, est la partie constitutive et essentielle de la peinture.

La connaissance des lois physiques, selon lesquelles la lumière, partant d'un foyer donné, tombe, s'étend et se reflète sur les corps, constitue ce qu'on doit appeler science du clair-obscur, laquelle est comprise dans la science générale de l'optique. Cette science positive, ou l'espèce de routine vague qui en tient lieu jusqu'à un certain point, est absolument nécessaire au dessinateur et au peintre qui opèrent sans le modèle, et elle est fort utile même à celui qui ne tra-

## CE QU'ON ENTEND PAR OUVRAGE OU TABLEAU DE CHEVALET

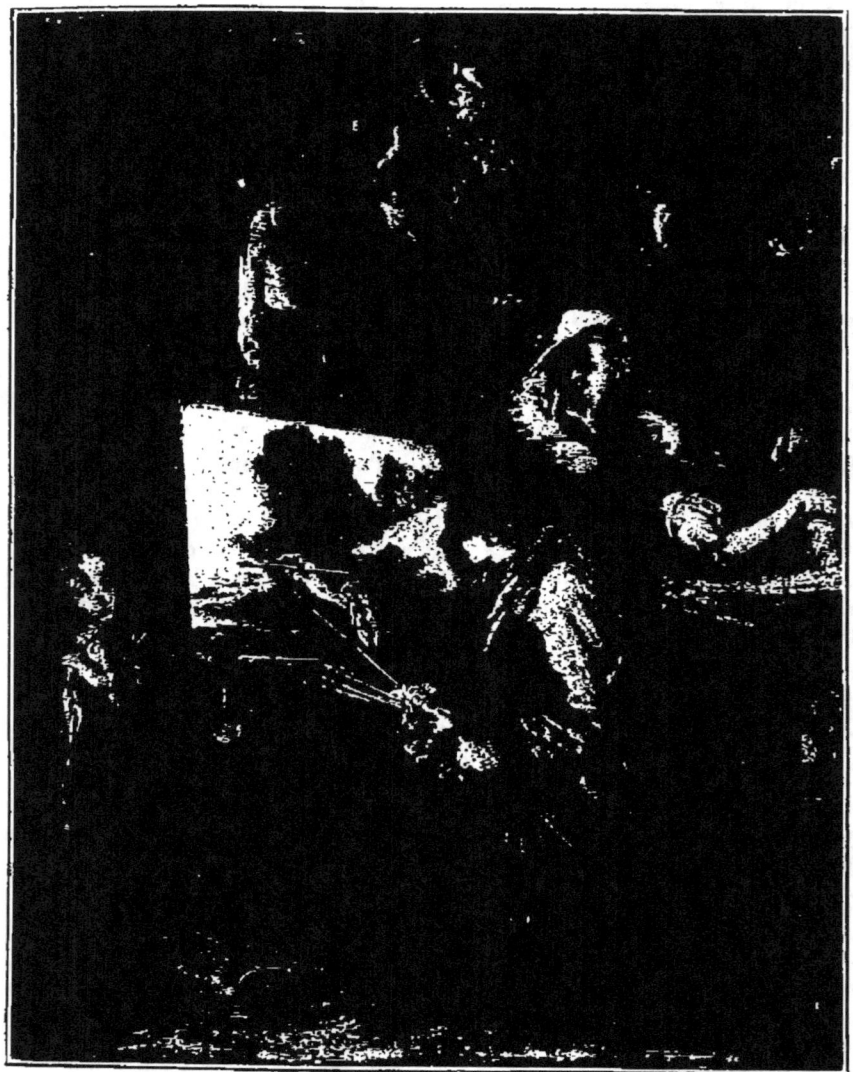

Fig. 38. — François Boucher (1703 † 1770). — Le Peintre
(Galerie de M. le baron E. de Rothschild).

Tous les *tableaux*, autres que ceux qui sont exécutés sur des murailles et des *plafonds*, sont des ouvrages de *chevalet*, quelle que soit leur étendue. C'est ainsi qu'on l'entend lorsque pour distinguer, dans les œuvres de quelque maître, les *fresques* et les *plafonds*, des tableaux portatifs sur *panneau* ou sur toile, on appelle ceux-ci ses *tableaux de chevalet* (V. fig. 45).

Les peintres, en général, après avoir étudié longtemps la nature, veulent user, sans la consulter davantage, de l'habitude qu'ils s'en sont faite.

vaille que d'après le modèle, pour lui faciliter le sentiment des effets qu'il a sous les yeux et lui en donner l'intelligence. La manière de disposer les objets d'un tableau, pour en obtenir les effets d'ombre et de lumière les plus harmonieux, les plus agréables à la vue, est ce qu'il faut appeler l'art du clair-obscur, et ce qu'on exprime aussi par entente du clair-obscur.

Peinture en clair-obscur est le tableau d'une seule couleur modifiée par les ombres, qui n'imite les objets que sous le rapport de la solidité, comme font les grisailles, lorsqu'elles représentent des fruits, des fleurs, des étoffes, des figures d'hommes, ou des animaux. Quant aux objets monochromes, comme les bas-reliefs en marbre, en bronze, etc., la peinture n'a besoin pour les représenter, sans restriction, que du clair-obscur. Mais, dans les autres tableaux, l'art du clair-obscur se lie à celui du coloris, et aussi à l'intelligence du choix des accessoires, parce que les effets de l'ombre et de la lumière varient suivant la couleur et la nature des corps (V. GRISAILLE).

CLAIRS (s. m.). — On appelle clairs, dans un tableau, les parties les plus éclairées, qui réfléchissent le plus de lumière, et sont composées des couleurs les plus éclatantes. On dit qu'une peinture est dans une gamme claire lorsqu'elle est brillante et lumineuse.

CLASSIQUE (adj.). — Œuvre de STYLE CLASSIQUE, dessinée ou peinte, inspirée par l'École de David (1748 ÷ 1825) qui rompit avec le style académique et fut en lutte avec l'art dit romantique. Dans l'art classique le nu est élevé à la hauteur d'une doctrine; les sujets, empruntés à l'art gréco-romain, ont principalement trait à la fable, à l'histoire ancienne. Leur enseignement est moral et patriotique. Le classicisme, tout de tradition, dégénéra peu à peu et fit place au romantisme. Depuis, c'est-à-dire dès 1830 environ, on considère comme classiques les œuvres des maîtres de la Renaissance et des temps modernes. Ces maîtres, dans des créations d'une extrême pureté et d'une grande perfection, se sont, en effet, inspirés de l'art grec. Les œuvres dites classico-romantiques, tiennent du classique et du romantisme (V. ACADÉMIQUE et ROMANTISME).

COLORIER (v. a.). — On ne dit guère d'un tableau qu'il est bien colorié, ni d'un peintre qu'il colorie bien; il est plus ordinaire de dire d'un tableau qu'il est d'une belle couleur, ou beau de couleur, et du peintre qu'il est bon coloriste, grand coloriste, etc.

* COLORIS (s. m.). Fig. 40. — Effet des couleurs employées par le peintre pour rendre les objets du tableau sensibles à la vue, et semblables à la nature. Dans cette acception générale, le coloris comprend la couleur locale qui est la couleur propre à chaque objet, et le clair-obscur qui exprime le relief et la solidité des corps par le moyen de la dégradation des couleurs, et souvent même d'une seule couleur, comme dans les peintures monochromes et dans les gravures, en sorte que l'on hasarde quelquefois de dire du graveur, qu'il est coloriste.

## LE SENS DE L'EXPRESSION CLAIR-OBSCUR EST RAREMENT COMPRIS

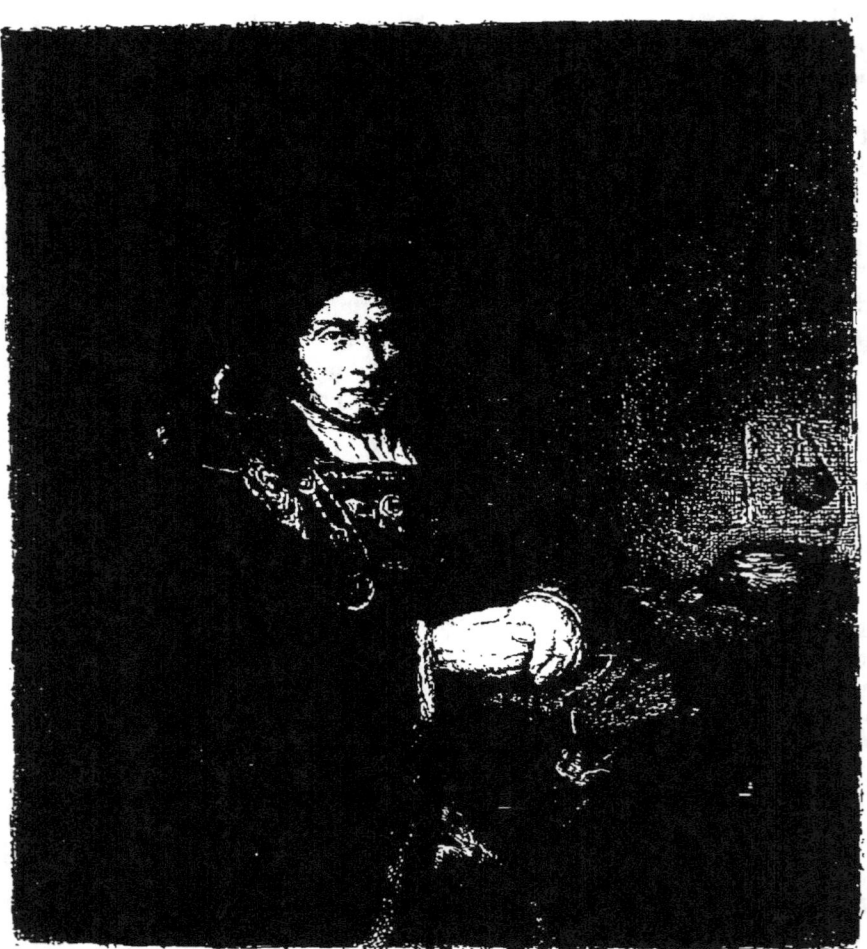

Fig. 39. — REMBRANDT HARMENSZ VAN RIJN, DIT REMBRANDT (1606 † 1669)
La Mère de Rembrandt (Galerie de l'Ermitage, Saint-Pétersbourg).

Le sens de l'expression *clair-obscur*, jeu de la *lumière* dans le *clair-obscur*, que les mots dont elle se compose sembleraient devoir rendre facile à saisir, est néanmoins compris d'assez peu de personnes. Cependant, le *Dictionnaire de l'Académie* définit fort bien le *clair-obscur* : « l'imitation de l'effet que produit la *lumière* en répandant des jours sur les surfaces qu'elle frappe, et en laissant dans l'*ombre* celles qu'elle ne frappe pas ».

Pour synonyme de coloris, on a le mot couleur, considéré comme l'expression de l'effet général que produisent la réunion et l'accord des diverses couleurs du tableau. Par une distinction un peu recherchée peut-être, quelques lexicographes affectent le premier de ces termes aux effets éclatants, délicats, gracieux, et l'autre aux effets vigoureux, sombres ou sévères; ils veulent, par exemple, que l'on dise le coloris d'un tableau de fleurs, ou d'une tête de nymphe, et la couleur d'un tableau de tempête, ou d'une tête de vieille; cependant on dit indistinctement coloris brillant, chaud, vigoureux, et couleur vigoureuse, brillante, chaude, argentine, transparente, etc.; et aussi, d'un peintre, que sa couleur, son coloris sont d'un bon ou d'un mauvais effet.

COLORISTE (s. m.). — Peintre dont les ouvrages se recommandent par la beauté du coloris. Le Titien, le Corrège, Paul Véronèse, Rubens, van Dyck, sont au premier rang des coloristes. L'École vénitienne et l'École flamande sont celles qui ont fourni le plus grand nombre de coloristes, et les meilleurs coloristes, en exceptant toutefois le Corrège, fondateur de l'École lombarde, qui, sur ce point, marche l'égal du Titien lui-même. Le coloris étant, ainsi que le dessin, partie essentielle de la peinture, tout coloriste est en même temps plus ou moins dessinateur, et tout dessinateur est plus ou moins coloriste. Mais l'expérience fait foi, et la théorie fournit de bonnes raisons de croire que ces deux qualités, qu'un assez grand nombre d'artistes possèdent ensemble à un médiocre degré, ne sauraient se trouver réunies dans un même peintre, ou du moins dans un même tableau à un degré éminent. Le dessinateur, considérant et représentant les objets plutôt sous le rapport de leur forme réelle, que sous celui de leur apparence, fait abstraction de certains effets de la lumière et de l'air ambiant, dont le résultat est de jeter sur la surface et le contour des objets un certain vague plus ou moins grand, selon le point de vue du spectateur, et qui est déjà fort sensible à la distance à laquelle sont ordinairement présumés les personnages représentés dans un tableau. L'imitation exacte de ce vague, de cette illusion optique, est au contraire ce que recherche le coloriste. L'un présente les objets à la vue, tels que les aperçoit le sens du toucher, et l'autre au contraire les forme pour ainsi dire sur la toile, tels qu'ils se viendraient peindre d'eux-mêmes sur l'organe de la vue, ou bien encore le dessinateur fait abstraction des effets de la perspective aérienne sur les contours, au lieu que le coloriste met surtout son étude et sa gloire à bien rendre ces effets.

\* COMPOSITION (s. f.). Fig. 41 et 42. — Assemblage et disposition qu'on fait des parties d'un tout : être occupé de la composition d'un tableau; être dans l'action, dans le feu de la composition, etc. Composition se prend aussi pour l'ouvrage qui résulte de cette action de composer. Son usage, dans ce sens,

## LE COLORIS COMPREND LA COULEUR LOCALE ET LE CLAIR-OBSCUR

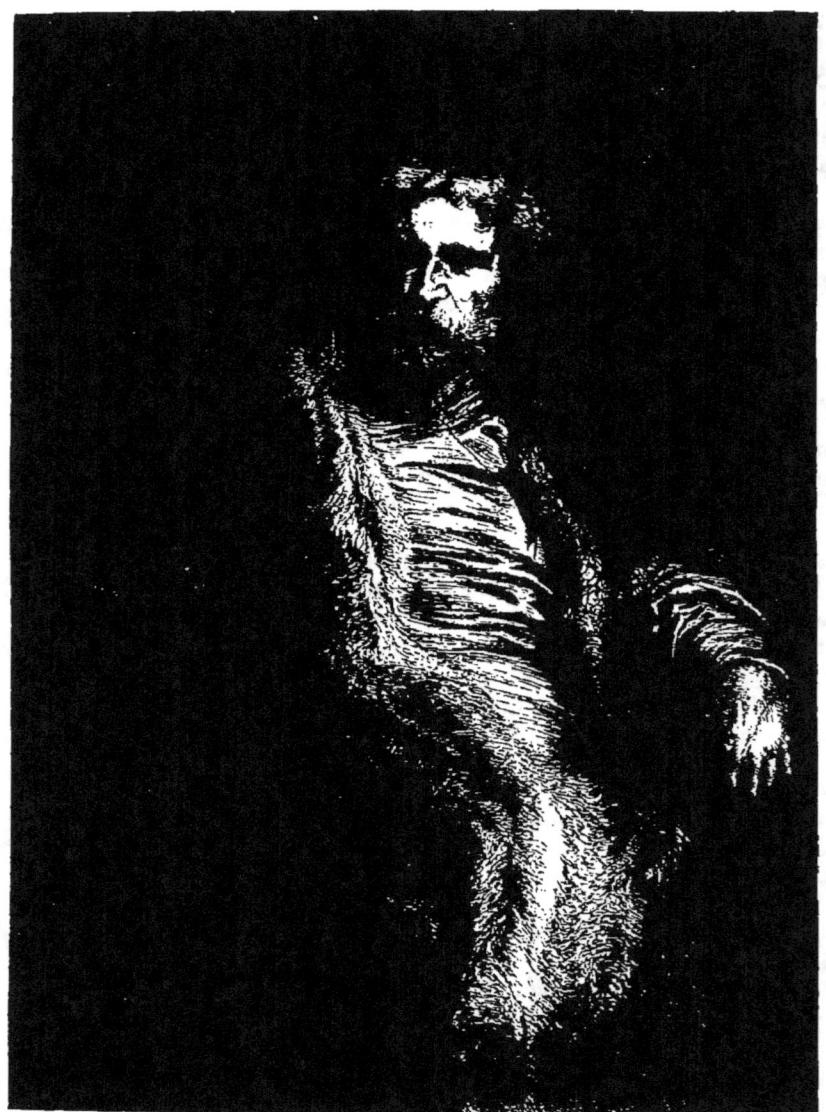

Fig. 40. — ANTON VAN DYCK (1599 † 1641). — Martin Ryckaert
(Galerie nationale, Londres).

Dans l'acception générale, le *coloris* comprend la *couleur* locale qui est la *couleur* propre à chaque objet, et le *clair-obscur* qui exprime le *relief* et la solidité des corps par le moyen de la *dégradation* des *couleurs*, et souvent même d'une seule *couleur*, comme dans les peintures *monochromes* et dans les gravures, en sorte que l'on hasarde quelquefois de dire du graveur qu'il est *coloriste*. « Le *coloris*, écrit Ernest Renan, est la qualité essentielle des peintres qui aspirent à rendre la *vie* et la *réalité*. »

s'applique surtout à la peinture. On appelle, d'une manière absolue, composition, une esquisse, un dessin, quelquefois même un tableau terminé.

La composition en peinture est de deux espèces, ou du moins se peut diviser en deux parties : l'une qui a pour objet l'invention, et que nous appelons composition poétique; l'autre qui consiste dans la disposition des parties, que nous nommons composition pittoresque.

La composition poétique comprend le choix ou l'invention du sujet, la situation, la détermination du moment de l'action, les incidents, les épisodes, le caractère des personnages, l'expression des passions, les mœurs, le costume, les convenances historiques, les accessoires destinés à faciliter l'intelligence du sujet et à ajouter à l'effet de l'action.

A la composition pittoresque appartiennent l'ordonnance générale du tableau, la disposition des masses, leur balancement, leur contraste; la distribution de la lumière, l'accord des couleurs et des tons, tout ce qui dépend, pour l'effet général, des combinaisons du clair-obscur; la pose et l'agencement des figures, la formation des groupes, la ligne de composition (V. LIGNE); le jet des draperies, les accessoires de simple ornement qui ne tiennent point à l'action.

Les compositions du peintre sont soumises aussi rigoureusement, et plus rigoureusement peut-être que celles du poète, à la règle des unités : il faut une action principale à laquelle tout ce qui se voit dans le tableau se rattache et concoure, soit pour en faciliter l'intelligence au spectateur, soit pour ajouter à son énergie. Tous les personnages doivent prendre part à l'action par une coopération active, ou par une attention mentale qui se manifeste à l'aide de l'attitude, et de l'expression de physionomie; il faut encore que le mouvement de chacune des figures, et la manière dont toutes sont liées en quelque sorte l'une à l'autre, et la manière aussi dont elles sont exposées à la lumière, soient tels que l'œil du spectateur qui parcourt le tableau n'ait pour ainsi dire qu'à suivre la voie que la disposition de ces choses lui trace pour être ramené au centre de l'action générale. S'il est nécessaire, pour l'intelligence du sujet, ou pour la richesse du tableau, d'introduire des épisodes, il faut que ces épisodes, subordonnés au fait principal par leur importance, par la mesure des soins que le peintre donne à leur exécution, et par l'espace qu'ils occupent sur la toile, soient le résultat du même événement que ce fait, qu'ils dérivent pour ainsi dire d'une source commune qui les ait pu produire simultanément. Tels sont dans la représentation d'un fait d'armes, qui occupe les principaux personnages du tableau, les combats d'homme

NOTE RELATIVE AUX FIGURES 41 ET 42. — Les *compositions* du peintre sont soumises aussi rigoureusement, et plus rigoureusement peut-être que celles du poète, à la règle des *unités* : il faut une *action* principale à laquelle tout ce qui se voit dans le *tableau* se rattache et concoure, soit pour en faciliter l'*intelligence* au spectateur, soit pour ajouter à son énergie.

Tous les personnages doivent prendre part à l'*action* par une coopération active, ou par une attention mentale qui se manifeste à l'aide de l'*attitude*, et de l'*expression* de *physionomie*.

## LES COMPOSITIONS DU PEINTRE SONT SOUMISES A LA RÈGLE DES UNITÉS

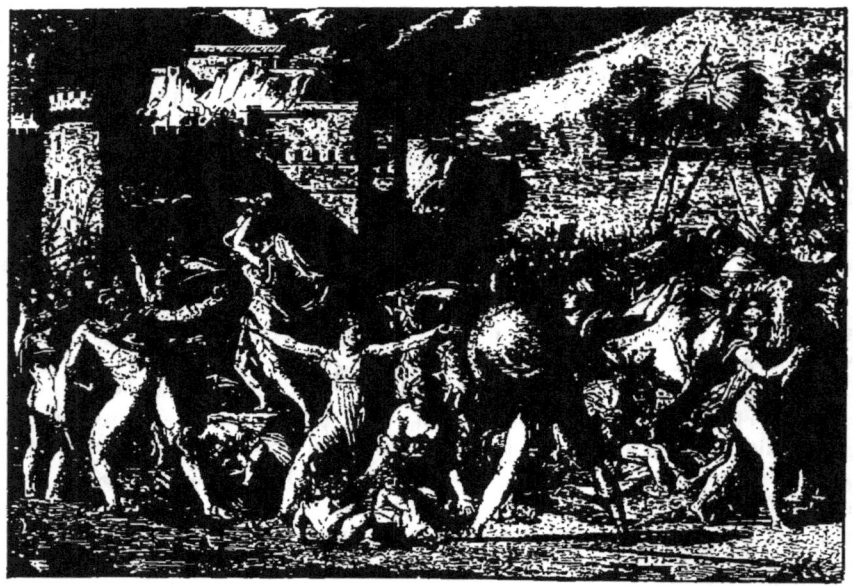

Fig. 41. — Jacques-Louis David (1748 ✝ 1825). — Enlèvement des Sabines (Musée du Louvre, Paris).

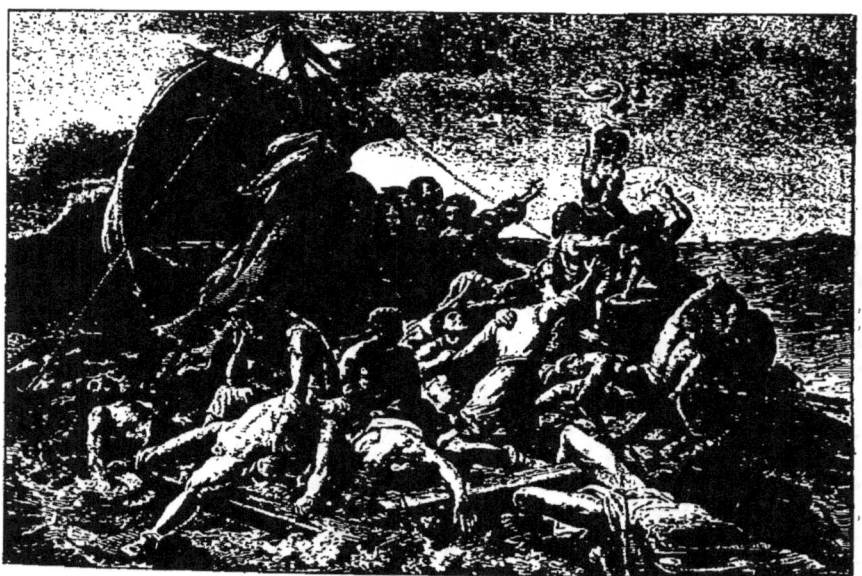

Fig. 42. — Jean Louis-André Théodore Géricault (1791 ✝ 1824).
Le Radeau de la Méduse (Musée du Louvre, Paris). — (Voir APPENDICE, page 334).
(Consulter, au bas de la page 76, la note relative aux figures 41 et 42).

à homme, les chirurgiens occupés auprès des blessés, les groupes de morts et de mourants, etc. Il est superflu de dire que le lieu de la scène du tableau est invariable. Quant à son étendue, elle embrasse tout l'espace que l'œil du spectateur, placé au point de vue déterminé par le rapport qu'ont entre eux les divers plans de la composition, apercevrait au delà de la muraille sur laquelle est le tableau, par une ouverture de même dimension que le cadre de ce dernier.

L'unité de temps, renfermée dans les bornes les plus étroites, est surtout difficile à observer. Le peintre n'a à sa disposition qu'un seul instant de l'action, durant lequel il faut qu'il saisisse pour ainsi dire tous ses personnages. Seulement, il peut, à l'aide des accessoires, rappeler ce qui s'est passé le moment d'avant, indiquer ce qui se va passer le moment d'après ; mais il n'a à représenter réellement que l'un des mouvements généraux instantanés dont se compose l'action qui fait le sujet du tableau ; et, pour peu que quelqu'un des personnages paraisse occupé d'autre chose que de cette portion indivisible d'action, l'unité de temps est violée.

\* CONNAISSEUR (s. m.). Fig. 43. — Se dit, lorsqu'il s'agit d'ouvrages de peinture, de celui qui en perçoit les défauts, et sait en apprécier le mérite. Plus ordinairement, on appelle connaisseur celui qui sait reconnaître, au mécanisme du travail, au caractère du dessin et de la composition, souvent à certaines habitudes, telles que chaque artiste a coutume d'en avoir qui lui sont particulières, de quel peintre est un tableau. Le connaisseur distingue aussi l'École à laquelle appartient le peintre ; et, si celui-ci a eu successivement différentes manières de faire, il dit à quelle époque et dans laquelle de ces manières le tableau a été exécuté. Il sait aussi distinguer une copie, quelque bien faite qu'elle soit, d'un original, et un pastiche, d'un ouvrage du maître qu'on s'est proposé d'imiter. Les repeints, non plus que les repentirs, n'échappent point à sa sagacité.

Cette habileté à prononcer sur l'origine et l'état d'un tableau ne suppose pas nécessairement le sentiment et le goût des beautés de l'art, de même que ce goût et ce sentiment ne sont pas toujours accompagnés de la science du connaisseur. Des artistes manquent souvent, et sans nul inconvénient, de cette science qui est plus nécessaire au marchand de tableaux et à l'amateur, qu'au peintre.

CONTORSION (s. f.). — Attitude outrée, mouvement forcé des membres ou des traits du visage. Les contorsions, alors même qu'elles n'excèdent pas les forces, et ne contrarient pas les mouvements naturels de l'homme, et qu'elles peuvent être l'effet d'un accès de passion momentané, sont ennemies de la beauté. Le peintre doit se garder de prendre pour objet de ses imitations les contorsions qui, résultant de mouvements convulsifs, sont un désordre de la nature.

\* CONTOUR (s. m.). Fig. 44. — Les contours d'un corps solide, tel que

**IL EST INDISPENSABLE DE NE POINT CORROMPRE LE JUGEMENT DES AMATEURS**

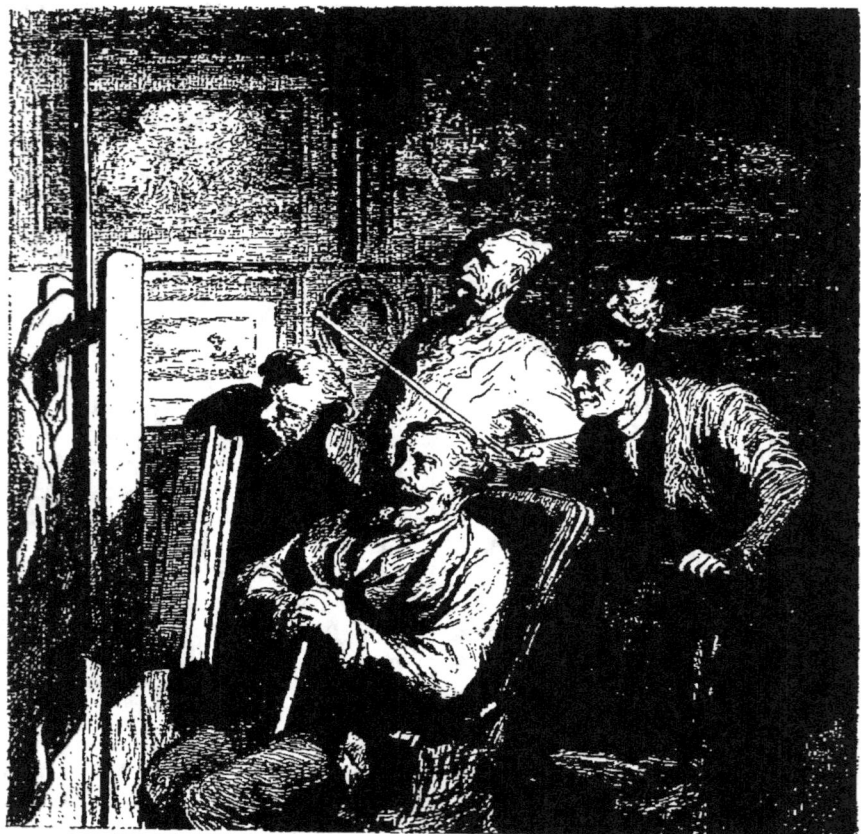

Fig. 43. — Honoré Daumier (1808 † 1879). — A l'atelier (ou : L'Admiration forcée).

Afin de ne pas corrompre le jugement des *amateurs* de *dessins* et de *tableaux*, on devrait, tout d'abord, leur en laisser ignorer l'auteur et l'*École*. Il est en outre certain que ceux-là mêmes, qui sont véritablement en état de juger du mérite et de fixer la valeur d'un *dessin* ou d'un *tableau*, ne sauraient le faire librement dès que l'artiste leur impose sa présence.

Ce *dessin*, ce *tableau* sont-ils signés ? De qui sont-ils ? C'est la première question que pose un ignorant, se réservant à décider du mérite de l'œuvre sur la seule réputation de l'auteur.

Si ce pseudo-*amateur* entend nommer un artiste ignoré ou peu connu, on donner, d'un air entendu et dédaigneux, de très petites louanges, il ne prend même pas la peine de jeter un coup d'œil sur ce qu'il considère d'avance sans mérite et sans valeur ; mais, si on prononce un nom célèbre... ou à la mode, notre homme exulte de se découvrir connaisseur ; il s'extasie ; ses éloges ne tarissent pas, ses exclamations ne finissent point.

L'habileté à prononcer sur l'origine et l'état d'un *tableau* constitue la science du *connaisseur*, laquelle ne suppose pas nécessairement le *sentiment* et le *goût* des *beautés* de l'art ; de même que ce *goût* et ce *sentiment* ne sont pas toujours accompagnés de la science du *connaisseur*. Des artistes habiles manquent souvent, et sans nul inconvénient, de cette science qui est plus nécessaire à l'*amateur* et au marchand de *tableaux* qu'au peintre.

la figure de l'homme, sont les lignes géométriques, fictives et infiniment nombreuses qui séparent tous les points de la surface de ce corps du milieu dans lequel il est placé.

Les contours de l'image, tracée sur la toile ou le papier à la manière des peintres, sont les lignes réelles, les traits de crayon ou de plume qui renferment cette image, et qui la terminent en tous sens, en sorte que ces lignes et l'espace qu'elles renferment, considérés comme une figure de planimétrie, nous présentent le plan vertical du modèle de l'image dans sa plus grande étendue, suivant l'aspect sous lequel le dessinateur l'a envisagé.

Quelques personnes entendent aussi par contours d'une image peinte les lignes qui indiquent les parties de la figure qui sont en saillie les unes au-devant des autres, comme la protubérance du nez, des mamelles, du ventre, des genoux, dans un personnage vu de face. Mais parce que ces lignes ne suffisent pas elles seules, et sans le concours des artifices du clair-obscur, pour déterminer la forme de ces parties saillantes, nous ne pensons pas qu'on les doive considérer comme des contours. (V. les mots CLAIR-OBSCUR, MODELER, TRAIT). Les contours consistent donc, pour le peintre, dans la seule ligne, ou, si l'on veut, dans la seule suite non interrompue de lignes, qui renferme tous les détails de la figure, qui la sépare et la détache du fond.

Le contour juste, le contour exact, rend fidèlement les formes du modèle, belles ou médiocres; le contour correct est celui que présente la nature bien formée, et le contour fin appartient plutôt à une nature exempte d'irrégularité, mais svelte et délicate.

Contours prononcés sont ceux qu'on remarque dans les natures fortes, alors que les insertions des muscles et les articulations des os sont très apparentes, comme dans les personnages athlétiques.

Contours purs, décidés, sévères, liants, ondoyants, se rapportent moins à la nature du modèle qu'à la manière d'opérer de l'artiste. Il en est de même du contour incertain qui ne présente l'image que vaguement et en masse, sans détailler anatomiquement ses parties, et dont on use pour les petites figures du tableau de genre.

Non seulement les élèves en peinture, mais aussi certains peintres, ne sauraient trop s'exercer à tracer les contours avec précision et prestesse tout à la fois, sans jamais néanmoins sacrifier la première de ces qualités à l'autre (V. LIGNE).

**CONTOURNER** (v. a.). — Selon le *Dictionnaire de l'Académie*, « donner à une figure ou à un ouvrage d'architecture le contour qu'ils doivent avoir ».

Dans cette acception toutefois, il n'est guère d'usage.

Le verbe contourner emporte plutôt l'idée d'un mouvement, d'un tour forcé et maladroit. L'adjectif qui en dérive, employé d'une manière absolue, exprime toujours difformité; une taille contournée, un arbre contourné, sont une taille contrefaite, un arbre qui a été gêné dans sa croissance, et s'il s'agit d'ouvrages de l'art, il est également

## LES CONTOURS SONT CONSIDÉRÉS COMME UNE FIGURE DE PLANIMÉTRIE

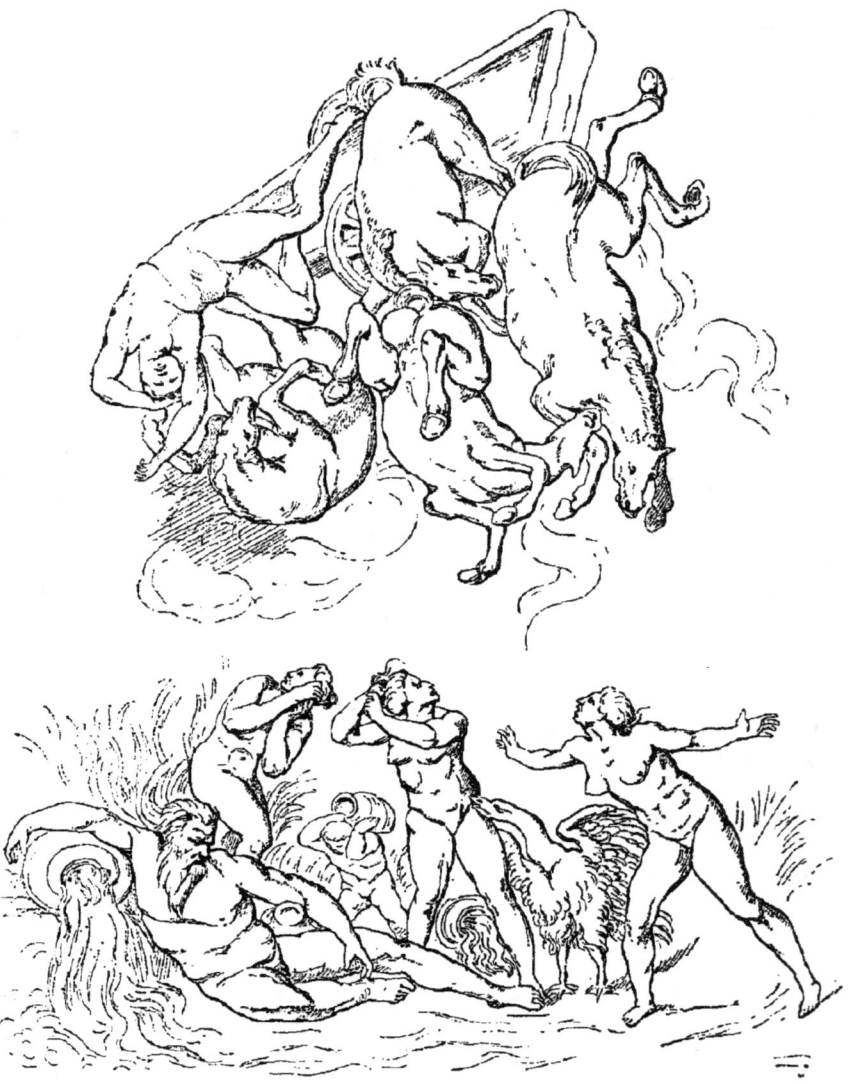

Fig. 44. — MICHELANGELO BUONARROTI (1475 ✝ 1564).
Chute de Phaëton. Dessin (Royal Library, Windsor Castle).

Les *contours* de l'*image*, tracés sur la toile ou le papier à la manière des peintres, sont les *lignes* réelles, les *traits* de crayon ou de plume qui renferment cette *image*, et qui la terminent en tous sens; en sorte que ces *lignes* et l'espace qu'elles renferment, considérés comme une figure de planimétrie, nous présentent le *plan* vertical du modèle de l'*image* dans sa plus grande étendue, suivant l'aspect sous lequel le dessinateur l'a envisagé.

pris en mauvaise part, et, signifie qui est affecté dans ses contours, tourné d'une manière forcée et désagréable.

* **CONTRASTE** (s. m.). Fig. 45 et 46. — Effet qui résulte du rapprochement de deux choses dont l'une est le contraire de l'autre, comme l'ombre et la lumière, la jeunesse et la vieillesse, le calme de l'âme et le tumulte des passions, etc. Les peintres recherchent le contraste dans la pose, le mouvement, le caractère des figures dont ils forment chaque groupe; dans la situation, les passions, l'âge, la complexion, les habitudes du corps, propres à chaque personnage : le Cimbre debout contraste avec Marius assis; le sicaire, dont le bras est levé pour frapper, avec la victime qui fléchit le corps et se détourne pour éviter le coup; le soldat impudent avec la jeune fille effrayée; le bourreau fanatique et brutal avec le martyr doux et résigné.

Dans une grande catastrophe, l'un recule saisi d'horreur, tandis qu'un autre, mû par la curiosité ou par la pitié, s'approche et regarde; et, pendant qu'un vieillard s'éloigne soutenu par son fils, un enfant demeure, plein de sécurité, au fort du danger dont il n'a pas le sentiment, etc. Le peintre fait aussi contraster, avec plus ou moins d'art, les masses, les lumières, les couleurs. Bien que les oppositions, de cette dernière harmonie, ne dussent pas, ce nous semble, être considérées comme des contrastes, elles en portent cependant le nom dans le langage de l'art.

**CONTRASTER** (v. n.). — Être en opposition. On dit, dans cette acception générale, que les masses, les lumières et les ombres, le mouvement des figures d'un tableau, contrastent bien. Dans une acception particulière à la peinture, il s'emploie aussi activement pour exprimer l'action du génie du peintre qui met les objets en opposition, qui introduit des contrastes dans sa composition : il faut être un peintre habile pour contraster les têtes dans une composition, et leur conserver en même temps l'air naturel; ce sont alors des têtes bien contrastées, etc.

**CONTRE-ÉPREUVE** (s. f.). — Le double, la répétition d'une estampe, d'un dessin, qu'on obtient en appliquant l'estampe fraîchement tirée, ou le dessin, après qu'on a eu soin de l'humecter, sur une feuille de papier blanc. Passant dans cet état sous la presse de l'imprimeur en taille-douce, le noir de l'estampe ou le crayon du dessin se décharge en assez grande quantité, et assez également sur le papier blanc, pour reproduire l'image qui, seulement, se présente de gauche à droite, au lieu de droite à gauche. Les deux dessins ainsi produits d'un seul ont, l'un et l'autre, moins de vi-

---

NOTE RELATIVE AUX FIGURES 45 ET 46. — Le *contraste* est l'*effet* qui résulte du rapprochement de deux choses dont l'une est le contraire de l'autre, comme l'*ombre* et la *lumière*, le *repos* et l'*action*, la jeunesse et la vieillesse, le calme et le tumulte des *passions*, etc. Cet *effet*, que plusieurs idéologues ont regardé comme un des principes du *beau*, est au moins, quelque part qu'il se produise, une des choses qui frappent le plus l'*imagination*, attirent et captivent le plus l'attention.

## LE CONTRASTE DOIT FRAPPER L'IMAGINATION ET CAPTIVER L'ATTENTION

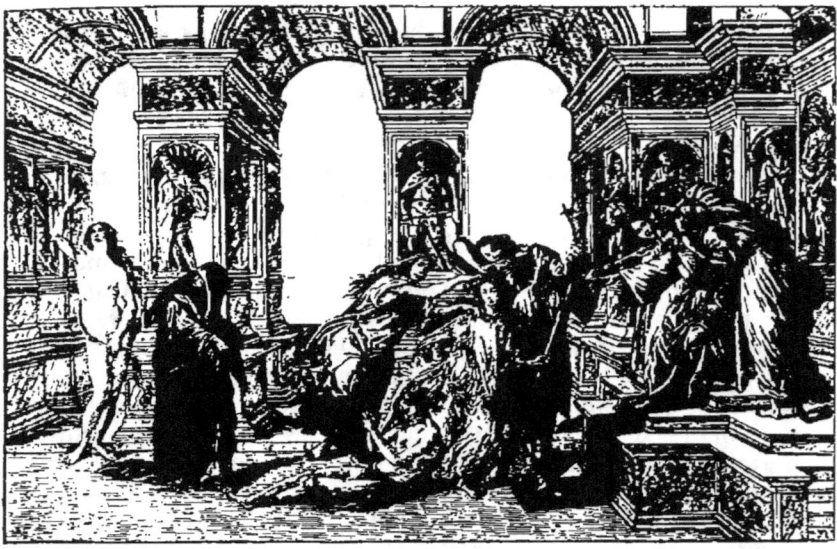

Fig. 45. — ALESSANDRO FILIPEPI, DIT SANDRO BOTTICELLI (1447 ✝ 1510).
La Calomnie d'Apelle (d'après la description que Lucien en a donnée)
(Galerie des Offices, Florence).

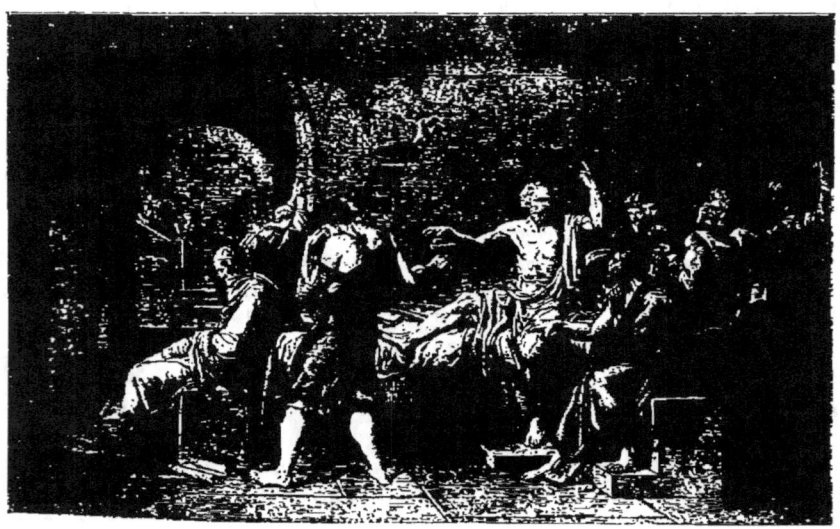

Fig. 46. — JACQUES-LOUIS DAVID (1748 ✝ 1825).
La Mort de Socrate; aussi désigné : Socrate au moment de prendre la ciguë
(Musée du Louvre, Paris).

(Consulter, au bas de la page 82, la note relative aux figures 45 et 46.)

gueur de ton que n'en avait le premier avant d'avoir subi cette opération; mais ils sont moins sujets à s'effacer. — CONTRE-ÉPREUVER v. a.). — Faire une contre-épreuve.

**CONTRE-HACHER** (v. a.) — Croiser les hachures d'un dessin par d'autres hachures, pour former des ombres fortes.

*   **CONVENANCE** (s. f.). Fig. 47 et 48. — La convenance, pour la composition d'un tableau, consiste dans le juste rapport et le concours exact des circonstances de temps, de mœurs. C'est pécher contre la convenance que de placer une scène de l'histoire romaine sur une place couverte d'édifices modernes; de faire figurer dans un même événement des personnages qui ont vécu dans des temps différents; de donner le costume flamand ou vénitien du quinzième siècle au Christ ou à la Vierge; d'étaler le luxe dans la demeure d'un personnage renommé pour sa noble pauvreté, etc.

**CONVENTION** (s. f.). — Espèce d'accord tacite suivant lequel le spectateur d'un ouvrage du ressort des arts d'imitation admet certaines fictions et certaines abstractions auxquelles l'artiste a été contraint, ou a jugé convenable d'avoir recours, et consent à remplir de certaines conditions, sans lesquelles il ne pourrait éprouver les sensations que l'art a pour objet de produire.

Ainsi, pour jouir de la vue d'un tableau où sont représentés des personnages autour desquels on tournerait, et qu'on verrait également bien sous tous les aspects s'ils étaient tels en effet que dans la nature, il est convenu qu'on se placera à la distance et au point de vue que le peintre aura déterminés. S'il s'agit de figures plus petites que nature, d'un portrait en miniature, par exemple, nous jugerons de la ressemblance de ce portrait avec le modèle, sans avoir égard à la différence des dimensions; cette différence était une chose convenue d'avance. Par la même raison, nous ne nous récrierons pas contre l'immobilité perpétuelle des personnages occupés d'une action qui devrait se composer d'une succession infiniment rapide de mouvements; et nous admettrons les artifices, les mensonges du clair-obscur, par lesquels l'artiste est réduit à suppléer au défaut de teintes brillantes et subtiles comme la lumière, que ne peut lui fournir sa palette; de même qu'en lisant la traduction d'un poète grec ou latin on se contente des équivalents que le traducteur a été obligé d'employer à défaut d'expressions et de formes de phrases exactement semblables, égales en grâce, en énergie, en précision, à celles de l'auteur

---

NOTE RELATIVE AUX FIGURES 47 ET 48. — Autant les *dessins* des artistes du XIV° au XVIII° siècle, pris sur *nature*, sont des documents exempts d'*anachronisme*, autant leurs *fresques* et leurs tableaux, dont les sujets sont empruntés à l'Écriture Sainte, en sont entachés. C'est pécher contre la *convenance* que de placer une scène de l'histoire romaine sur une place couverte d'édifices modernes; de faire figurer dans un même événement des *personnages* qui ont vécu dans des temps différents; de donner le *costume* vénitien du XV° siècle, à des anges ou aux personnages de l'Écriture Sainte; d'étaler le luxe dans la demeure d'un personnage renommé pour sa noble pauvreté, etc.

## COMMETTRE DES ANACHRONISMES EST PÉCHER CONTRE LA CONVENANCE

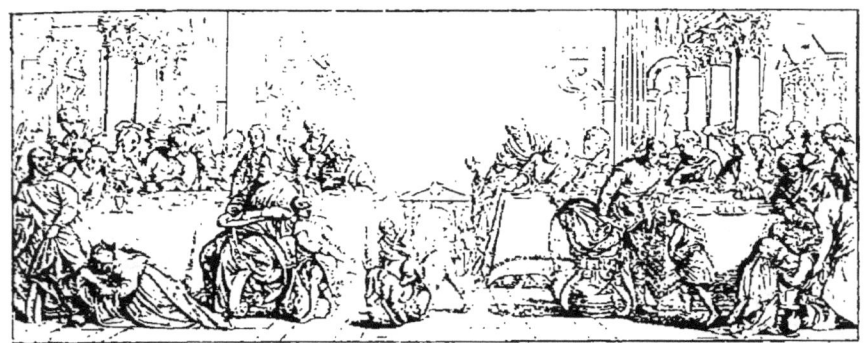

Fig. 47. — Paolo Caliari, dit Veronese (1528 ✝ 1588).
Le Repas chez Simon le Pharisien (Pinacothèque de Brera, Milan).

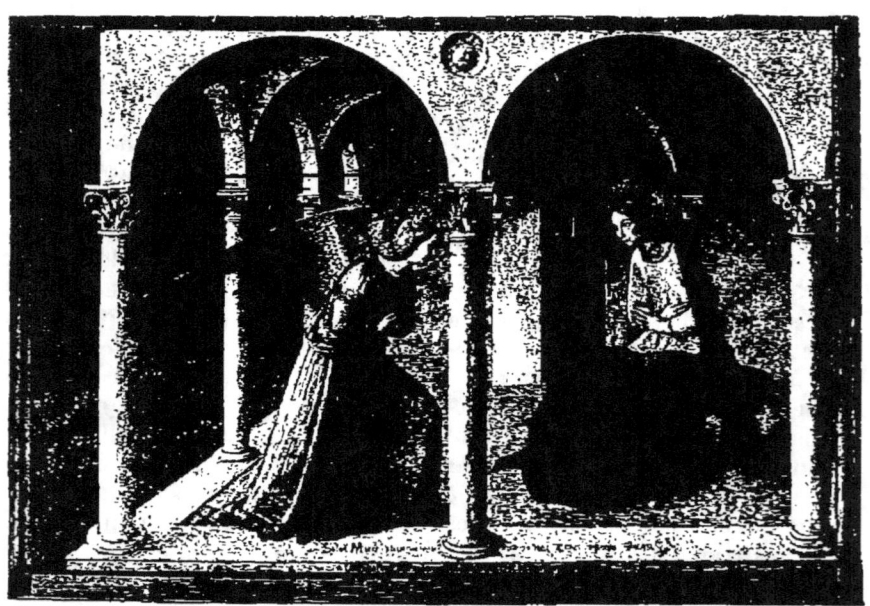

Fig. 48. — Fra Giovanni, ou Angelico, ou Beato Angelico da Fiesole (1387 ✝ 1445).
L'Annonciation (Église Saint-Marc, Florence).

(Consulter, au bas de la page 81, la note relative aux figures 47 et 48.)

original. Ainsi, dans l'impossibilité de donner à ses plus grandes lumières un éclat, une vivacité égale à la vivacité et à l'éclat des rayons du soleil, le peintre, pour conserver la dégradation successive de lumière, par laquelle se manifestent aux yeux la forme des objets et leur position respective, suivant les lois de la perspective aérienne, est obligé de donner à ses ombres plus d'intensité qu'elles n'en ont dans la nature, agissant en cela comme le musicien qui transpose d'un ton plus bas les airs trop élevés pour sa voix. Ce qu'on appelle beau idéal est en grande partie fondé sur ce que nous entendons ici par conventions.

Le mot convention s'emploie dans un sens moins favorable, quoique peu différent, pour exprimer la pratique fausse de certains peintres qui se sont fait une manière de représenter ou plutôt de signifier les objets par des formes et des couleurs qui ne sont pas celles de la nature, comme s'ils étaient convenus avec les spectateurs que ceux-ci prendraient certaines masses informes et certaines couleurs de fantaisie pour le signe représentatif des membres et des carnations des personnages de leurs tableaux. On dit, dans ce sens, dessin de convention, couleur de convention.

Cette dernière acception du mot convention est la plus ancienne et la plus généralement admise.

* **COPIE** (s. f.). Fig. 49 et 50. — Tableau, dessin, exécuté d'après un autre dessin ou tableau. Quand c'est le maître lui-même qui s'est copié, le second ouvrage s'appelle répétition ou réplique. Il est de la nature de la copie d'être exécutée avec moins de liberté, de franchise que l'original; et comme il n'arrive guère que l'artiste le plus habile copie l'ouvrage de celui qui l'est le moins, les copies sont en général inférieures aux originaux. On en a vu cependant de si bien exécutées, que l'auteur de l'original y était trompé lui-même, et il est incontestable que les amateurs, les marchands, et même quelques connaisseurs, sont plus sujets, qu'ils ne voudraient le laisser croire, à ces sortes de méprises. On peut distinguer en peinture deux sortes de copies : les unes exactes et serviles, dans lesquelles le copiste s'est appliqué à contrefaire jusqu'aux moindres circonstances des procédés de l'auteur original; les autres, plus librement faites, et qui rendent la composition, le dessin, la couleur, l'effet général de l'original, sans reproduire si exactement le faire du maître. Les copies de cette dernière espèce sont toujours faciles à reconnaître, même à première vue.

Quand il s'agit d'une répétition, exécutée par la même main et dans les mêmes dimensions que l'original, ou même d'une réplique, il semblerait qu'alors un artiste habile, revenant sur son propre ouvrage qu'il a eu le temps d'examiner, devrait se surpasser lui-même, et cependant il est fort rare que cela soit ainsi. C'est, dit-on, que l'inspiration n'y est plus, que l'heure sans retour du génie est passée. Mais cette explication elle-même a besoin qu'on l'explique :

**LES COPIES SONT INCORRECTES, SÈCHES, DURES, CRUES, OU MOLLES ET FROIDES**

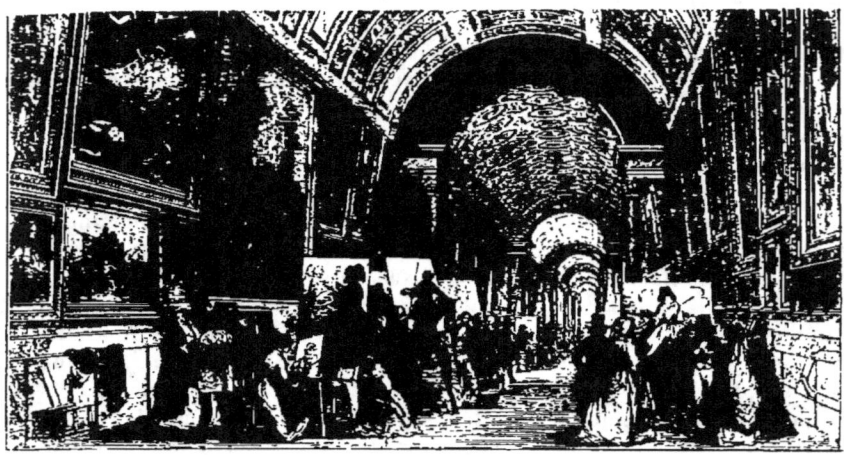

Fig. 49. — Les Copistes au Musée du Louvre à Paris (1844).

Les *copies* sont rarement correctes de *dessin*, elles péchent par la *sécheresse*, la *dureté* et la *crudité*, ou bien elles sont *molles* et *froidement* faites.

Il y a une certaine *peine* qui résulte de l'incertitude d'un pinceau cherchant par l'imitation les *formes* d'un *dessin* ou les *tons* d'une *couleur* qui ne lui appartiennent pas.

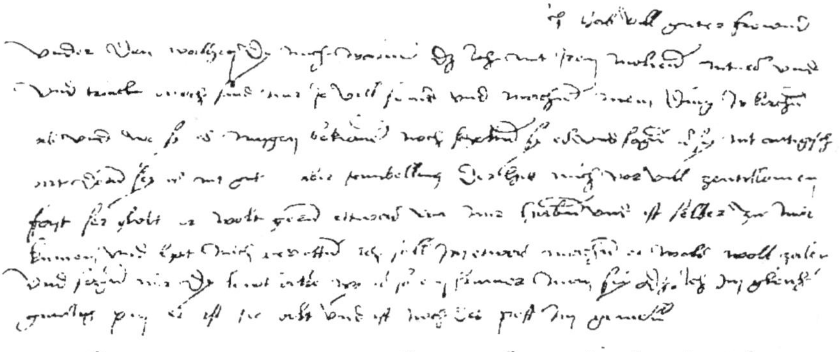

Fig. 50. — De tous temps on a copié les tableaux, ainsi que l'atteste la lettre ci-dessus d'Albrecht Durer (1471 † 1528) à Wilibald Pirkheimer, et dont voici la traduction :

« J'ai beaucoup d'amis parmi les Welches qui m'ont averti de ne pas manger ni boire avec leurs peintres, parmi lesquels j'ai de nombreux ennemis. Ils copient mes ouvrages dans les églises et partout où ils peuvent les avoir, après ils les ravalent et disent que ce n'est pas antique et ne vaut rien. Mais Giovanni Bellini m'a loué en présence de beaucoup de gentilshommes. Il voudrait bien avoir quelque ouvrage de moi, il est venu lui-même chez moi et il m'a prié de lui faire quelque chose, il veut bien le payer. Tout le monde me dit combien c'est un homme pieux, de sorte que je suis plein d'affection pour lui, il est très vieux et est encore le meilleur dans la peinture. — Donné à Venise, à 9 heures de la nuit, en l'an 1506. »

qu'est-ce que l'inspiration et l'heure du génie dans les arts de la main?

Le peintre, la tête remplie de son sujet, est de temps en temps favorisé d'une certaine exaltation d'esprit. Ses personnages se présentent à son imagination; il les voit. Il se sent pour ainsi dire dans la situation de chacun d'eux; il se figure, il éprouve jusqu'à un certain point, lui-même, les effets physiologiques de leurs passions, de leurs affections; et la main, devenue chez lui, par une longue habitude, le principal moyen d'expression de son sens intérieur, reporte ces images sur la toile par des traits qu'elle ne retrouvera plus, une fois ce moment de l'émotion passé. C'est un mouvement machinal, involontaire, du moins quant à son extrême précision. Telles sont les inflexions de la voix de l'acteur ému des choses qu'il a à dire; le désordre véritable des muscles du mime pénétré de son rôle; la tristesse, l'abattement réel, l'accent suppliant, ou bien le front audacieux, l'œil enflammé, la voix tonnante de l'orateur plein du sentiment des malheurs et du bon droit de son client.

Mais pourquoi ces mouvements de l'âme, si favorables à l'œuvre originale, ne se renouvelleraient-ils pas en faveur de la répétition ou de la réplique? C'est que, lorsqu'il s'agissait de l'original, le modèle était uniquement dans l'imagination de l'artiste, sur laquelle il exerçait une action continue, tandis que, pour la répétition ou la réplique, le modèle est sur la toile d'où il se présente aux yeux, et, par eux, à la main du peintre, sans presque aucune participation de l'imagination. Cette souplesse, cette précision ineffable du mouvement des organes, qui ne se manifeste que lorsque celles-ci sont mises hors de leurs habitudes ordinaires, par ces émotions extraordinaires de l'âme, que nous appelons l'inspiration, l'impulsion du génie, ne passera donc jamais au même degré dans la main de l'artiste, quand il fera une répétition, une réplique, que lorsqu'il exécutera un original (V. DOUBLE, ORIGINAL, RÉPÉTITION et RÉPLIQUE).

COPIER (v. a.). — Faire la copie d'un tableau, ou peindre, dessiner, dans la seule intention d'étudier d'après un tableau, un dessin.

COPISTE (s. m.). — Artiste dont la profession est de faire des copies. Il se dit aussi en mauvaise part de l'artiste qui est réduit à faire entrer dans ses compositions les emprunts faits à celles des autres.

* CORRECTION (s. f.). Fig. 51. — Exactitude dans la représentation des contours et du système anatomique de la figure, d'après un modèle bien conformé. Un dessin correct est celui qui accuse, qui rend la forme, l'agencement, les emboîtements des os, les attaches des muscles et leur forme, dans l'action voulue par la pose du modèle.

CORRESPONDANCE (s. f.). — Rapport exact et tel que le veut la nature entre les diverses parties d'une figure. On est sujet à s'écarter de cette exactitude, lorsque, pour exécuter une figure, on consulte, sans y apporter de discernement,

## LA CORRECTION EST L'EXACTITUDE DANS LA REPRÉSENTATION DES CONTOURS

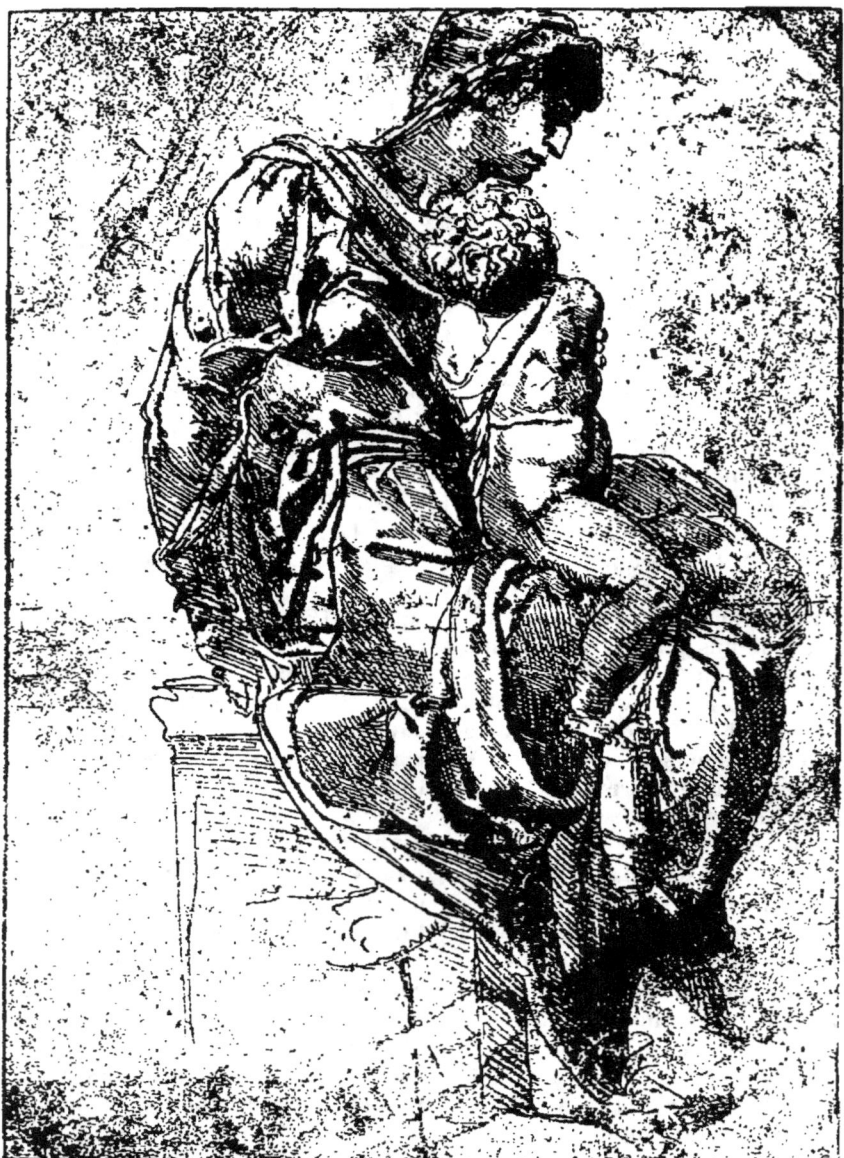

Fig. 51. — MICHELANGELO BUONARROTI (1475 † 1564). — La Vierge des Médicis. Esquisse (Musée du Louvre, Paris).

La *correction* est l'exactitude dans la représentation des *contours* et du système anatomique de la *figure*, d'après un *modèle* bien conformé. Un *dessin correct* est celui qui *accuse*, qui rend fidèlement la *forme*, l'*agencement*, les emboîtements des os, les attaches des muscles leur *forme*, dans l'*action* voulue par la *pose* du modèle (V. fig. 11).

plusieurs modèles. Il arrive souvent, alors qu'on rassemble ainsi des parties qui n'ont point entre elles un rapport exact d'âge, de complexion ou même de proportion : les jambes seront d'un sujet dans la force de l'âge, et les bras d'un adolescent ; la poitrine sera celle d'un sujet replet, le ventre et les reins seront empruntés d'une nature tout opposée, etc.

\* **COSTUME** (s. m.). Fig. 52. — « Terme emprunté de l'italien, qui signifie les usages des différents temps, des différents lieux, relatifs aux objets extérieurs auxquels le peintre doit se conformer. » Telle est la définition du *Dictionnaire de l'Académie*, d'après laquelle on peut dire et l'on dit bien d'un peintre qui place des meubles modernes dans la maison d'un consul romain, ou des instruments inventés de nos jours dans la frise d'un temple antique, qu'il pèche contre le costume. On le dit de même du peintre qui transporte sous un climat les plantes, les animaux, les habitudes de vivre, le caractère de physionomie propres à un autre climat.

Cependant, costume s'entend plus particulièrement du vêtement propre à chaque nation et à chaque siècle : costume grec, costume romain, costume turc, etc. L'observation exacte du costume est un mérite, toutes les fois que le costume n'a rien qui soit incompatible avec l'effet pittoresque que le peintre et le sculpteur doivent rechercher avant tout. Le plus grand avantage de l'exactitude du costume, celui qu'on doit toujours avoir en vue, alors même qu'on s'écarte de cette exactitude, est de rappeler les mœurs du siècle où a vécu le personnage représenté, son caractère, et, en général, de disposer l'imagination du spectateur aux impressions dont on la veut frapper.

**COUCHER** (v. a.). — Coucher les couleurs, les étendre avec le pinceau, l'une à côté de l'autre, avant de les fondre (*V.* FONDRE).

**COULANT** (adj.). — Se dit des contours du dessin. Le dessin coulant est celui qui n'est ni anguleux ni rond, mais qui procède par des courbes légères, et se distingue par la facilité, plus que par la vigueur et la correction du crayon.

**COULÉ** (s. m.). — En peinture, on appelle coulé l'ensemble des premières teintes d'une ébauche. Ce coulé se fortifie ensuite par de nouvelles teintes couchées largement et mieux empâtées.

\* **COULEUR** (s. f.). Fig. 53 et 54. — Les peintres appellent couleurs les substances colorantes, dans l'état qu'ils les emploient pour peindre. Le choix et la préparation des matières dont on fait les couleurs est de grande importance, non seulement pour assurer l'effet du tableau à l'instant où il sortira des mains du peintre, mais surtout pour empêcher qu'il ne s'altère dans la suite d'une manière fâcheuse.

Il n'est guère de couleurs qui n'éprouvent à la longue plus ou moins de changement ; mais certaines matières résistent plus longtemps que d'autres qu'on emploie-

## DANS QUELS CAS L'OBSERVATION DU COSTUME EST-ELLE UN MÉRITE

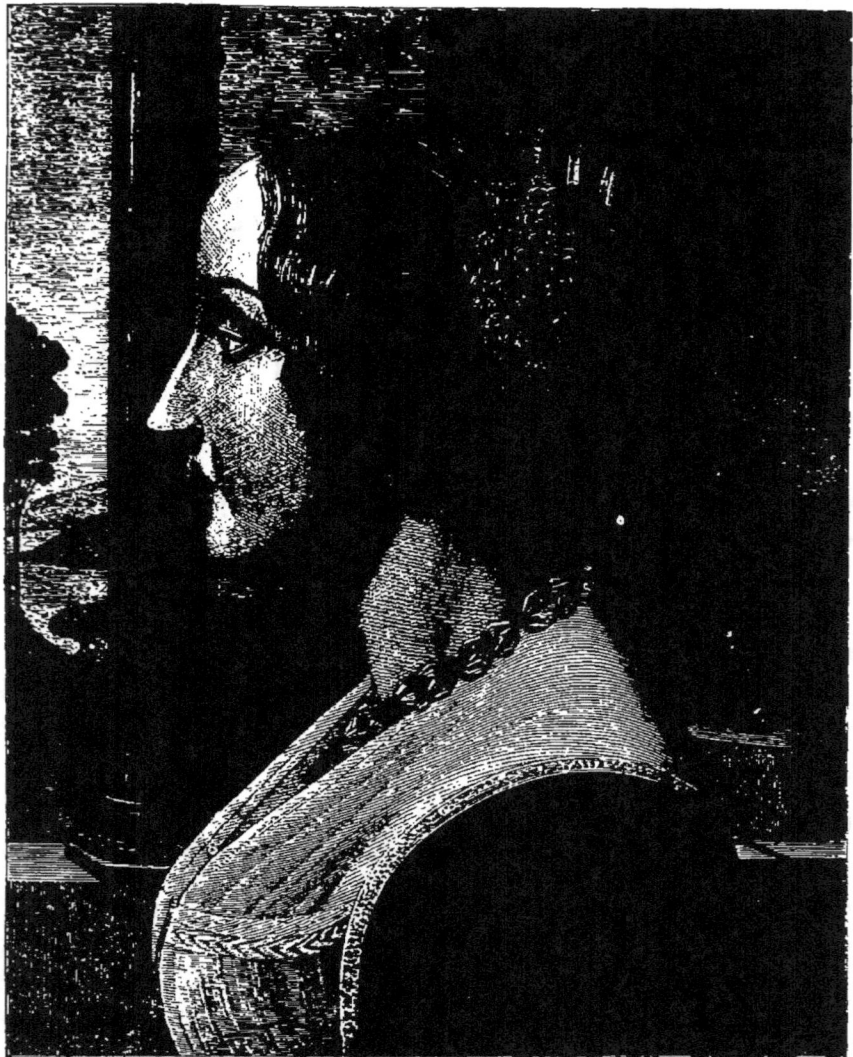

Fig. 52. — DOMENICO GRILLANDAJO, DI TOMMASO BIGORDI (1449 † 1494).
Jeune fille de la famille Tornabuoni (Musée de Berlin).

L'observation exacte du *costume* est un mérite, toutes les fois que le *costume* n'a rien qui soit incompatible avec l'*effet* pittoresque que le peintre doit rechercher avant tout. Le plus grand avantage de l'exactitude du *costume*, celui qu'on doit toujours avoir en vue, alors même qu'on s'écarte de cette exactitude, est de rappeler les mœurs, usages et coutumes du siècle où a vécu le personnage, son *caractère*, et, en général, de disposer l'*imagination* du spectateur aux *impressions* dont on le veut frapper.

rait pour le même usage; et le peintre qui sait quel doit être à peu près ce changement peut s'y préparer en quelque sorte, et en prévenir, jusqu'à un certain point, le mauvais effet, en le faisant entrer d'avance dans la combinaison du système de coloris de son tableau.

On appelle couleurs transparentes celles qui laissent voir la couleur sur laquelle on les a étendues et à laquelle elles ne font que prêter la teinte qui leur est propre. On les emploie particulièrement pour les glacis (V. GLACIS).

Les couleurs sont plus ou moins bien empâtées, c'est-à-dire couchées sur la toile d'une manière plus ou moins large et facile. Peindre à pleine couleur, c'est peindre avec un pinceau très chargé de couleur. Quelques artistes des Écoles flamandes ont porté cette pratique jusqu'à donner à certaines parties de leurs figures un relief réel.

COULEUR, dans l'acception générale de ce mot, s'entend de l'effet de la lumière sur les corps. Dans le langage de l'art, on appelle couleur locale la couleur propre à chaque objet, convenablement modifiée par les circonstances d'ombre, de lumière et de perspective aérienne; et l'on distingue la couleur locale de la couleur générale. Celle-ci est le résultat de l'ensemble des divers objets coloriés, représentés dans un tableau. C'est d'elle que dépendent l'harmonie et l'effet général du tableau, mais elle ne suppose pas nécessairement l'imitation exacte de la couleur locale, ou couleur propre à chaque objet ; de même que l'imitation exacte de la couleur propre à chaque objet ne formera

pas un tableau harmonieux et d'un bel effet général, si le peintre n'a pas, par le choix et l'arrangement des objets qui entrent dans sa composition, préparé cette harmonie et cet effet général.

Les tableaux de Rubens sont d'une grande beauté de couleur générale. Ceux du Titien sont plus beaux encore à cause de la perfection de la couleur locale. Les Italiens ont ainsi caractérisé le genre de mérite particulier à chacun de ces deux grands peintres : *l'effetto di Rubens, il colore del Tiziano.*

Couleur se dit aussi dans le même sens et comme synonyme à peu près de coloris. Toutefois, par couleur, bonne couleur, belle couleur, il ne faut pas entendre seulement la couleur vraie de chaque objet. Il n'entre dans l'estampe d'une gravure que le noir et ses dégradations jusqu'au blanc, et cependant on peut dire d'une estampe qu'elle est belle de couleur, qu'on y reconnaît la couleur du tableau.

**COUP** (s. m.). — Coup de pinceau, coup de brosse, application sur la toile, de la brosse ou du pinceau chargé de couleur. C'est aussi la trace que laisse voir cette application lorsqu'elle a été faite avec une certaine vivacité.

Peindre au premier coup, c'est peindre de manière à ne point revenir sur ce qu'on a fait, à ne pas retoucher. Peu d'artistes ont la vue et la main assez sûres pour peindre ainsi, même les sujets et les sortes de tableaux auxquels cette manière de peindre convient le mieux, comme sont des esquisses ou des études d'après une nature

## COMMENT, DANS L'ACCEPTION GÉNÉRALE, S'ENTEND LE MOT COULEUR

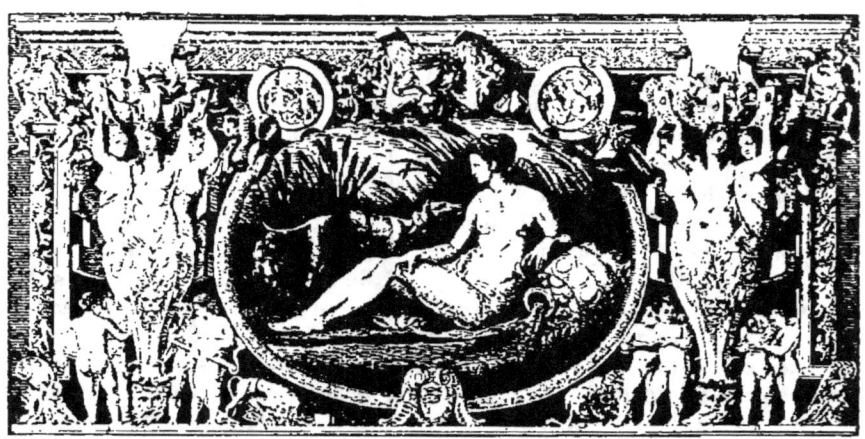

Fig. 53. — Giovanni-Battista Rosso, dit Maître Roux (1494 ✝ 1542). — Diane (Palais de Fontainebleau).

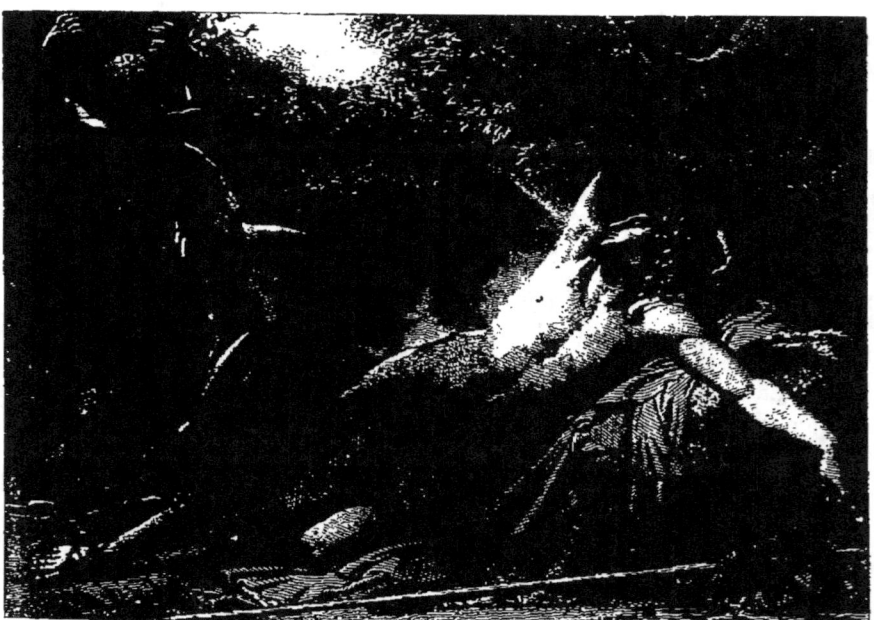

Fig. 54. — Anne-Louis Girodet de Roucy, dit Girodet-Trioson (1767 ✝ 1824). Sommeil d'Endymion (Musée du Louvre, Paris).

Dans l'acception générale du mot, *couleur* s'entend de *l'effet* de la *lumière* sur les corps. Dans le langage de l'art, on appelle *couleur* locale la *couleur* propre à chaque objet, modifiée par les circonstances d'*ombre*, de *lumière* et de *perspective aérienne*, et l'on distingue la *couleur* locale de la *couleur* générale : celle-ci est le résultat des divers objets *coloriés*.

qu'il faut s'empresser de saisir, etc.; et elle ne suffirait pas pour porter plusieurs sortes de tableaux au degré de perfection qui leur convient.

COUP D'ŒIL (s. m.). — Aptitude à saisir à la simple vue avec précision, et de manière à s'en former une idée exacte, la figure, les dimensions, les proportions et le caractère des objets. Le coup d'œil, don de la nature, que l'exercice perfectionne, est une qualité essentielle au peintre, au sculpteur, à l'architecte.

CRASSE (s. f.). — Couche sale qui se forme à la longue sur les tableaux par l'évaporation des huiles, la dégradation du vernis, l'humidité, la fumée, l'amas de la poussière. On dit d'un tableau en cet état, qu'il est sous la crasse.

CRATICULER (v. a.). — Dessiner au carreau (V. CARREAUX DE RÉDUCTION, GRATICULER et RÉDUIRE.)

CRAYON (s. m.). — Substance crayeuse ou de toute autre espèce, naturelle ou artificielle, propre à dessiner, en laissant la trace de son passage sur le papier, le panneau de bois ou la toile. Ce mot, comme celui de burin, est passé dans le langage figuré de l'art.

Les dessins de maîtres sont désignés sous le nom de crayons : un crayon de Raphaël, de Léonard de Vinci, de Rubens, etc.

On dit crayon moelleux, facile, ferme, large, pour manière de dessiner, ou d'être dessiné, large, ferme, facile, moelleuse.

\* CROQUIS (s. m.). Fig. 55 et 56. — Première idée indiquée seulement par quelques traits. Les jeunes artistes ont coutume de porter sur eux un cahier, qu'ils appellent cahier de croquis, et sur lequel ils jettent les idées qui leur viennent à l'imagination, et le souvenir des objets pittoresques que le hasard leur fait rencontrer.

CROUTE (s. f.). — Vieux tableau surchargé de crasse, et sillonné de gerçures qui le font tomber en écailles. Par analogie, on appelle croute un tableau qui est, par défaut de mérite, sans aucun prix, et d'un effet misérable.

CRU (adj.). — Ton cru, qui ne se marie pas, ne se fond pas avec le ton qui l'avoisine; couleur crue, couleur tranchante, trop entière. On dit qu'une lumière, qu'une ombre est crue, lorsque les grands clairs ne sont pas séparés des grands bruns par des passages. — CRUDITÉ (s. f.). — Effet des tons crus, de la couleur crue, etc.

CYMAISE (s. f.). — Moulure placée à hauteur d'appui d'un lambris. Ce terme, à consulter son étymologie, signifie *onde*; et, en effet, elle la représente par la sinuosité flexueuse de son contour; c'est une moulure concave par le haut et convexe par le bas. Tous les peintres, aux expositions, ont pour ambition d'obtenir les honneurs de la cymaise.

\* DÉCENCE (s. f.). Fig. 57. — Bienséance (V. BIENSÉANCE). S'emploie pour signifier la bienséance en ce

## C'EST DANS LES CROQUIS QUE L'ON SAISIT LA NATURE INTIME DE L'ARTISTE

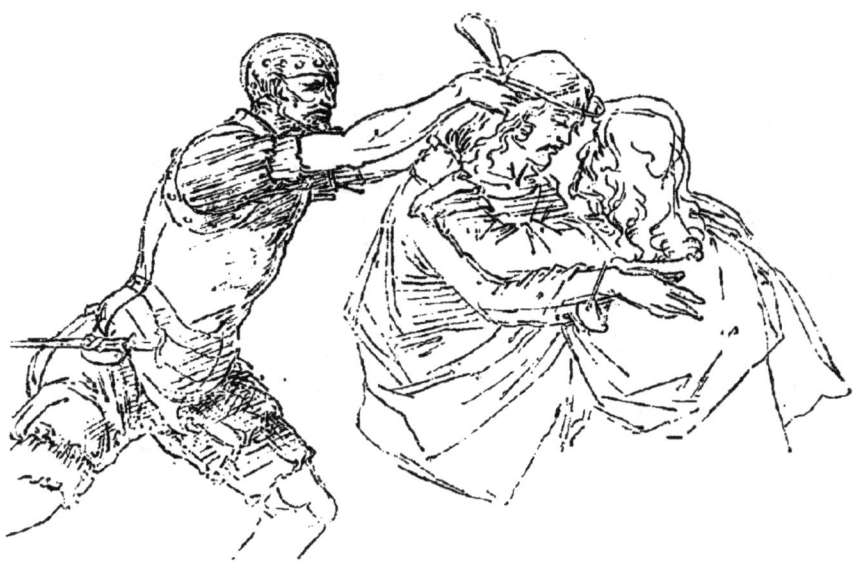

Fig. 55. — Ercole de' Roberti (1450? † 1496?) (Galerie des Offices, Florence). Croquis pour la *Prédelle* conservée au musée royal de Dresde (*V*. fig. 6).

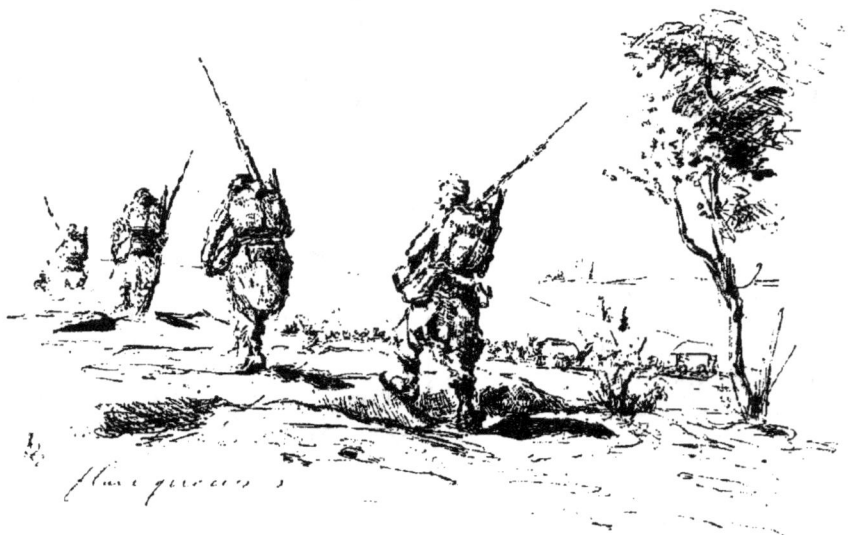

Fig 56. — André Borne (1874 † 1896). — Les Flanqueurs. Croquis.

Nulle part, mieux que dans les *croquis*, on ne saisit l'intime de la nature de l'artiste. Certains *traits* négligés des grands peintres sont fort au-dessus des ouvrages les plus *léchés*.

qui concerne la pudeur. Ses lois sont, pour le peintre et le sculpteur, les mêmes que pour l'écrivain.

La nudité n'est pas indécente par elle-même, et lorsqu'elle ne concourt pas à la représentation d'une action obscène. Des guerriers qui combattent nus, des femmes nues qui se dérobent à la fureur d'un incendie, Adam et Ève dans l'état primitif, l'Enfant Jésus, ni même les déesses et les dieux de la mythologie, tels qu'on les suppose dans l'Olympe, ne sont pas, malgré leur état de nudité, des personnages indécents. Remarquons encore que cet inconvénient du nu sera d'autant moins grand, que l'artiste aura pris un essor plus élevé, que ses personnages s'éloigneront davantage de la nature commune, et participeront plus de ce qu'on appelle le beau idéal (*V.* NUDITÉ)

DÉCORÉ (s. m.). — Mot que n'ont point encore adopté les lexicographes, bien qu'il soit d'un usage fort commun et d'une grande utilité pour signifier l'espèce d'ornements plus ou moins fragiles, et le genre de peinture plus ou moins grossière, mais à effet, qu'on applique aux édifices éphémères et postiches destinés aux fêtes et aux cérémonies publiques, ou dans les lieux de réunions populaires où l'on veut, à peu de frais, récréer les yeux. Il faut bien distinguer cette espèce d'ornements de la décoration appliquée aux jeux de la scène, et ce genre subalterne de peinture et de sculpture, des productions soignées de l'art; or, cela ne se peut faire qu'à l'aide d'une dénomination particulière.

DÉCOUPÉ (adj.). — Se dit des figures d'un tableau qui tranchent sur le fond, ce qui provient d'ordinaire de la sécheresse des contours et de la crudité des couleurs. Dans la nature, les objets se détachent les uns des autres, relativement au sens de la vue, doucement et par une suite de tons harmonieux produits d'abord par les reflets au moyen desquels chaque objet participe des jours et des couleurs qui l'avoisinent, puis, par la vapeur légère de l'air ambiant, imprégnée de lumière. Les figures d'un tableau sont donc découpées, parce que les effets du clair-obscur et de la perspective aérienne ont été mal combinés ou mal rendus ; ou bien quand le temps a altéré le système du coloris. Dans tous les cas, ce défaut est plus ordinaire aux tableaux des dessinateurs, qu'à ceux des coloristes (*V.* COLORISTE).

On emploie aussi substantivement le mot découpé pour signifier un parterre, formé de divers compartiments destinés à recevoir des fleurs.

DÉGRADATION (s. f.). — Se dit de la lumière et des couleurs, pour exprimer, à l'égard de la lumière, la succession de tons formés par le clair-obscur, depuis la plus grande lumière jusqu'à l'ombre la plus forte ; et, à l'égard des couleurs,

---

NOTE RELATIVE A LA FIGURE 57. — Les lois de la *décence* sont, pour le peintre, les mêmes que pour l'écrivain. Elles détendent, aux uns comme aux autres, de rien présenter d'obscène aux yeux, non plus qu'à l'*imagination* du spectateur.

Toutefois, il importe à l'intérêt de l'art de remarquer que la *nudité* n'est pas indécente par elle-même, lorsqu'elle concourt et participe à ce qu'on appelle le *beau idéal*.

LA NUDITÉ, QUI PARTICIPE AU BEAU IDÉAL, N'EST POINT INDÉCENTE

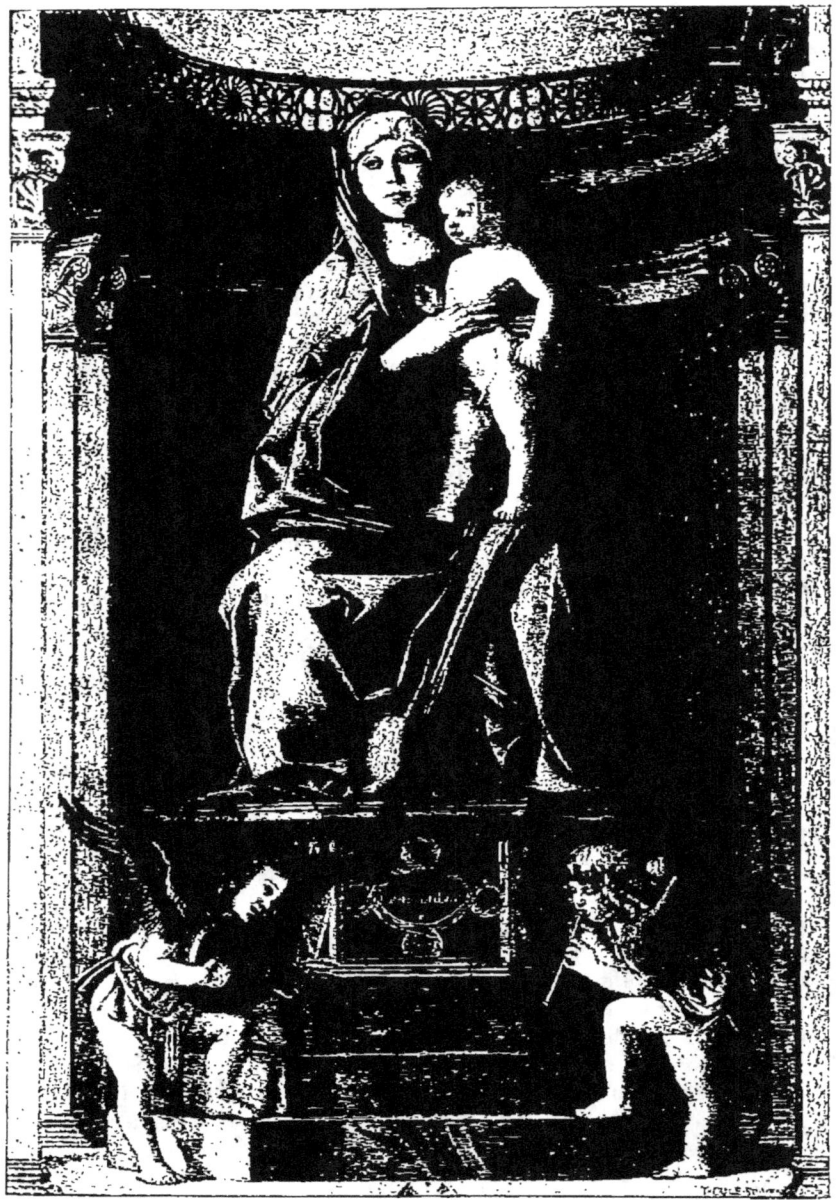

Fig. 57. — Giovanni Bellini (1428 † 1516). — La Vierge et l'Enfant Jésus
(Église de Sainte-Monic glorieuse, Venise).

(Consulter, au bas de la page 96, la note relative à la figure 57.)

la succession des teintes devenant de plus en plus ternes ou pâles, soit par l'effet d'une lumière qui s'affaiblit en s'étendant, ou d'ombres qui se projettent sur un corps uniformément coloré ; soit par la succession naturelle des nuances d'un corps dont la couleur s'affaiblit d'elle-même, à mesure qu'elle s'étend, comme le rouge dont sont colorées les joues de l'homme, ou la pelure de certains fruits. L'art de la dégradation de la lumière et des couleurs rentre dans ce qu'on appelle l'entente du clair-obscur.

**DÉLICATESSE** (s. f.). — N'a d'autre usage, dans le langage de l'art, que d'exprimer la propreté, la légèreté, la mignardise de l'exécution d'une peinture, et comme de telles qualités ne sont convenables qu'aux ouvrages de peu d'importance, et qu'elles seraient un défaut dans les productions d'un ordre élevé, cette délicatesse du travail manuel est presque toujours d'un petit mérite.

**DÉLINÉATION** (s. f.). — Description. Dessin fait avec de simples lignes, sans le concours des effets du clair-obscur. Ce qui s'appelle plus ordinairement, dans le langage de l'art, trait : dessin au trait, etc.

**DEMI-TEINTE** (s. f.). — On appelle demi-teinte toute modification de couleur opérée par la dégradation de la lumière. C'est ainsi que, par une suite de demi-teintes, s'établit, sur tout objet visible, le passage de la plus grande lumière à l'ombre la plus forte. On appelle aussi demi-teintes les nuances que se prêtent, par un commencement de fusion, deux couleurs voisines, et qui établissent de l'une à l'autre un passage harmonieux ; cette espèce de demi-teinte prend aussi le nom de couleur rompue. Quelques artistes considèrent même, comme une demi-teinte, une couleur crue et entière, interposée entre deux couleurs également entières, mais ennemies, afin d'établir entre elles une harmonie.

En parlant des personnages et des détails d'un tableau, on dit des uns qu'ils sont dans la grande lumière, des autres qu'ils sont dans l'ombre, et d'autres encore qu'ils sont dans la demi-teinte, ce qui signifie, pour ces derniers, dans la partie du tableau sur laquelle, suivant le système général du clair-obscur, commencent à s'étendre les ombres.

**DÉPOSITION.** — (V. PIETA, p. 244.)

* **DESSIN** (s. m.). Fig. 58. — Image tracée au crayon ou à la plume : on appelle dessin au trait celui qui ne figure que la délinéation des objets sans exprimer leur relief par le clair-obscur ; dessin lavé ou au lavis, celui dont les ombres et le clair-obscur sont figurés avec le bistre, l'encre de Chine ou toute autre substance délayée dans l'eau ; et, dessin colorié, celui qu'on a revêtu des couleurs propres à l'objet représenté.

Dessin s'entend aussi du procédé au moyen duquel on trace ces images à la plume ou au crayon. Dans cette acception, le dessin est un art qui consiste à tracer exactement le contour des objets, et à déterminer avec justesse et vérité

## LE DESSIN EST CERTAINEMENT LA PARTIE DE L'ART LA PLUS DIFFICILE

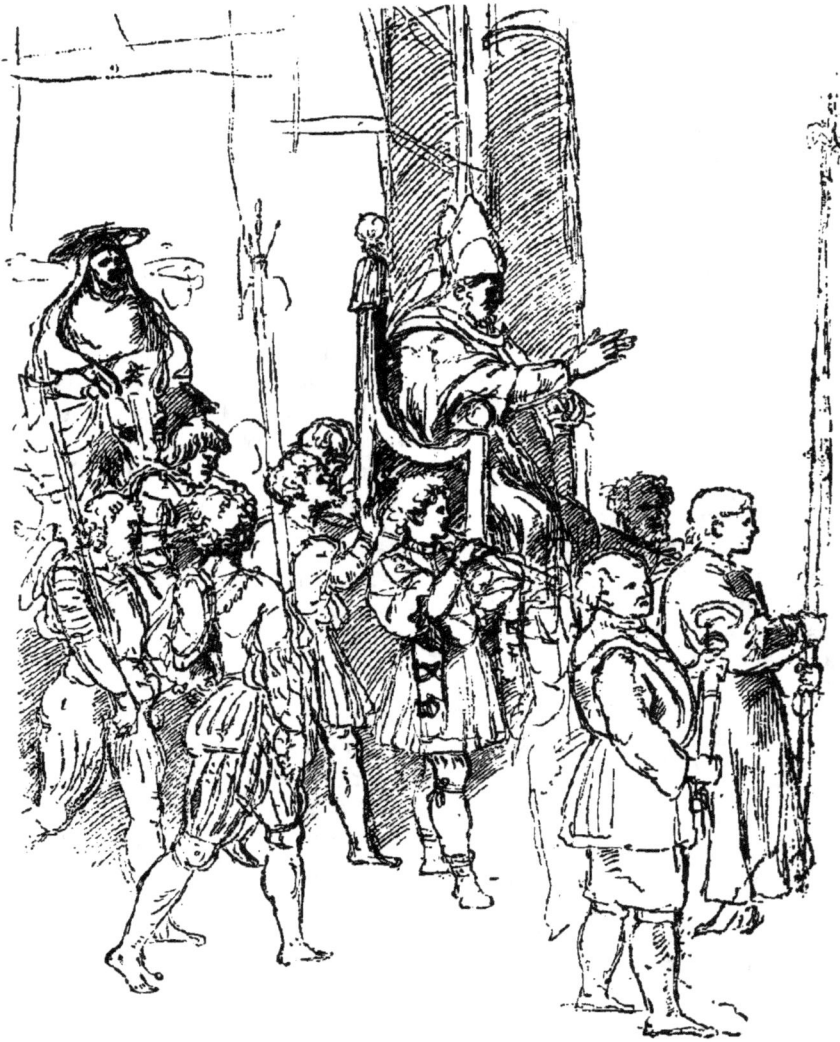

Fig. 58. — Raffaello Santi, dit Raphael Sanzio (1483 † 1520).
Le Pape Jules II porté sur la Sedia gestatoria. Dessin (Musée du Louvre, Paris).

Le *dessin* est certainement la partie de l'art la plus difficile et celle qui exige le plus d'études positives, particulièrement l'étude de l'*anatomie*.

Selon le *Dictionnaire de l'Académie*, le *dessin* d'un *tableau* peut s'entendre de toute l'*ordonnance* de ce tableau. Toutefois cette façon de s'exprimer est peu usitée. Le dessin d'un *tableau*, s'entend ordinairement de la *manière* dont sont tracés les *contours*. Quant à l'*ordonnance*, elle est une des parties de la *composition*.

la forme de leurs parties saillantes, qui se représentent au moyen du clair-obscur. (*V.* CONTOUR et CLAIR-OBSCUR).

Le dessin est la partie la plus essentielle de la peinture, puisqu'il suffit à lui seul pour figurer, jusqu'à un certain point, toutes sortes d'objets, et que, sans lui, il n'est pas d'image possible. C'est encore certainement la partie de l'art la plus difficile et celle qui exige le plus d'études positives, particulièrement l'étude de l'anatomie. Selon le *Dictionnaire de l'Académie*, le dessin d'un tableau peut s'entendre de toute l'ordonnance de ce tableau. Toutefois cette façon de s'exprimer est peu usitée. Le dessin, en parlant d'un tableau, s'entend ordinairement de la manière dont sont tracés les contours. Quant à l'ordonnance, elle est une des parties de la composition. (*V.* COMPOSITION).

**DESSINATEUR** (s. m.). — En général et d'une manière absolue, l'artiste qui fait sa profession de dessiner, ou de créer des modèles.

A l'égard des peintres, on spécifie sous le titre de dessinateurs, et mieux encore sous celui de bons, de grands dessinateurs, ceux qui se sont particulièrement appliqués à la partie de leur art qui consiste dans le dessin, et qui excellent dans cette partie. Raphaël, Michel-Ange, Léonard de Vinci, ont été de grands dessinateurs.

**DESSINER** (v. a.) — Tracer une image à la plume ou au crayon. Tracer à la craie ou au pinceau le contour des figures d'un tableau. On dit d'un tableau qu'il est bien dessiné quand le contour des figures et cette autre partie du dessin qui consiste dans la formation, par le moyen du clair-obscur, du relief et des méplats des membres, sont exécutés convenablement.

**DÉTACHER** (v. a.). — Faire paraître, au moyen du clair-obscur, les objets d'un tableau en avant les uns des autres, les faire ressortir de dessus le fond du tableau. On dit d'une figure qu'elle se détache en clair, lorsqu'elle est sur un fond brun, et qu'elle se détache en brun quand c'est sur un fond clair qu'elle ressort.

\* **DÉTAIL** (s. m.). Fig. 59. — Les détails sont les parties d'un tout, d'une figure, par exemple, considérées chacune isolément et indépendamment de son effet dans l'ensemble. L'usage cependant restreint assez ordinairement l'application de cette dénomination aux parties les plus petites de la figure, tels que le chevelu de la barbe ou des sourcils, les rides, les petits accidents de la peau, etc. On ne dirait guère, de la bouche, des yeux, du nez, même en les considérant à part, que ce soient des détails. On appelle de même détails, dans les draperies, la tissure, le duvet, la broderie des étoffes, et, dans les arbres, chaque feuille, chaque petit rameau, considérés isolément.

Dans la nature, et les objets étant placés à la distance à laquelle nous avons coutume de les voir, les détails se confondent pour ainsi dire dans l'ensemble. Or, comme c'est cet ensemble que le peintre doit

## QUAND DIT-ON D'UN TABLEAU QU'IL OFFRE DES BEAUTÉS DE DÉTAIL?

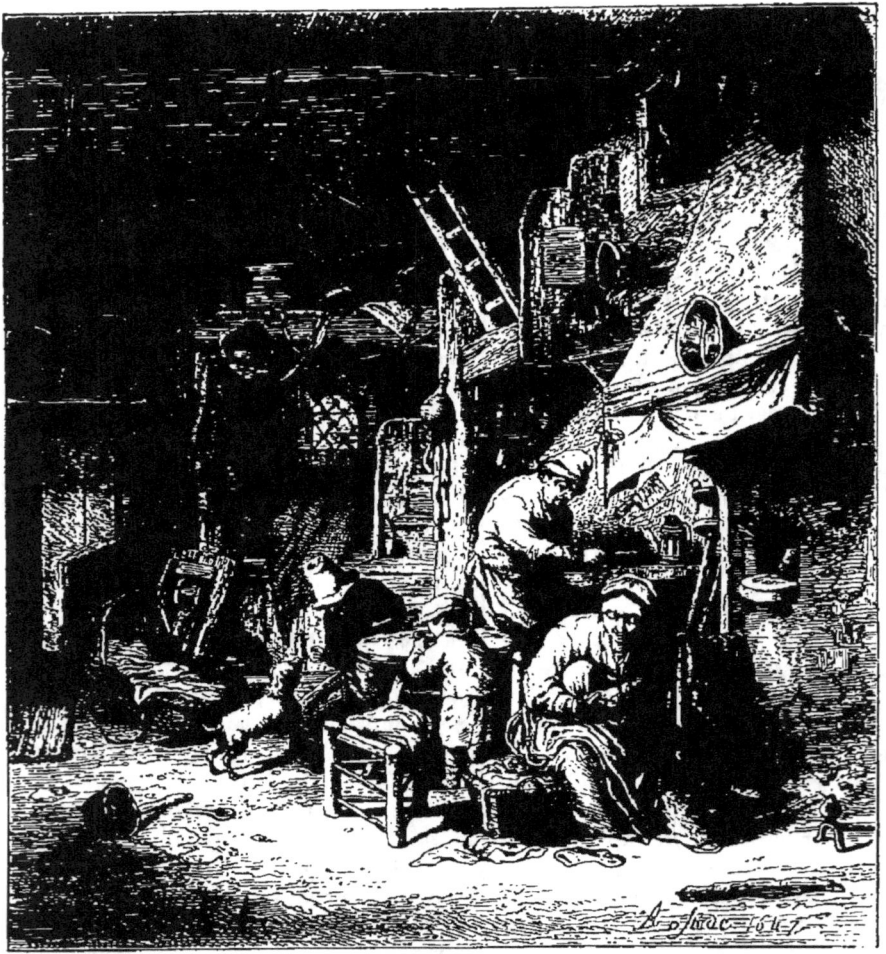

Fig. 59. — Adriaen van Ostade (1610 † 1685). — Intérieur d'un pauvre ménage.

Lorsqu'on dit d'un *tableau* qu'il offre des *beautés* de *détail*, cela ne s'entend pas des petits *détails*, mais de parties même importantes, comme une ou plusieurs *figures*.

Alors l'expression *détails* est relative, non plus à chaque objet, à chaque *figure*, mais à l'ensemble du tableau, qui est composé d'un plus ou moins grand nombre d'objets et de *figures*.

s'appliquer à représenter, c'est presque toujours à tort qu'il s'arrête à reproduire chaque détail avec une exactitude minutieuse. La représentation scrupuleuse des détails est le défaut ordinaire des ouvrages de l'époque de l'enfance de l'art, particulièrement dans les Écoles où le génie de la peinture est fort borné et n'a presque jamais consisté que dans la patience et l'adresse par lesquelles on parvient à reporter sur la toile, pour ainsi dire chaque point colorié du modèle. Les artistes d'un génie plus élevé considèrent les objets dans leur ensemble, les reproduisent par grandes masses, et savent faire abstraction des détails qui ne font point partie apparente et essentielle du sujet ainsi considéré d'une manière générale.

Remarquons encore que, lorsqu'on dit d'un tableau qu'il offre des beautés de détail, cela ne s'entend pas des petits détails dont nous venons de parler, mais de parties même importantes, comme une ou plusieurs figures. Alors l'expression détails est relative, non plus à chaque objet, à chaque figure, mais à l'ensemble du tableau, qui est composé d'un plus ou moins grand nombre d'objets et de figures.

DÉTREMPE (s. f.). — Couleur préparée à l'eau et à la colle, à la gomme, au blanc d'œuf, sans graisse, ni résine, ni chaux. L'usage le plus ordinaire de la détrempe est pour le revêtement des plafonds et des lambris dans les intérieurs, et pour la peinture de décoration. On l'emploie aussi à peindre des tableaux. Avant van Eyck, qu'on regarde comme l'inventeur de la peinture à l'huile, on ne connaissait guère d'autre procédé que celui de la détrempe. Plusieurs peintres des beaux temps de l'art, tels que Paul Véronèse, l'ont employé quelquefois. (V. AQUARELLE et GOUACHE).

\* DEVANT (s. m.). Fig. 60. — On appelle devants les premiers plans d'un tableau. Dans cette acception, devant n'est d'usage qu'au pluriel, de même que fonds et ciels. (V. ces mots). Cependant on dit de l'eau, d'une roche, d'un objet quelconque, qu'ils sont sur le devant ou dans le fond du tableau.

DÉVELOPPEMENT (s. m.). — Une figure peinte présente de beaux développements, lorsque, par la pose, elle offre aux yeux une suite de parties du corps formant une grande ligne et une étendue vaste relativement à l'ensemble de la figure de l'homme. Telle est, dans l'*Enlèvement des Sabines* de David, toute la partie droite de la figure de Romulus. (V. fig. 41).

DEVISE (s. f.). — Image allégorique ordinairement composée d'un seul objet, et accompagnée d'une inscription qui explique l'allégorie. La devise se rapporte au caractère, à l'état, aux qualités naturelles ou acquises de quelque personne. On croit, avec assez de vraisemblance, que ce fut l'origine des armoiries. Comme les armoiries, la devise est ordinairement inscrite dans un cartouche, et son usage dans la peinture est le même que celui des armoiries. La devise se compose et d'une image peinte et de préceptes.

## ACCEPTION DANS LAQUELLE DEVANT N'EST D'USAGE QU'AU PLURIEL

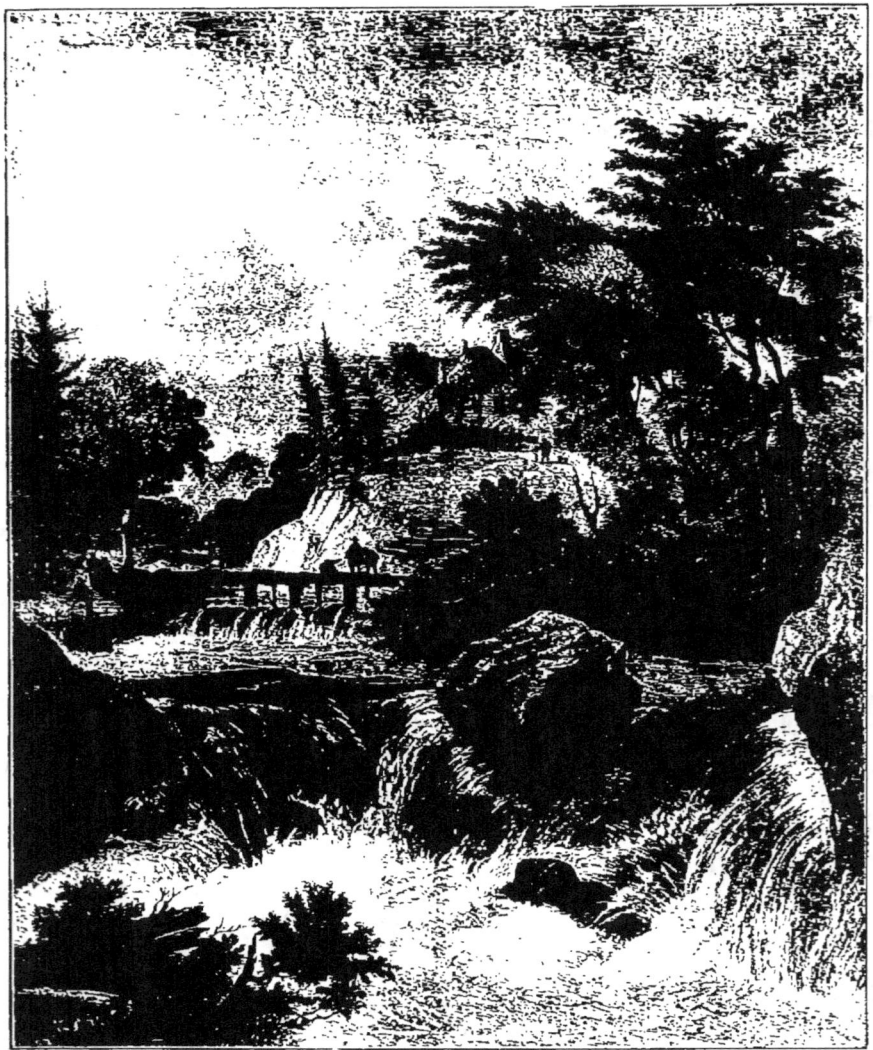

Fig. 60. — Jacob-Isaackszoon van Ruisdael (1628? † 1682).
Le Torrent (Musée de Cassel).

On appelle *devants* les premiers *plans* d'un tableau. Dans cette acception, *devant* n'est d'usage qu'au pluriel, de même que *fonds* et *ciels*. Cependant on dit d'une *figure*, d'un arbre, d'une roche, d'un objet quelconque, qu'ils sont sur le *devant* ou dans le *fond* du *tableau*.

On appelle ces derniers l'âme de la devise ; l'image peinte est le corps de la devise.

**DISPOSITION** (s. f.). — Est en général l'arrangement des parties pour en former un tout. En peinture, la disposition dépend de la composition pittoresque, et consiste particulièrement dans la combinaison et l'arrangement des masses, et aussi dans l'ordre et la distribution des personnages et des objets, suivant leur importance et les effets qu'ils sont de nature à produire.

**DISTRIBUTION** (s. f.). — En peinture, distribution se dit de la répartition et de l'arrangement des masses de clair, de demi-teintes, et d'ombre ; ce qui s'appelle, en général, distribution de lumière.

\* **DONATEUR** (n. m.). Fig. 61. — On voit souvent sur des miniatures ou des tableaux, des XV<sup>e</sup> au XVII<sup>e</sup> siècles, figurer des personnages à droite et à gauche du sujet principal, soit debout, soit à genoux ; ce sont des donataires et des donatrices. On nomme ainsi ceux qui offraient à une église, à une maison religieuse, à un hôpital, un tableau votif, ou leur donnaient tout ou partie de leurs biens, par charité ou en expiation de leurs fautes, pour obtenir les prières de l'Église (*V.* EX-VOTO et VOTIF).

**DOUBLE** (s. m.). — Copie faite par un peintre, d'après son tableau (*V.* COPIE, ORIGINAL et RÉPLIQUE).

**DRAPERIE** (s. f.). — Toute espèce d'étoffe employée comme vêtement des personnages, et comme ornement accessoire dans un tableau, pourvu qu'elle y soit représentée dans une certaine ampleur et formant des plis. On ne donne pas le nom de draperie à une étoffe tendue en tapisserie, en tapis de pied, en couverture de siège ou de coussin. Les draperies sont sous le rapport des formes, susceptibles de beauté. Cette beauté, qui résulte du mouvement et de la disposition des plis, est l'objet de combinaisons nombreuses et d'un art d'autant plus difficile qu'il doit moins se laisser apercevoir. On dit d'une draperie qu'elle est bien jetée, que le jet en est beau, comme si le hasard seul eût produit son arrangement à l'instant où on l'a laissée tomber sur l'objet qu'il s'agissait d'en couvrir ; toujours cependant la main de l'artiste a eu plus ou moins à changer cette disposition fortuite. Employée comme vêtement, ce qui est son usage principal, la draperie participe de la beauté de la figure dont il est indispensable qu'elle accuse plus ou moins le nu. Dans la nature vivante, le mouvement atteste suffisamment la présence du corps sous les vêtements, quelque épais que ceux-ci puissent être ; mais en peinture cette existence du corps ne peut se reconnaître qu'à l'aspect des formes. Si donc les draperies sont tellement disposées qu'elles n'en laissent rien apercevoir, la tête et les parties de nu sembleront jetées au hasard, et sans rapport entre elles, sur des sacs de serge, de toile, de satin. (V. ACCUSER). Les plus beaux sujets de draperies sont les étoffes tout à la fois moelleuses

## LES TABLEAUX A PERSONNAGES, DITS AUX DONATAIRES ET AUX DONATRICES

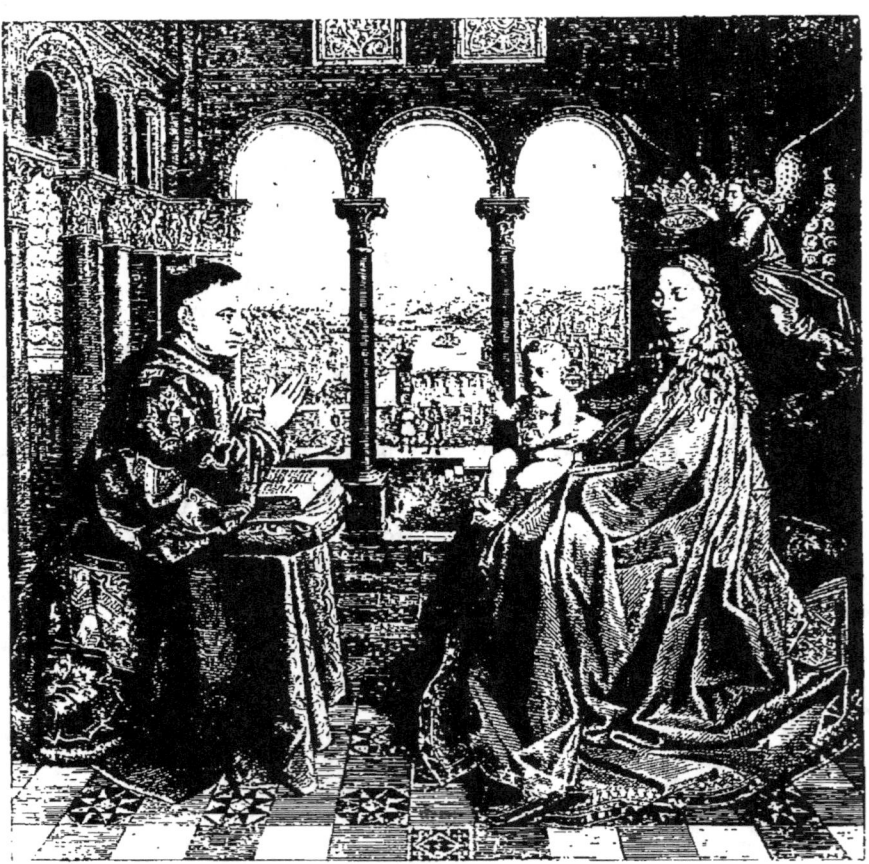

Fig. 61. — Jan van Eyck, dit Jean de Bruges (1390? † 1440).
La Vierge, l'Enfant Jésus et le Donataire; dite
La Vierge d'Autun; ou : La Madone du chancelier Nicolas Raulin (né à Autun)
(Musée du Louvre, Paris).

On voit souvent, sur des *miniatures* ou des *tableaux* des xv°, xvi° et xvii° siècles, figurer des *personnages*, soit à droite, soit à gauche, devant ou de chaque côté du sujet principal, debout ou à genoux; ce sont des *donataires* et des *donatrices*.
On nomme ainsi ceux qui offraient à une église, à une maison religieuse, à un hôpital, un tableau *votif*, ou leur donnaient tout ou partie de leurs biens, par charité ou en expiation de leurs fautes, pour obtenir les prières de l'Église en faveur de leurs donations.

TABLEAUX.

et un peu consistantes, qui ne forment point de plis carrés et anguleux, qui ne se chiffonnent pas trop (V. MANNEQUIN).

DUR (adj.). — Se dit du dessin au crayon dont les contours et les hachures sont trop fortement marqués, comme si on les eût exécutés avec un crayon trop dur; ce qui, néanmoins, n'est le plus souvent qu'un effet de la raideur des mouvements de l'artiste, et un défaut de touche. Par analogie, on appelle tableau dur celui où des ombres et des lumières trop fortes, trop rapprochées et sans passages de demi-teintes, se heurtent en quelque sorte; ou bien, encore, celui dans lequel les contours du dessin sont trop marqués et les os trop fortement sentis sous la peau. Dans ce dernier cas, on dit plus ordinairement tableau sec.

ÉBAUCHE (s. f.). — Première préparation, première couche de peinture d'un tableau. Le plus souvent l'ébauche présente les diverses couleurs, aussi bien que les masses d'ombre du tableau; quelques peintres cependant se contentent, pour ébauche, d'un simple clair-obscur au bistre, d'un ton plus ou moins chaud. L'ébauche est plus ou moins avancée, plus ou moins arrêtée dans ses contours selon l'habitude et le caractère particulier du talent de l'artiste. Quelquefois on fait une ébauche sans avoir l'intention d'achever le tableau, et seulement pour fixer une composition sur la toile. Il ne faut pas confondre l'ébauche avec l'esquisse (V. ESQUISSE).

ÉBAUCHER (v. a.). — Faire l'ébauche d'un tableau. Quelques peintres ébauchent par parties et terminent, ou à peu près, chacune de ces parties, en sorte que leur toile ne présente jamais l'ensemble d'une ébauche, et n'est entièrement couverte qu'à l'instant où l'ouvrage est tout près d'être terminé et n'a plus besoin que de quelques accords. D'autres peignent ce qu'on appelle au premier coup, et pour eux l'action d'ébaucher se confond en quelque sorte avec celle de terminer.

ÉCAILLAGE (n. m.). — Le mauvais vernis, le défectueux mélange des couleurs, la négligence de la préparation des dessous, la mauvaise habitude que l'on a de rouler les grandes toiles le sujet en dedans, produisent des écailles, petites parties de peinture qui se détachent et se brisent (V. APPENDICE, page 334).

\* ÉCHAPPÉE (s. f.). Fig. 62 et 63. — Échappée de soleil ou de lune, échappée de lumière, lumière qu'on suppose venir entre deux corps très rapprochés l'un de l'autre, pour former un accident de lumière sur quelque point du tableau, qui serait, sans cela, dans l'ombre portée par ces corps; telle est la lumière qui pénètre dans un intérieur à murs épais, par l'embrasure d'une fenêtre étroite.

ÉCHELLE (s. f.). — Mesure proportionnelle applicable à toutes les

---

NOTE RELATIVE AUX FIGURES 62 ET 63. — Une *échappée* de *lumière* est une *lumière* qu'on suppose venir entre deux corps très rapprochés l'un de l'autre, pour former un *accident* de *lumière* sur quelque point du *tableau*, qui serait, sans cela, dans l'*ombre* portée par ces corps; telles sont une *échappée* de soleil ou de lune entre des nuages, ou la *lumière* qui pénètre dans un *intérieur* par l'embrasure d'une fenêtre étroite.

ÉCHAPPÉES ET ACCIDENTS DE LUMIÈRE SUR QUELQUE POINT D'UN TABLEAU

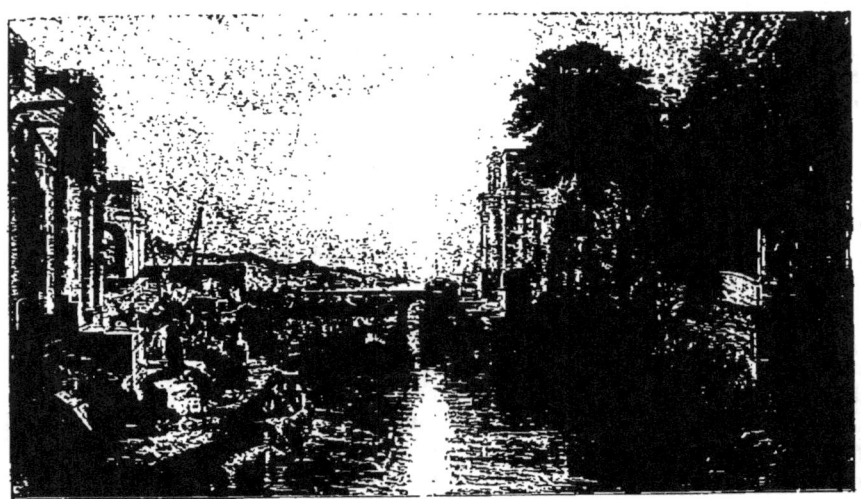

Fig. 62. — JOSEF-MALLORD-WILLIAM TURNER (1775 ✝ 1851).
Didon dirigeant la construction de Carthage (Galerie nationale, Londres).

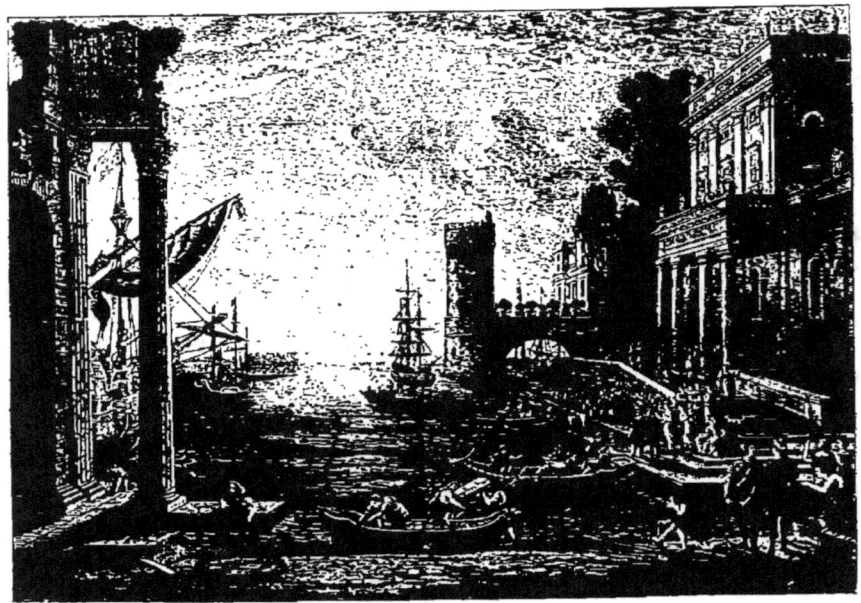

Fig. 63. — CLAUDE GELLÉE, DIT CLAUDE LORRAIN (1600 ✝ 1682).
L'Embarquement de la reine de Saba (Galerie nationale, Londres).

(Consulter, au bas de la page 106, la note relative aux figures 62 et 63.)

parties d'un plan. Elle consiste en une ligne divisée en parties égales, dont chacune représente un pied, une toise, un mètre, ou un module, ce qui détermine l'exacte mesure qu'aurait, dans l'exécution, chaque partie du plan, égale à l'une de ces divisions. On appelle échelle d'une ligne pour pied, d'un pouce pour toise, d'un centimètre pour mètre, celle dont chaque division d'une ligne, d'un pouce ou d'un centimètre, représente une étendue d'un pied, d'une toise ou d'un mètre.

Le même procédé, modifié, s'emploie pour déterminer la mesure qu'aurait dans l'exécution un dessin figuré en perspective. Dans ce cas, l'échelle est de deux sortes : l'une, échelle de front, dont les divisions égales sont tracées sur une ligne horizontale, sert à mesurer le premier plan, la base en quelque sorte, du dessin en perspective ; l'autre, échelle fuyante, est tracée sur une ligne perpendiculaire à la première, dont les divisions, inégales selon les règles de la perspective, déterminent l'étendue réelle des parties du dessin fuyantes et raccourcies en apparence suivant ces mêmes règles.

* ÉCHO (*Voir* NOTE de la figure 64).

ÉCLAT (s. m.). — Éclat, s'applique particulièrement aux tableaux où la lumière, répandue presque partout, brille sans le secours du contraste de fortes ombres.

ÉCLECTISME (n. m.). — Ce mot, pris dans son acception la plus générale, désigne cette disposition d'esprit qui fait qu'on emprunte aux différents systèmes ce qu'on y trouve de bon et de raisonnable, en rejetant ce qu'ils ont de faux et d'exclusif.

On peut être éclectique non seulement en philosophie, mais encore en politique, en littérature, en médecine, en peinture, enfin dans toutes les sciences et dans tous les arts où il s'est produit des opinions opposées.

Être éclectique dans les arts, c'est ne pas s'attacher exclusivement à une École, à une époque.

ÉCOLES (*Voir* APPENDICE, p. 325).

ÉCORCHÉ (s. m.). — Le sujet, homme ou animal, dépouillé de la peau, dont on voit et l'on étudie les muscles à découvert. L'étude de l'écorché est une des plus importantes qu'ait à faire le dessinateur. (*V.* ANATOMIE).

Pour faciliter cette étude, qui ne se peut faire que sur la nature morte, on fit d'abord, à l'aide de la science de la myologie, des statues représentant la nature vivante, abstraction faite de la peau qui recouvre les muscles ; tels sont l'écorché de Michel-Ange, et celui de Houdon. Cette fiction de la vie, dans le modèle de l'écorché, est peut-être ce qu'il y a de mieux pour les études du peintre dont l'objet principal est la figure de l'homme vivant et en action. Toutefois, l'art du moulage s'étant beaucoup perfectionné de nos jours, on moule à présent avec facilité, sur le cadavre, des fragments d'écorchés, que les élèves préfèrent aux statues dont il est parlé plus haut.

## LES ÉCHOS DE LUMIÈRE SONT DES MASSES SECONDAIRES DE LUMIÈRE

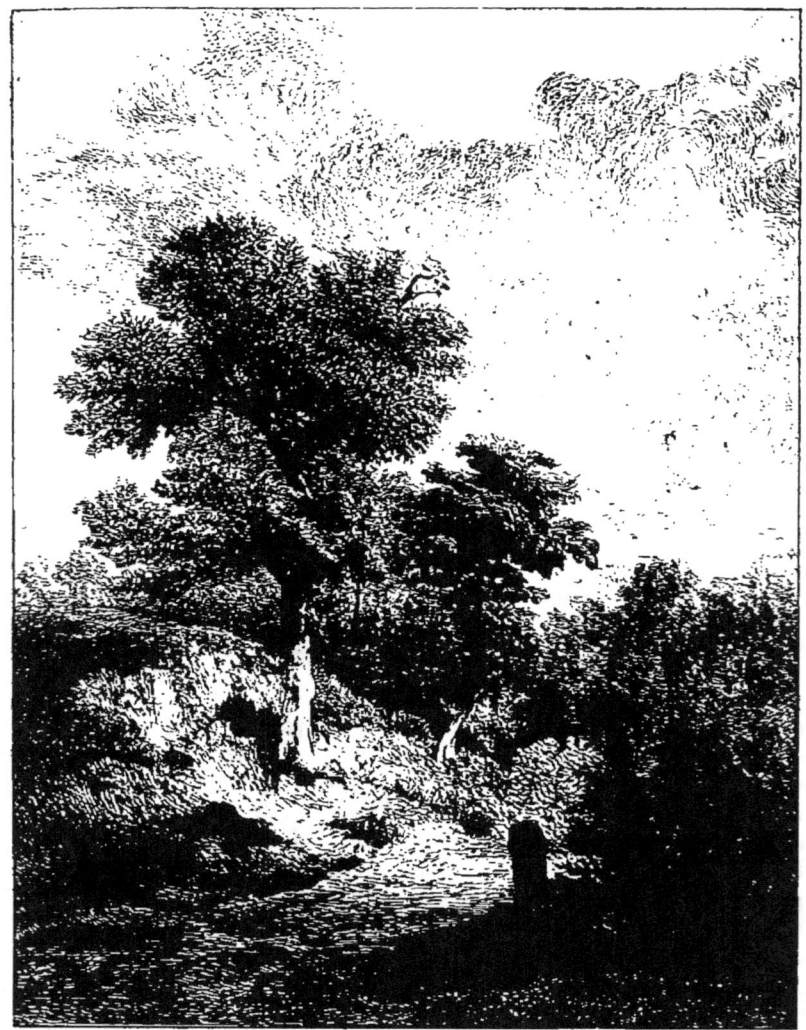

Fig. 64. — THOMAS GAINSBOROUGH (1727 † 1788). Un Chemin près de Bath.
(Galerie de M<sup>me</sup> la baronne Nathaniel de Rothschild.)

Les *échos* de *lumière* sont des *masses* secondaires de *lumière*, subordonnées à la *lumière* principale et *distribuées* dans le *tableau*, de manière à appeler successivement la *vue*, autant qu'il se peut, dans un *ordre* conforme à l'importance des objets, sans disputer d'*éclat* et d'étendue à la *lumière* principale, ni *rompre l'unité d'effet* : ainsi appelés *échos*, par similitude à la voix de l'écho, répétant à divers intervalles, avec plus ou moins de précision, un son principal.

C'est aux professeurs à veiller à ce que ces études, bonnes sans doute sous quelques rapports, mais faites d'après la nature en état de mort, n'acquièrent pas une influence fâcheuse sur le caractère du dessin et sur les habitudes des jeunes dessinateurs.

\* EFFET (s. m.). Fig. 63. — Impression que produit, sur l'imagination et sur la vue, un tableau, au premier aspect et avant examen approfondi des détails de l'ouvrage. Ainsi, quelques contours hardis et indicatifs des principales formes de la figure, des masses d'ombre et de lumière jetées à propos, et la reproduction vive de la couleur locale, formeront un tableau frappant de vérité et éclatant au premier aspect, bien que beaucoup de détails propres au sujet puissent être omis, que le dessin ne soit d'une exactitude rigoureuse en aucune partie, et que les finisses du clair-obscur et du coloris manquent.

Telle est, en général, une esquisse bien faite, tels sont ou doivent être, plus ou moins, les ouvrages d'apparat, les grandes machines faites pour appeler de loin l'œil du spectateur et charmer le passant. On dit de tels tableaux qu'ils sont d'un grand effet, ou encore qu'ils sont à l'effet.

Les Italiens, chez qui le sentiment des arts est si fin et si juste, disent en parlant du Titien et de Rubens : *il colore del Tiziano, l'effetto di Rubens.*

Pour quiconque a observé la manière particulière à chacun de ces deux grands coloristes, et en quoi consiste celle du second, cette distinction exprime mieux qu'on ne peut l'expliquer ce qu'il faut entendre par l'effet.

EFFET DE LUMIÈRE. Se dit dans le même sens qu'accident de lumière. (*V.* ACCIDENT).

EFFIGIE (s. f.). — Image, représentation d'une personne. Bien que cette définition s'appliquât également au portrait, le mot effigie n'est pas synonyme de portrait; il comporte l'idée d'une imitation plus exacte, plus frappante, d'une ressemblance plus authentique, plus religieusement conservée.

EFFUMER (v. a.). — Peindre légèrement. Il est peu usité, et seulement au participe : tableau effumé.

ÉGRATIGNÉ (adj.). — Manière égratignée. Espèce de peinture, ou plutôt encore de dessin monochrome. L'artiste, après avoir couvert d'un enduit blanc un fond de stuc noir, dessine sur cet enduit avec une pointe de fer, en découvrant par hachures le noir du fond, ce qui forme une sorte de clair-obscur semblable à la planche du graveur à l'eau-forte. Quelques anciens peintres ont mêlé ce procédé aux travaux de la peinture à fresque, dans les parties où ils n'avaient besoin que de clair-obscur, comme lorsqu'il s'agissait d'imiter des bas-reliefs. On attribue l'invention de la manière égratignée à André Canino. Cette manière dure et d'un effet peu agréable est aujourd'hui hors d'usage, du moins pour les grands ouvrages de peinture. (*V.* SGRAFITTO).

## L'EFFET EST L'IMPRESSION PRODUITE PAR UN TABLEAU AU PREMIER ASPECT

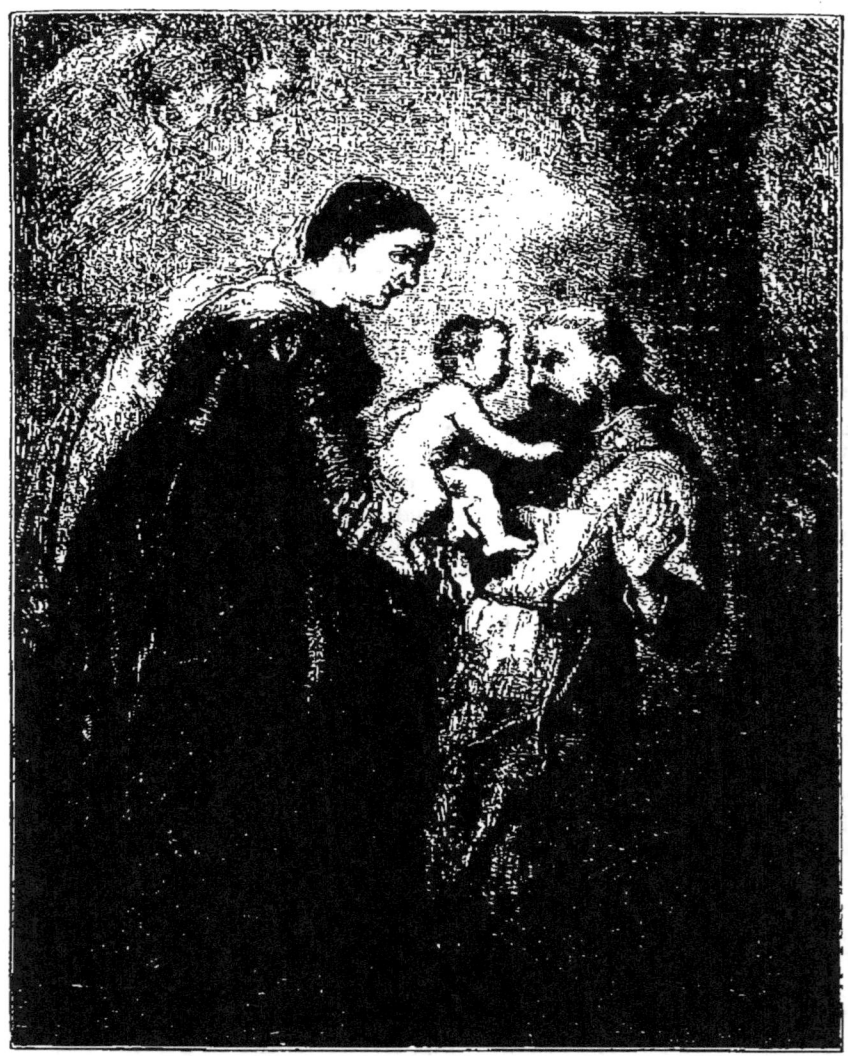

Fig. 65. — Petrus-Paulus Rubens (1577 ╪ 1640).
Apparition de la Vierge à Saint François (Musée de Lille).

L'*effet* est l'impression que produit sur l'*imagination* et sur la vue un *tableau*, au premier aspect et avant examen approfondi des *détails* de l'ouvrage. Les Italiens, chez lesquels le *sentiment* des arts est si fin et si juste, disent en parlant de Tiziano Vecellio, dit le Titien et de P.-P. Rubens : *Il colore del Tiziano; l'effetto di Rubens.*

**ÉLÈVE** (s. m.). — Est le titre par lequel on désigne en général les jeunes gens qui étudient les arts, soit dans les écoles publiques, soit chez des professeurs.

Les artistes, même au sortir de leurs études, et longtemps après, conservent assez volontiers l'usage du titre d'élève, en souvenir de leurs maîtres. Ces élèves commencent par imiter le maître, puis ils persistent plus ou moins longtemps dans cette imitation, selon que leur propre génie met plus ou moins de temps à se manifester. Or, pour plusieurs, ce terme ne vient jamais; ils demeurent toute leur vie imitateurs du maître dont ils ont reçu les leçons; il ne leur a pas été donné de faire École. Le titre d'élève est en effet le plus honorable auquel ils puissent prétendre.

\* **ÉLOIGNEMENT** (s. m.). Fig. 66. — Effet de la perspective linéaire, du clair-obscur et de la perspective aérienne, qui consiste à faire paraître les uns en arrière des autres, et, jusque dans un grand lointain, les objets figurés sur le plan vertical d'un tableau.

**ÉLUDORIQUE** (adj.). — Peinture éludorique, ou composée d'huile et d'eau; procédé peu connu, et dont l'avantage est de donner à la peinture à l'huile la légèreté et la délicatesse de la miniature.

**EMBLÈME** (n. m.). — Figure ou composition symbolique, qui renferme une allégorie morale, galante, historique, avec quelques paroles sentencieuses qui en déterminent le sens. Pris dans cette acception, l'emblème a quelque rapport avec la devise. Emblème s'emploie aussi quelquefois comme synonyme d'attribut.

On dit en ce sens : les emblèmes de la royauté, les emblèmes de la force, de la prudence, pour les objets par lesquels on a coutume de caractériser en peinture la royauté, le régime républicain, la prudence, la force, etc.

**EMBOIRE** (v. pron.). — Un tableau nouvellement peint s'emboit, lorsque les couleurs s'absorbent au point de perdre momentanément leur éclat, de devenir ternes, et quelquefois tout à fait méconnaissables; ce qui provient, soit de ce que l'impression était trop fraîche, soit de ce que le peintre a couché des couleurs fraîches sur d'autres qui n'étaient pas elles-mêmes assez sèches.

On dit d'un tableau où cet accident se rencontre, qu'il est embu.

**EMBU** (s. m.). — Est l'espèce de tache et le ton terne et noir propre à un tableau qu'on n'a pu empêcher de s'emboire. On dit indistinctement d'un tel tableau, qu'il est embu, ou qu'il a de l'embu. L'embu disparaît à mesure que le tableau se sèche. On hâte cette disparition, d'elle-même assez lente, en passant un blanc d'œuf sur le tableau embu.

**EMMANCHEMENT** (s. m.). — Assemblage des membres avec le tronc de la figure, ou des parties des membres les unes avec les autres, au moyen des articulations.

## L'ÉLOIGNEMENT EST L'EFFET DE LA PERSPECTIVE LINÉAIRE ET DU CLAIR-OBSCUR

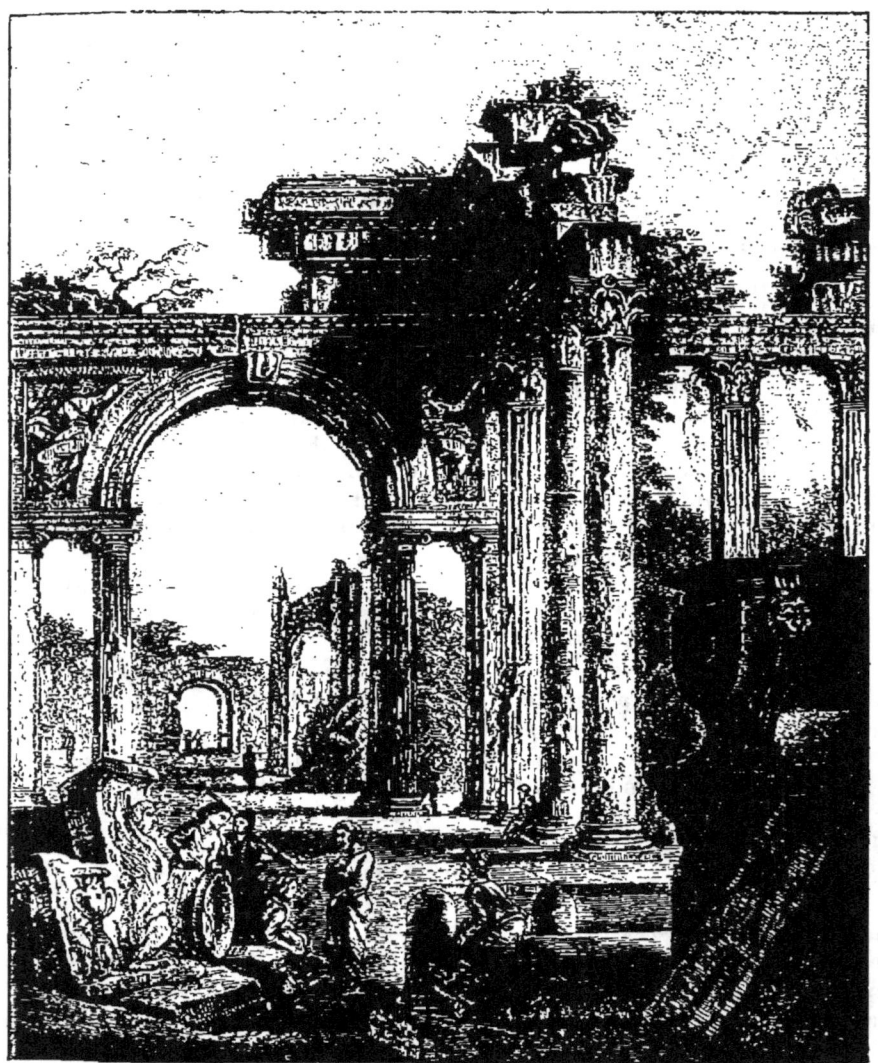

Fig. 66. — Giovanni-Paolo Panini (1692 ☦ 1765). — Ruines grecques.

L'*éloignement* est l'effet de la *perspective linéaire*, du *clair-obscur* et de la *perspective aérienne*, qui consiste à faire paraître les uns en arrière des autres, et, jusque dans un grand *lointain*, les *figures*, *ruines*, colonnes, etc., figurées sur le *plan* vertical d'un *tableau*.

TABLEAUX.

**EMPATEMENT** (s. m.). — Opération par laquelle on couvre et l'on charge plus ou moins la toile du tableau de couleurs, et, aussi, l'état du tableau sous le rapport de la couche de couleurs dont il est formé. Bon empâtement, empâtement abondant, etc. (V. PATE).

**EMPATER** (v. a.). — Couvrir de couleur épaisse. On dit d'un tableau ainsi fait, qu'il est bien empâté, bien nourri de couleur. Quoique l'on puisse peindre fort bien aussi en étendant les couleurs légèrement, empâté se prend toujours en bonne part (V. PATE).

**ENCAUSTIQUE** (s. f.). — Peinture à la cire, fixée et imprégnée dans la toile ou le panneau, par l'action du feu. La dépouille des momies et divers passages des auteurs anciens attestent que cette manière de peindre fut connue de l'antiquité. L'encaustique des anciens est un secret perdu. On a cherché de nos jours à le retrouver; il est résulté de ces recherches l'invention de divers procédés pour broyer les couleurs avec la cire, et les fixer sur la toile au moyen du feu ; mais rien ne prouve qu'aucun de ces procédés fût celui des anciens. Aucun non plus ne présente d'avantage sur le procédé moderne de la peinture à l'huile. Le comte de Caylus et A. Bachelier, de l'Académie de Peinture, s'étaient les premiers occupés de ces recherches, auxquelles d'autres en grand nombre se sont livrés comme eux sans succès.

Quelques peintres du dix-huitième siècle ont exécuté, avec des couleurs broyées dans la cire, des tableaux d'assez grande dimension.

**ENCOLLER** (v. a.). — Étendre une couche de colle bouillante sur la toile destinée à faire un tableau.

**ENDUIT** (s. m.). — Revêtement qu'on fait à un mur avec du mortier de chaux, du plâtre ou du stuc. Les murs destinés à recevoir des peintures à l'huile ou à fresque doivent être revêtus d'enduits soigneusement faits. Celui pour les peintures à l'huile se compose d'une première couche de chaux, de ciment et d'huile, qu'on recouvre d'une seconde couche de poix, de mastic et de vernis, bouillis ensemble. L'enduit pour la fresque est plus simple, on n'y emploie que de la chaux et du sable bien choisis (V. FRESQUE).

\* **ENFONCEMENT** (s. m.). Fig. 67 et 68. — Effet des illusions de la perspective et du clair-obscur qui font paraître en arrière les uns des autres, et comme enfoncés dans la toile, les divers points d'un tableau. On dit donc quelquefois, dans l'enfoncement, pour dans le fond d'un tableau, ou bien qu'il y a dans un tableau beaucoup d'enfoncement, pour dire que l'effet de la perspective des fonds est bien rendue.

---

NOTE RELATIVE AUX FIGURES 67 ET 68. — L'*enfoncement* est un effet des *illusions* de la *perspective* et du *clair-obscur* qui font paraître comme *enfoncés* dans la toile, les divers points d'un *tableau*. On dit donc quelquefois, dans l'*enfoncement*, pour dans le *fond* d'un *tableau*, ou bien qu'il y a dans un *tableau* beaucoup d'*enfoncement*, pour dire que l'*effet* de la *perspective* des *fonds* est bien *rendue*.

## L'ENFONCEMENT EST UN EFFET DES ILLUSIONS DE LA PERSPECTIVE

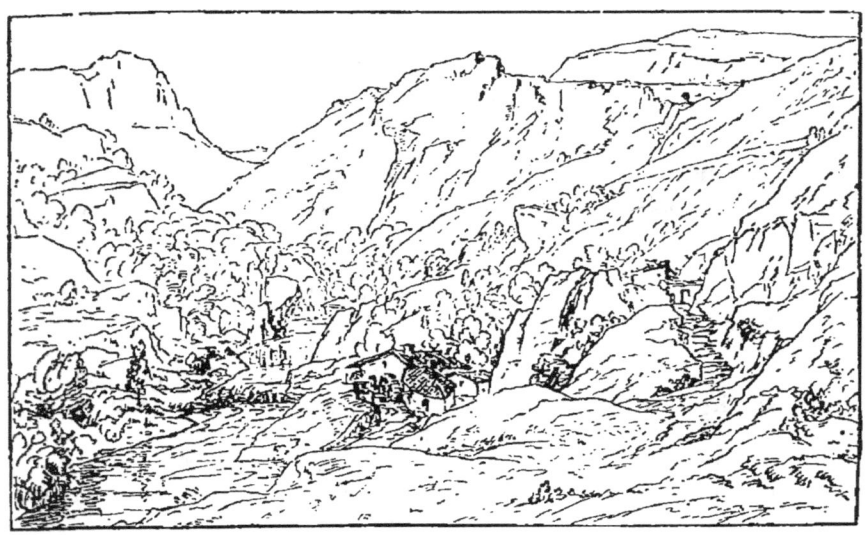

Fig. 67. — Théodore Rousseau (1812 † 1867). — Un Torrent dans le Jura. Croquis.

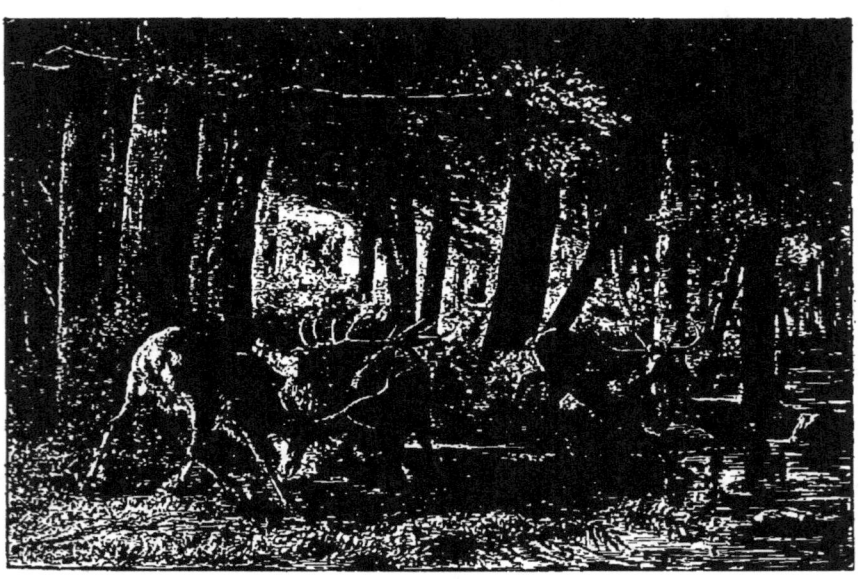

Fig. 68. — Gustave Courbet (1819 † 1877). — Combat de cerfs
(Musée du Louvre, Paris).

*Consulter, au bas de la page 114, la note relative aux figures 67 et 68.*

**ENFUMÉ** (adj.). — Se dit d'un tableau noirci par le temps.

**ENFUMER** (v. a.). — Étendre une teinte rousse sur une copie ou sur un pastiche, pour lui donner l'apparence d'un tableau ancien.

\* **ENLÈVEMENT** (s. m.). Fig. 69. — Enlèvement ou enlevage des vieux tableaux. Opération par laquelle on enlève toute une peinture de dessus un panneau artisonné, vermoulu, pour la reporter sur une toile neuve, imaginée, au dix-huitième siècle, par Picault et Haquin. Picault avait trouvé le moyen de détacher la couche de peinture de dessus le vieux panneau sans détruire ce dernier; Haquin usait, avec la scie, la raffe et d'autres instruments, tout le vieux bois. L'un et l'autre appliquaient sur la toile, au moyen d'un encollage, la couche de peinture ainsi réduite à elle-même.

Le premier essai important fut fait à Paris sur un tableau d'Andrea del Sarto (1485 † 1531), représentant *La Charité* (*V.* RESTAURATION).

**ENLUMINER** (v. a.). — Colorier avec des couleurs à la gomme, un dessin, et plus ordinairement encore une estampe. Le métier de l'enlumineur diffère de l'art du peintre en ce que le premier n'a point à s'occuper du dessin, ni souvent même du clair-obscur (*V.* ENLUMINURE).

**ENLUMINURE** (s. f.). — Estampe ou dessin enluminé. L'enluminure se pratique, soit sur une estampe au simple trait, soit sur une estampe avec clair-obscur.

Dans le premier cas, elle doit être dégradée de tons, afin d'exprimer les clairs et les ombres; dans le second, il suffit de teintes plates qui sont amenées, tant bien que mal, aux divers tons du clair-obscur, au moyen de la transparence des couleurs, qui laisse apercevoir les ombres et les clairs de l'estampe.

L'enluminure, de quelque manière qu'on la traite, est très inférieure à la peinture. Toutefois, on l'a employée longtemps fort utilement sur les estampes des livres où il s'agit d'objets dont il importe de faire connaître la couleur, comme dans les ouvrages d'histoire naturelle. Même pour cela, l'enluminure a beaucoup perdu de son usage, depuis l'invention et le perfectionnement de la chromotypographie.

**ENNEMI** (adj.). — Se dit en parlant des couleurs et en deux sens différents. On appelle couleurs ennemies celles qui ne peuvent se rapprocher ou se fondre ensemble sans produire un effet désagréable à la vue; tels sont le bleu et le

---

NOTE RELATIVE A LA FIGURE 69. — Lorsque les guerres de la Révolution firent passer, en France, les plus beaux ouvrages des peintres italiens des xv° et xvi° siècles, plusieurs de ces *tableaux* se trouvèrent avoir le plus urgent besoin de l'opération de l'*enlèvement*.
Ce fut, pour Picault et Haquin fils, une occasion de s'appliquer à perfectionner les procédés inventés par leurs pères.
On cite comme un prodige de patience et d'adresse l'*enlèvement* et la *restauration*, par Haquin, du tableau de Raffaello Santi, connu sous le nom de Madone de Foligno.

UN GRAND NOMBRE DE PEINTURES ONT ÉTÉ ENLEVÉES ET RESTAURÉES

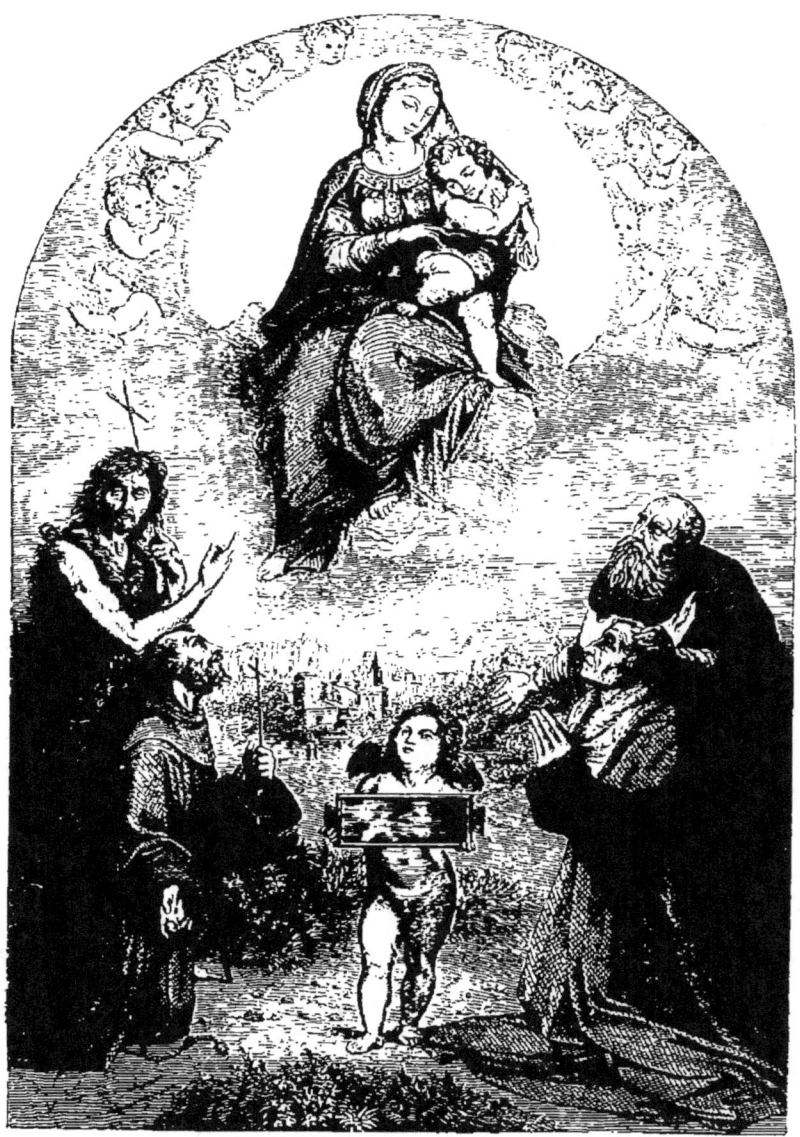

Fig. 69. — RAFFAELLO SANTI (1483 † 1520). — La Vierge au Donataire, dite de Foligno.

*(Consulter, au bas de la page 116, la note relative à la figure 69.)*

vermillon dont le mélange produit une couleur aigre et dure. Et, aussi, l'on appelle ennemies les couleurs qui, lorsqu'elles sont mêlées ensemble sur la palette, ou étendues l'une sur l'autre dans le tableau, se détruisent mutuellement en peu de temps. D'où l'on voit que le préservatif contre l'usage des couleurs ennemies est, selon le premier de ces deux sens, le sentiment et le goût de l'artiste, et, selon le second, la connaissance pratique des propriétés et de la nature des substances colorantes. Par opposition à couleurs ennemies, on dit couleurs amies.

\* ENSEMBLE (s. m. et adv.). Fig. 70 et 71. — Ensemble, pris substantivement, signifie réunion des parties d'un tout dans l'ordre convenable à l'objet qu'elles composent; adverbialement, il exprime l'état de l'objet dont les parties sont assemblées dans l'ordre qui leur convient. Dans le premier sens, on dit que l'ensemble d'un tableau est plus ou moins beau, pour exprimer que la disposition de la composition est plus ou moins régulière, et l'effet général plus ou moins bon, quel que soit d'ailleurs le degré de mérite de chacune des parties. Dans l'autre sens, on dit mettre une figure ensemble, c'est-à-dire en disposer toutes les parties, relativement les unes aux autres, selon l'ordre de la nature, et conformément à l'action, à la pose et au mouvement, dans lesquels il s'agit de représenter le personnage : une figure est bien ensemble, quand tous les membres et tous les traits du visage sont bien agencés et dans un juste rapport entre eux. Les traits ne sont pas ensemble quand les yeux ne sont pas sur une même ligne, ou que la bouche, le nez, le menton ne sont pas entre eux dans les rapports de position voulus par la nature.

Le TOUT ENSEMBLE se dit dans le même sens que l'ensemble, pris dans la première des deux acceptions ci-dessus : tel tableau pèche par le dessin ou par la composition poétique, dont le tout ensemble est néanmoins satisfaisant ; une mauvaise couleur et des fautes de composition pittoresque sont incompatibles avec un bel ensemble ; on se contente du mérite du tout ensemble particulièrement dans les ouvrages d'apparat.

ENTENTE (s. f.). — Arrangement méthodique, combinaison des parties d'un tableau selon les règles et les secrets de l'art. Il se dit plus particulièrement et à peu près exclusivement de la couleur considérée sous le rapport du clair-obscur. On dit qu'il y a dans un tableau de l'entente, une belle entente de clair-obscur, lorsque les lumières, les demi-teintes et les ombres y sont artistement combinées pour produire un ensemble agréable, un bel effet général. On dit aussi, mais plus rarement, belle entente de composition.

ÉPISODE (s. m.). — On appelle épisode, dans la composition d'un tableau, toute scène indépendante de l'action principale, en cela, du moins, qu'elle n'est pas absolument nécessaire à la représentation de

## L'ENSEMBLE EST LA RÉUNION DES PARTIES D'UN TOUT DANS L'ORDRE CONVENABLE

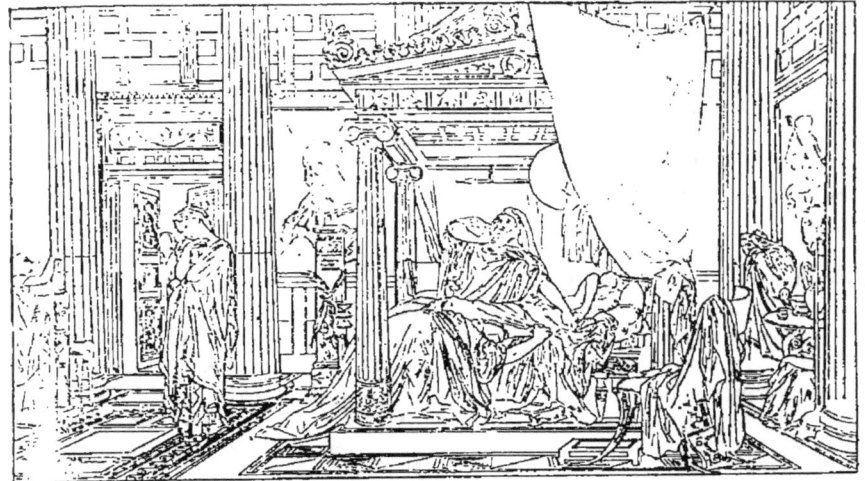

Fig. 70. — JEAN-AUGUSTE-DOMINIQUE INGRES (1780 ✝ 1867).
Stratonice; ou : La Maladie d'Antiochus. Dessin (Galerie de Chantilly).

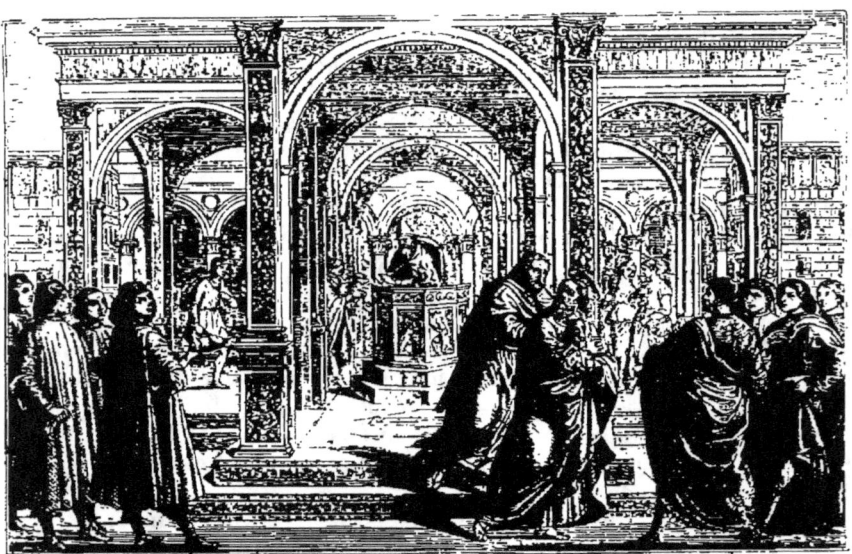

Fig. 71. — DOMENICO GHIRLANDAJO, DI TOMMASO BIGORDI (1449 ✝ 1494).
Joachim chassé du temple, fresque (Église Sainte-Marie nouvelle, Florence).

*Ensemble*, pris substantivement, signifie réunion des parties d'un tout dans l'*ordre* convenable à l'objet qu'elles composent ; adverbialement, il exprime l'état de l'objet dont les parties sont ainsi assemblées dans l'*ordre* qui leur convient. (V. ENSEMBLE, le TOUT ENSEMBLE.)

cette action, bien qu'elle se rapporte au sujet de la composition, soit pour lui servir de développement, soit pour renforcer les impressions qu'il doit produire ; tels sont dans un tableau de bataille, çà et là, quelques combats partiels entre gens séparés du fort de la mêlée, un convoi de blessés, des scènes champêtres qui retracent les misères de la guerre, etc. Pour l'unité de l'action, il faut que l'intérêt de l'épisode soit subordonné à celui de l'action principale ; pour l'unité de la composition, il faut que les groupes qui le composent soient moins éminents dans le tableau que celui où se passe cette action. Il est de l'essence de l'épisode de n'être pas nécessaire à l'action principale ; mais l'épisode est défectueux s'il n'est pas lié à cette action, s'il est d'un caractère qui la contrarie, s'il est bas lorsqu'elle est noble, s'il est burlesque lorsqu'elle est grave, etc.

\* ÉQUILIBRE (s. m.). Fig. 72. — Se dit en parlant de la manière dont des figures sont posées ; une figure manque d'équilibre quand elle est sur la toile dans une position telle qu'elle s'écarte du centre de gravité, et semble porter à faux et près de trébucher.

Quelquefois on entend aussi par équilibre la répartition des masses d'une composition.

Dans ce cas, il a le même sens que balancement (V. BALANCEMENT).

ÉQUIVOQUE (s. f.). — Est le défaut de précision dans la pose, le mouvement, les formes ou l'expression d'une figure, d'où résulte que l'on demeure incertain, soit de l'action, soit de l'âge ou de la complexion, soit des affections morales du personnage représenté. Il y a de même équivoque de couleurs, lorsque la couleur d'un objet se confondant avec celle d'un autre objet, l'œil demeure incertain sur celle qui appartient à chacun ; et équivoque de plans, quand, par un défaut de perspective linéaire, et, plus souvent encore, de clair-obscur, on ne peut déterminer, de prime abord, sur quel plan le peintre a entendu placer un objet.

ESPRIT (s. m.). — S'entend, en peinture, de l'aptitude du crayon, du pinceau, à exprimer par de simples touches l'effet et l'aspect des objets.

C'est le produit tout à la fois de l'adresse de la main et d'un sentiment vif et juste des formes, du caractère, et du mouvement propres à chaque objet.

Toutefois il ne s'applique guère qu'aux ouvrages de petite dimension. Le peintre en grand a une touche mâle et ferme ; il n'appartient qu'au peintre occupé de petits tableaux, au dessinateur, et au graveur d'avoir une touche spirituelle.

Tel était Callot ; tels sont tous les peintres habiles et gens d'esprit dans leurs esquisses.

\* ESQUISSE (s. f.). Fig. 73 et 74. — Signifie, quand il s'agit d'un dessin, le premier trait dénué encore de clair-obscur, et n'indiquant rien que la place et les principaux contours de la figure, pour guider le crayon dans ses opéra-

## ÉQUILIBRE SE DIT DE LA MANIÈRE DONT LES FIGURES SONT POSÉES

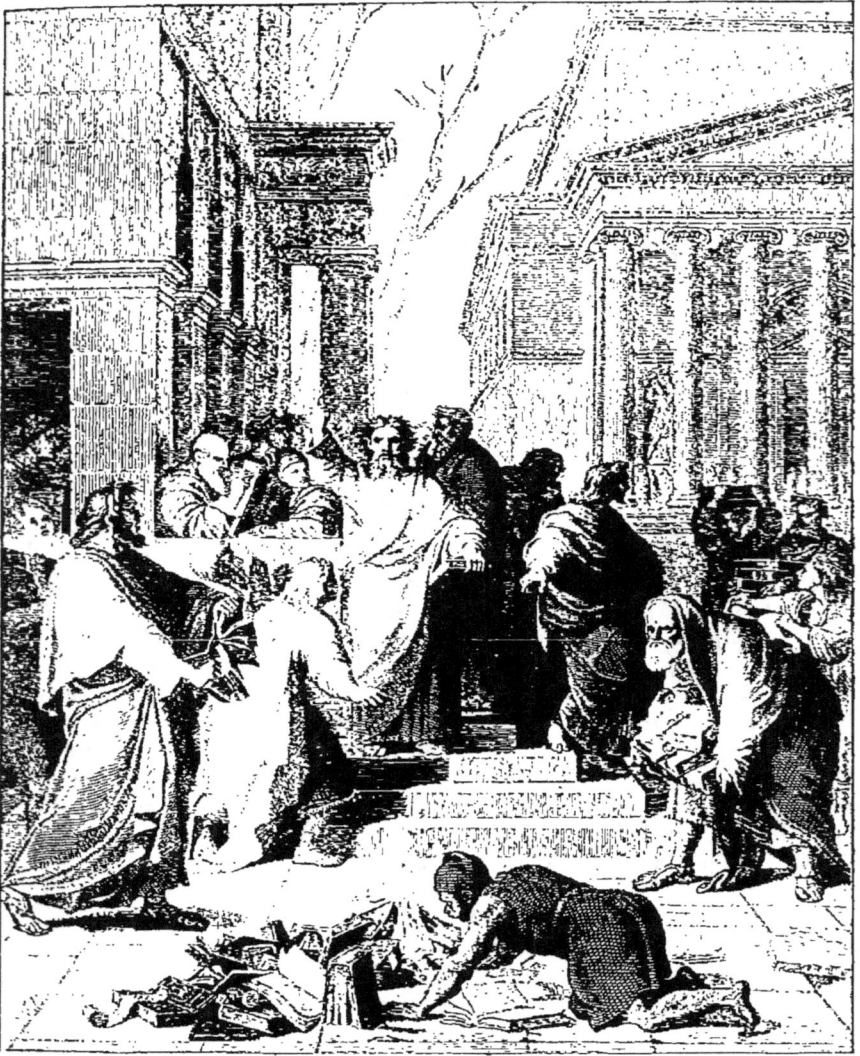

Fig. 72. — EUSTACHE LE SUEUR (1617 † 1655). — Prédication de Saint Paul à Éphèse (Musée du Louvre, Paris).

On dit *équilibre* en parlant de la *manière* dont les *figures* sont posées; une *figure* manque d'*équilibre* quand elle est sur la toile dans une position telle qu'elle s'écarte du centre de gravité, et semble porter à faux et près de trébucher.

Quelquefois on entend aussi par *équilibre* la répartition des *masses* d'une *composition*; dans ce cas, le mot *équilibre* a le même sens que *balancement*.

TABLEAUX.

tions subséquentes. L'esquisse est donc pour le dessinateur ce que la première ébauche est pour le peintre. Quand il s'agit de peinture, on appelle esquisse un premier essai en petit d'un tableau qu'on se propose d'exécuter en grand. C'est dans l'esquisse, que souvent il refait plusieurs fois, qu'un peintre établit la composition et le système de clair-obscur de son tableau, par les moyens négligés qui conviennent également à l'essor d'une première pensée et aux tâtonnements multipliés d'une invention pénible. En cela l'esquisse est fort semblable à ce que l'on appelle ébauche; elle n'en diffère guère qu'en ce que celle-ci est le commencement du tableau lui-même, le premier trait sur lequel le peintre repassera pour terminer son ouvrage, au lieu que l'esquisse n'est que le modèle en petit et plus ou moins informe du tableau plus grand. Quelques peintres font des esquisses tellement soignées qu'elles peuvent passer pour de petits tableaux (V. ÉBAUCHE).

**ESQUISSER** (v. a.). — Faire l'esquisse d'un dessin, et, par extension, indiquer par quelques traits de crayon une pensée, un projet d'ornement, de tableau, d'architecture, etc. Toutefois on ne dit point esquisser, quand il s'agit d'exécuter ce que les peintres appellent l'esquisse peinte d'un tableau. On dit, dans ce cas, faire une esquisse : ainsi le veut l'usage.

**ESTHÉTIQUE** (s. f.). — La science du sentiment. On a fait une application spéciale de ce mot pour signifier la philosophie des beaux-arts, ou l'étude et la science des causes de l'impression que font, sur nos sens et sur notre esprit, les productions des arts, d'où l'on déduit la théorie générale et les règles fondamentales de ces arts.

**ESTOMPE** (s. f.). — Petit instrument fait de papier ou de peau roulé, et terminé en pointe à ses extrémités, dont on se sert pour étendre le crayon ou le pastel. Il signifie aussi quelquefois l'ouvrage exécuté par ce moyen : on dit une estompe, une belle estompe, pour un dessin, un beau dessin fait à l'estompe.

**ESTOMPER** (v. a.). — Étendre le crayon ou le pastel, au moyen d'un petit tampon en gros papier, en peau, en coton, que l'on appelle estompe. L'estompe prend la forme d'un rouleau terminé en pointe, et plus ou moins gros selon le plus ou moins de délicatesse de l'ouvrage. Ce procédé, plus prompt que celui des hachures pour produire les ombres et les demi-teintes, fournit aussi le moyen de varier le travail et de lui prêter une agréable apparence de facilité.

**ÉTEINDRE** (v. a.). — Affaiblir, adoucir les trop grands clairs, les couleurs trop éclatantes, pour prévenir le heurt des lumières et établir l'harmonie du tout ensemble.

**ÉTOFFE** (s. f.). — S'emploie en parlant des vêtements d'un portrait ou de figures d'un tableau de genre. On dit de tels ouvrages que les étoffes y sont belles, bien rendues,

## CE QUE LE MOT ESQUISSE SIGNIFIE, ET CE QUE LE MOT ÉTUDE DÉSIGNE

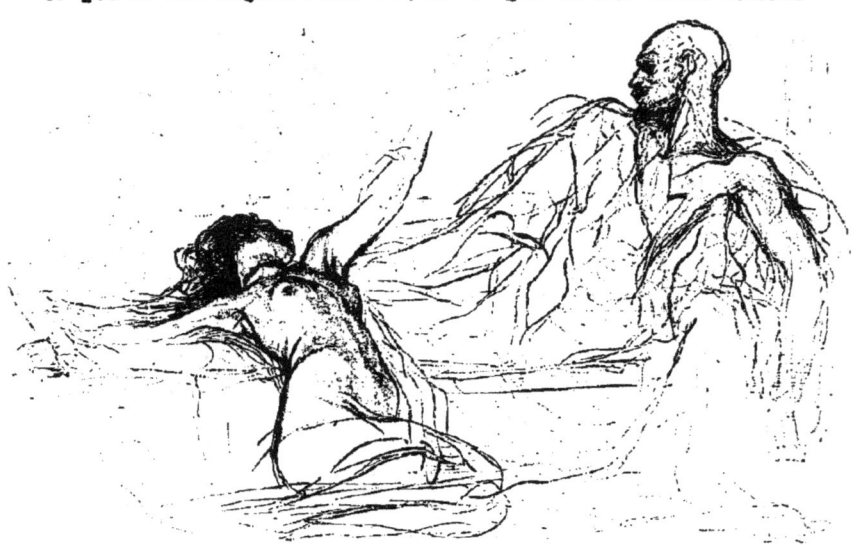

Fig. 73. — ALEXANDRE-GEORGES-HENRI REGNAULT (1843 † 1871).
Hassan et Namouna. Esquisse.

*Esquisse* signifie, quand il s'agit d'un *dessin* au crayon, le premier *trait* dénué encore de *clair-obscur*, et n'indiquant rien que la place et les principaux *contours* de la *figure*, pour guider le crayon dans ses opérations subséquentes. L'*esquisse* est donc pour le *dessinateur* ce que la première *ébauche* est pour le peintre.

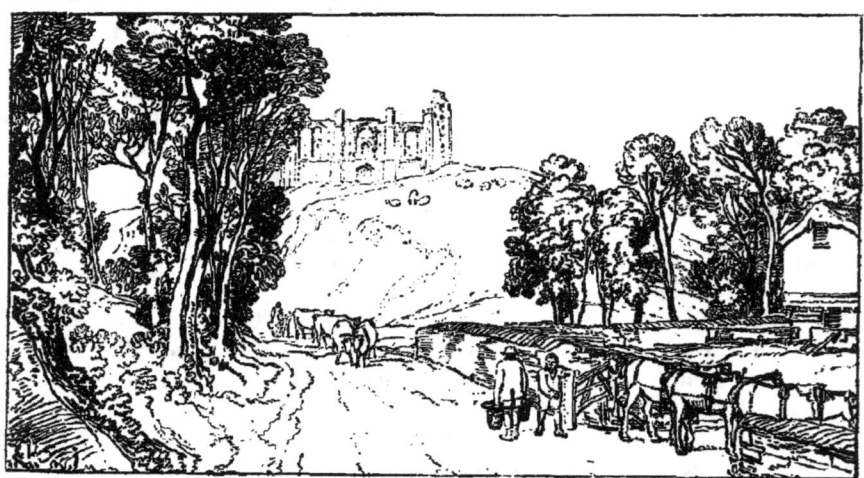

Fig. 74. — JOSEF-MALLORD-WILLIAM TURNER (1775 † 1851).
St Catharine's Hill. Étude pour le *Liber Studiorum*.

Le mot *étude* désigne particulièrement, dans le langage de l'art, un *dessin* ou un *morceau de peinture* exécuté sans autre motif que de bien connaître ou de s'exercer à bien rendre tel ou tel objet, ou seulement quelque partie d'un objet : le *paysagiste* fait des *études* d'arbres, de *fabriques*, etc., et le *peintre d'histoire* des études de *figures*, de *draperies*, etc.

bien ajustées, et l'on réserve, pour le tableau d'histoire, l'usage du mot draperie.

\* ÉTUDE (s. f.). Fig. 73 et 74. — Indépendamment de son usage, dans l'acception générale, pour signifier le travail et l'application d'esprit nécessaires pour apprendre quoi que ce soit, le mot étude désigne particulièrement, dans le langage de l'art, un dessin ou un morceau soit de peinture soit de sculpture, exécuté sans autre motif que de bien connaître ou de s'exercer à bien rendre tel, ou tel objet, ou seulement quelque partie d'un objet : le paysagiste fait des études d'arbres, d'animaux, de rochers, de ciels, de fabriques, et le peintre d'histoire des études de figures, de têtes, de mains, de draperies, etc. Le sculpteur en use de même. Assez ordinairement le peintre d'histoire fait des études des principales figures, et quelquefois des groupes, qu'il se propose d'introduire dans un tableau. Ces études s'exécutent au crayon, au pastel ou même à l'huile, d'après le modèle. Les paysagistes vont également faire, d'après nature, à la campagne, des études d'arbres, d'animaux, d'effets d'eau ou de lumière pour des paysages qu'il leur faut venir exécuter sous les lambris de l'atelier, le plus souvent au milieu des villes. L'étude est pour chaque partie du tableau ce que l'esquisse est pour la disposition générale et l'ensemble de la composition.

ÉTUDIER (v. a.). — Ce mot a, comme le mot étude, son application particulière dans le langage de l'art. Les peintres disent qu'ils ont étudié une pose, une draperie, l'agencement d'un groupe.

EXAGÉRATION (s. f.). — L'exagération, en peinture, consiste à prêter aux figures une expression et des formes beaucoup plus prononcées que ne le comporte la nature. On peut aussi exagérer les effets du clair-obscur.

L'exagération, lorsqu'elle ne doit pas échapper à l'œil du spectateur par l'éloignement, ou par la disposition du lieu dans lequel le tableau ou la statue doit être placé, produit ce qu'on appelle une charge.

La peinture exagère avec raison les figures et les objets qui doivent être vus à de grandes distances, dans des espaces très vastes. Cette exagération est un heureux artifice de l'art pour se soustraire à l'inconvénient du trop grand éloignement et du vague d'un trop vaste espace, en faisant arriver à nos yeux l'image des objets telle qu'elle s'y présenterait d'elle-même, s'ils étaient à la distance et dans le lieu les plus favorables pour qu'on les vît bien.

\* EXÉCUTION (s. f.). Fig. 75. — Habileté à exécuter. Manière dont un ouvrage est exécuté. Ne se dit guère que de la peinture, et signifie la partie qui est plus particulièrement du ressort de la main, qui consiste dans la prestesse et la fermeté du pinceau et dans l'heureux emploi des couleurs. On dit, en ce sens, d'un tableau, qu'il est d'une belle exécution, et d'un peintre, qu'il a une belle exécution, une exécution facile, hardie, bril-

## BELLE EXÉCUTION NE COMPORTE PAS L'IDÉE D'UN DESSIN CORRECT

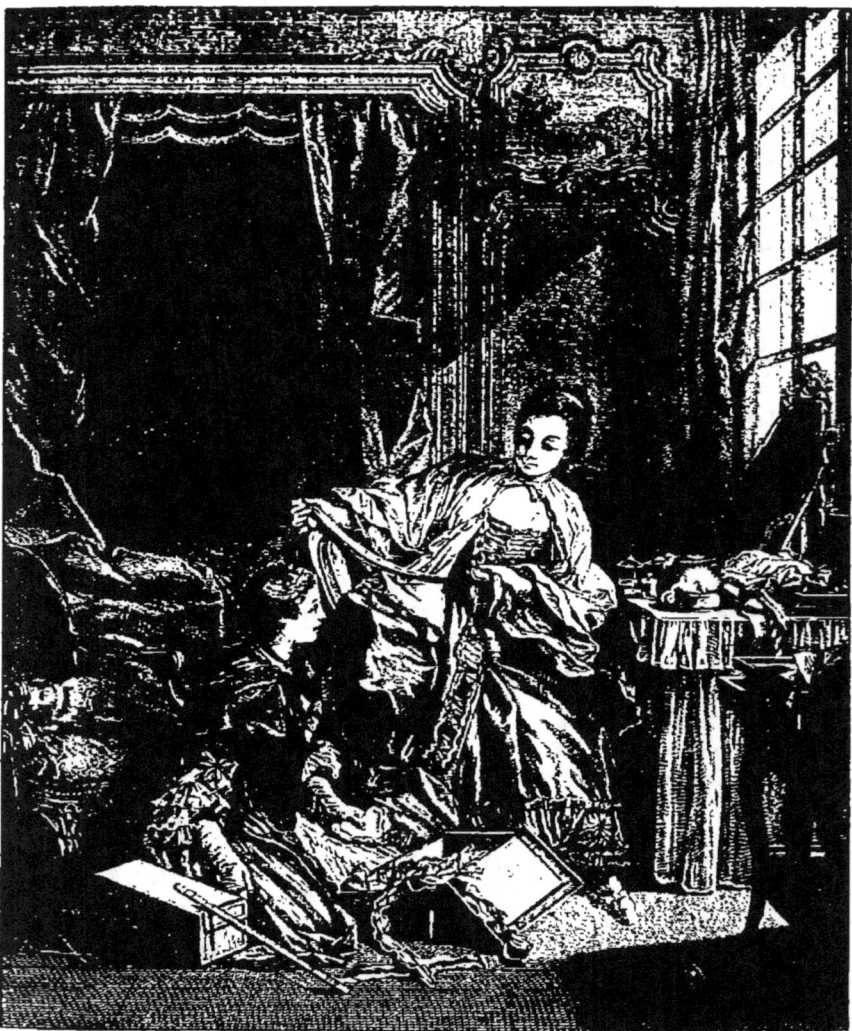

Fig. 75. — François Boucher (1703 ✝ 1770). — La Marchande de modes.

*Exécution* ne se dit guère que de la peinture, et signifie la partie de l'art qui est plus particulièrement du ressort de la *main*, qui consiste dans la *prestesse* et la *fermeté* du pinceau et dans l'heureux emploi des *couleurs*.

lante, ce qui ne comporte pas nécessairement l'idée d'un dessin correct, ou d'une composition sans reproche. Dans le même sens à peu près on dit d'un peintre qu'il a de la main (*V*. MAIN).

**EXPOSITION** (s. f.). — Manière dont un tableau est placé relativement au point d'où lui vient le jour, et à celui d'où il doit être vu.

Quand la place d'un tableau est déterminée d'avance, comme lorsqu'il s'agit des peintures d'un plafond ou d'un lambris, l'artiste s'applique à disposer sa composition, et à préparer ses effets conformément à cette exposition donnée; et, lorsqu'il s'agit d'un tableau de chevalet sujet à changer de place, il recherche ce qui est de meilleur effet à toute exposition.

Les artistes appellent, dans un autre sens, exposition l'action d'exposer leurs ouvrages au jugement du public.

\* **EXPRESSION** (s. f.). Fig. 76 à 78. — Par expression, on entend, en art, les signes extérieurs par lesquels se manifestent, dans la figure de l'homme, les affections, les passions et les perturbations de l'âme. L'expression résulte surtout du mouvement et de l'altération des traits du visage.

Une attention plus particulière, donnée au jeu des muscles de la face, a fait reconnaître, assez bien pour qu'on en ait pu déduire une règle méthodique, quels de ces muscles sont affectés d'une certaine manière par les mouvements de l'âme les plus impétueux, tels que la colère, l'orgueil, la terreur, le désir, la tristesse, le sentiment de la douleur, etc.

Les affections moins vives ont aussi sur les muscles de la face leur influence, qui, sans être déterminée d'une manière aussi précise par la myologie, n'échappe pas à la perspicacité de la vue et à l'habileté de la main de l'artiste. Parce que les muscles du reste du corps sont, ainsi que ceux du visage, plus ou moins sujets à ces influences, l'expression réside aussi et se retrouve dans l'attitude de la figure.

L'expression s'entend, en général, d'un mouvement accidentel et passager de la physionomie, déterminé par la situation actuelle et extraordinaire du personnage; s'il s'agit d'une habitude de corps et de visage, alors même qu'elle résulte évidemment de l'état et des passions de l'âme, on l'appelle caractère.

L'expression est une des qualités les plus importantes des ouvrages de peinture et de sculpture; elle seule suffit pour déceler l'aptitude à voir et à tracer, qui constitue le génie de ces arts. La Tour a remarqué avec raison que jamais mauvais dessinateur n'avait donné à ses figures l'expression vraie.

**EXTRÉMITÉS** (s. f. pl.). — On entend par extrémités d'une figure, ou seulement par extrémités, les pieds et les mains. La tête, sans doute à cause de l'importance dont elle est dans la figure, n'est pas comprise dans ce qu'on appelle les extrémités. Ce mot ne s'emploie qu'au pluriel.

On ne dit pas d'un pied ou d'une main que c'est une belle extrémité;

## CE QUE, DANS LE LANGAGE DE L'ART, ON ENTEND PAR EXPRESSION

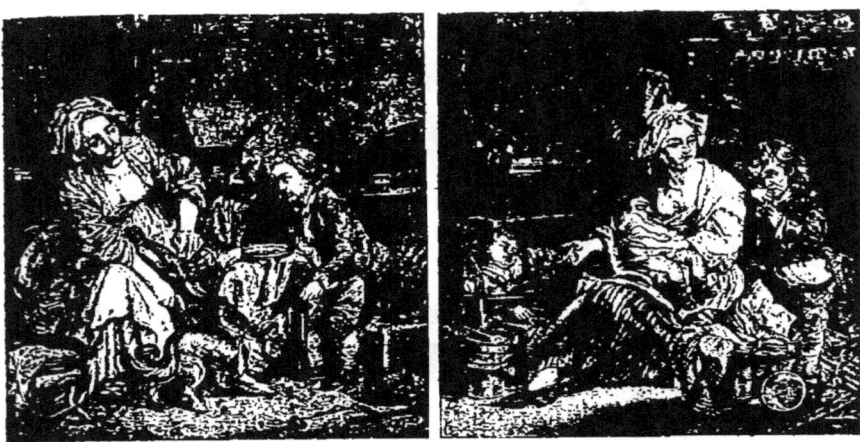

Fig. 76 et 77. — JEAN-BAPTISTE GREUZE (1725 ✝ 1805).
L'Enfant gâté.                    L'Enfant grondé.

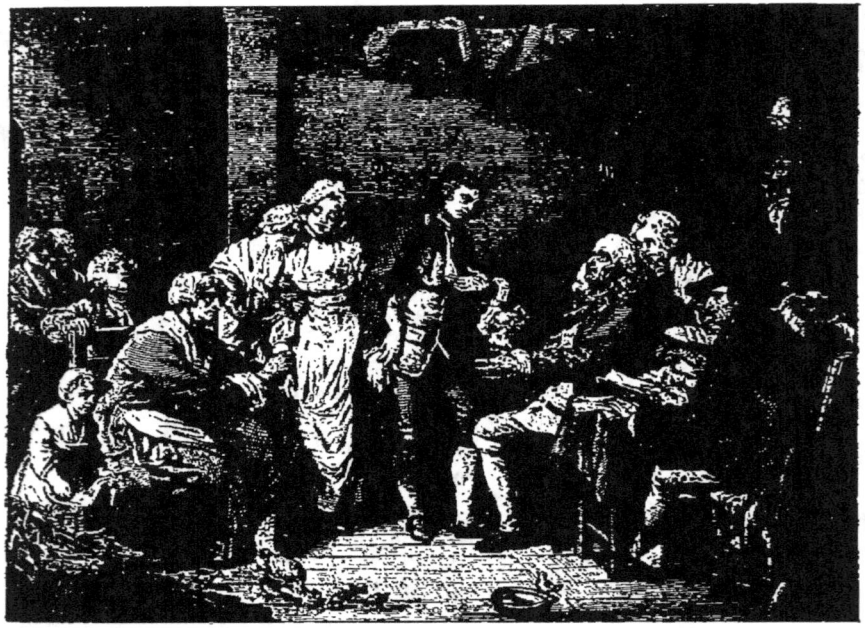

Fig. 78. — JEAN-BAPTISTE GREUZE (1725 ✝ 1805). — L'Accordée de village
(Musée du Louvre, Paris).

Par *expression*, on entend, dans le langage de l'art, les signes extérieurs par lesquels se manifestent, dans la *figure* humaine, les affections, les *passions* et les perturbations de l'âme. L'*expression* résulte surtout du *mouvement* et de l'altération des *traits* du visage.

mais on dit d'une figure que les extrémités en sont bien ou mal dessinées, et d'un peintre qu'il fait bien les extrémités.

Toutefois cette espèce de mérite ne se remarque guère que dans le peintre de portrait, qui, trop souvent, se borne à savoir faire la tête tant bien que mal.

Quant au peintre d'histoire, qui, en général, traite bien ou mal les extrémités, comme tout le reste de la figure, on n'a nulle raison d'en faire un sujet particulier de louange et de blâme.

**EX-VOTO** (s. m.). — L'ex-voto est un tableau voué, promis par un vœu à quelque saint, à l'occasion de quelque événement désirable.

Presque toujours ces tableaux sont plus recommandables par l'intention que par le mérite de l'exécution. De là vient que la dénomination d'ex-voto est passée ironiquement dans le langage de l'art, pour qualifier un mauvais tableau, quand, d'ailleurs, le sujet et la composition ont quelque rapport aux scènes que représentent ordinairement les véritables ex-voto. (V. DONATEUR et VOTIF).

\* **FABRIQUE** (s. f.). Fig. 79 et 80. — On appelle fabriques, les habitations ou les monuments introduits par le peintre dans la composition d'un tableau de paysage, particulièrement lorsque ces monuments ont un caractère qui les distingue des constructions vulgaires ou rustiques.

On n'appliquerait pas, par exemple, le terme de fabriques aux chaumières ou aux moulins qui figurent dans les œuvres des paysagistes hollandais; mais, en parlant des paysages de Claude Gellée, dit Claude Lorrain, ou du Poussin, on dira que les fabriques qui les décorent y complètent la cadence des lignes ou qu'elles ajoutent à la majesté de l'ensemble.

Ce mot, d'un usage général en France depuis le dix-septième siècle jusqu'au commencement du dix-neuvième, c'est-à-dire aux époques où le paysage dit historique restait en faveur, est aujourd'hui à peu près abandonné.

**FACE** (s. f.). — Mesure proportionnelle prise de la longueur de la face et applicable à toutes les parties de la figure. La face est l'espace compris entre le menton inclusivement et le haut du front, à la naissance des cheveux. Elle se divise en trois parties égales, dont l'une est la mesure de la longueur du nez, depuis sa racine au niveau de l'angle interne de l'œil. Tout l'ensemble de la figure a dix faces, et les autres parties du corps se mesurent sur cette échelle, chacune selon les proportions qui lui sont attribuées.

Ainsi, on compte depuis le menton jusqu'à la fossette, entre les clavicules, deux longueurs de nez ou deux tiers de face; de cette fossette au bas des mamelles, une face; du bas des mamelles au nombril, une face; du nombril aux parties naturelles, une face; des parties naturelles au genou, deux faces. On accorde pour l'étendue du genou une demi-face. Il y a du bas du genou au cou-de-pied, deux faces; et du

## DANS QUEL CAS APPLIQUER LE TERME FABRIQUE, ET CE QU'IL SIGNIFIE

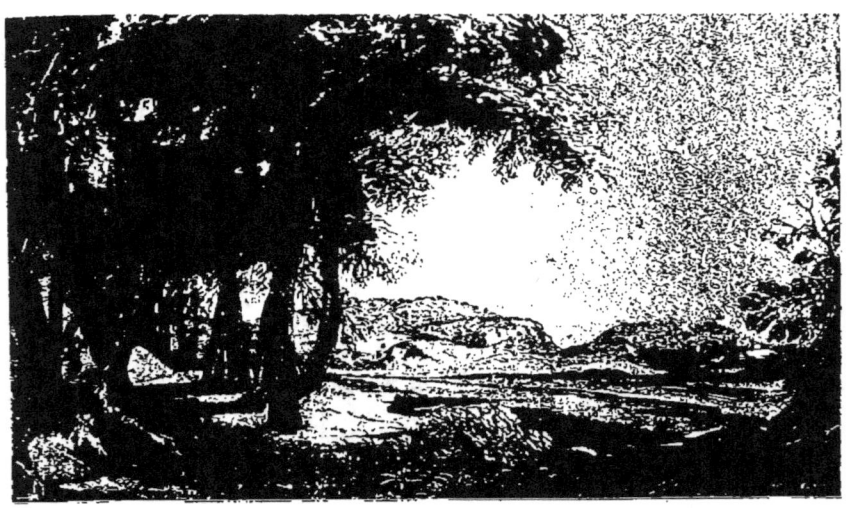

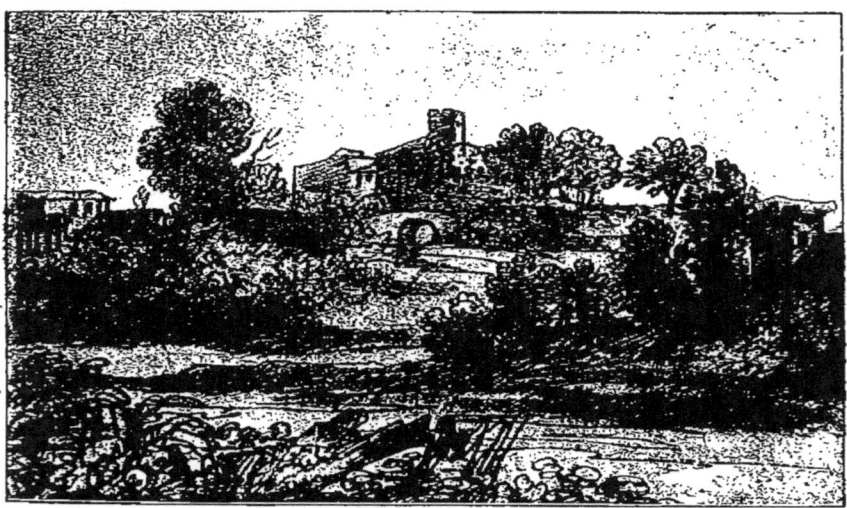

Fig. 79 et 80. — CLAUDE GELLÉE, DIT CLAUDE LORRAIN (1600 † 1682).
Études d'après nature (Musée des Offices, Florence; et Musée Britannique, Londres).

On appelle *fabriques* les habitations ou les monuments introduits par le peintre dans la *composition* d'un *tableau de paysage*, particulièrement lorsque ces monuments ont un caractère qui les distingue des constructions vulgaires ou rustiques.
On n'appliquerait pas, par exemple, le terme de *fabriques* aux chaumières ou aux moulins qui figurent dans les œuvres des *paysagistes* hollandais ; mais, en parlant des *paysages* de Claude Gellée, dit Claude Lorrain, ou du Poussin, on dira que les *fabriques* qui les décorent y complètent la cadence des *lignes* ou qu'elles ajoutent à la majesté de l'*ensemble*.

TABLEAUX.

cou-de-pied à la plante du pied, une demi-face. L'espace au-dessus de la naissance des cheveux jusqu'au sommet de la tête est compté pour un tiers de face. Bien entendu que la face aura été prise elle-même d'une figure régulière, telle que la donnent les préceptes de l'art, et non comme on la trouverait souvent dans la nature, tantôt démesurément longue, tantôt démesurément courte. Plus ordinairement on mesure la figure par têtes (*V.* TÊTE).

\* FACILE (adj.). Fig. 81. — Exprime la manière dont certains ouvrages ont été ou semblent avoir été exécutés. On dit faire facile, pour manière de faire avec facilité, et dans le même sens, par un trope, prenant l'instrument du travail pour le travail lui-même, on dit d'un peintre qu'il a un pinceau, d'une peinture qu'elle est d'un pinceau facile.

Ce qui bien souvent s'entend moins de la facilité réelle avec laquelle un tableau a été exécuté, que du résultat du travail opiniâtre par lequel l'artiste est parvenu à effacer la trace des efforts de tête et de main que cet ouvrage lui a coûtés. Tels sont presque tous les tableaux dans lesquels l'apparence de la facilité se trouve jointe à une perfection réelle d'exécution.

FACILITÉ (s. f.). — Aptitude à concevoir bien et promptement et à exécuter sans effort, par des moyens simples et expéditifs. Il s'applique à tous les arts.

FACTURE (n. f.). — Exécution, manière dont un croquis ou un dessin est enlevé, dont un tableau est peint.

Se dit en bonne et mauvaise part : tel artiste a des qualités de facture remarquables, tel autre a la facture d'un élève (*V.* MANIÈRE).

FAIRE (s m.). — Infinitif employé comme substantif pour caractériser dans un ouvrage de peinture, et à un point de vue purement matériel, la manière dont un artiste s'est acquitté de sa tâche.

Quelque analogie qu'il semble, à première vue, présenter avec le mot exécution (voy. ce mot), le mot faire a, en réalité, une signification plus limitée et plus spéciale. Il ne saurait s'appliquer avec exactitude aux qualités et aux défauts que peut présenter une peinture, en ce qui concerne le dessin, le modelé, le coloris, encore moins le style dans lequel elle aura été traitée. Il convient seulement de s'en servir à propos des procédés personnels au peintre ou au sculpteur, là où il s'agit de la partie jusqu'à un certain point mécanique de son travail, — pour le peintre, maniement plus ou moins adroit du pinceau, fermeté ou finesse de la touche, solidité ou fluidité relative des empâtements, — pour le sculpteur, pratique plus ou moins caractéristique dans le travail du ciseau, etc.

La distinction entre les deux mots ne laisse pas d'ailleurs d'être assez subtile; aussi arrive-t-il, la plupart du temps, qu'on n'y regarde pas de fort près et que, dans le langage courant on s'en serve presque indifféremment. Il n'en demeure pas moins vrai qu'ils ne sont point synonymes, et que le mieux serait

## MANIÈRE DE FAIRE FACILE S'ENTEND PEU DE LA FACILITÉ RÉELLE

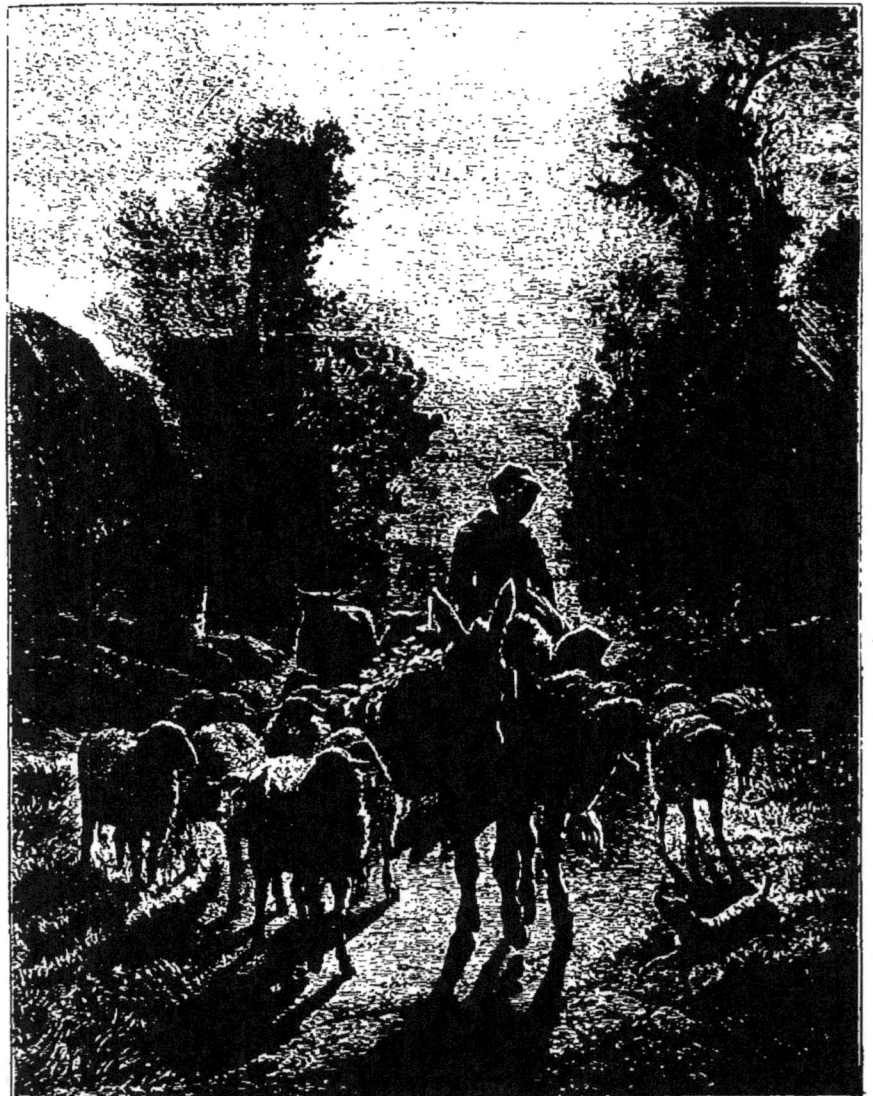

Fig. 81. — Constant Troyon (1810 † 1865). — Le Retour du marché.

La *manière* de *faire facile* s'entend moins de la *facilité* réelle avec laquelle un ouvrage a été *exécuté*, que du résultat du travail opiniâtre par lequel l'artiste est parvenu à effacer la trace des efforts de tête et de *main* que cet ouvrage lui a coûtés. Tels sont tous les *tableaux* dans lesquels l'apparence de la *facilité* se trouve jointe à une perfection réelle d'*exécution*.

d'en subordonner l'usage à l'ordre des idées ou des faits auxquels chacun d'eux correspond.

**FAMILLE** (n. f.). — Tableau de famille. Parmi les représentations de ce genre, nous citerons comme très importante celle de la famille de Juvénal des Ursins, publiée d'après une peinture du xv<sup>e</sup> siècle, par Montfaucon et reproduite dans le *Trésor de la couronne de France*.

**FANTAISIE** (s. f.) — Composition fantastique, telle que celle des arabesques dans lesquels on fait entrer des figures sortant de la tige d'un rinceau, de monstres composés de diverses parties, etc. On peut ranger, dans les fantaisies, les œuvres bizarres et extravagantes de certains peintres.

**FARINÉ** (adj ). — Il est peu usité, et du jargon plutôt que du langage de l'art. Il se dit d'un portrait blafard, dont les chairs semblent fardées de céruse.

**FATIGUER** (v. a.). — Fatiguer un ouvrage, travailler avec une obstination pénible, qui se laisse apercevoir dans l'ouvrage après qu'il est terminé, changer, recommencer, tâtonner la disposition des objets.

Fatiguer la couleur; peindre, repeindre, changer les teintes, et les changer encore, sans une intention juste et bien préméditée : par là, faire perdre aux tons leur franchise, au coloris sa fraîcheur, au pinceau sa propreté.

**FERME** (adj.). — Se rapporte au maniement du pinceau. On dit d'un tableau qu'il est peint d'un pinceau ferme, pour exprimer l'effet résultant de l'assurance de la main et de la justesse du coup d'œil de l'artiste.

**FERMANS** (n. m.). — Les fermans sont les volets qui, en se fermant, recouvraient un tableau ou un miroir. Le mot *clouant* était employé dans le même sens, et le mot *ouvrant* exprime la même idée, dans un sens différent.

« Ung petit tableau d'or, les deux fermans de cristal de roche, dedens lequel tableau est une notre Dame, aux costez deux anges qui tiennent une couronne sur sa teste » (*Inventaire de Charles-Quint*. 1536).

\* **FERMETÉ** (s. f.). Fig. 82 et 83. — Fermeté de pinceau ; qualité à laquelle on attribue la justesse, la précision, la netteté de la touche du peintre qui dépend en grande partie de l'assurance, de la fermeté de la main, mais aussi de la justesse du coup d'œil et de la science du dessin.

**FEU** (s. m.). — S'emploie au figuré dans le langage de la peinture, pour exprimer la faculté de composer avec promptitude, abondance, vigueur et originalité, et d'exécuter avec facilité, hardiesse et précision, bien qu'à grands traits.

**FEUILLÉ** (s. m.). — La partie du paysage qui consiste dans la représentation du feuillage des arbres. Le spectateur, placé au point de vue ordinaire, n'aperçoit pas dans la nature, et l'on ne saurait rendre en peinture, la forme et la disposition précise des feuilles des ar-

## QUALITÉS DE JUSTESSE ET DE PRÉCISION ATTRIBUÉES A LA FERMETÉ

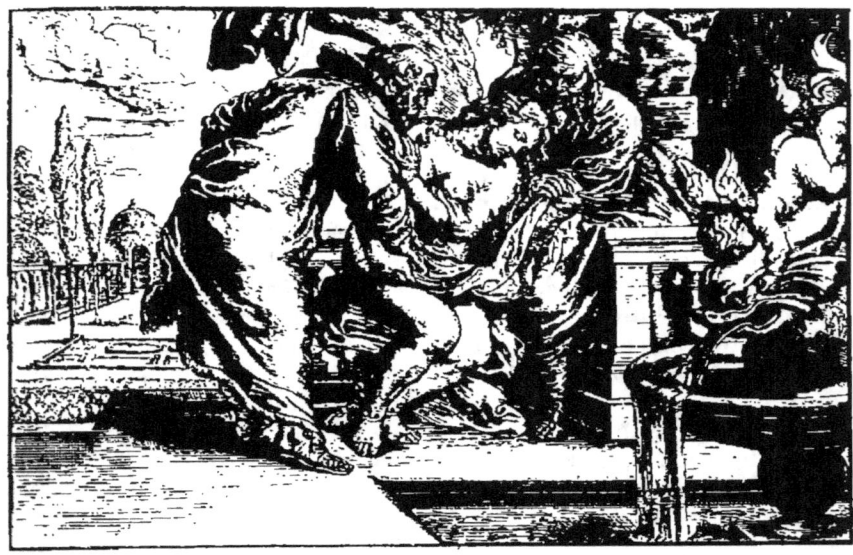

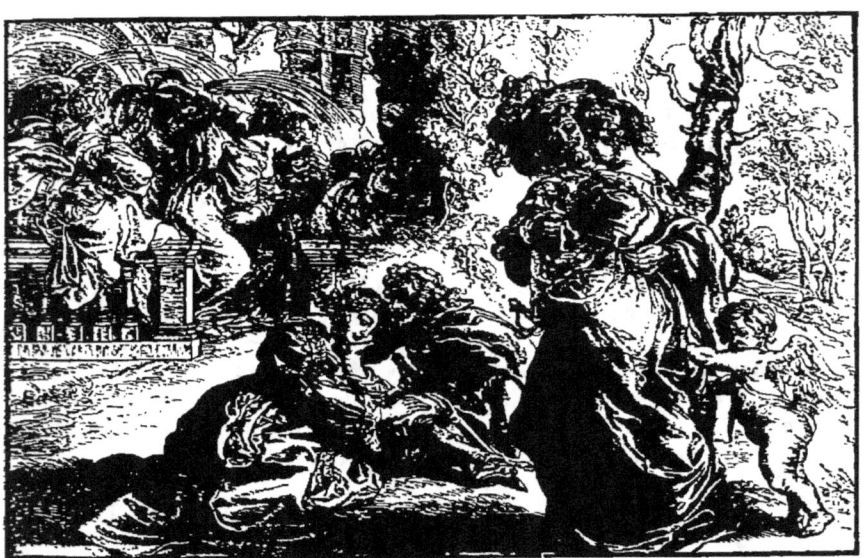

Fig. 82 et 83. — Petrus-Paulus Rubens (1577 † 1640).
Fragments de Suzanne au bain, et du Jardin d'amour.

La *fermeté* est une qualité à laquelle on attribue la *justesse*, la *précision*, la netteté de la *touche* du peintre ; elle dépend en grande partie de l'assurance, de la *fermeté* de la *main*, mais aussi de la *justesse* du *coup d'œil* et de la science du *dessin*.

bres. Toutefois, de cette forme et de cette disposition résulte pour chaque espèce d'arbre un aspect, un caractère particuliers. C'est cet aspect, c'est ce caractère que le peintre-paysagiste s'applique à reproduire, d'après certaines règles un peu vagues, et, plus souvent, suivant la manière qu'il s'est faite. Selon qu'il y réussit, on dit, en parlant de cette partie de son tableau, feuillé léger, varié, élégant ; ou bien, feuillé lourd, monotone, sans caractère, etc. Le feuillé est un objet important de l'art du paysagiste.

**FIDÉLITÉ** (s. f.). — Exactitude à représenter les objets conformément à la nature. On recherche, surtout cette qualité dans le portrait, et dans cette espèce de peinture qu'on pourrait appeler didactique, qui a pour but de faciliter l'étude des sciences naturelles, telles que la zoologie, la botanique, la minéralogie, etc.

**FIER** (adj.). — On dit en peinture touche fière, pour qualifier l'espèce de touche de laquelle semble résulter la force de l'expression, et qui décèle, par un caractère de facilité, la puissance du génie de l'artiste. Ce terme est du nombre de ceux qui sont un peu vagues, qui n'exprime guère que le « certain je ne sais quoi », et dont il est bon de n'user que sobrement.

**FIERTÉ** (s. f.). — Fierté de pinceau. Effet qui résulte de l'espèce de touche qu'on appelle fière, plutôt encore que l'aptitude à donner cette espèce de touche : on se récrie devant un tableau sur la fierté du pinceau qu'on y remarque ; on ne parle guère de la fierté du pinceau de tel ou de tel peintre.

\* **FIGURE** (s. f.). Fig. 84 à 87. — S'entend, de la représentation de l'ensemble du corps humain. « N'académisez jamais vos figures, écrit Diderot, vous leur donneriez un aspect guindé. » Dessiner la figure, peindre la figure, s'entendent toujours d'un dessin, d'une peinture, d'après un modèle humain.

On appelle demi-figure celle qui ne présente que la partie supérieure du corps depuis la ceinture, et figure demi-nature, celle dont la hauteur est de deux à trois pieds.

Une figurine est une petite figure ; une figure de très petite dimension dans un tableau.

**FIN** (s. m.). — Se dit du pinceau ; et exprime une manière de peindre par touches délicates, appliquées proprement, et soigneusement fondues. On dit aussi passages fins en parlant de la dégradation insensible et adroitement ménagée d'un ton à l'autre, ou entre une succession de diverses couleurs; ce qui se rattache à l'art du clair-obscur.

Par trait fin, contours fins, on n'entend pas seulement un trait et des contours tracés légèrement et avec propreté, mais ce qui est plus important et plus difficile, des contours et un trait dont les inflexions présentent la variété infinie, la marche harmonieuse et la grâce toute particulière des courbes qu'offre la nature dans un beau modèle.

**FINESSE** (s. f.). — Finesse de pinceau, exprime les mêmes qualités

**LA FIGURE EST LA REPRÉSENTATION DE L'ENSEMBLE DU CORPS HUMAIN**

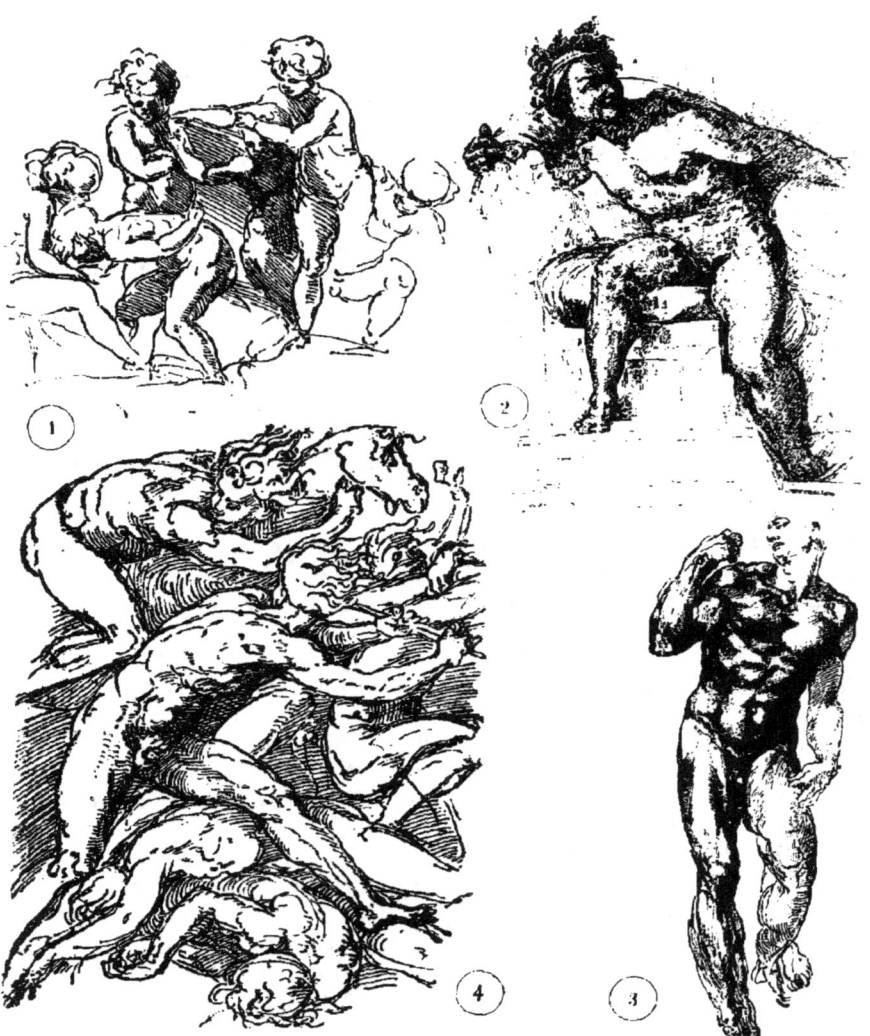

Fig. 84 à 87. — 1 à 3, Michelangelo Buonarroti (1475 † 1564).
4, Raffaello Santi, dit Raphael Sanzio (1483 † 1520).

1, Figures d'enfants (Musée des Offices, Florence); 2, Figure (chapelle Sixtine, au Vatican, Rome); 3, Figure (Musée du Louvre, Paris); 4, Figures (Musée Wicar, Lille).

On entend par *figure* la représentation de *l'ensemble* du corps humain. On appelle demi-*figure* celle qui ne présente que la partie supérieure du corps depuis la ceinture, et *figure* demi-nature, celle dont la hauteur est de deux à trois pieds (0$^m$,65 à 0$^m$,97).

que pinceau fin (V. FIX). — Finesses se dit aussi au pluriel dans le même sens que délicatesses, artifices. Les finesses de touche, les finesses de ton, sont le résultat de procédés particuliers, par lesquels on obtient des effets et des tons tels qu'on les a recherchés, et qu'il était difficile de les produire.

**FINI** (s. m.). — Le fini ; l'œuvre de la dernière main que l'on a mise à un tableau. Se prend aussi pour l'exécution minutieusement soignée dans toutes les parties. En ce sens, le fini est un mérite particulièrement propre aux petits tableaux. On dit des tableaux ainsi traités qu'ils sont d'un beau fini, d'un fini précieux ; et en parlant du peintre, qu'il finit patiemment, ou même qu'il finit trop : ce travail de patience n'ayant le plus souvent pour résultat que des ouvrages froids et léchés. Le contraire est susceptible aussi d'excès, et alors on dit d'un tableau qu'il n'est pas fini, qu'il manque de fini, et du peintre qu'il ne sait pas finir. Pour exprimer l'idée qu'un tableau est entièrement terminé dans toutes ses parties, on dit communément qu'il est fini comme un Gérard Dou.

**FIXÉ** (s. m.). — On a donné ce nom à une sorte de petit tableau à l'huile, ordinairement peint sur taffetas, qu'on applique et l'on rend adhérent, à une glace qui lui tient lieu de vernis, au moyen d'une préparation de gomme. Ce genre est surtout à l'usage de la bijouterie.

**FLAMBOYANT** (adj.). — Contours flamboyants, sont ceux dont les inflexions sont semblables à celles de la flamme, et, par là, semblables aussi aux ondulations de l'eau agitée par un vent léger. On dit dans le même sens à peu près : flamboyant et ondoyant. Les peintres de l'école du dix-huitième siècle trouvaient que les contours flamboyants donnaient à leurs figures de la grâce, de la vivacité, du mouvement, de l'âme ; la ligne de beauté est, pour chaque partie de la figure, celle que présente la nature dans un sujet bien conformé.

**FLATTER** (v. a.). — Prêter à son modèle des agréments qu'il n'a pas. Il ne se dit qu'en parlant de portraits (V. PORTRAIT).

\* **FLEURS** (s. f.). Fig. 88. — Peintre de fleurs, artiste dont le talent se borne à la peinture des fleurs, des fruits et de quelques accessoires propres à de tels tableaux.

L'art du peintre de fleurs consiste dans l'imitation exacte de la nature, dans l'arrangement des fleurs pour former le bouquet, et dans leur assortiment, pour obtenir un effet harmonieux. Sous ce dernier rapport, le talent du peintre de fleurs participe de celui du coloriste.

**FLOU** (adj.). — Expression vague sur le sens et même sur la nature de laquelle on n'est pas d'accord, qui était fort en usage entre les peintres et les amateurs du dix-huitième siècle.

A considérer ce mot grammaticalement, on ne sait à quelle classe le rapporter. Il est adverbe dans cette façon de s'exprimer : tel artiste peint flou. Il semble être adjectif dans ces phrases : cela est

## LE TALENT DU PEINTRE DE FLEURS PARTICIPE DE CELUI DU COLORISTE

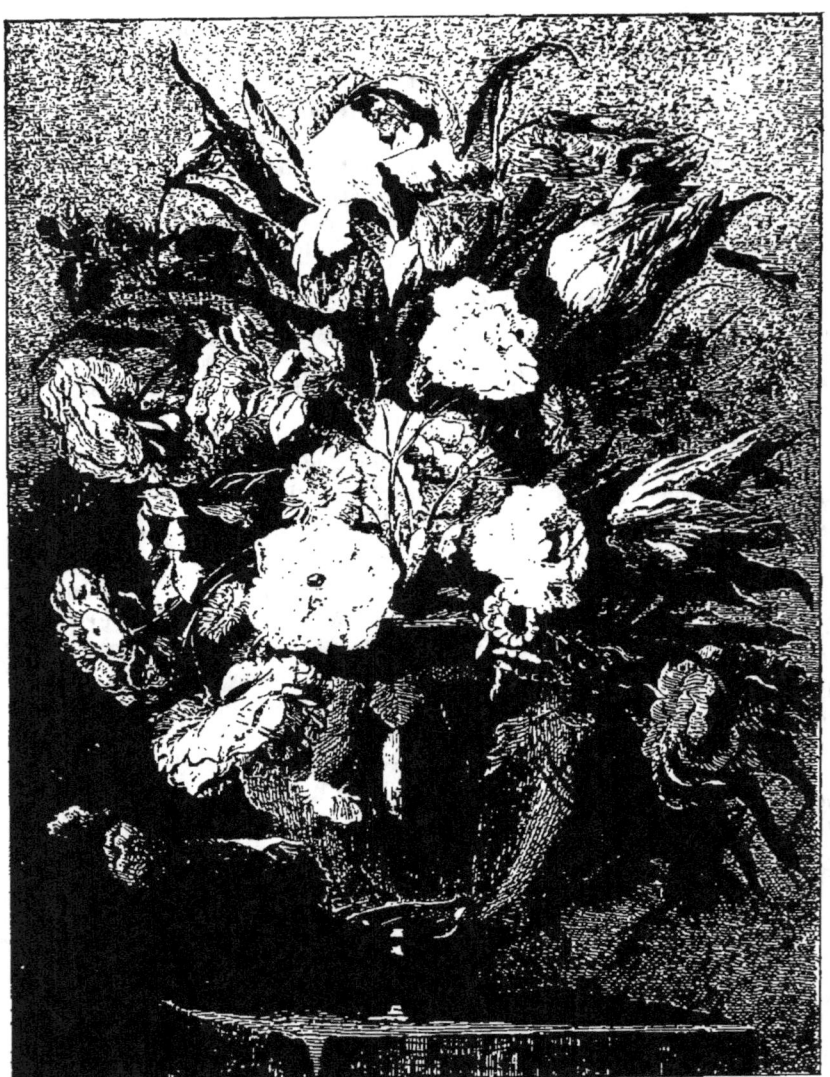

Fig. 88. — JUAN DE ABELLANO (1614 ÷ 1676). — Fleurs dans un vase
(Collection de M⁵ A.-B. Blodgett).

L'art du peintre de *fleurs* consiste dans *l'imitation* exacte de la *nature*, dans *l'arrangement* des *fleurs* pour former le bouquet, et dans leur *assortiment*, pour obtenir un *effet harmonieux*. Sous ce dernier rapport, le talent du peintre de *fleurs* participe de celui du *coloriste*.

TABLEAUX.

flou, ce tableau est flou ; cependant il n'a pas de féminin, et l'on ne peut dire : cette figure est floue.

Il semble cependant que ce soit un vieux mot, qui vient de l'adjectif *fluidus*. Il exprime la douceur, le goût moelleux, tendre et suave, qu'un peintre habile met dans son ouvrage. On trouve floux dans Villon, et Borel croit qu'il signifie flouet, c'est-à-dire mollet, délicat. Quoi qu'il en soit, peindre flou, c'est noyer les teintes avec légèreté, avec suavité, avec amour ; c'est le contraire de peindre durement et sèchement. Les contours flous et adoucis donnent plus de relief aux figures.

* **FOND** (s. m.). Fig. 89 et 90. — Ce mot appliqué à la peinture s'emploie en divers sens. S'il s'agit d'un paysage, il s'entend des derniers plans du tableau. Pour le tableau d'histoire, le fond est la représentation du lieu de la scène, ce que les anciens appelaient, au théâtre, *scenium*. On dit, dans ce sens, fond d'architecture, fond de paysage, suivant que l'action du tableau se passe devant un édifice, ou en pleine campagne. Fond s'entend aussi du champ sur lequel sont peintes les figures, particulièrement sous le rapport de la couleur de ce champ : c'est en ce sens que l'on dit fond clair, fond brun ; et de l'objet représenté, qu'il se détache en brun sur un fond clair, ou en clair sur un fond brun, ou seulement qu'il se détache en brun, qu'il se détache en clair, ce qui suppose dans le premier cas un fond plus clair, et dans le second un fond plus brun que cet objet. Quelquefois le fond est d'une seule couleur dégradée de tons, et ne représente en lui-même rien, comme il se rencontre assez souvent dans les portraits. Mais alors même qu'il représente un palais, un paysage, un intérieur, et qu'il est le plus chargé d'accessoires, le peintre en combine la couleur et les tons de manière à ce que les figures se détachent avec le plus d'effet possible, soit en brun, soit en clair.

Fond se dit aussi, par synonymie, de l'impression de la toile ou du panneau (V. IMPRESSION).

**FONDRE** (v. a.). — Fondre les couleurs, faire participer l'une de l'autre les masses de couleurs contiguës, ou bien encore étendre les demi-teintes par dégradations insensibles, en les empreignant convenablement du ton de la couleur principale, afin de reproduire les effets qui, dans la nature, résultent des reflets, de l'interposition de l'air, de la dégradation de la lumière, et, par là, éviter le heurt de contours découpés l'un sur l'autre, et obtenir une douce harmonie de couleurs. Faute de cet artifice le dessin est sec et le coloris cru ; mais l'abus qu'on en peut faire conduit au dessin mou et incertain, au coloris vague et dénué d'effet.

**FORCE** (s. f.). — S'entend de la puissance de la peinture à figurer le relief des corps. On dit, dans ce sens, d'un tableau dont tous les plans se détachent bien les uns des autres, et où les reliefs sont exprimés par des touches fermes et vives, qu'il est peint avec force.

**FORME** (s. f.). — Figure extérieure d'un corps ; dans le langage de l'art,

## LE MOT FOND, APPLIQUÉ A LA PEINTURE, S'EMPLOIE EN DIVERS SENS

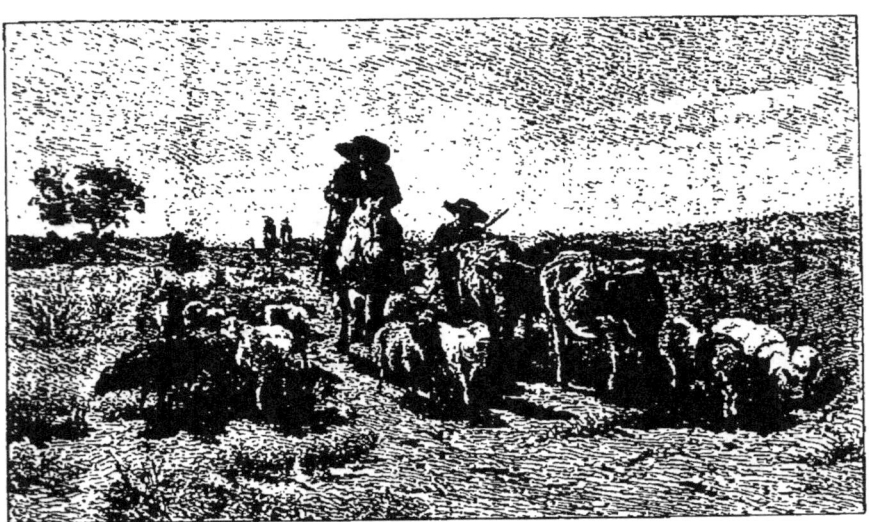

Fig. 89. — Marie-Rosalie, dite Rosa Bonheur (1822 † 1899). Le Départ pour le marché.

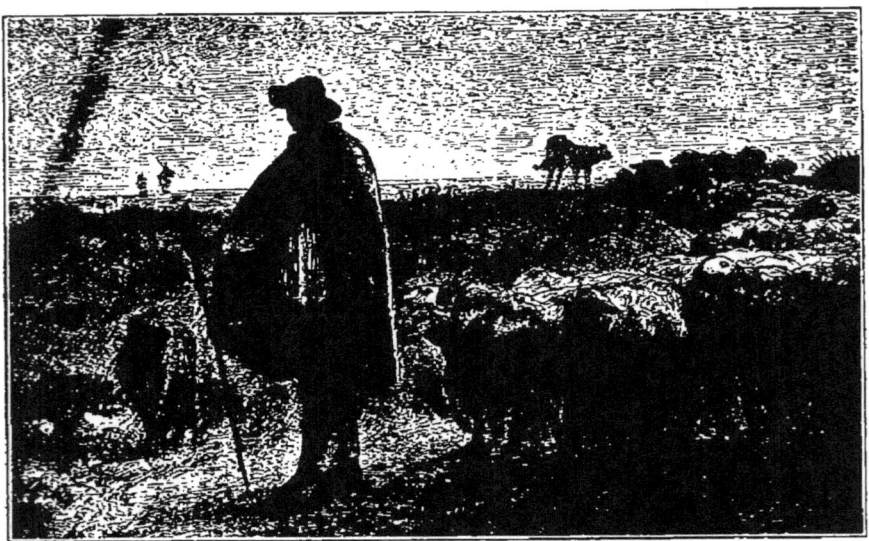

Fig. 90. — Jean-François Millet (1814 † 1875). Berger rentrant avec son troupeau. Dessin.

Le mot *fond*, appliqué à la peinture, s'emploie en divers sens. S'il s'agit d'un *paysage*, il s'entend des *plans* les plus reculés du *tableau*. Pour le *tableau d'histoire*, le *fond* est la représentation du lieu de la scène, ce que les anciens appelaient, au théâtre, *scenum*. On dit, dans ce dernier sens, *fond* d'architecture, *fond* de paysage, suivant que *l'action* du *tableau* se passe devant un édifice, ou en pleine campagne. *Fond* s'entend aussi du *champ* sur lequel sont peints les *figures* et les *animaux*, particulièrement sous le rapport de la *couleur de ce champ*.

forme ne s'emploie guère qu'en parlant de la figure humaine : la beauté, la finesse, le sentiment des formes : le sentiment des formes est le génie du dessinateur.

**FOUGUE** (s. f.). — S'applique aux arts du dessin, comme aux autres arts de l'imagination, pour exprimer la surabondance tumultueuse en quelque sorte des idées. La fougue se manifeste par la richesse, plus que par l'ordre de la composition ; ses effets se font sentir dans l'exécution par un faire hardi et brillant, plutôt que correct et soigné. C'est dans l'œuvre du peintre qu'on peut reconnaître, et jusqu'à un certain point, admirer la fougue.

\* **FRACAS** (s. m.). Fig. 91. — On dit qu'il y a du fracas, un grand fracas dans une composition, lorsque la vue est frappée, jusqu'à en éprouver une gêne, de la multitude des objets, de l'agitation des personnages, du contraste des figures, de l'éclat des couleurs. Toutefois, un peu de fracas n'est pas déplacé dans le panneau décoratif (V. SILENCE).

**FRAICHEUR** (s. f.). — Est une des qualités du coloris qui résulte de l'harmonie de tons, tout à la fois doux et lumineux, délicats et brillants, tels que la nature les produit dans la plupart des fleurs. On dit des tons gais qu'ils sont pleins de fraîcheur.

**FRANC** (adj.). — Exprime le caractère du faire du dessinateur et du peintre, quand le trait a été tracé sans hésitation, avec un sentiment juste et sûr de la forme de l'objet ; quand le ton, formé avec justesse sur la palette, a été posé sans être fondu ni sali.

**FRANCHISE** (s. f.). — Est la propriété d'un faire franc. En ce sens, on dit la franchise du dessin, la franchise du coloris, et figurément la franchise du crayon, la franchise du pinceau.

\* **FRESQUE** (s. f.). Fig. 92. — Peinture qui ne s'applique et ne peut s'appliquer que sur des murailles. On y emploie des couleurs détrempées dans de l'eau qui s'incorporent à un enduit de mortier de chaux et de sable dont la muraille doit être revêtue. Pour que cette incorporation s'opère, il faut que l'enduit soit encore humide ou frais à l'instant où l'on y applique la couleur. De là vient le nom de fresque, de l'italien *fresco*, frais. De cette circonstance résultent le caractère, les beautés et les défauts de la fresque.

Pour que l'enduit ait la fraîcheur nécessaire, il faut n'en dresser chaque jour que la partie que le peintre pourra couvrir dans la journée. Celui-ci doit donc travailler vite et du premier coup. Même par ce moyen, il ne saurait exécuter son tableau que par fragments ; il faut que chaque partie soit entièrement achevée, avant que la partie voisine puisse être seulement tracée ; et une fois que tout est ainsi fait, on ne peut revenir sur rien : les fautes de dessin, de clair-obscur et d'harmonie sont également irréparables. Or, une telle manière de faire n'est praticable que par des artistes très exercés, dont la main

## LE FRACAS, LE GRAND FRACAS, N'EST PAS DÉPLACÉ DANS UN PANNEAU DÉCORATIF

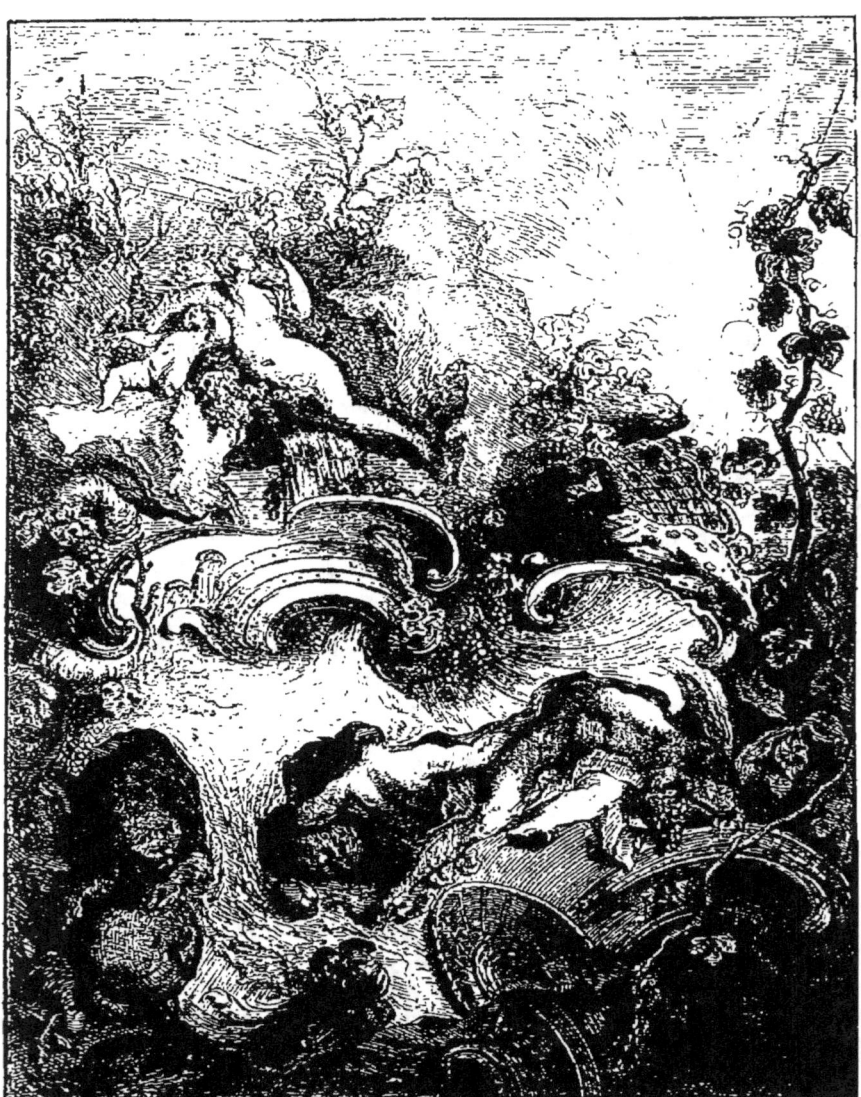

Fig. 91. — JEAN DE LA JOUE (1687 † 1761). — Fête bachique. Panneau décoratif.

On dit qu'il y a du *fracas*, un grand *fracas* dans une *composition*, lorsque la vue est frappée, jusqu'à en éprouver une certaine peine, de la multitude des objets, de l'agitation des *personnages*, du *contraste* des *figures*, de l'éclat des *couleurs*. Toutefois, un peu de *fracas* n'est pas déplacé dans le panneau décoratif, surtout dans ceux des peintres français du XVIII<sup>e</sup> siècle.

et la vue soient également habiles et sûres, et pour des ouvrages susceptibles d'une exécution large et facile, tels que de grands tableaux d'apparat, placés à une certaine distance des yeux du spectateur, comme sont les coupoles, les plafonds, les lambris des voûtes d'une église ou d'un palais.

La fresque a encore sur la peinture à l'huile quelques autres avantages : les couleurs qu'elle emploie sont plus claires, plus lumineuses; l'échelle de ses tons est plus élevée. Ces couleurs sont mates, et n'ont pas de reflets luisants qui incommodent et troublent la vue; elles peuvent être considérées comme inaltérables. La peinture à fresque ne se détériore et ne périt que par la destruction progressive de l'enduit sur lequel elle est appliquée. Bien que cette destruction soit beaucoup moins lente qu'on ne le croit généralement, surtout sous les climats humides, cela ne peut cependant se comparer à l'altération qu'éprouvent les tableaux à l'huile dans l'espace de quelques mois, tout au plus de quelques années.

Toutefois on s'exagère d'ordinaire beaucoup la prééminence de la fresque. La perfection du dessin d'où résultent l'expression et la beauté, et les finesses du clair-obscur et du coloris qui font l'imitation de la nature, sont portées plus loin par les procédés de la peinture à l'huile que par ceux de la fresque.

Quoi qu'ait pu dire Michel-Ange Buonarroti sur ce sujet, l'invention de la peinture à l'huile, qui, au seizième siècle, pouvait encore passer pour une découverte nouvelle, ne fut point un pas rétrograde de l'art. Mais la fresque est en effet plus propre aux grandes choses, et elle a pour elle l'immense avantage d'avoir été en usage dans le siècle qui a produit les plus beaux génies de la peinture.

Quelques personnes confondent mal à propos, sous le nom de fresque, non seulement les peintures en détrempe à la colle, mais même celles à l'huile, quand elles sont sur des murailles.

Les peintures des temples et des tombeaux égyptiens, et plusieurs de celles qu'on a retrouvées à Herculanum et à Pompéi, sont fort semblables à la fresque; toutefois cette dernière, telle qu'elle se pratique aujourd'hui, est probablement une invention de l'Italie moderne.

FROID (adj.). — Se dit, au sujet de tous les arts, en parlant de la composition et de l'expression, lorsque celles-ci n'ont rien qui frappe l'imagination ou émeuve l'âme : il se dit particulièrement du coloris d'un tableau et de certaines couleurs.

Le coloris est froid quand il est faible, qu'il n'appelle pas la vue, et que les couleurs et les tons froids y dominent.

Les couleurs froides sont celles qui procèdent du gris, du vert, du bleu; les tons froids sont les tons blafards, verdâtres, grisâtres, et les tons pâles de toutes les couleurs, même de celles qui, étant portées à un juste degré d'intensité, seraient chaudes et vigoureuses.

## LA FRESQUE EST PLUS PROPRE AUX GRANDES CHOSES QUE LA PEINTURE

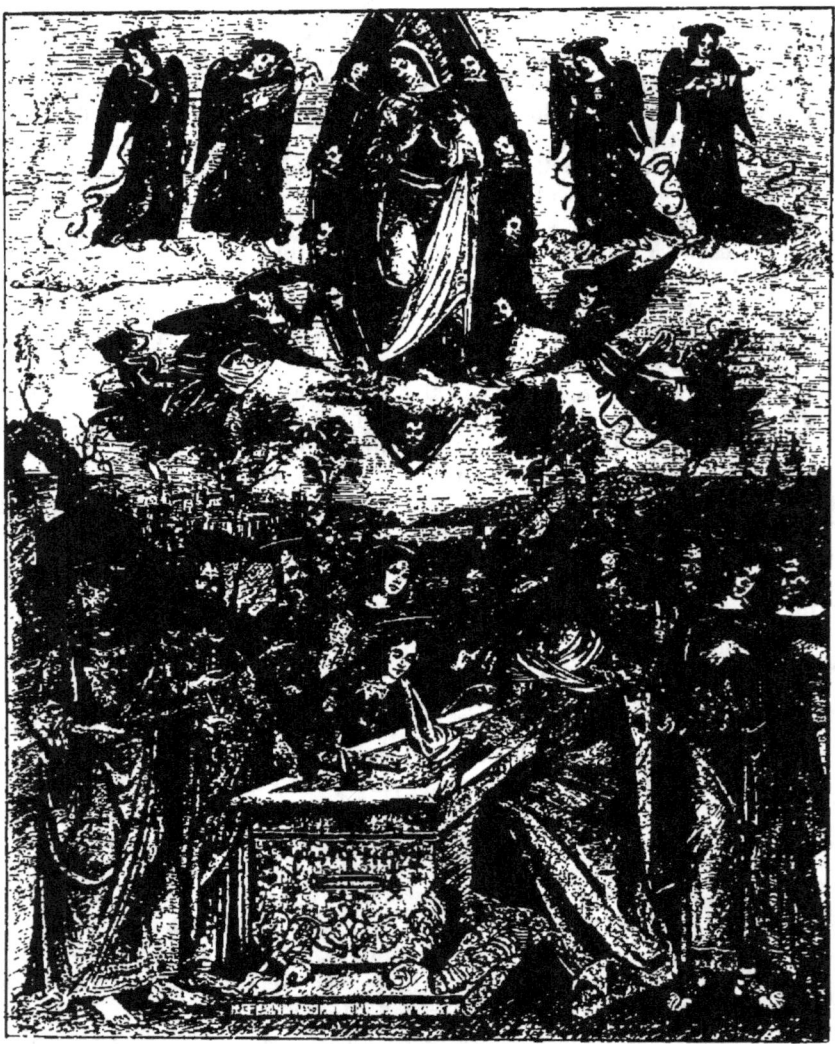

Fig. 92. — Bernardino di Betto Biagio, dit il Pinturicchio (1455 †1513). L'Assomption de la Vierge. Fresque (Église Sainte-Marie du peuple, Rome).

Quoi qu'ait pu dire Michel-Ange, l'invention de la peinture à l'huile, qui, au XVIe siècle, pouvait encore passer pour une découverte nouvelle, ne fut point un pas rétrograde de l'art. La *fresque* est en effet plus propre aux grandes choses, et elle a pour elle l'immense avantage d'avoir été en usage dans le siècle qui a produit les plus beaux *génies* de la peinture.

**FUIR** (v. a.). — En parlant des objets, ou mieux encore des diverses parties d'un même objet, signifie s'éloigner de la vue. Les parties fuyantes d'un corps sont donc celles qui, se succédant l'une à l'autre, sont vues en raccourci, en même temps que, suivant les lois de l'optique, elles diminuent à la vue à mesure qu'elles s'en éloignent. L'imitation de ces effets est du ressort de la peinture, qui les rend, à l'aide de la perspective linéaire et du clair-obscur.

Suivant que l'artiste y a bien ou mal réussi, on dit que tel ou tel objet dans son tableau fuit bien, ou ne fuit pas assez.

**GALANT** (adj.). — PEINTRES DE FÊTES GALANTES. Les Boucher, Lancret, Pater, Watteau et autres peintres de pastorales gracieuses, lestes, égrillardes, d'intrigues amoureuses, sont des peintres de fêtes galantes, de galanteries. Ces termes ne s'emploient guère que pour désigner des peintres du xviii<sup>e</sup> siècle.

\* **GALERIE** (s. f.). Fig. 93 et 94. — La décoration des galeries admet le plus grand luxe d'architecture, de sculpture et de peinture. Les compartiments de leur plafond et de leurs lambris sont l'occasion de suites de tableaux, et ouvrent un champ vaste à l'imagination des peintres.

Quelques-uns y ont attaché leur nom. Ainsi, l'on dit encore indistinctement la Galerie de Le Brun, ou la Galerie de Versailles; longtemps la Galerie du Luxembourg, à Paris, n'avait été connue que sous le nom de Galerie de Rubens.

Par analogie, on appelle Galerie de tableaux une suite de plusieurs pièces exclusivement consacrées à renfermer un plus ou moins grand nombre de tableaux de chevalet; et, par extension d'acception de ce nom, ces collections de tableaux prennent elles-mêmes le nom de Galerie, comme lorsqu'on parle du déplacement, de la dispersion, ou de la vente de la Galerie de tel ou tel amateur. En quelque sens qu'on l'entende, la Galerie de l'Europe la plus vaste, la plus nombreuse et la plus précieuse, est celle du Palais du Louvre, à Paris.

**GÉNIE** (s. m.). — Aptitude particulière et forte à une certaine chose, différant en cela de cet autre don de la nature que l'on appelle esprit, et qui s'applique plus légèrement à l'universalité des choses.

Le génie des arts du dessin consiste en une perception exquise de la forme et des autres apparences des objets, jointe à la justesse du coup d'œil et à l'adresse de la main nécessaires pour reproduire ces apparences au moyen du crayon, du pinceau ou du ciseau.

Ces facultés développées, secondées par une observation profonde de la nature des objets, par un long exercice de l'imitation, et une pratique réfléchie des procédés techniques, font le grand peintre.

Les esprits étrangers à l'art, sont, en général, préoccupés de l'idée que le génie de la peinture se manifeste surtout dans l'invention et la composition du sujet. Sans contredit ce sont là des parties fort importantes dans un tableau; cependant, parce qu'elles ne procèdent pas de facultés particulièrement applicables à

## CE QUE, PAR ANALOGIE, ON APPELLE GALERIE DE TABLEAUX

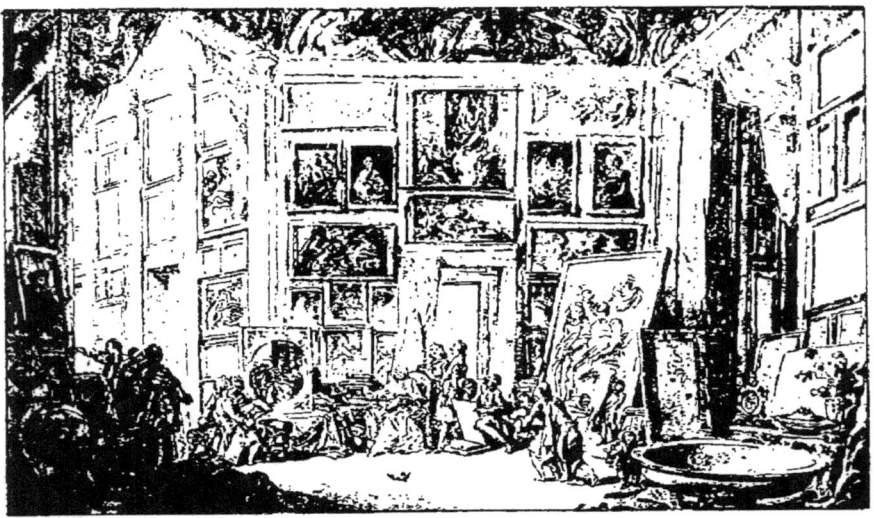

Fig. 93. — GIOVANNI-PAOLO PANINI (1692 † 1765). — Galerie du C<sup>al</sup> de Polignac, Rome.

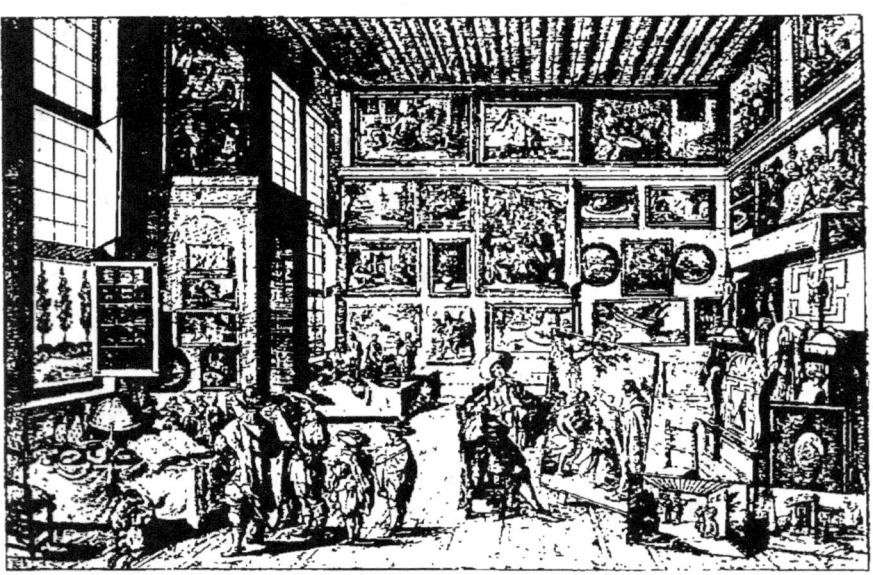

Fig. 94. — Atelier-Galerie de JAKOB JORDAENS (1593 † 1678), peint par lui-même.

Par analogie, on appelle *Galerie de tableaux* une suite de plusieurs pièces exclusivement consacrées à renfermer un plus ou moins grand nombre de *tableaux* de *chevalet*; et, par extension d'acception de ce nom, ces collections de *tableaux* prennent le nom de *Galeries*.

TABLEAUX.                        19

la peinture, mais qu'elles rentrent et se confondent en quelque sorte dans le domaine plus général du génie de la poésie, nous pensons qu'il ne les faut considérer dans l'œuvre du peintre que comme parties accessoires et subordonnées ; tel est du moins le sentiment universel. Que sont en effet ces ouvrages des beaux siècles de la peinture que l'on s'accorde à regarger comme les chefs-d'œuvre de l'art ? Tous ont pour eux le dessin ou la couleur ; l'ensemble et l'expression de chaque figure, le style. Dans un grand nombre, la composition poétique, ce qu'on appelle la pensée, est nulle ; plusieurs manquent aussi de la composition pittoresque, c'est-à-dire de l'ordonnance ; presque tous pèchent grossièrement contre le costume, l'ordre des temps et la vérité historique. Ceux où le mérite de l'invention et de la composition du sujet est le plus éminent, n'ont pas pour cela la préférence. Ce mérite, bien que très considérable en lui-même, a peu de part au rang que le jugement de la postérité a assigné à ces tableaux ; il ne leur eût été compté absolument pour rien, il ne les aurait pas soustraits à l'oubli, s'il n'avait été accompagné de quelqu'une des autres qualités que nous avons désignées les premières : il est de fait bien constant qu'aucun tableau n'est arrivé à la postérité avec le seul mérite de la composition, tandis qu'un grand nombre y sont parvenus sans avoir rien de ce mérite.

Or, un genre de mérite qui n'a pu lui seul assurer la renommée d'aucun tableau, et sans lequel tant de tableaux ont traversé les siècles avec la réputation constante d'ouvrages excellents, ne saurait être le sceau du génie de la peinture. Mais ce génie se manifeste dans la beauté du dessin et de la couleur, dans la justesse du mouvement et de l'expression des figures, quels que soient d'ailleurs et le sujet et l'ordonnance du tableau.

* GENRE (s. m.). Fig. 95 et 96. — Dans son acception applicable à la peinture, s'entend de l'espèce du tableau, et de la manière de faire de l'artiste. On dit, dans le premier de ces deux sens, le genre historique, le genre du paysage, et le genre, pris à l'absolu. Ces trois genres comprennent tous les autres, et forment les grandes divisions de la peinture.

On classe parmi les tableaux d'histoire ou du genre historique, tous ceux dont les figures de grandeur naturelle exigent par cela seul un caractère noble et quelque beauté idéale, et les tableaux à figures au-dessous de nature, ordinairement de demi-nature, quand ces figures sont d'ailleurs d'un caractère noble, et d'un style plus ou moins élevé.

Le genre historique a pour objet principal la représentation de la figure et de l'action de l'homme. Il embrasse tous les sujets de l'histoire et de la fable, les compositions allégoriques, et même celles qui n'ont d'autre motif qu'un ou plusieurs groupes de figures disposées au gré de la fantaisie du peintre : une seule figure académique suffit pour faire un tableau d'histoire, et c'est dans ce genre qu'il faut ranger

## QUELS SONT LES TABLEAUX DITS DE GENRE HISTORIQUE OU D'HISTOIRE

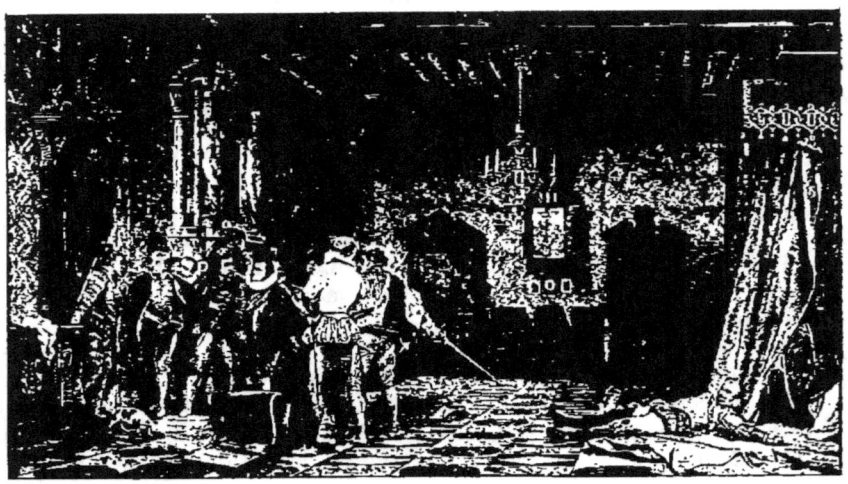

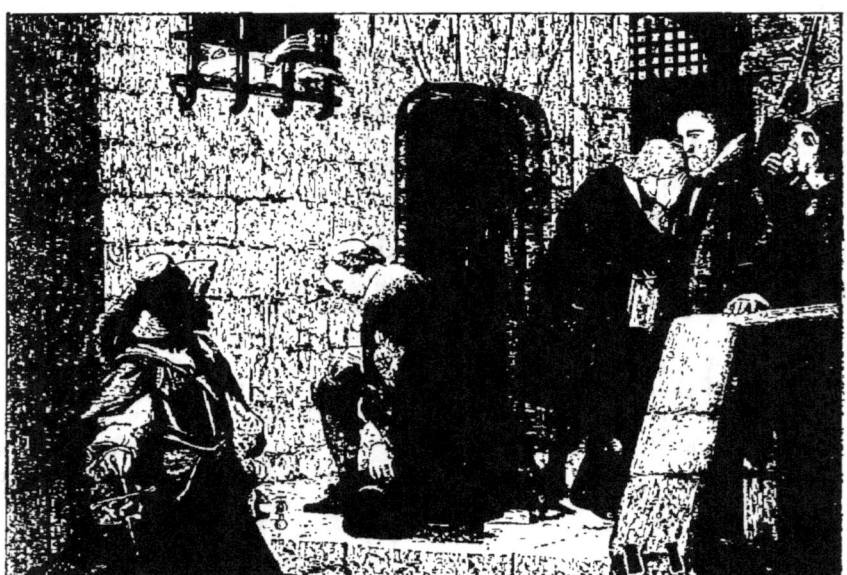

Fig. 95 et 95 bis. — PAUL DELAROCHE (1797 † 1856). — Assassinat du duc de Guise (Galerie de Chantilly).
Strafford conduit au supplice (Galerie du duc de Sutherland).

On classe, parmi les tableaux d'*histoire* ou du *genre historique*, tous ceux dont les *figures* de grandeur naturelle exigent par cela seul un *caractère noble* et quelque *beauté idéale*, et les tableaux à *figures* au-dessous de *nature*, ordinairement de demi-*nature*, quand ces *figures* sont d'ailleurs d'un *caractère noble*, et d'un *style* plus ou moins élevé.

le portrait autre que la miniature (*V.* PORTRAIT).

L'objet principal du paysage est la représentation des effets de la lumière et des phénomènes de l'atmosphère. Les sujets propres à ce genre sont les sites agrestes, les arbres, les eaux, les rochers, les fabriques; les animaux, et les figures dans de petites dimensions, considérés, les uns comme accessoires, les autres comme acteurs d'une scène champêtre.

Le genre, pris à l'absolu, comprend la bambochade, les scènes de la vie dont les figures n'ont pas le caractère, et ne sont pas du style assigné ci-dessus à celles du genre historique; la représentation, même de grandeur naturelle, des animaux considérés isolément, et non comme accessoires du paysage ou du tableau d'histoire; les vues d'édifices aussi prises isolément; les intérieurs, les fleurs, les instruments, les ustensiles, ce qu'on appelle la nature morte. Longtemps les tableaux de cette dernière espèce ont été seuls compris sous la dénomination de tableaux de genre; les autres s'appelaient tableaux de chevalet (*V.* CHEVALET).

On appelle peintre d'histoire, peintre de paysage ou peintre de genre, l'artiste qui s'occupe principalement de peindre l'histoire, le paysage ou les petits sujets que nous avons attribués au genre.

On dit aussi d'un peintre, qu'il travaille dans le genre de tel ou tel maître, c'est-à-dire à l'imitation, à la manière de ce maître; et aussi d'un tableau, qu'il est dans le genre du Corrège, de l'Albane, de Rubens, de Téniers, de Vernet, de Troyon, c'est-à-dire exécuté à la manière particulière de ces maîtres.

GERÇURE (s. f.). — Défaut des tableaux dont l'enduit se fend en tous sens, soit par le travail de la toile ou du panneau, soit par la dessiccation extrême et la décomposition de cet enduit lui-même, effets inévitables du temps que l'on retarde plus ou moins par le soin qu'on apporte au choix et à la préparation des toiles et des panneaux et à la manipulation des couleurs. Le tableau gercé finit d'ordinaire par tomber en écailles (*V.* TREZALÉ).

GIGANTESQUE (adj.). — Figure gigantesque. Figure plus grande de beaucoup que nature, et cependant dénuée du style et du caractère idéal qui constituent le genre colossal.

Gigantesque se prend toujours en mauvaise part, et comporte l'idée d'un mauvais ouvrage.

GLACER (v. a.). — Étendre des glacis sur un tableau.

GLACIS (s. m.). — Le glacis des peintres, ainsi appelé de l'espèce d'analogie qu'il a, par sa transparence et son brillant, avec la glace, est une couche de couleurs légères et transparentes que l'on étend sur diverses parties de couleurs analogues, d'un tableau déjà sec, pour suppléer ce qui peut manquer à l'intensité, à l'éclat, à la justesse de ton, à la vigueur de ces couleurs de première couche, et mettre de l'accord là où il en manque. Toutefois ce procédé, d'un succès facile, et assuré pour quelque temps, n'est pas sans inconvénient par la suite.

## OBJET PRINCIPAL DU PAYSAGE, ET SUJETS LES PLUS PROPRES A CE GENRE

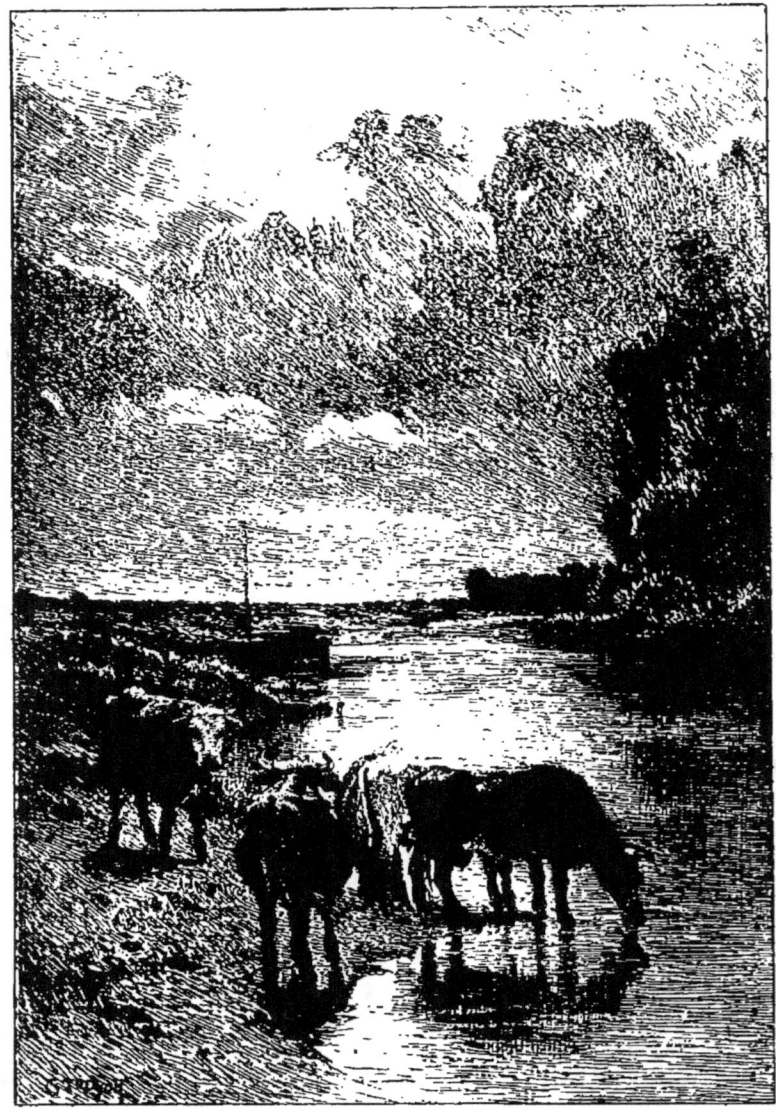

Fig. 96. — CONSTANT TROYON (1810 † 1889). — L'Abreuvoir.

L'objet principal du *paysage* est la représentation des *effets* de la *lumière* et des phénomènes de l'atmosphère. Les sujets propres à ce *genre* sont les *sites* agrestes, les arbres, les eaux, les rochers, les *fabriques*; les animaux et les *figures* dans de petites dimensions, considérés, les uns comme *accessoires*, les autres comme acteurs d'une scène *champêtre*.

On attribue à l'usage des glacis le ton noir que prennent, plus ou moins promptement, un grand nombre de tableaux.

Il y a, dit-on, des peintres qui peignent en glaçant même au premier coup ; il serait plus exact de dire, qui peignent au premier coup avec des couleurs transparentes. Dans cette manière de peindre, assez ordinaire à l'École de Rubens, l'impression blanche de la toile forme la base du coloris du tableau. Les tableaux ainsi faits sont ordinairement brillants et harmonieux ; on ne remarque pas qu'ils soient plus sujets que d'autres à se noircir ou à s'altérer, ce qui vient probablement de ce qu'on laisse à l'impression des toiles tout le temps nécessaire pour bien sécher, au lieu que, le glacis n'étant qu'un moyen de perfectionnement, le peintre s'empresse de donner cette dernière main à son ouvrage, avant que les couleurs de première couche soient parfaitement sèches.

**GLOIRE** (s. f.). — On appelle une gloire, la représentation en peinture du ciel ouvert, où se voient les trois personnes de la Sainte-Trinité, les anges, les bienheureux. On désigne aussi sous ce nom l'auréole des saints (V. AURÉOLE et NIMBE).

\* **GOTHIQUE** (adj.). Fig. 97. — La peinture a des ouvrages dont le caractère est la raideur et la rudesse des formes, l'imitation outrée et grimaçante d'une nature commune, l'ignorance de la perspective et du clair-obscur, une recherche minutieuse des détails, une application puérile à l'exécution des accessoires, sans néanmoins aucun goût dans l'invention ou le choix des objets. Ces défauts sont surtout frappants dans les vieux tableaux de l'École allemande, dont les progrès lents et bornés dans la partie intellectuelle de l'art ont été de beaucoup devancés par ceux qu'il lui a été donné de faire d'assez bonne heure dans les procédés matériels et mécaniques de la peinture. Plusieurs de ces tableaux, encore tout gothiques d'ordonnance, de dessin et de coloris, se distinguent cependant par un fini précieux, une certaine finesse même d'exécution, qui leur a conservé une grande valeur. Tels sont les van Eyck, les Hans Holbein et les Albrecht Durer.

Au contraire, dans les tableaux du premier âge des Écoles d'Italie, le génie de la peinture, malgré l'imperfection des procédés, se manifeste par une certaine élégance des contours, particulièrement dans les têtes, par le grandiose des proportions, la justesse de l'expression et du mouvement des figures.

**GOUACHE** (s. f.). — Genre de peinture où l'on emploie des couleurs détrempées dans de l'eau mêlée de gomme. On appelle aussi gouache l'ouvrage exécuté avec cette espèce de couleurs.

L'usage de la gouache est fort ancien et a précédé celui de la peinture à l'huile. La fresque elle-même est une espèce de gouache, si, par là, il faut entendre toute peinture dont les couleurs sont détrempées dans de l'eau. Tous les tableaux antérieurs au quinzième siècle seraient également des

## CARACTÈRES DE DESSINS ET DE TABLEAUX TOUT GOTHIQUES D'ORDONNANCE

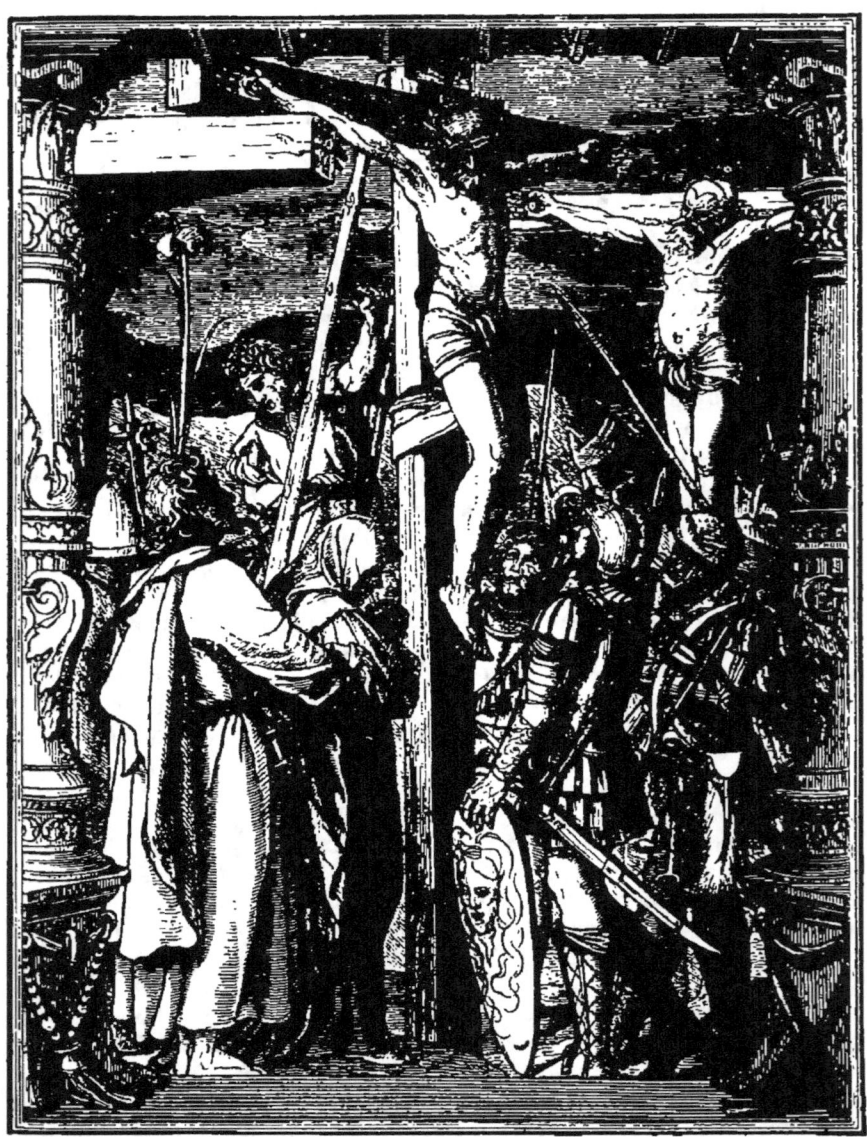

Fig. 97. — Hans Holbein (1497 ✝ 1543). — Le Christ en croix (Musée de Bâle).

Plusieurs *tableaux*, tout *gothiques d'ordonnance*, de *dessin* et de *coloris*, se distinguent par un *fini* précieux, une certaine *finesse* même d'*exécution*, qui leur a conservé une grande valeur. Tels sont les van Eyck, les Hans Holbein, les Albrecht Dürer, etc.

gouaches, et, de nos jours, il faudrait comprendre sous cette dénomination toutes les sortes de peinture en détrempe, à la colle, à la gomme, depuis les décorations de théâtre jusqu'au portrait en miniature. Mais on est convenu de ne désigner sous le nom de gouache que de petits tableaux de genre, ou plus souvent encore des paysages peints de couleurs détrempées dans l'eau mêlée de gomme. L'aquarelle, que l'on confond assez volontiers avec la gouache, et qui est en effet, ainsi que son nom l'indique, une peinture à l'eau, se compose de couleurs plus légères, plus transparentes, et a son application plus particulièrement pour la peinture des fleurs, des fruits, des coquillages, que l'on peint sans autre fond que le blanc du papier ou du vélin, et pour l'enluminure.

Les gouaches s'écaillant et se noircissant à l'air, on doit les mettre sous verre.

**GOUSTOSE** (s. m.). — Signifie dans le langage de l'art, à peu près la même chose et aussi peu de chose que ragoût. Ce n'est, selon ceux qui ont prétendu y attacher quelque sens, ni le goût, ni le grand goût, mais le produit d'un faire badin et facile, qui a, disent-ils, beaucoup de rapport avec ce qu'on appelle esprit. Il n'a d'application qu'à la peinture.

\* **GOÛT** (s. m.). Fig. 98. — Faculté d'apercevoir avec un juste discernement les beautés et les défauts d'un ouvrage, particulièrement en ce qu'il présente d'agréable ou de fâcheux, à la première vue, dans le choix et l'arrangement des parties, l'ensemble de la composition et l'effet général. Les beautés de détail et celles d'un ordre supérieur, qui procèdent du génie et de la science de l'artiste, sont moins du ressort du goût, et veulent être appréciées sur d'autres et de plus hautes considérations que celle des agréments qui frappent au premier aspect, ou après un examen superficiel. Le goût est la faculté propre aux amateurs. Toutefois, parce qu'il faut être doué de cette même faculté pour produire non moins que pour sentir les choses agréables, le goût est aussi pour l'artiste un don de la nature très précieux. Uni au génie il forme l'artiste accompli; des artistes se sont fait une réputation méritée en réunissant le goût aux autres aptitudes du peintre, portées à un moindre degré.

On dit qu'un ouvrage est fait avec goût, ou qu'il y a du goût dans un ouvrage, ou encore qu'un ouvrage est de bon goût, pour faire entendre qu'on y trouve les agréments qui flattent le goût des amateurs. Pour exprimer l'idée opposée, on dirait ouvrage manquant de goût, ouvrage de mauvais goût.

Goût signifie aussi manière de faire; non qu'on pût dire le goût de Rubens, le goût du Poussin, pour, la manière de faire particulière à chacun de ces peintres, mais on dit bien : faire dans le goût du Poussin, dans le goût de Rubens, ou de l'École de Rubens, pour, faire à la manière, à l'imitation de ces maîtres, et aussi d'un tableau, qu'il est dans le goût de tel ou tel maître, de telle ou telle École.

Le grand goût est la manière de

PAR GOUT ON ENTEND MANIÈRE DE FAIRE DANS LE GOUT DE TEL PEINTRE

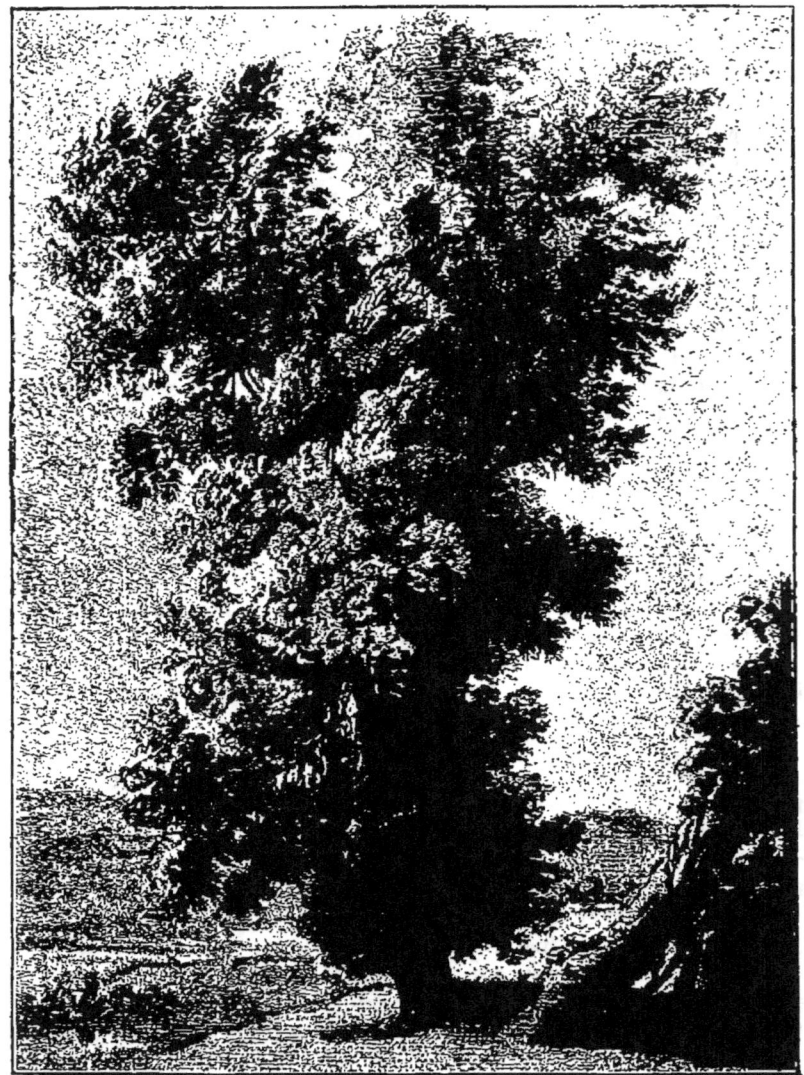

Fig. 98. — Pastiche d'une Étude d'arbre,
exécuté d'après le dessin à la plume et au bistre de Claude Gellée (1600 † 1682),
qui se trouve au Musée des Offices, à Florence.

Par *goût*, on entend *manière* de *faire*: non qu'on pût dire le *goût* de Rubens, le *goût* du Poussin, pour : la *manière* de faire particulière à chacun de ces peintres. Mais on dit bien : *faire* dans le *goût* du Poussin, dans le *goût* de Rubens, ou de l'*École* de Rubens, pour : faire à la *manière*, à l'*imitation* de ces maîtres ; et aussi d'un dessin ou d'un tableau, qu'il est dans le *goût* de tel maître, de telle *École*. Le plus souvent, un tel ouvrage est une *copie* ou un *pastiche*.

faire convenable aux ouvrages du genre le plus élevé, du style grave, simple, sévère. C'est le contraire du goût mesquin qui est la recherche des petits effets, des petits agréments, des gentillesses de l'art.

On dit dans la même acception : le goût gothique, et d'un tableau, qu'il est dans le goût gothique, c'est-à-dire composé à la manière usitée par les artistes du moyen âge (V. GOTHIQUE).

\* GRÂCE (s. f.). Fig. 99. — La grâce est l'un des attributs de la beauté dans les êtres animés, lequel résulte de la manière de se mouvoir et de se poser, propre, dans chaque espèce, à l'individu bien conformé. La grâce appartient surtout à l'être humain dont les mouvements sont plus variés et plus délicats que ceux d'aucun autre animal. Toutefois on ne fait nulle difficulté de dire d'un beau cheval que son allure a de la grâce, d'un cerf qu'il marche et porte la tête avec grâce, et de plusieurs autres animaux qu'ils nagent, volent, courent, ou bondissent avec grâce.

La grâce ne procède donc pas, comme l'ont dit quelques auteurs, du juste accord des sentiments de l'âme avec l'action du corps; elle est le résultat de l'ensemble des mouvements, et réside dans l'attitude instantanée ou continue du corps, indépendamment des affections de l'âme : les gens vulgaires eux-mêmes n'en sont pas toujours dépourvus, et le sommeil ne l'efface pas de la figure humaine.

Tout individu, beau de forme, dont aucun accident, aucune mauvaise habitude n'a faussé les mouvements, a des grâces naturelles. L'homme le moins bien conformé peut, en s'appliquant à imiter ces mouvements propres à une belle conformation, se donner des grâces artificielles : la beauté sans les grâces est un être incomplet ou dégradé; la grâce sans la beauté un être factice.

Le peintre, qui a le choix de ses modèles et ne doit jamais les prendre que dans la belle nature, n'a point à s'occuper des grâces artificielles, mais il ne saurait être trop attentif à observer et à rectifier tout ce en quoi ces modèles ont pu déroger à la beauté de leur nature. Il en est fort peu, il n'en est aucun, dont les grâces naturelles n'aient été altérées par l'usage des vêtements, les habitudes particulières à la profession qu'il exerce, les maladies, les dérèglements de la vie, ou le désordre de quelque passion dominante. C'est à discerner ces accidents du modèle, pour en faire abstraction dans la représentation, que s'applique le génie de l'artiste, et c'est cette abstraction qui constitue en très grande partie ce qu'on appelle le beau idéal (V. IDÉAL).

Bien que la grâce, proprement dite, n'appartienne qu'aux êtres animés, par une expression figurée on l'attribue aussi aux choses; à un arbre qui porte bien ses branches et se prête avec souplesse au souffle de l'air; à une draperie dont le jet est naturel, dont les plis sont onduleux, légers, et les masses conformes aux règles de la pondération; à une colonne svelte et bien proportionnée; même aux choses immatérielles, comme les

## DE QUOI PROCÈDE ET RÉSULTE LA GRÂCE; ET CE EN QUOI ELLE RÉSIDE

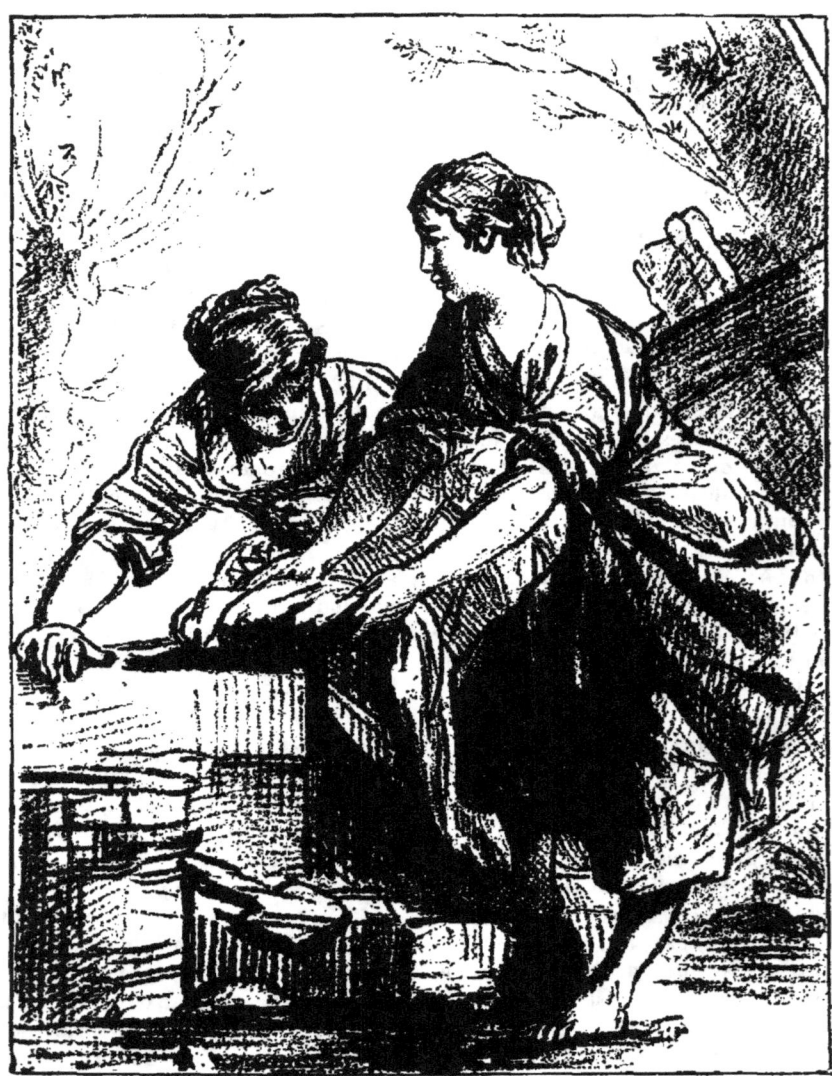

Fig. 99. — François Boucher (1703 ☦ 1770). — Les Lavandières. Dessin.

La *grâce* ne procède pas du juste *accord* des *sentiments* de l'âme avec l'*action* du corps : elle est le résultat de l'*ensemble* des *mouvements*, et réside dans l'*attitude* instantanée ou continue du corps, indépendamment des affections de l'âme : les gens vulgaires eux-mêmes n'en sont pas toujours dépourvus, et le sommeil ne l'efface pas de la *figure* humaine.

formes et le mouvement du discours, ou les modulations musicales, desquelles on dit fort bien qu'elles ont de la grâce.

**GRACIEUX** (adj.). — Bien que l'adjectif gracieux dérive du substantif grâce, il n'est pas cependant l'expression exacte des qualités inhérentes à ce substantif; sa signification est plus vague; elle s'applique à un plus grand nombre d'objets et à des objets fort différents. Gracieux signifie tout ce qui flatte doucement, agréablement, les sens et l'imagination. On dit d'un site, d'un paysage, du sujet d'un tableau, ou de celui d'une idylle qu'ils sont gracieux, et l'on ne saurait dire de telles choses qu'elles ont de la grâce.

Dans les personnes, l'air et les manières gracieuses ne dépendent ni de la beauté des formes, ni de l'élégance des mouvements. Le regard et le sourire gracieux sont indépendants de la régularité des traits du visage; l'homme le moins bien fait peut avoir l'accueil gracieux, être gracieux envers tout le monde.

Dans tous les arts, il y a le genre gracieux, et ce n'est pas en général celui qui exige le plus de correction et de beauté. En peinture, le genre gracieux s'entend de petits sujets traités le plus souvent avec un peu d'afféterie, un soin recherché des accessoires, une certaine gentillesse.

\* **GRADATION** (s f.). Fig. 100 et 101. — Disposition graduelle des parties d'une composition, qui a pour but d'établir l'ordre entre ces parties, de les lier, et d'arriver, par là, à l'unité de l'ensemble. Il y a gradation dans la composition d'un tableau, quand le personnage ou le groupe principal est en évidence, et proéminent, par le plan sur lequel il est placé, la lumière dont il est éclairé, la force d'expression, le soin donné à l'exécution, et que le peintre a su n'accorder ces avantages qu'avec plus de réserve aux autres groupes, aux autres figures, à mesure qu'elles s'éloignent du centre de l'action et y prennent une part moins grande.

On exige aussi avec raison de la gradation dans les masses de la composition. Quelques Écoles ont porté la recherche sur ce point jusqu'à s'imposer la règle de faire pyramider l'ensemble de toute composition, et dans toute composition, chaque groupe (*V*. PYRAMIDER).

La gradation de la lumière et celle des tons sont surtout indispensables; mais l'usage veut qu'en parlant des tons et de la lumière, on dise dégradation.

**GRAND** (adj.). — Grande machine, grande manière de peindre, grande manière de faire, etc. On appelle, en peinture, grande machine une composition vaste, compliquée, nombreuse en personnages, à effets variés, exécutée dans de grandes dimensions. Les plafonds, les tableaux représentant des batailles, des marches triomphales, des apothéoses, etc., sont, pour l'ordinaire, de grandes machines (*V*. MACHINE).

Grande manière de peindre, grande manière de faire, signifie manière de peindre, manière de faire, large, facile, hardie, appre-

## CE QU'ON ENTEND PAR GRADATION DANS LA COMPOSITION D'UN TABLEAU

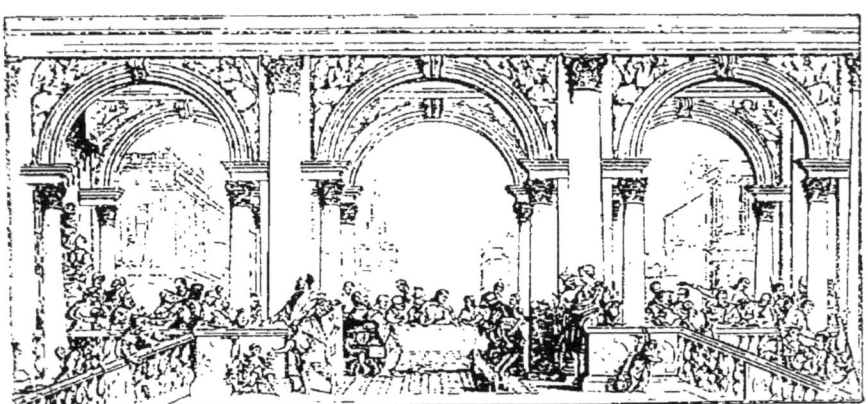

Fig. 100. — Paolo Caliari, dit Paul Véronèse (1528 † 1588).
Le Repas chez Lévi (Académie des Beaux-Arts, Venise).

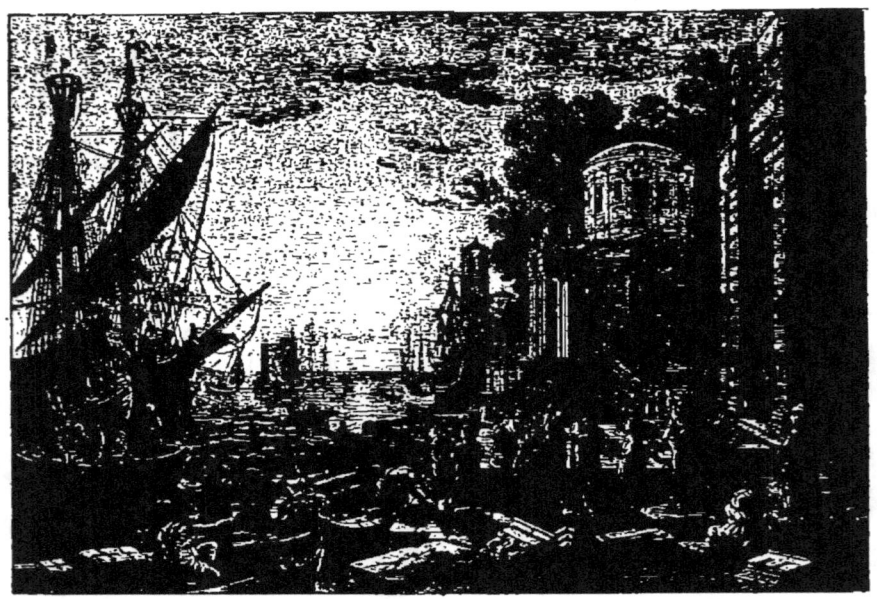

Fig. 101. — Claude Gellée, dit Claude Lorrain (1600 † 1682).
Le Débarquement de Cléopâtre à Tarse (Musée du Louvre, Paris).

Il y a *gradation* dans la *composition* d'un *tableau*, quand le *personnage* ou le *groupe* principal est en évidence, et proéminent, par le *plan* sur lequel il est placé, la *lumière* dont il est éclairé, la force d'*expression*, le soin donné à l'*exécution*, et que le peintre a su n'accorder ces avantages qu'avec plus de réserve aux autres *groupes*, aux autres *figures*, à mesure qu'elles s'éloignent du centre de l'*action* et y prennent une part moins grande.

priée aux sujets nobles, aux compositions vastes et de grandes dimensions.

GRAND est aussi substantif, et c'est dans le langage de l'art son plus important emploi. Le grand, dans les arts, est ce qui, procédant des genres les plus élevés, se distingue aussi par la puissance de l'exécution. L'un de ses caractères, son caractère le plus marquant, est la simplicité. Le grand, dans ce sens figuré, s'il n'est pas exactement synonyme de sublime, peut être considéré, du moins comme le terme positif dont sublime serait le superlatif.

**GRANDIOSE** (adj.). — Qui a l'apparence grande. L'adjectif grandiose diffère de grand, pris adjectivement dans le sens propre, en ce que ce dernier signifie la grandeur intrinsèque, l'étendue réelle de l'objet, et l'autre ne s'entend que de la grandeur apparente, de la grandeur aux yeux et à l'imagination de celui qui voit.

Dans les figures d'un tableau, comme dans le personnage vivant, le grandiose résulte de la justesse des proportions, de la réunion des caractères propres aux natures fortes, sveltes et puissantes, des habitudes du corps, du mouvement, des traits du visage, du jeu de la physionomie, et de ce que, dans les ouvrages de l'art, on appelle le style.

C'est par le grandiose que le colossal diffère du gigantesque.

Le grandiose est, dans tous les ouvrages de l'art, l'une des qualités qui contribuent le plus à la beauté (V. BEAUTÉ).

**GRAS** (adj.). — Se dit de l'effet des couleurs couchées avec abondance. On dit aussi pinceau gras pour exprimer cette manière de peindre par couches épaisses.

\* **GRATICULER** (v. a.). Fig. 102. — Réduire un dessin, un tableau. On trace sur le modèle que l'on veut copier, et sur le papier ou sur la toile destinés à recevoir la copie, des carreaux de dimensions proportionnelles.

On use de ce procédé pour faire des copies de même grandeur que l'original; c'est un expédient, sinon pour copier avec élégance et sentiment, du moins pour mettre chaque trait à sa place, et ne pas s'écarter des proportions du modèle. Les plus grands artistes ont graticulé leurs dessins (V. RÉDUIRE).

**GRÊLE** (adj.). — Long avec excès; se dit des figures d'un tableau. Le gothique, particulièrement celui des tableaux de l'École allemande, est grêle, ce qui vient et de la sécheresse propre à la manière de peindre de cette École, et de l'affectation que mettaient les peintres de cette époque à montrer leur science de l'ostéologie, la seule partie de l'anatomie qu'ils connussent et fussent à même d'étudier.

**GRIS** (adj.). — Se prend aussi substantivement, comme lorsqu'on dit d'un peintre qu'il donne dans le gris, pour exprimer que la teinte dominante de ses tableaux est le gris; les tons gris ne sont pas par eux-mêmes un défaut; sagement ménagés, ils produisent souvent un bon effet.

## LES PLUS GRANDS PEINTRES ONT GRATICULÉ LEURS CROQUIS ET DESSINS

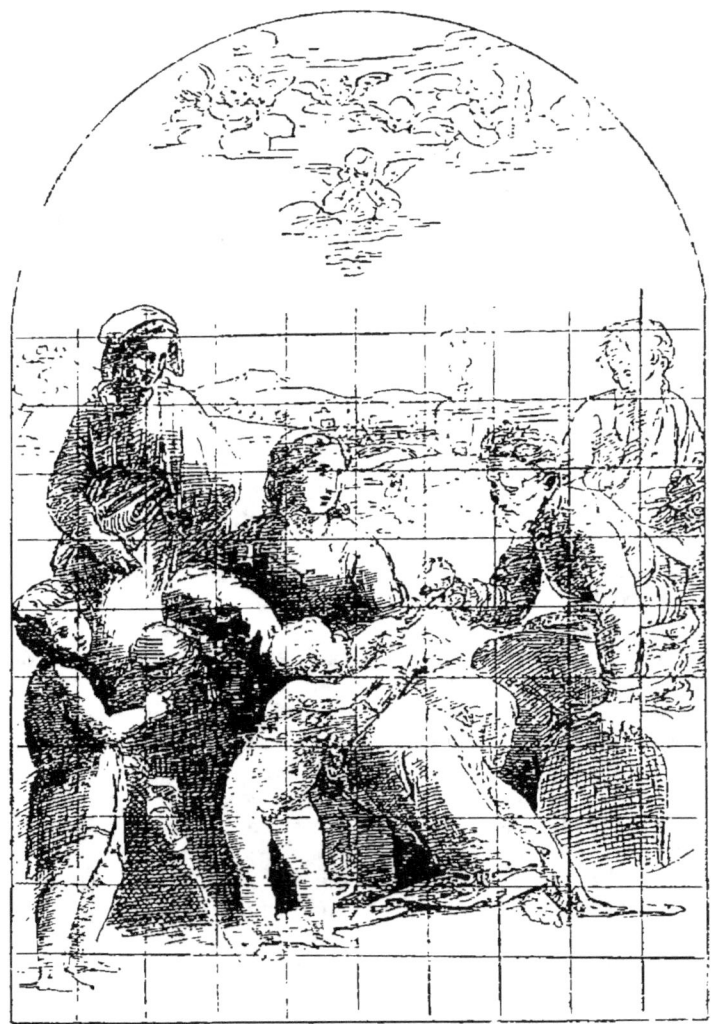

Fig. 102. — Raffaello Santi (1483 † 1520). La Sainte famille. Dessin graticulé (Musée Wicar, Lille).

*Graticuler* est réduire un *dessin*, un *tableau*, à l'aide des *carreaux*. On trace sur le *modèle* que l'on veut *copier*, et sur le papier ou sur la toile destinés à recevoir la *copie*, des *carreaux* de dimensions proportionnelles. — On use de ce procédé pour faire des *copies* de même grandeur que l'*original*; c'est un expédient, sinon pour *copier* avec élégance et *sentiment*, du moins pour mettre chaque *trait* à sa place, et ne pas s'écarter des *proportions* du *modèle*. Les plus grands artistes ont *graticulé* leurs *croquis* et leurs *dessins*.

**GRISAILLE** (s. f.). — Peinture en clair-obscur (*V.* CLAIR-OBSCUR), qui a pour objet un corps solide que l'on suppose blanc.

La peinture en grisaille procède du blanc, aux divers tons gris donnés par l'ombre que le corps projette sur lui-même, et de la lumière la plus vivement reflétée à celle qui l'est le moins.

Les moulures et les ornements des corniches feintes, les tableaux représentant des frises et des bas-reliefs en plâtre, sont des grisailles.

**GROTESQUE** (s. m.). — Ne s'emploie ainsi substantivement qu'au pluriel. On appela primitivement grotesques des peintures d'ornement du genre de l'arabesque et de petites frises du genre familier et comique, qui furent découvertes sous le pontificat de Léon X, dans les grottes de l'ancien palais de Titus; et l'on a continué à distinguer sous ce nom les ornements de ce genre, soit en peinture, soit en sculpture, dont cette découverte du seizième siècle a fait revivre l'usage chez les modernes.

Le mot grotesque est aussi adjectif, et s'applique à toute figure fantasque, bizarre ou contrefaite.

*\* **GROUPE** (s. m.). Fig. 103. — Réunion de plusieurs figures, assemblage de divers objets mis en contact les uns avec les autres, afin de former une seule masse; tel est, sous le rapport pittoresque, le motif de la formation des groupes. Même en une action qui permettrait que les **personnages** fussent dispersés, le **peintre** cherche à les rapprocher, et à en former des groupes de deux, de trois, ou d'un plus grand nombre de figures. Par là, le peintre ramène la vue et concentre l'attention du spectateur sur un petit nombre de points, au lieu de les laisser errer en quelque sorte sur la toile, et doit préférer peindre des masses variées d'étendue et de forme, et plus larges que ne le seraient les figures prises chacune séparément.

Les règles, ou plutôt les habitudes de l'ordonnance du groupe, sont les mêmes en général que celles de la composition de l'ensemble du tableau.

Il faut que les figures qui le composent soient subordonnées les unes aux autres, que celles qui sont les plus importantes dans l'action soient celles aussi qui appellent le plus les regards et l'attention par la place qu'elles occupent dans le groupe, par la pose, le développement, la lumière, etc.

La forme pyramidale est celle qui convient le mieux au groupe; mais on exige surtout que les attitudes et les mouvements par lesquels les figures se lient les unes aux autres n'aient rien d'affecté. Les groupes, considérés comme parties de la composition, doivent, à leur tour, être subordonnés les uns aux autres, et concourir à l'unité de l'effet pittoresque, de même que chaque épisode, chaque figure, concourt à l'unité de l'action (*V.* AGENCEMENT, COMPOSITION, GRADATION).

On dit quelquefois groupe de lumières, en parlant d'une suite de lumières, de demi-teintes et d'ombres, diversement répandues sur un point du tableau.

## QUELLES SONT LES RÈGLES OU HABITUDES DE L'ORDONNANCE DU GROUPE

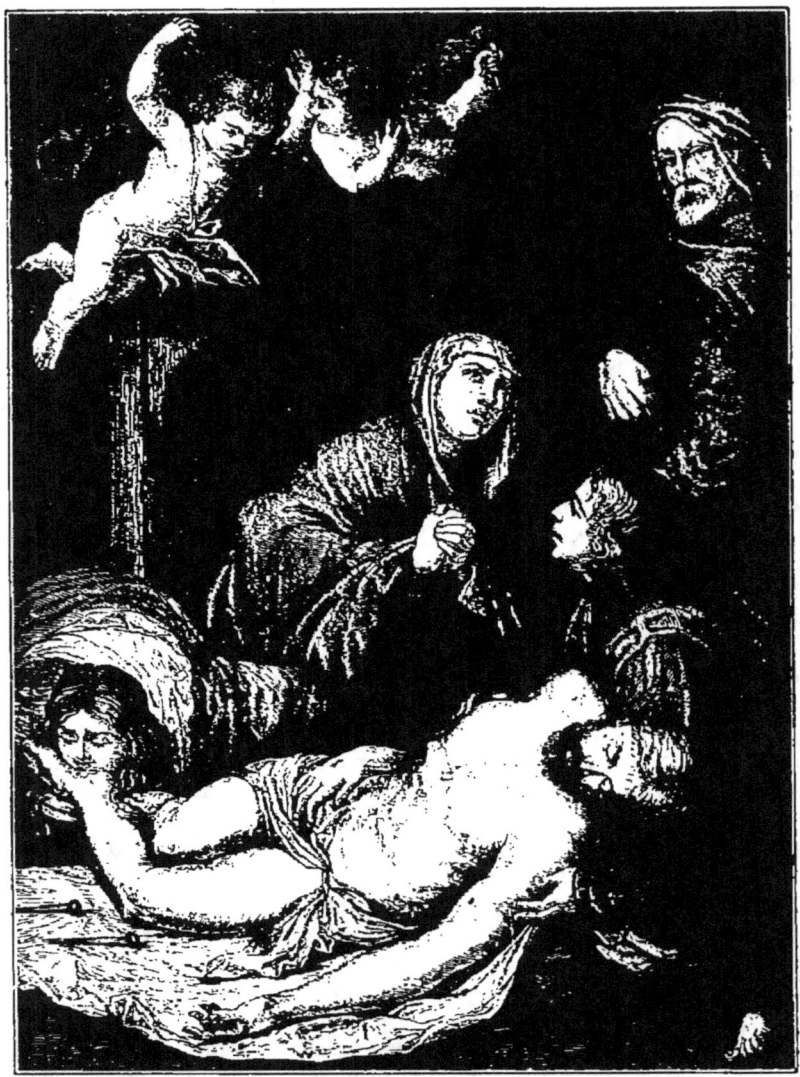

Fig. 103. — José de Ribera, dit l'Espagnolet (1588 † 1656). — Déposition du Christ (Chartreuse Saint-Martin, Naples).

Les règles, ou plutôt les habitudes de l'*ordonnance* du *groupe*, sont les mêmes en général que celles de la *composition* de l'*ensemble* du *tableau*. Il faut que les *figures* qui le composent soient subordonnées les unes aux autres ; et, que celles qui sont les plus importantes dans l'*action* soient celles aussi qui appellent le plus les regards et l'attention par la place qu'elles occupent dans le *groupe*, par la *pose*, le *développement*, la *lumière*, etc.

**GROUPER** (v. a.). — Disposer en groupe des figures ou tous autres objets; les juxtaposer.

**GRYLLE** (n. m.). — Le mot latin *gryllus* désigne ce que nous appelons en français caricature. On sait que ce genre ne fut point inconnu aux anciens et que l'on a découvert, à Herculanum et à Pompéi, des peintures satyriques faisant allusion au nom et au caractère d'un certain personnage nommé Gryllus.

Des bambochades ont été peintes, au xviie siècle, par des artistes flamands et hollandais, des *gryllorum pictores* (*V.* BAMBOCHADE).

**HACHER** (v. a.). — Dessiner par hachures, c'est-à-dire par lignes tracées l'une auprès de l'autre et croisées par d'autres lignes. Les hachures forment les ombres et les demi-teintes du dessin, selon qu'elles sont plus ou moins espacées, et par la manière dont elles sont tracées.

**HACHURE** (s. f.). — Trait de crayon propre à exprimer les demi-teintes et les ombres (*V.* HACHER).

**HARDI** (adj.). — Dessin hardi, touche hardie. Le dessin hardi est celui que l'on reconnaît d'abord pour avoir été tracé sans hésitation et à grands traits, malgré les difficultés que le sujet pouvait présenter. La touche hardie est celle qui a été posée sans hésitation, sans tâtonnement, ce qu'il est toujours facile de reconnaître. En parlant des figures, on appelle pose hardie celle qui a quelque chose d'extraordinaire, sans pourtant être fausse ou forcée outre mesure, mais qui est au contraire l'occasion de beaux et de savants développements : le *Jugement dernier* de Michel-Ange abonde en poses hardies (*V.* fig. 214).

**HARDIESSE** (s. f.). — Aptitude du peintre à tracer un dessin hardi, à donner des touches hardies. On dit figurément, dans le même sens, hardiesse de crayon, hardiesse de pinceau, et aussi crayon hardi, pinceau hardi.

\* **HARMONIE** (s. f.). Fig. 104 et 105. — Disposition des parties en un certain ordre et dans certains rapports, dont la propriété est de faire du tout ensemble un objet agréable aux sens ou à l'imagination, suivant qu'il s'agit de choses matérielles ou intellectuelles. En ce qui concerne la peinture, ce mot a son application la plus étendue comme la plus naturelle à la lumière et à la couleur (*V.* ACCORD).

Il s'applique quelquefois aussi à la composition, et peut alors s'entendre du balancement des masses, du mouvement et des inflexions de la ligne de composition.

**HÉROÏQUE** (adj.). — Quelques critiques ont distingué dans la peinture un genre héroïque, un style héroïque; sans doute les faits et les personnages des temps héroïques ont un caractère qui leur est propre, et que la peinture, aussi bien que les autres arts d'imitation, doit leur conserver.

Toutefois le genre et le style héroïques en peinture peuvent, sans inconvénient, se comprendre dans le genre et le style historiques en général (*V.* GENRE).

## APPLICATION LA PLUS ÉTENDUE ET LA PLUS NATURELLE DU MOT HARMONIE

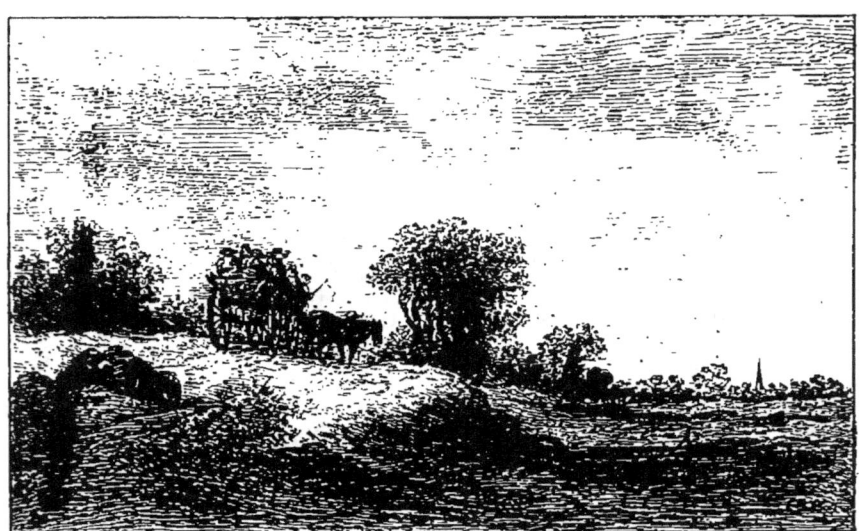

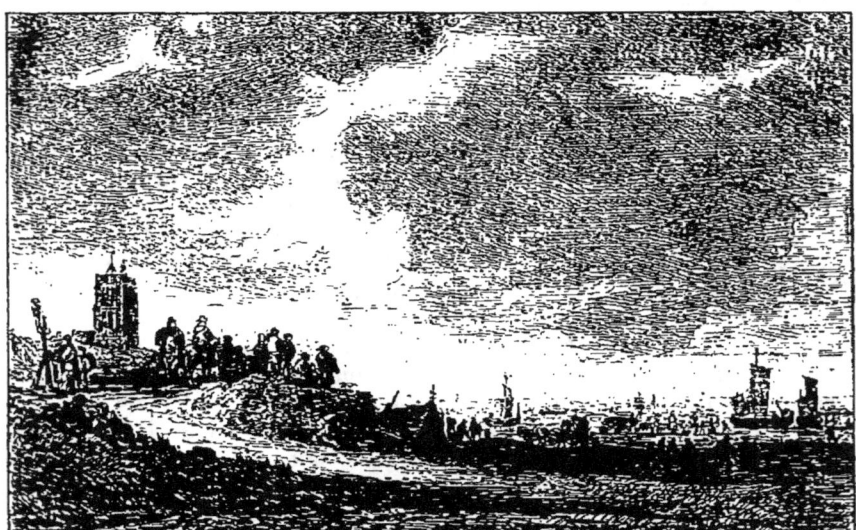

Fig. 104 et 105. — JAN JOSEPHZOON VAN GOYEN (1596 † 1656). — La Charrette (1634) ; et, Plage à la tour carrée (1646) (Ancienne Collection Sedelmeyer).

En ce qui concerne la *peinture*, le mot *harmonie* a son application la plus étendue comme la plus naturelle à la *lumière* et à la *couleur* (V. ACCORD). Ce mot s'applique quelquefois aussi à la *composition*, et peut alors s'entendre de la progression et du *balancement des masses*, du *mouvement* et des inflexions de la *ligne de composition*.

**HEURTER** (v. a.). — Ne s'emploie guère qu'au participe dans ce sens : dessin heurté, touche heurtée, travail heurté. C'est à tort que quelques critiques écrivent : heurter un dessin, heurter un tableau, etc. Le dessin heurté est celui qui procède par touches et par traits fortement et vivement empreints sans soin de la fonte des teintes, ni même des inflexions des contours. Ce dessin est large, facile, et plus ou moins sale et anguleux. Il en est de même de la peinture et du tableau heurtés. Cette manière de faire, négligée, mais vigoureuse, n'est pas sans quelque mérite pour les ouvrages de grande dimension, qui doivent être vus à certaine distance, comme les lambris et les plafonds. Employée avec discrétion, elle contribue à l'effet, même dans les tableaux de chevalet.

**HISTOIRE** (s. f.). — Peintre d'histoire, tableau d'histoire (V. GENRE).

\* **HORIZON** (s. m.). Fig. 106 et 107. — Est l'endroit où, selon l'ordre des plans, le ciel succède à la terre ; mais ce mot a son acception plus particulière encore à la peinture, pour exprimer, dans le système de perspective, la ligne horizontale du tableau sur laquelle est placé le point de vue, c'est-à-dire le point vers lequel doit se diriger celui des rayons visuels qui servira de côté commun à tous les angles formés par le faisceau divergent de tous ces mêmes rayons, en sorte que les objets de la composition, de quelque côté et en quelque sens qu'ils s'éloigneront de ce point, seront vus sous un angle d'autant plus grand, qu'ils s'en éloigneront davantage. Le peintre place l'horizon de sa composition, ou plus haut ou plus bas, selon la nature du sujet, la position dans laquelle doit se trouver le tableau, et quelquefois suivant seulement l'habitude qu'il s'est faite ; toutefois le choix est important : si l'horizon est trop haut, les objets ou la partie des objets placés au-dessous seront vus sous un angle trop large de haut en bas, et, si l'horizon est trop abaissé, il en sera de même dans le sens contraire des objets placés au-dessus ; on les verra sous un angle trop large de bas en haut (V. POINT DE VUE).

**HUILE** (s. f.). — Peinture à l'huile ; procédé de l'art qui consiste à peindre avec des couleurs broyées à l'huile.

**HUMORISTE** (s. m.). — (V. ÉCOLES, APPENDICE, pages 325 à 333).

**ICONOLOGIE** (s. f.). — Langage des images. L'art de représenter les êtres de raison par des figures d'objets matériels, ce qu'on appelle des emblèmes, des figures allégoriques.

\* **IDÉAL** (adj.). Fig. 108. — Qui n'a pas de modèle dans la nature, et n'existe que dans l'imagination.

---

NOTE RELATIVE AUX FIGURES 106 ET 107. — Le mot *horizon* exprime, dans le système de perspective, la *ligne* horizontale du *croquis*, *dessin* ou *tableau* sur laquelle est placé le *point de vue*, c'est-à-dire le point vers lequel doit se diriger celui des rayons visuels qui servira de côté commun à tous les angles formés par le faisceau divergent de tous ces mêmes rayons, en sorte que les objets de la *composition*, de quelque côté et en quelque sens qu'ils s'éloigneront de ce point, seront vus sous un angle d'autant plus grand, qu'ils s'en éloigneront davantage.

## CE QUE LE MOT HORIZON EXPRIME DANS LE SYSTÈME DE PERSPECTIVE

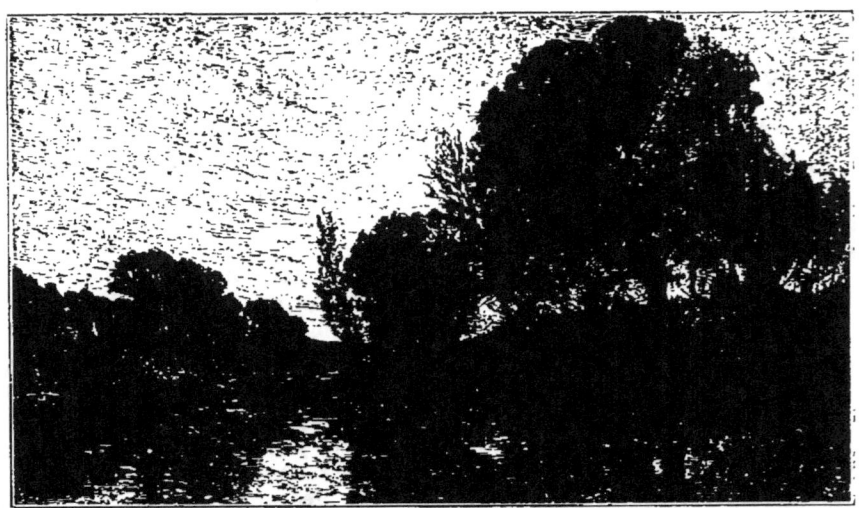

Fig. 106. — Charles-François Daubigny (1817 † 1878). — La Chute des feuilles.

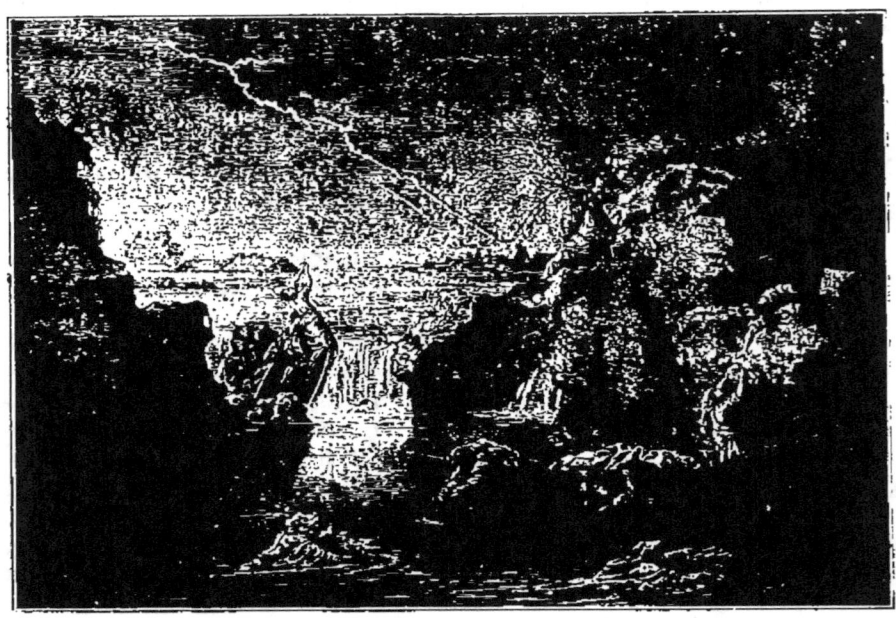

Fig. 107. — Nicolas Poussin (1594 † 1665). Le Déluge
(Musée du Louvre, Paris).

(Consulter, au bas de la page 164, la note relative aux figures 106 et 107.)

Toutefois, parce que l'imagination ne crée rien, et que ses fictions ne sauraient jamais être qu'une agrégation, une combinaison d'objets qui sont tombés sous les sens de l'homme, l'être idéal n'est rien en effet qu'une modification de l'être existant dans la nature. Tels sont les centaures, les satyres, les chimères, les sphinx, les génies ailés composés de membres empruntés de l'homme et de divers animaux; le Janus à deux visages, le cyclope avec un seul œil au milieu du front, les géants aux cent bras, le serpent aux cent têtes, etc. Mais cette acception du mot idéal change, ou du moins se restreint encore quand il s'agit de ce qu'on appelle, dans la peinture, beau idéal.

Le beau idéal ne résulte pas, et ne saurait résulter d'aucun de ces assemblages fantasques de parties empruntées à des individus d'espèces différentes. Il consiste au contraire dans le perfectionnement, c'est-à-dire dans une heureuse modification, suivant les lois de la nature, du modèle donné par elle dans l'ordre commun de ses opérations.

Par exemple, cent personnes sont rassemblées sur la place publique, et voilà que survient un événement digne du pinceau de l'histoire. Cependant le principal acteur de cette scène n'a ni par sa stature ni dans les traits de son visage rien d'analogue à la nature de l'action dont il est le héros. Parmi les autres personnages, quelques-uns sont infirmes ou contrefaits; la plupart manifestent la passion qui les agite par des mouvements désordonnés, tous sont d'une nature commune, et vêtus selon le caprice d'une mode bizarre; ils se pressent ou se dispersent sans aucun ordre; ce n'est partout que confusion. Tel est d'ordinaire le modèle donné par la nature. Mais le peintre qui aura à fixer cette action sur la toile fera choix, pour le principal personnage, d'un modèle imposant par sa taille et sa physionomie expressive; les autres, exempts du moins de difformité et, tous, drapés, ajustés, posés pittoresquement et diversement groupés selon les règles de l'art, exprimeront avec précision, sans sortir du naturel, par des mouvements variés, selon l'âge, le sexe, le caractère de chacun, la part ou l'intérêt qu'ils prennent à l'action, et les émotions qu'ils en éprouvent: ce sera là le beau idéal de la composition.

La figure, considérée isolément, est de même, et plus encore, susceptible de beauté idéale: non seulement le peintre peut composer un ensemble de toutes les parties les plus parfaites qu'il aura rencontrées dans une multitude de modèles, bien que jamais probablement la nature n'ait réuni toutes ces belles parties dans un seul individu; mais, parce qu'il aura observé quels sont le principe et la cause de la beauté de chaque partie de la figure humaine, il lui sera possible, tantôt par une légère exagération, tantôt par une heureuse abstraction de certaines formes, d'élever la ressemblance à un degré de beauté, et, s'il faut le dire, de perfection supérieure à celle du modèle donné par la nature elle-même. C'est en cela que consiste, à proprement parler, le beau idéal.

Idéal s'emploie aussi substantivement dans cette phrase: l'idéal

**EXEMPLE DE RESSEMBLANCE ÉLEVÉE A UN DEGRÉ DE BEAUTÉ IDÉALE**

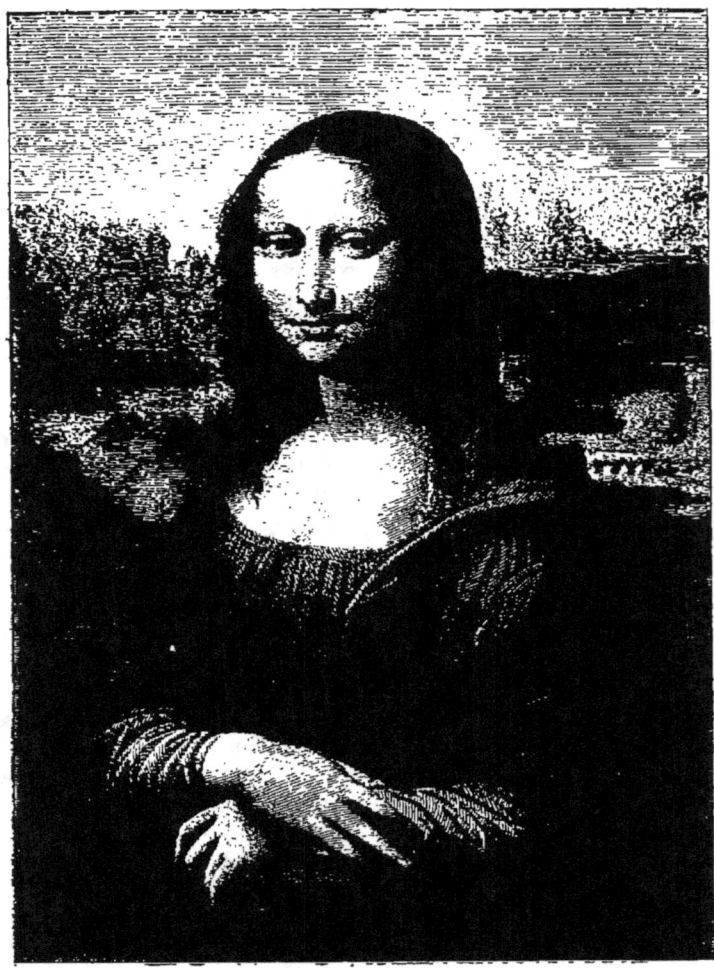

Fig. 108. — Lionardo da Vinci (1452 ÷ 1519). — La Joconde. Portrait de Monna Lisa, troisième femme de Francesco del Giocondo (1468 ÷ 1528), citoyen de Florence (Soustrait au Musée du Louvre dans la matinée du 21 Août 1911). — *Voir* fig. 213.

Ce tableau est trézalé. Les vernis ont jauni les carnations et en ont fait disparaître le coloris délicat et vrai qui enthousiasmait Vasari. Les mains, la gorge, la bouche, le nez, les paupières ont été retouchés. Les lointains, paysage et torrents ont été alourdis. Des peintres improvisés restaurateurs, ont mannequiné les étoffes et n'ont pas su rendre la caractéristique de leurs yeux, etc. !

Parce que le peintre aura observé quels sont le *principe* et la cause de la *beauté* de chaque partie de la *figure* humaine, il lui sera possible, tantôt par une légère *exagération*, tantôt par une heureuse abstraction de certaines *formes*, d'élever la *ressemblance* à un degré de *beauté*, et, s'il faut le dire, de perfection supérieure à celle du *modèle* donné par la *nature* elle-même. C'est en cela que consiste, à proprement parler, le *beau idéal*, et cela est si vrai, que Francesco del Giocondo ne trouva pas le portrait de sa femme ressemblant.

de l'art. Par quoi il faut entendre l'artifice au moyen duquel les arts d'imitation suppléent à l'impuissance où ils sont de reproduire exactement certains objets, certaine propriété des objets, comme la vie, le mouvement, le bruit; artifice plus facile à sentir qu'à expliquer, mystère de ces arts en vertu duquel un tableau, par l'accumulation des objets bruyants, l'infinie variété d'attitudes des personnages et la manière dont ils sont mis en action, porte à notre esprit, souvent jusqu'à l'illusion, les images et les idées de tumulte, de confusion, de bruit, de bouleversement, bien que tout soit immobile et silencieux sur la toile; ou bien encore qui fait que le marbre inanimé et sans couleur nous représente l'homme vivant, sans même que cette image, si fort incomplète, nous laisse rien à désirer (V. IMITATION). L'idéal de l'art n'a rien de commun ni avec l'être idéal ni avec le beau idéal. On appelle IDÉALISTES les artistes dont les œuvres sont empruntées d'un idéal concret, sensible, individuel (Voir ÉCOLES, APPENDICE, pages 325 à 333).

\* **IDÉE** (s. f.). Fig. 109 à 113. — S'entend, dans le langage de l'art, d'un trait d'imagination, d'invention. C'est en ce sens qu'on dit qu'il n'y a pas d'idées dans un tableau, pour exprimer que ce tableau n'offre rien que de commun et de vulgaire, et d'un artiste qu'il manque d'idées, pour dire qu'il n'invente rien, qu'il est incapable de rien inventer. On appelle aussi première idée l'esquisse rapide d'un dessin, où il n'y a encore que les traits principaux du sujet, tel qu'il s'est présenté d'abord à l'imagination de l'artiste (V. PENSÉE).

**ILLUSION** (s. f.). — Erreur des sens qui nous donne la perception des objets autrement qu'ils ne sont en effet, ou bien encore nous fait prendre l'image, c'est-à-dire les apparences de l'objet, pour la réalité. Cette dernière sorte d'illusion est particulièrement celle que peut produire la peinture, et qui semble aux esprits vulgaires le principal ou même l'unique but de cet art. Toutefois, cette imitation exacte de l'objet, cette reproduction identique des apparences est fort loin d'être la perfection de l'art, soit qu'on considère son œuvre sous le rapport de la difficulté d'exécution, ou sous celui des effets qu'il produit. On cite encore, après deux mille ans, les raisins de Zeuxis, que les oiseaux venaient becqueter, et le rideau de Parrhasius, qui trompa Zeuxis lui-même : cela ne prouve rien que le peu de fondement de beaucoup d'anciennes admirations, et la disposition qu'ont eue de tout temps, ce qu'on appelle les amateurs, à s'enthousiasmer pour les puérilités de l'art. Qui ne sait à quels leurres grossiers les oiseaux, et en général les animaux, se laissent prendre par les chasseurs, et que, sur ce point, les hommes ne sont guère plus difficiles à tromper que les animaux ? Il n'est point de grisaille, point de

---

NOTE RELATIVE AUX FIGURES 109 A 113. — On appelle première *idée*, *l'esquisse* rapide d'un dessin où il n'y a encore que les *traits* principaux du sujet tel qu'il s'est présenté d'abord à *l'imagination* de l'artiste. Un grand nombre de premières *idées* n'ont pas été mises à exécution.

**LA PREMIÈRE IDÉE EST L'ESQUISSE RAPIDE, LES TRAITS PRINCIPAUX D'UN DESSIN**

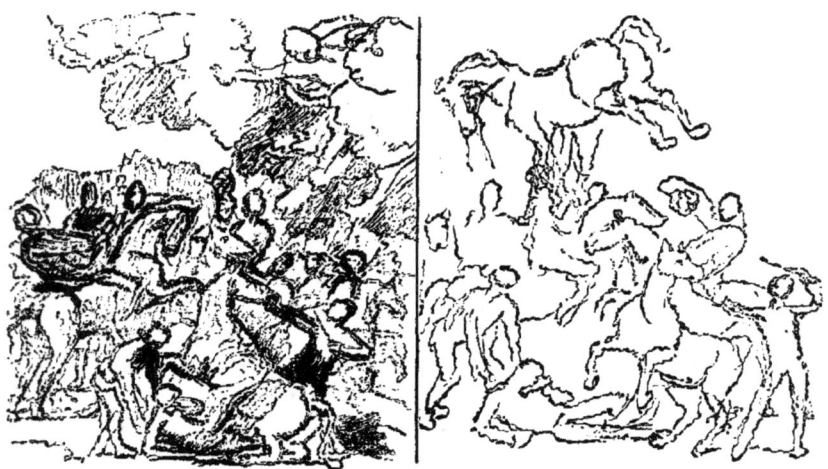

Fig. 109 et 110. — Nicolas Poussin (1594 ✝ 1665). — Premières Idées pour La Conversion de Saint Paul (tableau que Le Poussin n'a pas eu le temps d'exécuter).

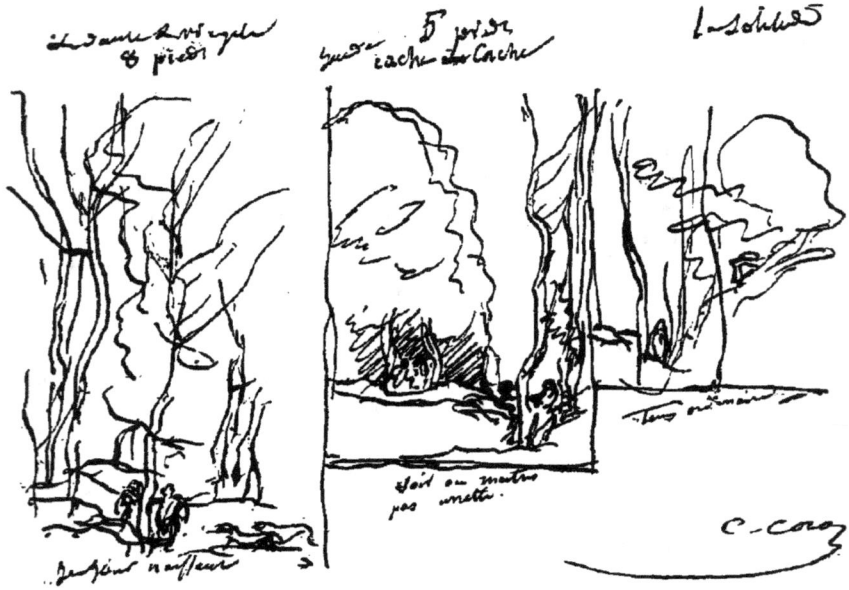

Fig. 111 à 113. — Jean-Baptiste-Camille Corot (1796 ✝ 1875).
Premières Idées pour : Dante et Virgile (1859); Jeu de cache-cache; La Solitude (1866).

*(Consulter, au bas de la page 168, la note relative aux figures 109 à 113.)*

TABLEAUX.

peinture de décor, tant soit peu soignée, qui ne fasse illusion, même aux gens les mieux instruits des procédés et des effets de l'art. D'autre part, cette imitation exacte d'où résulte l'illusion des sens, par cela seul qu'elle exclut le beau idéal, et tout idéal, ne saurait non plus exercer sur l'esprit qu'un charme très borné.

Mais il est aussi des illusions de l'esprit et de l'imagination que provoquent, que produisent les arts d'imitation, et qui sont l'effet vraiment admirable de ces arts (V. IMITATION et IDÉAL).

IMAGE (s. f.). — Est, à proprement parler, le spectre ou la représentation d'un objet que l'on voit, soit par réflexion, soit par réfraction, au moyen d'un miroir, d'un verre lenticulaire, ou par tout autre effet de catoptrique, ou de dioptrique.

On appelle aussi images, en peinture, celles qui ont pour sujets les figures des saints.

\* IMAGINATION (s. f.). Fig. 114. — Faculté que possède l'esprit de se former des images, ce qui est pour l'artiste le principe de toute invention. Son imagination s'applique donc à figurer dans sa pensée la disposition du tableau ou du groupe qu'il se propose d'exécuter, avec toutes les circonstances et tous les moyens d'expression les plus propres à rendre la représentation vive et frappante. On dit que l'ouvrage est riche d'imagination, et que l'artiste a fait preuve d'une imagination féconde, quand ces circonstances sont abondantes et d'une invention heureuse, quand l'expression est vraie et forte. L'ouvrage et l'artiste sont au contraire déclarés pauvres d'imagination quand les circonstances sont communes et l'expression sans justesse et sans force. L'imagination du peintre est le fruit du génie cultivé par l'étude : pour se figurer des images sous de belles formes, il faut avoir cette connaissance de la régularité des formes, qui s'acquiert par la pratique du dessin; pour imaginer les personnages agissant convenablement au sujet, il faut avoir observé avec méditation les mouvements de l'homme dans les différentes actions dont il est susceptible; pour se les figurer avec l'expression convenable, il faut avoir étudié l'effet des affections de l'âme sur les enveloppes du corps; pour se les représenter bien éclairés, bien colorés, il faut connaître les effets de la lumière sur les corps, selon la position, la substance, la couleur propre à chacun, et, avant tout, avoir reçu de la nature cette aptitude à bien voir et à bien rendre toutes ces choses, qui constitue le génie du peintre.

IMAGINER (v. a.). — C'est, pour le peintre, se figurer dans la pensée l'objet qu'il se propose de représenter sur la toile.

\* IMITATION (s. f.). Fig. 115. — Reproduction, par un moyen artificiel, des apparences d'un être réel. Toutefois, les arts qu'on appelle arts d'imitation n'ont pas seulement pour objet de reproduire les apparences des êtres réels, ils ont aussi et surtout pour but de renouveler

## L'IMAGINATION DU PEINTRE EST LE FRUIT DU GÉNIE CULTIVÉ PAR L'ÉTUDE

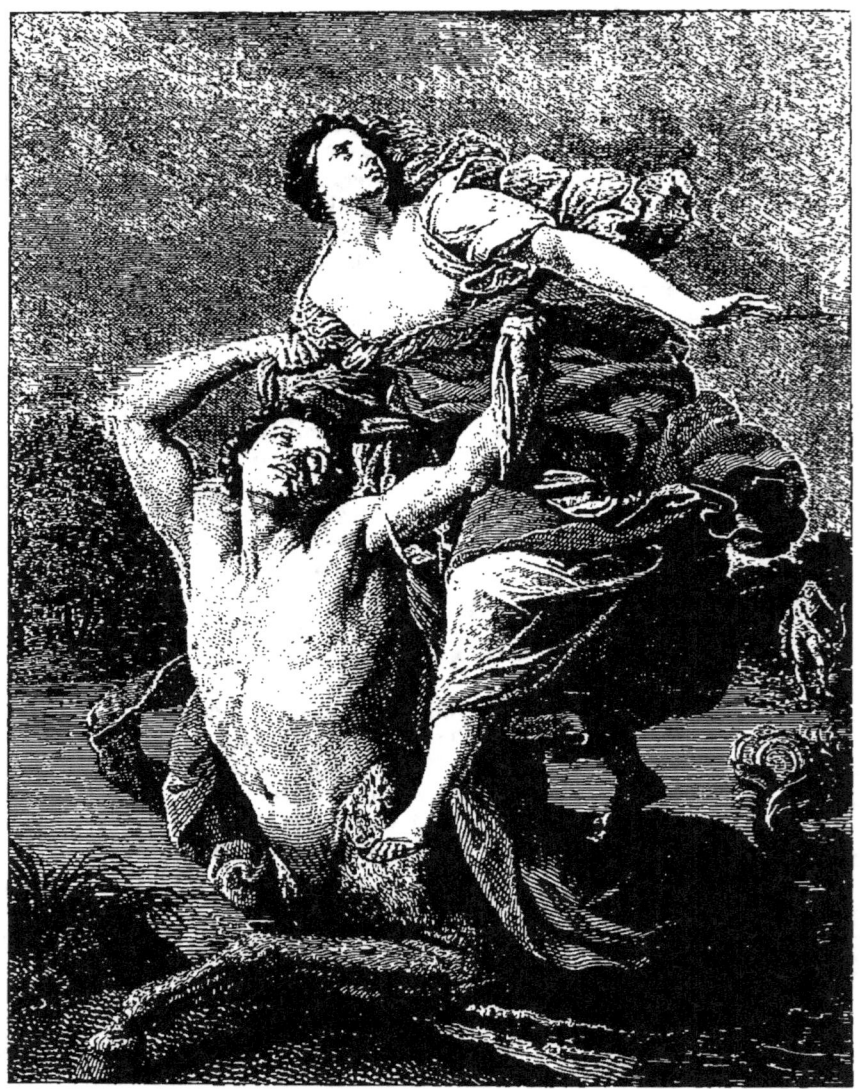

Fig. 114. — Guido Reni, dit le Guide (1575 † 1642).
Déjanire enlevée par le centaure Nessus (Musée du Louvre, Paris).

L'*imagination* du peintre est le fruit du *génie* cultivé par l'étude : pour se figurer des *images*, même celles des monstres, sous de belles *formes*, il faut avoir cette connaissance de la régularité des *formes*, qui s'acquiert par la *pratique du dessin*.

dans l'esprit et dans l'âme du spectateur les impressions, les souvenirs, les émotions, les sensations, qui ont été ou qui ont dû être l'effet de la chose représentée.

La reproduction artificielle des apparences de l'être réel est toujours plus ou moins incomplète, autrement ce ne serait pas seulement l'imitation, ce serait une création nouvelle de cet être lui-même : ainsi, la peinture ne reproduit que l'apparence par la couleur et le clair-obscur, et cette apparence n'affecte que les yeux.

La peinture, bornée à la représentation exacte de ce qu'il lui est donné de pouvoir reproduire de chaque objet, ne saurait opérer sur l'esprit du spectateur tous les mêmes effets que l'être réel. De là, la nécessité de l'idéal, pour suppléer à l'insuffisance, ou compenser la faiblesse des moyens d'imitation propres au matériel de l'art; de là, la supériorité des ouvrages où l'idéal a été employé à propos, sur ceux dont le mérite se borne à la représentation exacte des objets (V. IDÉAL).

Imitation est aussi l'action par laquelle on opère conformément à un modèle artificiel, soit en copiant ce modèle aussi exactement qu'on le peut faire, soit seulement en opérant sur un sujet original, à la manière et dans le goût propre à tel ou tel artiste. En peinture, la première de ces deux sortes d'imitation est ce qu'on appelle copie, et la seconde, ce qu'on désigne sous le nom de pastiche. On entend aussi par imitation l'ouvrage fait à l'imitation de quelque autre ouvrage, et cela dans un sens moins rigoureux, moins absolu que celui que comportent les termes copie et pastiche. Ainsi, on dira d'une composition qu'elle est une imitation de l'*Adoration des Mages* du Vinci, bien qu'elle ne présente ni la copie exacte d'aucune des figures de cette œuvre, ni l'imitation de la manière de ce maître, mais seulement parce que la disposition, l'idée générale de cette composition, auront évidemment été suggérées par le souvenir de l'*Adoration* de Léonard de Vinci.

**IMPRESSION** (s. f.). — Préparation de la toile ou du panneau destinés à recevoir un tableau. L'impression consiste en un enduit à la colle ou à l'huile, qu'on appelle aussi apprêt (V. APPRÊT).

**IMPRESSIONNISTE** (s. m.) — (Voir ÉCOLES, APPENDICE, pages 325 à 333).

**IMPRIMER** (v. a.). — Donner à une toile ou à un panneau la préparation usitée pour peindre un tableau.

**INCERTAIN** (adj.). — Se dit d'un dessin dont les contours tracés, d'une main incertaine, ne sont pas arrêtés et manquent de justesse et de précision.

**INCORRECTION** (s. f.). — Le défaut de ce qui n'est pas correct; il se dit particulièrement en parlant du dessin (V. CORRECTION).

\* **INDIVIDUEL** (adj.). Fig. 116. — Qui est de l'individu, qui lui appartient; imitation, ressemblance individuelle. On appelle imitation individuelle, ressemblance individuelle, celle qui a pour objet la conformation et les traits particuliers au modèle, par opposition à l'imita-

## DISTINCTION A ÉTABLIR ENTRE LES TERMES IMITATION, COPIE ET PASTICHE

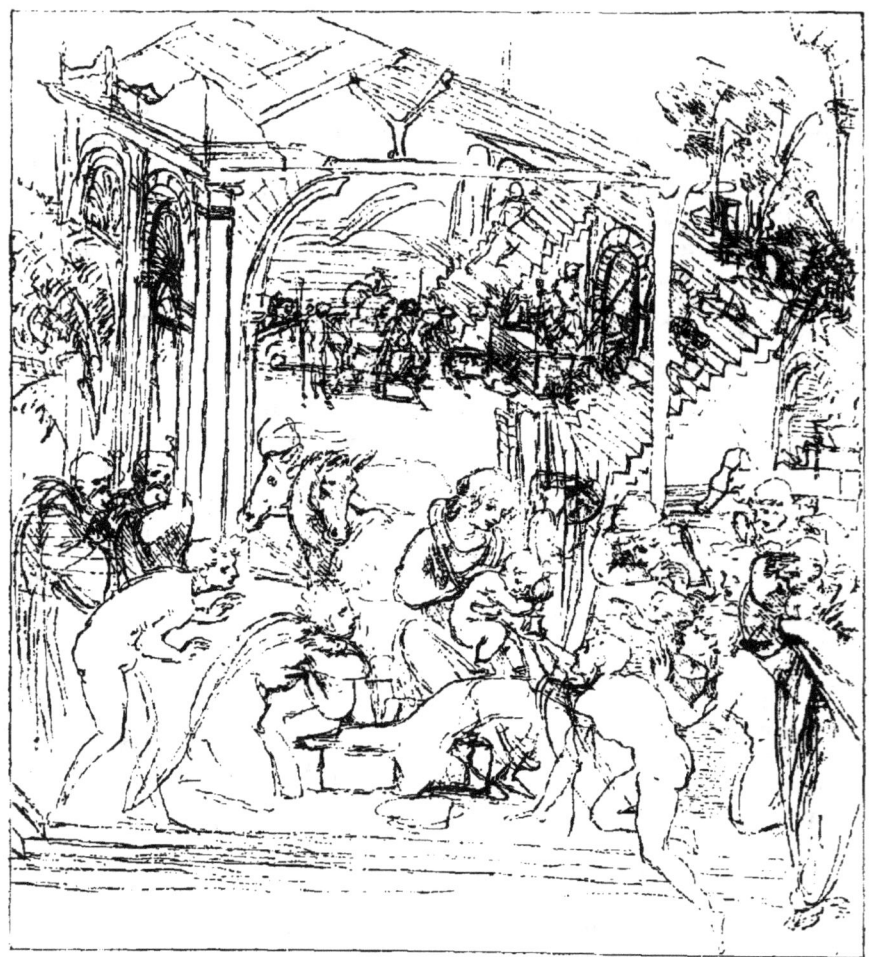

Fig. 115. — Lionardo da Vinci (1452 † 1519). — L'Adoration des Mages. Croquis (Musée du Louvre, Paris).

On entend par *imitation* l'ouvrage fait à l'*imitation* de quelque autre ouvrage, et cela dans un sens moins rigoureux, moins absolu que celui que comportent les termes *copie* et *pastiche*. Ainsi, on dira d'une *composition* qu'elle est une *imitation* de « l'Adoration des Mages » du Vinci, bien qu'elle ne présente ni la *copie* exacte d'aucune des *figures* de cette œuvre, ni l'*imitation* de la *manière* de ce maître, mais seulement parce que la *disposition*, l'*idée* générale de cette *composition*, auront été suggérées par le souvenir de l' « Adoration » de Léonard de Vinci.

tion générale qui s'applique à reproduire la figure et les formes de l'homme telles que la nature les offre en général dans des sujets bien conformés, ou telles que l'artiste les conçoit idéalement.

La ressemblance individuelle ne convient guère qu'au portrait, encore le portraitiste habile s'applique-t-il plus à saisir les traits généraux que les accidents particuliers de la nature. Tels portraits, et ce ne sont pas les meilleurs, sont d'une ressemblance frappante par le soin que le peintre a pris de n'omettre aucune des circonstances, aucun des détails individuels du modèle ; d'autres sont d'une ressemblance plus vraie en effet, plus satisfaisante pour l'esprit et le cœur, par l'art avec lequel les traits particuliers au modèle, sont appropriés à sa physionomie.

Le peintre d'histoire, devant le modèle, n'a à s'occuper de la ressemblance individuelle que pour être attentif à l'éviter. Alors même qu'il entre dans son sujet des personnages dont il est indispensable de donner le portrait, ce n'est pas à la ressemblance individuelle qu'il se doit attacher (V. PORTRAIT).

INGRAT (s. m.). — Se dit en parlant du sujet d'un tableau, ou de celui de toute autre composition, qui ne se prête point au développement des beautés de l'art, ou même dont quelques-unes des conditions ne sauraient être remplies par les moyens propres à l'art, en sorte que, quelque soin qu'y apporte l'artiste, il n'en saurait résulter qu'un ouvrage imparfait.

L'artiste qui fait choix d'un sujet ingrat fait preuve en même temps de peu de discernement et de peu de connaissance des moyens de son art : la faute en est à lui. Mais il arrive aussi trop souvent que des ordonnateurs ignorants prescrivent à l'artiste un sujet ingrat : c'est alors seulement que celui-ci est à plaindre et non à blâmer.

INSERTION (s. f.). — Est, dans l'écorché, le point où un muscle pénètre entre deux autres muscles, sous lesquels, ou sous l'un desquels il a son attache. Ces points d'insertion sont ceux où les formes se prononcent le plus fortement sous l'enveloppe de la peau : par cette raison, il importe au dessinateur d'en bien connaître la place et l'effet, selon les divers mouvements du membre auquel ils appartiennent.

INSPIRATION (s. f.). — Inspiration du génie. Idée neuve et heureuse, subitement formée par l'effet de cette perception vive et délicate des objets, et de cette intelligence claire et profonde des êtres de raison qui sont l'attribut du génie de l'art.

INSTITUT (s. m.). — S'entend, quand il s'agit des sciences et des arts en France, d'un grand corps académique établi à Paris sous le nom d'Institut. Ce corps, formé au fort de la tourmente révolutionnaire des débris de l'Académie française, de l'Académie des sciences, de celle des inscriptions, et des Académies de peinture et d'architecture, avait été, dès le commencement, partagé en quatre classes,

## LES PORTRAITS D'UNE RESSEMBLANCE FRAPPANTE NE SONT PAS LES MEILLEURS

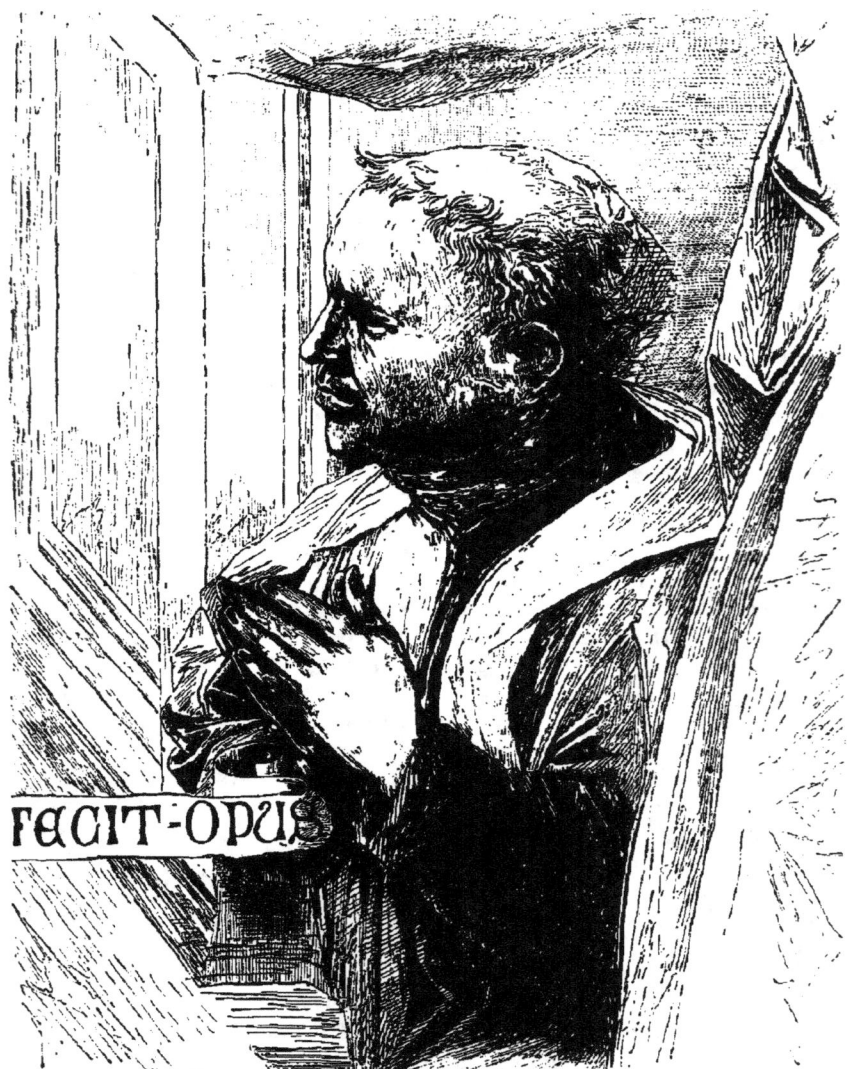

Fig. 116. — FRA (frère) FILIPPO LIPPI (1406? ✝ 1469).
Son portrait peint par lui-même dans sa fresque : Le Couronnement de la Vierge
(Académie des Beaux-Arts, Florence). — (*Voir* fig. 166.)

La *ressemblance individuelle* ne convient guère qu'au *portrait*, encore le *portraitiste* habile s'applique-t-il plus à saisir les *traits* généraux que les *accidents* particuliers de la *nature*. Tels *portraits*, et ce ne sont pas les meilleurs, sinon les plus mauvais, sont d'une *ressemblance* frappante par le soin que le peintre a pris de n'omettre aucun des *détails* individuels du *modèle*; d'autres sont d'une *ressemblance* plus vraie en effet, plus satisfaisante pour l'*esprit* et le cœur, par l'art avec lequel les *traits* particuliers au *modèle*, sont appropriés à sa *physionomie*.

l'une desquelles, la quatrième, se composait d'artistes peintres, sculpteurs, graveurs, architectes, musiciens et comédiens. Napoléon 1ᵉʳ ne voulut point que celle de ces six sections qui comprenait les comédiens se perpétuât. Aucun des membres qui l'avaient composée d'abord, au nombre de trois, n'eut de successeur, et elle s'éteignit en 1816 par la mort de l'acteur Grandmenil. A l'époque de la Restauration, l'Institut fut conservé ; seulement on substitua aux titres de première, seconde et troisième classe, ceux qu'avaient portés les anciennes académies dont ces classes tiennent la place. La quatrième classe prit le nom d'Académie des Beaux-Arts.

Alors aussi le nombre des membres de cette Académie fut fixé à quarante, au lieu de trente, et l'on créa de plus une section d'académiciens libres. Ce furent d'abord des amateurs ; mais bientôt l'usage prévalut de choisir de préférence des personnes constituées en dignité, parmi celles dont le patronage peut être utile aux artistes. Ces académiciens libres n'ont que voix consultative dans les délibérations de l'Académie, et ne prennent part aux élections, conjointement avec les académiciens proprement dits, que lorsqu'il s'agit d'élire un académicien libre.

L'Académie des Beaux-Arts est ainsi partagée : 1ʳᵉ section, peintres ; IIᵉ section, sculpteurs ; IIIᵉ section, architectes ; IVᵉ section, graveurs en taille-douce ou en médailles ; Vᵉ section, compositeur de musique ; un secrétaire perpétuel académicien ; dix membres libres ; quarante correspondants et dix membres correspondants libres.

\* **INTELLIGENCE** (s. f.). Fig. 117 et 118. — Ne s'emploie guère, dans le langage de l'art, qu'en parlant de l'intelligence de l'artiste, appliquée aux combinaisons et aux effets de la lumière et du clair-obscur. On dit, dans ce sens, d'un peintre qu'il possède l'intelligence du clair-obscur, de la lumière ; et, en parlant d'un tableau, qu'on y remarque l'intelligence du clair-obscur et de la lumière, etc.

**INTÉRIEUR** (s. m.). — S'emploie, en terme absolu, pour signifier l'intérieur d'un édifice.

Les églises, en général, et les monuments du moyen âge sont les sujets les plus ordinaires comme les plus heureux du tableau d'intérieur. On appelle tableaux d'intérieur les sujets reproduisant des scènes de la vie intime.

**INTRANSIGEANT** (s. m.). — (*Voir* ÉCOLES, APPENDICE, p. 325 à 333).

**INVENTION** (s. f.). — S'entend, dans le langage de l'art, de la partie de la composition qui consiste dans

---

NOTE RELATIVE AUX FIGURES 117 ET 118. — Le mot *intelligence* ne s'emploie guère, dans le langage de l'art, qu'en parlant de l'*intelligence* de l'artiste, appliquée aux combinaisons et aux *effets* de la *lumière* et du *clair-obscur*. On dit, dans ce sens, d'un peintre qu'il possède l'*intelligence* du *clair-obscur*, de la *lumière* ; et, en parlant d'un *tableau*, qu'on y remarque l'*intelligence* du *clair-obscur* et de la *lumière*, etc.

EN QUOI CONSISTE CE QU'ON APPELLE L'INTELLIGENCE DE L'ARTISTE

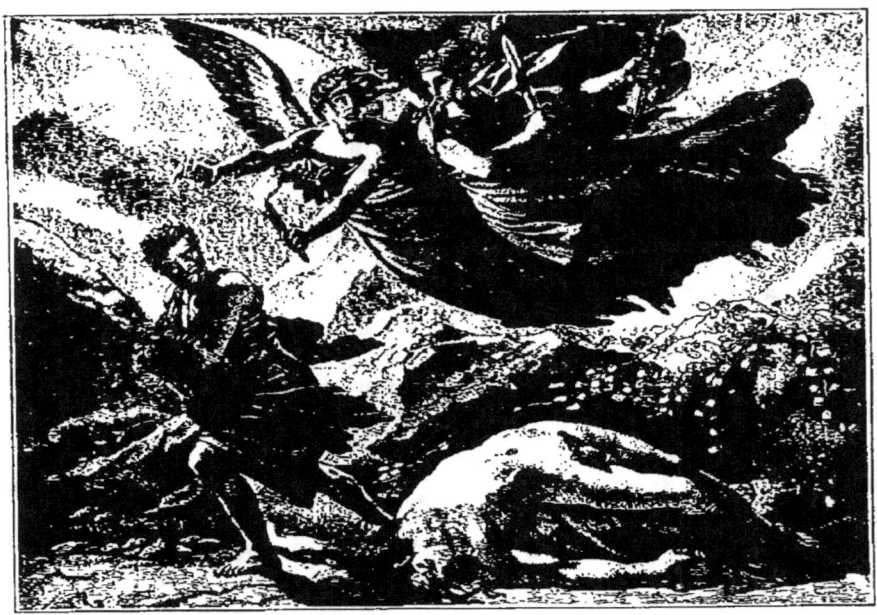

Fig. 117. — Pierre-Paul Prud'hon (1758 † 1823).
La Justice et la Vengeance divine poursuivant le Crime (Musée du Louvre, Paris).

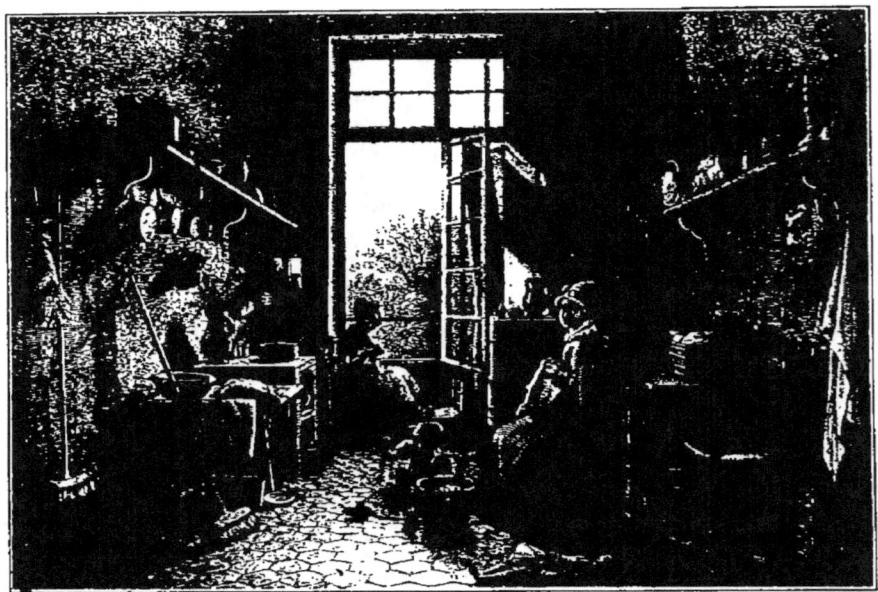

Fig. 118. — Martin Drolling (1752 † 1817). Intérieur de cuisine (Musée du Louvre, Paris).
(Consulter, au bas de la page 176, la note relative aux figures 117 et 118.)

le choix des objets et des moyens que le peintre emploie pour représenter son sujet, et exprimer sa pensée. Lorsque ces objets sont bien choisis, et ces moyens ingénieux et abondants, on dit d'un tableau qu'il est riche d'invention.

**JET** (s. m.). — Signifie la manière dont une draperie est disposée : le jet des draperies est une partie importante de la composition pittoresque.

**JUSTE** (adj.). — Se dit, dans les arts d'imitation, de ce qui est exactement conforme au modèle : un dessin juste; des contours justes, prononcés avec justesse, c'est-à-dire avec précision, exactitude, netteté.

\* **LARGE** (adj.). Fig. 119. — Exprime l'espèce de grandeur qui résulte de la disposition des objets et des procédés de l'exécution. Appliqué à la peinture, il comporte l'idée d'une ordonnance, exempte de détails trop multipliés, suivant laquelle la lumière et les ombres s'étendent sur de grandes parties sans se heurter, sans papilloter, et celle d'un travail facile auquel il a été procédé à grands traits. On appelle un faire large celui qui donne ces résultats, et touches larges, crayon large, les touches et le trait de crayon larges en effet, qui sont propres à cette manière de faire. On dit, dans le même sens, burin large. On ne dirait pas ciseau large, bien que l'œuvre du sculpteur soit susceptible aussi d'être fait largement.

On a tort dans notre époque de confondre trop souvent la lâcheté et la négligence dans l'exécution avec la largeur. Peu de nos artistes modernes savent peindre large.

**LAVIS** (s. m.). — Genre de peinture pour lequel on fait usage de couleurs détrempées à l'eau de gomme, dans un état de fluidité tel, qu'elles puissent s'étendre plus ou moins légèrement au pinceau, et, par cette seule opération, se dégrader depuis les tons les plus vigoureux jusqu'aux demi-teintes les plus faibles. Le lavis s'emploie pour donner du corps à des dessins déjà tracés au simple trait; c'est une espèce d'enluminure. Mais, parce qu'il est susceptible de dégradation de tons, on l'applique fort bien, et mieux que tout autrement, à des ouvrages monochromes. Ce genre de peinture, auquel on emploie le bistre ou l'encre de Chine, de préférence à toutes autres substances colorantes, convient surtout au paysage, ou bien encore pour amener à l'effet des croquis et des esquisses.

**LÉCHÉ** (adj.). — Se dit d'un tableau peint avec un fini, un poli recherchés, sur lequel on voit que le pinceau a passé et repassé avec une patience infatigable. Il s'emploie aussi substantivement. Le léché, d'un faire pénible, est l'opposé du large, du facile, du heurté.

**LÉGER** (adj.). — Se dit, en ce qui concerne la peinture, de la touche, du crayon, du pinceau, et des objets dans le tableau qui présentent l'idée de la légèreté ou de la transparence. On dit un feuillé léger, des draperies légères, un ciel, des

## LE MOT LARGE COMPORTE L'IDÉE D'UNE ORDONNANCE SIMPLE, SANS DÉTAILS

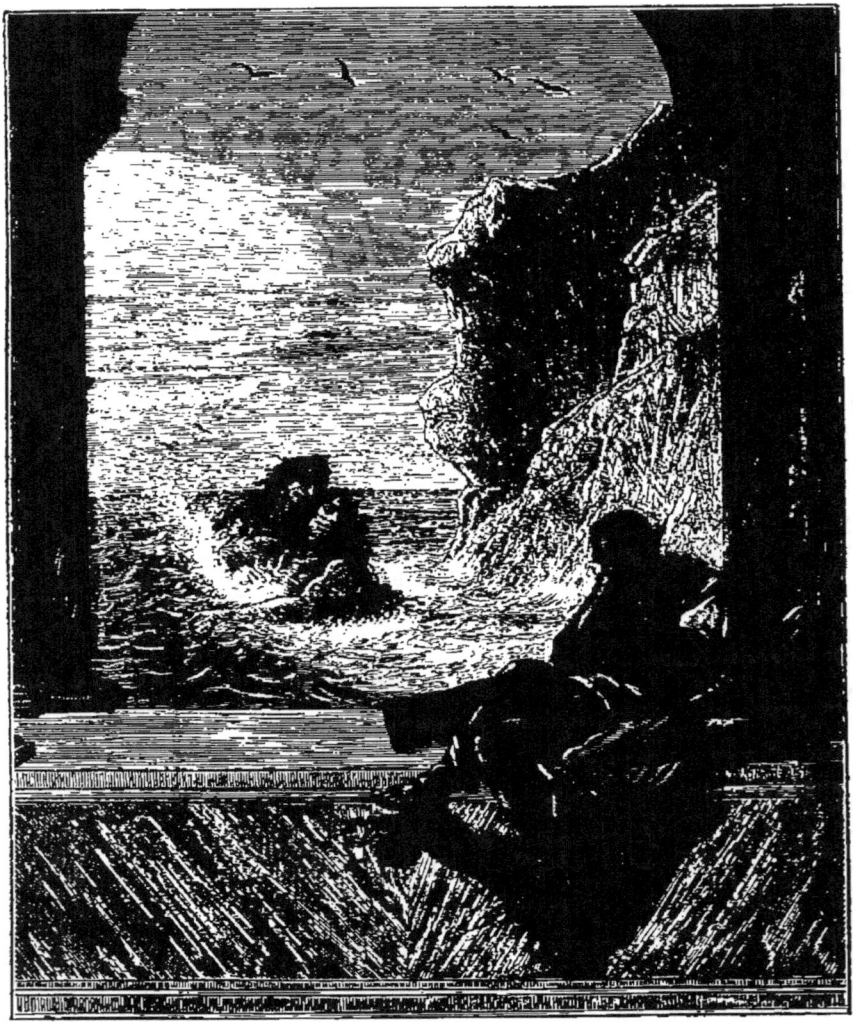

Fig. 119. — GIOVANNI-BATTISTA TIEPOLO (1695 † 1770).
Thétis venant consoler Achille. (*Iliade*.) Fresque
(Villa Valmarana, Vicence).

Appliqué à la *peinture*, le mot *large* comporte l'idée d'une *ordonnance* simple, exempte de *détails* trop multipliés, suivant laquelle la *lumière* et les *ombres* s'étendent sur de grandes parties sans se *heurter*, sans *papilloter*, et celle d'un *travail facile* auquel il a été procédé à grands *traits*. On appelle un *faire large* celui qui donne ces résultats, et *touches*, *crayon larges*, les *touches* et le *trait* de crayon *larges* en effet, qui sont propres à cette *manière de faire*.

nuages légers, des ombres ou des demi-teintes légères, des glacis légers, etc.

La légèreté dans ce sens est un mérite d'exécution qui procède de l'adresse de la touche et de l'entente du clair-obscur (V. LÉGÈRETÉ).

LÉGÈRETÉ (s. f.). — La propriété de ce qui est léger. La légèreté de touche ou de pinceau est l'art d'appliquer la couleur avec prestesse et précision, ou de l'étendre dans une juste mesure au gré de l'imagination. La légèreté des eaux, des nuages, des ciels, des ombres, consiste dans la transparence et la dégradation de ton propres à de tels objets (V. LÉGER).

LIBERTÉ (s. f.). — Est cette facilité à manier le pinceau, le crayon, le burin, que donnent la légèreté de la main, la précision du coup d'œil, et une plus ou moins longue pratique de l'art.

* LIBRE (adj.). Fig. 120. — On dit d'un tableau qu'il est exécuté d'un pinceau libre, ou avec une grande liberté de pinceau, lorsque la touche décèle un travail facile et l'habileté de main d'un peintre maître dans son art. Ces qualités peuvent ne se pas trouver dans des ouvrages recommandables et de grand mérite d'ailleurs. La liberté de pinceau comporte l'idée d'un faire plus hardi que correct, et plutôt large et heurté que soigné et fini. Ce n'est pas la liberté de pinceau qu'on admire dans Raphaël, dans Michel-Ange et en général dans les grands dessinateurs.

LICENCE (s. f.). — On appelle licence dans les arts tout ce qui s'écarte des principes généraux et de la règle commune, sans en être cependant une violation grossière et inexcusable. Quelquefois même la licence est l'écart d'un heureux génie, une faute volontaire contre des conditions de peu d'importance en elles-mêmes, d'où peut naître une beauté réelle. Tel serait un effet de lumière, une combinaison de clair-obscur, satisfaisant aux yeux, en rapport avec le sujet, frappant pour l'imagination, bien qu'on ne pût s'en rendre raison, ni en trouver la cause dans la nature et la position des objets; tels sont encore, dans un sujet historique, ces anachronismes qu'il faut juger comme une erreur.

LICENCIEUX (adj.). — N'a aucun rapport aux licences de l'art; il ne s'applique jamais qu'aux dessins, tableaux, dont le sujet ou la composition sont contraires aux bonnes mœurs.

LIGNE (s. f.). — Suite non interrompue de points, que, par une abstraction mathématique, l'on considère seulement sous le rapport de son étendue en longueur, et comme si elle n'avait ni largeur ni épaisseur. Pour le peintre et le graveur, la ligne est le trait réel de crayon, de plume ou de burin qui indique le contour des objets (V. CONTOUR).

On dit des figures d'un tableau que les lignes en sont flexibles, pour exprimer qu'elles procèdent par courbes et par méplats doux et gracieux; et qu'elles sont raides et anguleuses, quand les contours

## LA LIBERTÉ DE PINCEAU COMPORTE L'IDÉE D'UN FAIRE PLUS HARDI QUE CORRECT

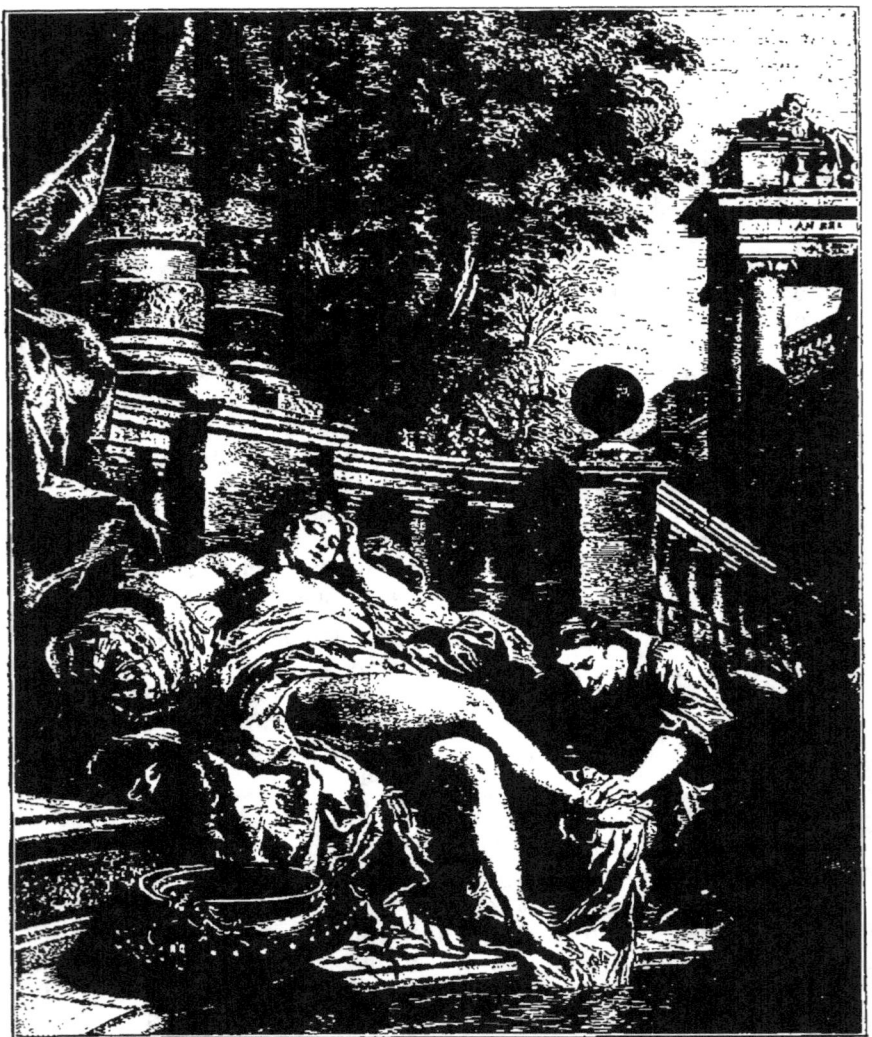

Fig. 120. — JEAN-FRANÇOIS DE TROY (1679 † 1752).
Bethsabée au bain (Musée du Louvre, Paris).

On dit d'un *tableau* qu'il est exécuté d'un pinceau *libre*, ou avec une grande *liberté* de pinceau, lorsque la *touche* décèle un travail *facile* et l'habileté de *main* d'un peintre maître dans son art. La *liberté* de pinceau comporte l'idée d'un faire plus *hardi* que *correct*, et plutôt *large* et *heurté* que *soigné* et *fini*.

Ce n'est pas la *liberté* de pinceau qu'on admire dans les grands peintres et dessinateurs.

abondent en parties droites brisées par des angles.

On appelle ligne de composition, la succession et l'enchaînement des figures, des groupes, des masses d'un tableau, dans un ordre calculé par le peintre pour établir l'ensemble de la composition, et la ramener à l'unité. On dit, dans ce sens, que la ligne de composition part de tel point du tableau, et qu'elle parcourt, dans telle ou telle direction, tels et tels plans.

Quelques artistes ont imaginé qu'il existait entre toutes les lignes, entre toutes les courbes, une certaine ligne, une certaine courbe, exclusivement propre aux belles formes, et ils se sont mis à la recherche de ce qu'ils appelaient la ligne de beauté.

On appelle lignes, dans le paysage, les masses d'arbres, les chaînes de montagnes, les groupes de nuages que, dans la nature, la vue embrasse et parcourt successivement par un mouvement horizontal; Claude Gellée les inondait de lumière. La suite de ces lignes, choisies ou imaginées par le peintre dans un ordre favorable à la beauté de l'ordonnance pittoresque, forme la ligne de composition du tableau-paysage (*V.* MARCHE).

**LINÉAIRE** (adj.). — Se dit de la perspective mathématique par distinction de la perspective aérienne : perspective linéaire (*V.* PERSPECTIVE).

\* **LOCAL** (adj.). Fig. 121. — S'emploie dans le langage de l'art, en parlant de la couleur. On entend par couleur locale la couleur propre à chaque objet, et par conséquent à chaque point du tableau représentant un objet colorié. Le coloriste qui recherche l'imitation de la nature s'attache à la couleur locale, et diffère en cela de celui qui, recherchant l'effet général du tableau plus que la vérité des détails, s'applique de préférence aux combinaisons et aux accords des masses de couleurs, sans autant s'attacher à ce que chacune de ces couleurs soit vraie relativement à l'objet particulier qu'elle représente. Il arrive de là que tel tableau peut être beau, éclatant, harmonieux de couleur, sans néanmoins être vrai de couleur, tandis que tel autre, où la couleur locale aura été traitée avec soin, sera d'une plus grande vérité sans être d'un si grand éclat et d'une aussi belle harmonie. Les Écoles de coloristes se partagent entre ces deux manières de faire, dont l'une peut dominer sur l'autre, sans néanmoins devoir jamais l'exclure entièrement, ou seulement au delà d'un certain point : ainsi, Zampieri Domenico l'emporte par la vérité de la couleur locale, et Rubens par l'éclat de la couleur générale (*V.* COULEUR).

**LOINTAIN** (s. m.). — Les lointains sont les plans les plus éloignés dans le tableau-paysage, ou dans celui dont le fond présente de longues lignes de perspective. On n'appellerait pas lointains les derniers plans d'un tableau d'histoire, ou d'un tableau d'intérieur, dont le fond n'aurait pas une certaine profondeur. Les seuls objets dans le lointain sont ceux qui sont placés sur des plans assez reculés

## LES ÉCOLES DE COLORISTES SE PARTAGENT ENTRE DEUX MANIÈRES DE FAIRE

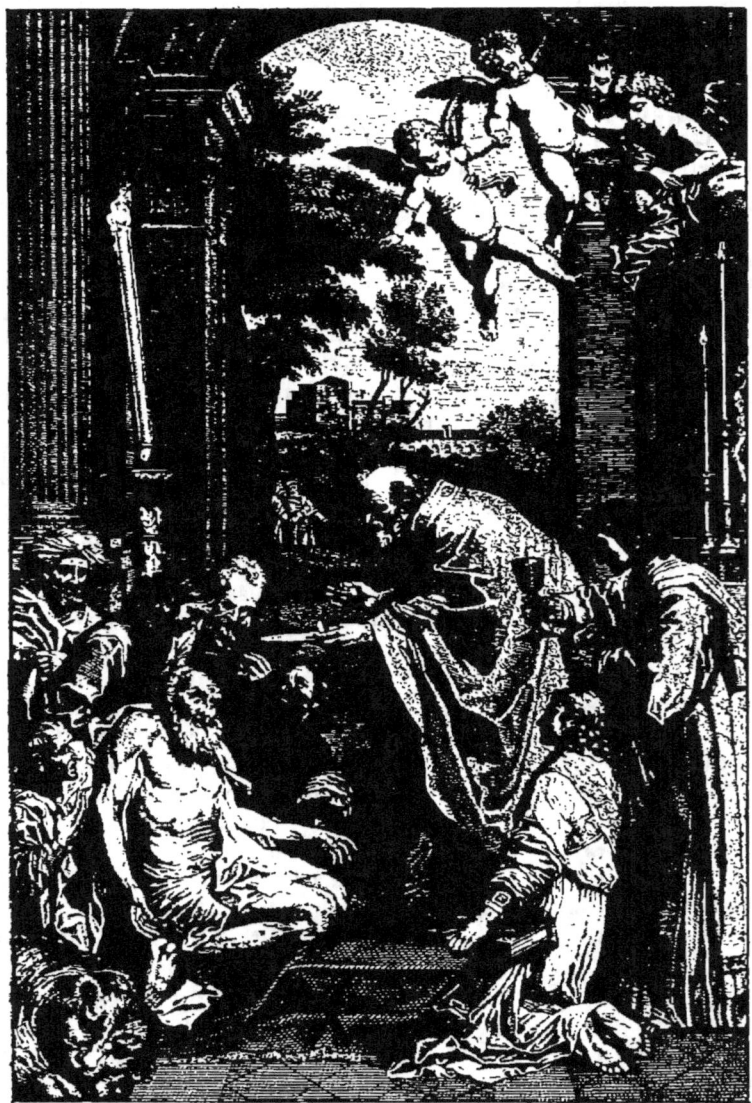

Fig. 121. — Zampieri Domenico, dit le Dominiquin (1581 ✝ 1641).
Dernière communion de Saint Jérôme (Musée du Vatican, Rome).

Les *Écoles* de *coloristes* se partagent entre deux *manières de faire*, dont l'une peut dominer sur l'autre, sans néanmoins devoir jamais l'exclure entièrement, ou seulement au delà d'un certain point : ainsi, Zampieri Domenico, dit le Dominiquin, l'emporte par la *vérité* de la *couleur locale*, et Pétrus-Paulus Rubens par l'*éclat* de la *couleur* générale.

pour que déjà le vague des formes et de la couleur, produit par l'effet de la perspective aérienne, soit sensible. On dit en ce sens : beaux lointains, figures, arbres, fabriques, montagnes, dans le lointain, etc. Lointain ne s'applique pas, comme on l'a prétendu, aux seuls objets placés à l'horizon, non plus qu'à tout objet placé à l'horizon ; il ne se dit que des plans, quels qu'ils soient, assez reculés pour que les objets semblent plus ou moins noyés dans le vague de la perspective aérienne.

\* LOURD (adj.). Fig. 122. — S'applique aux images qui présentent l'idée d'objets plus épais, plus pesants que ne le comporte leur nature, ou aux objets qui manquent de finessse dans les formes, et des autres qualités qui constituent la légèreté. Des draperies lourdes sont celles dont les plis se forment péniblement, qui tombent par lignes droites et raides, sans suivre, sans marquer les contours et le mouvement de la figure.

Des arbres lourds sont ceux dont les branches et le feuillé, à travers lesquels ne se jouent ni l'air ni la lumière, semblent une masse toute solide.

On appelle ciel lourd, nuages lourds, un ciel auquel manque l'effet vaporeux des nuages sans transparence. La lourdeur des figures résulte des proportions trop courtes données à des formes renflées, molles, sans vigueur.

LUISANT (s. m.). — Signifie l'effet de la lumière réfléchie sur les tableaux peints à l'huile ou couverts de vernis brillants. Le luisant qui agit en diverses directions, suivant que la surface du tableau se présente diversement aux rayons de la lumière, est souvent un obstacle à ce qu'on puisse considérer ce dernier sous le point de vue qui conviendrait le mieux pour le bien voir. C'est à quoi il faut faire attention lorsque l'on place un tableau. La lumière venant de côté, et ses rayons formant avec la surface du tableau un angle très aigu, est la disposition la meilleure ; le luisant devient d'autant plus incommode que le tableau reçoit la lumière plus en face. Ce soin facile dans l'arrangement d'une Galerie ou d'un Cabinet spécialement disposés pour exposer des tableaux, est quelquefois impraticable dans les pièces où les tableaux et les peintures, ornements accessoires, sont subordonnés à un système d'ameublement ou de décoration.

Le luisant est souvent inévitable dans les coupoles et les plafonds qui reçoivent d'ordinaire et renvoient la lumière en tous sens ; c'est un des motifs qui font préférer pour ces sortes de travaux la peinture à fresque, ou même la simple détrempe, lesquelles, n'ayant ni la dureté ni le poli d'un enduit à l'huile ou au vernis, ne réverbèrent pas la lumière sous forme rayonnante.

\* LUMIÈRE (s. f.). Fig. 123. — Ce mot, pris dans son acception la plus étendue, exprime tout l'objet de l'art du peintre. C'est de la lumière diversement reflétée que naissent et les couleurs et les dégradations du clair-obscur, par qui seules les

## CE QU'ON APPELLE CIELS LOURDS, NUAGES LOURDS, LOURDEUR DES FIGURES

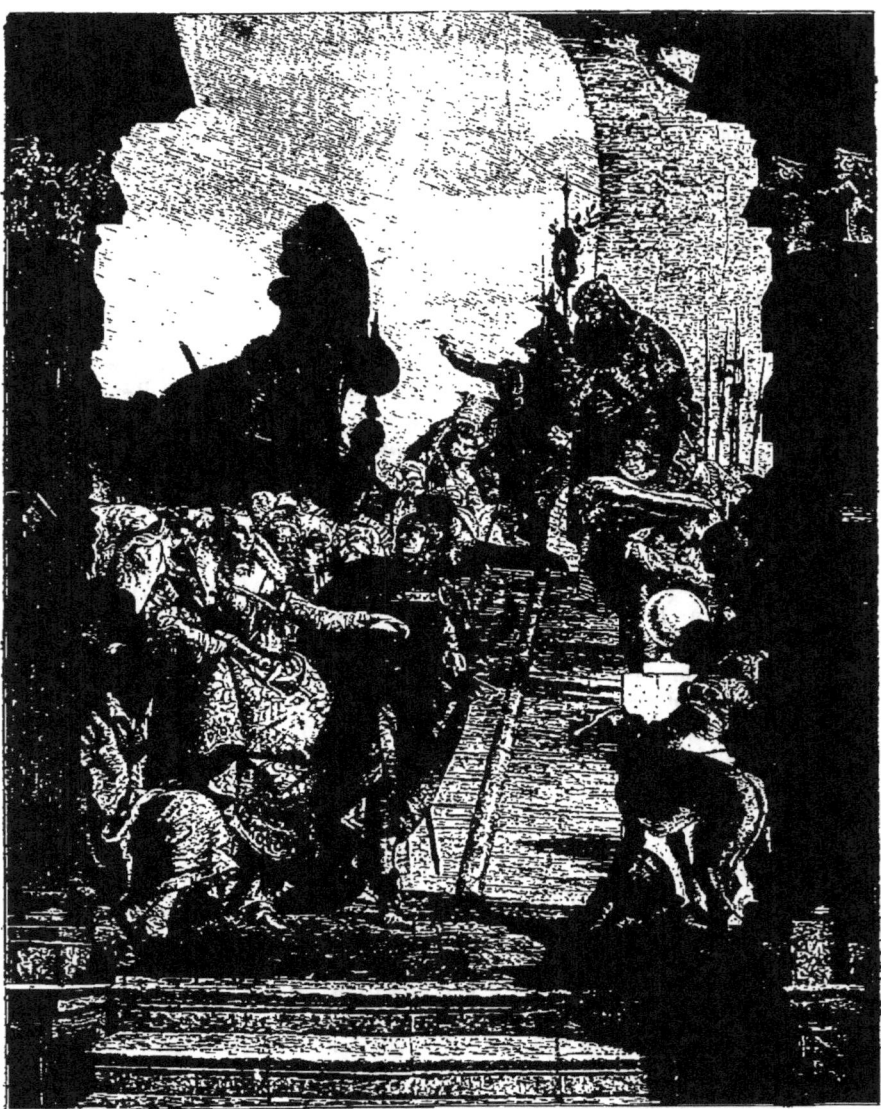

Fig. 122. — Giovanni-Battista Tiepolo (1695 ǂ 1770).
Les Amours d'Antoine et de Cléopâtre. Fresque. — (Palais Labia, Venise).

On appelle *ciel lourd*, *nuages lourds*, un ciel auquel manque l'effet *vaporeux* des nuages sans *transparence*. La *lourdeur* des *figures* résulte des *proportions* trop courtes données à des *formes* renflées, molles, sans *vigueur*.

Des arbres *lourds* sont ceux dont les branches et le *feuillé*, à travers lesquels ne se jouent ni l'*air* ni la *lumière*, semblent une *masse* toute *solide*.

TABLEAUX.

corps solides deviennent apparents à la vue. L'art, dont l'objet est de reproduire l'apparence visible des choses, n'est donc, rigoureusement parlant, que celui d'imiter la lumière et ses innombrables effets à la rencontre des corps solides, d'où l'on peut juger de quelle importance il est pour le peintre d'observer ces effets, et de s'étudier à les reproduire.

L'étude de la lumière est la grande affaire du peintre coloriste, et la seule à peu près du paysagiste qui n'a guère à représenter que des objets dont les formes sont grossières, vagues, et le plus souvent tout irrégulières : des animaux plus ou moins dans le lointain, des arbres, des rochers, des lignes de montagnes, des groupes de nuages, etc., toutes choses qui ne requièrent pas les finesses du dessin, et pour lesquelles l'art du dessinateur se borne à conserver à chaque objet le caractère qui lui est propre.

Appliqué plus particulièrement au mécanisme de la peinture, le mot lumière se dit des parties claires du tableau, par opposition aux parties dans l'ombre ou dans la demi-teinte. On appelle grande lumière la partie la plus claire et la plus lumineuse du tableau, dans laquelle on met d'ordinaire l'objet principal de la composition. L'art du peintre consiste à subordonner les autres lumières à cette lumière principale, de manière qu'aucune n'appelle la vue à son préjudice.

On dit que la lumière est large, quand elle s'étend avec une dégradation insensible du centre vers les extrémités du tableau, comme dans les ouvrages de Paul Véronèse, et qu'elle est serrée, lorsque au foyer de la grande lumière succèdent tout à coup de fortes ombres, comme dans la plupart des tableaux de Pieter de Hooch. La lumière est éparpillée, quand les clairs sont épars, sans ordre et sans gradation. On dit de la lumière ainsi disposée qu'elle papillote, pour exprimer l'effet désagréable de l'espèce d'éblouissement qu'elle occasionne.

On appelle lumière naturelle la lumière ambiante qui éclaire les objets dans le vague de l'air sous un ciel serein, et lumière artificielle celle que donnent le clair de la lune, une atmosphère chargée d'épaisses vapeurs, les flammes d'un incendie, la lueur d'une lampe ou d'un flambeau, etc. Si le soleil darde ses rayons, et, par là, éclaire extraordinairement quelque partie de l'objet, il y a effet ou accident de lumière (V. ACCIDENT).

**LUMINISTE** (s. m.). — (*Voir* ÉCOLES, APPENDICE, pages 325 à 333).

**MACHINE** (s. f.). — Dans le langage figuré de l'art, on appelle grande machine une composition en peinture vaste et compliquée, dans laquelle l'artiste a eu à combiner, à lier l'un à l'autre, à faire se balancer et se mettre en harmonie entre eux un grand nombre d'objets, de figures, de masses d'ombre et de lumière. Tels sont d'ordinaire les plafonds, les coupoles, et en général les tableaux d'apparat. Jamais le mot machine ne va sans être accompagné de quelqu'un des adjectifs grand, beau, vaste, et autres expressions de gran-

# APPLICATION PARTICULIÈRE DU MOT LUMIÈRE AU MÉCANISME DE LA PEINTURE

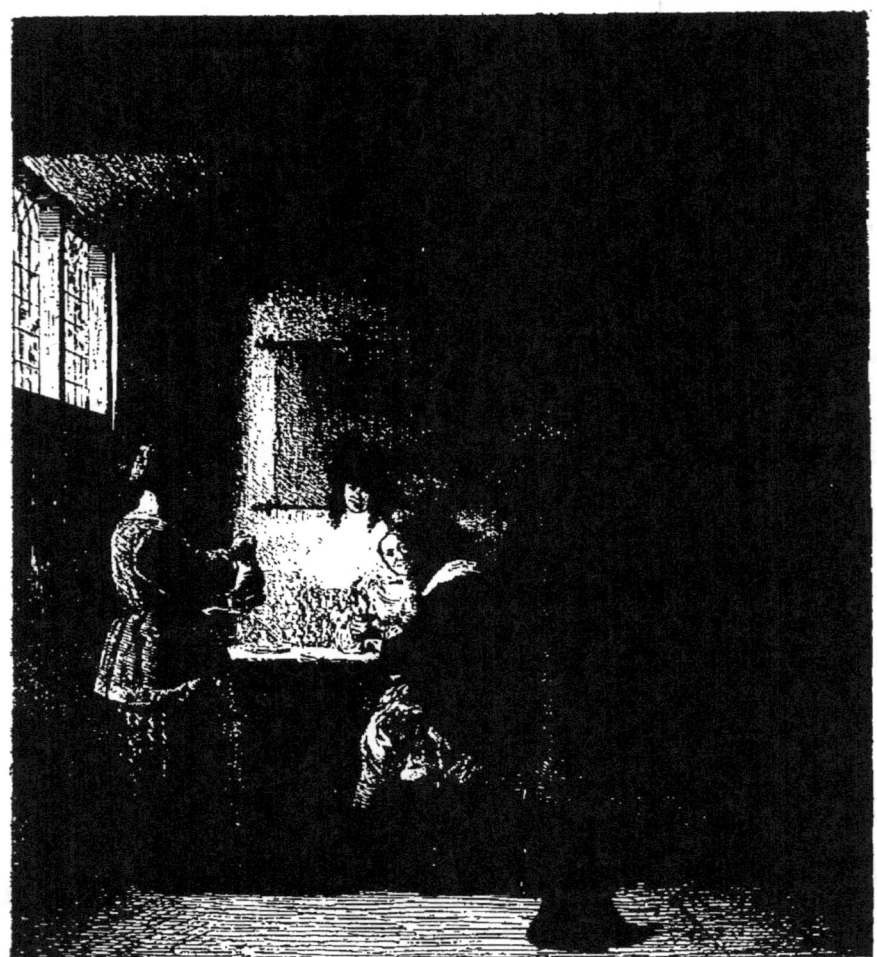

Fig. 123. — Pieter de Hooch, ou Hoogh (1630 † 1677). — Intérieur d'une chambre.

Appliqué plus particulièrement au *mécanisme* de la *peinture*, le mot *lumière* se dit des parties *claires* du *tableau*, par *opposition* aux parties dans l'*ombre* ou dans la demi-*teinte*. On appelle grande *lumière* la partie la plus *claire* et la plus lumineuse du *tableau*, dans laquelle on met d'ordinaire l'objet principal de la *composition*.

L'art du peintre consiste à subordonner les autres *lumières* à cette *lumière principale*, de manière qu'aucune n'appelle la *vue* à son préjudice.

deur ou de magnificence (V. GRAND).

On appelle aussi grande machine le tableau à effet théâtral. Les divers plans et la pose académique des personnages y choquent par le forcé et le conventionnel, ce qui indique des préparatifs et machines, et l'absence d'inspiration, de hardiesse, d'instantanéité et d'ensemble de conception.

**MAGIE** (s. f.). — S'entend, en parlant des arts d'imitation, de l'espèce de vertu qu'ils ont de mettre des apparences à la place de la réalité, de faire illusion aux sens et à l'esprit. Dans la peinture, cette illusion tient surtout aux effets du clair-obscur et de la couleur; ce n'est qu'en parlant de ces effets qu'on emploie le mot magie : la magie de la lumière, la magie du clair-obscur, la magie de la couleur. On ne dirait pas la magie du dessin, la magie de l'expression, bien que l'un et l'autre soient aussi des moyens puissants de l'art pour produire l'illusion; parce que ces moyens ont quelque chose de plus positif, de plus facile à expliquer que ceux de la couleur et du clair-obscur, on ne se les figure pas comme une opération de la magie.

**MAIGRE** (s. m.). — On qualifie par ce mot les objets qui, par faute d'ampleur, pèchent contre les proportions que la nature ou l'art ont assignées aux choses de leur espèce ou ne remplissent pas les conditions de l'emploi auquel ils les ont destinés. Trait maigre, touche maigre, sont le trait de crayon et le coup de pinceau trop exigus, trop secs. On dit des ouvrages ainsi faits qu'ils sont d'un crayon ou d'un pinceau maigre. Maigre en ce sens est l'opposé de moelleux, large, nourri.

**MAIN** (s. f.). — Exprime, dans le langage de la peinture, la partie de l'art qui consiste dans l'opération manuelle. En ce sens, on dit d'un peintre qu'il a de la main, pour exprimer qu'il a de l'habileté à peindre, une touche ferme et précise, une bonne manière d'empâter, et les autres mérites qui tiennent au maniement de la brosse et du pinceau; et qu'on reconnaît dans un tableau la main, c'est-à-dire la manière de peindre, de tel ou tel maître, etc. (V. EXÉCUTION.)

**MAÎTRE** (s. m.). — Se dit de tout artiste habile et renommé, soit pour signifier qu'il possède à fond les secrets de son art, soit pour exprimer que ses ouvrages doivent servir d'exemple et de modèle. Le titre de Maître, pris en ce sens, est ordinairement rehaussé de l'adjectif grand : les grands maîtres des Écoles d'Italie; ce tableau est d'un grand maître, etc.

\* **MÂLE** (adj.). Fig. 124 et 125. — Pris figurément, exprime le caractère de force et de gravité. On dit en ce sens, contours mâles, composition mâle, style mâle, etc.

**MANIEMENT** (s. m.). — Est en général le procédé suivant lequel on manie les matières que l'on travaille, ou avec lesquelles on tra-

---

NOTE RELATIVE AUX FIGURES 124 ET 125. — Pris figurément, l'adjectif *mâle* exprime le *caractère* de *force* et de *gravité*. On dit en ce sens, dans le langage de l'art, *contours mâles*, *composition mâle*, *style mâle*, etc.

L'ADJECTIF MÂLE EXPRIME LE CARACTÈRE DE FORCE ET DE GRAVITÉ

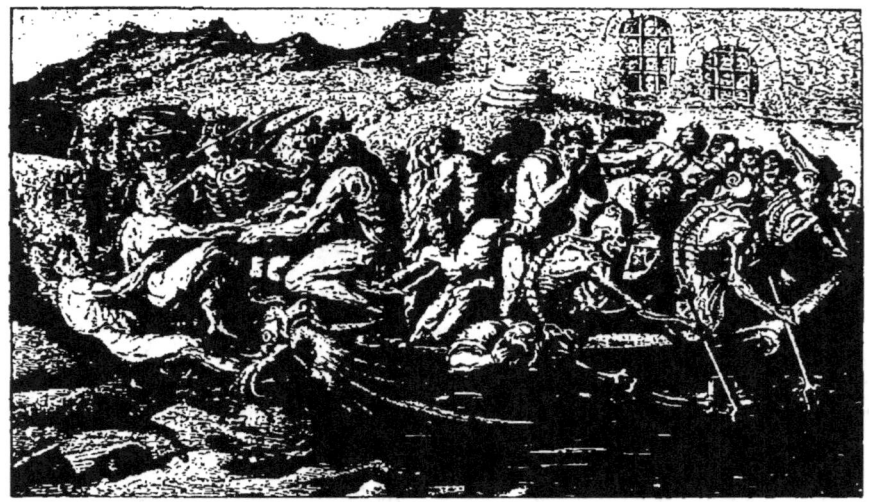

Fig. 124. — JEAN COUSIN (1500? † 1589?). — La Barque des réprouvés.
Fragment du Jugement dernier (Musée du Louvre).

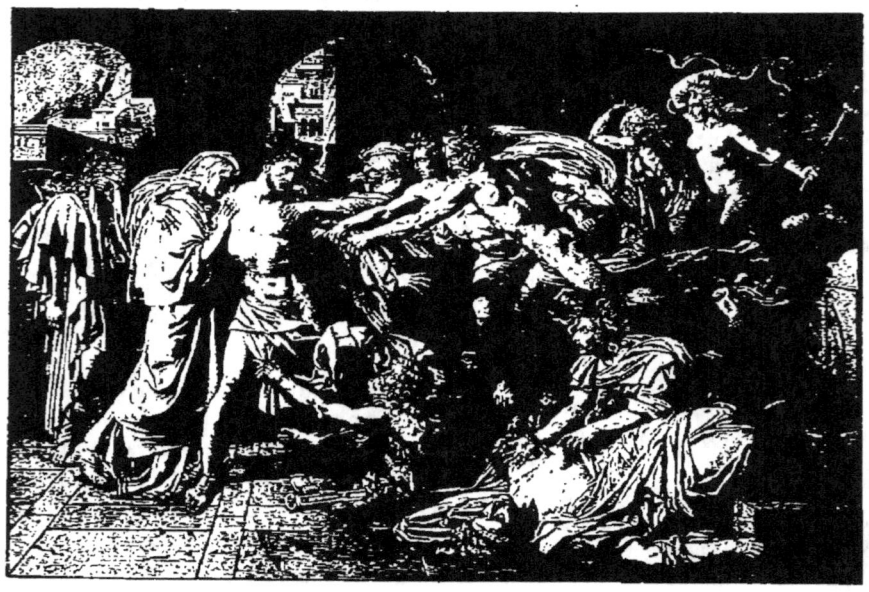

Fig. 125. — PHILIPPE-AUGUSTE HENNEQUIN (1763 † 1833).
Oreste poursuivi par les Furies (Musée du Louvre, Paris).

(Consulter, au bas de la page 188, la note relative aux figures 124 et 125.)

vaille ; c'est, dans la peinture, l'art d'étendre les couleurs.

**MANIER** (v. a.). — Au figuré, on dit aussi d'un peintre qu'il a bien manié son sujet, pour exprimer qu'il l'a fait se prêter aux convenances de son art, qu'il s'en est rendu maître comme d'une substance molle qu'on manie à son gré.

\* **MANIÈRE** (s. f.). Fig. 126 et 127. — Façon, habitude d'opérer particulière à un artiste, ou à une École, c'est-à-dire aux artistes qui ont adopté les méthodes, les procédés techniques particuliers aux maîtres que cette école reconnaît pour chefs. On dit d'un tableau qu'il est dans la manière du Titien, de Michel-Ange, des Caraches, dans la manière de l'École flamande, hollandaise, italienne, etc. Le mot manière, pris en ce sens, ne comporte aucune idée défavorable, si ce n'est tout au plus celle de défaut d'originalité dans le faire. Il n'est guère de peintre, pour peu qu'il soit habile, qui n'ait sa manière à laquelle on reconnaît plus ou moins facilement ses ouvrages, et rien n'empêche que cette manière ne soit grande, large, belle et hardie, comme aussi elle peut être petite, étroite, timide. Assez généralement on remarque dans la carrière des peintres d'un certain ordre trois manières : la première, qui est celle de l'École à laquelle ils se sont formés ; la deuxième qu'ils se sont faite, en se laissant aller à l'impulsion et en se confiant à la vigueur de leur génie ; la troisième, qui se sent de la décadence de ce génie, et qui est assez souvent un retour vers les habitudes premières, un mélange de la première et de la deuxième manière, l'une et l'autre affaiblies, parce que les organes de la vue et du toucher ont perdu de leur finesse.

Cette succession de trois manières a surtout été remarquée dans Raphaël, avec cette différence que, pour lui, la troisième manière, terme de sa brillante et rapide carrière, a été la perfection de l'art.

Par manière, pris dans un sens absolu, on entend aussi une habitude essentiellement vicieuse, une sorte d'affectation dans la composition et dans le faire.

Ainsi le mot manière se prend en deux sens : lorsque l'on parle de la manière d'un peintre ou d'une École, on entend le caractère particulier, défectueux ou louable, qui distingue les ouvrages de ce peintre ou de cette École ; et, lorsqu'on dit qu'un peintre a de la manière, on entend qu'il s'est fait une pratique qui ne tient qu'aux mauvaises habitudes qu'il a contractées, et qui l'éloigne de la nature (V. FACTURE).

**MANIÉRÉ** (adj.). — Exprime une affectation, une recherche malheureuse de délicatesse, de grâce, d'élégance dans le caractère, les formes, l'arrangement des objets

---

NOTE RELATIVE AUX FIGURES 126 ET 127. — Il n'est guère de peintre, pour peu qu'il soit habile, qui n'ait sa *manière* à laquelle on reconnaît plus ou moins facilement ses ouvrages, et rien n'empêche que cette *manière* ne soit *grande*, *large*, *belle* et *hardie*, comme aussi elle peut être *petite*, *étroite*, *timide*.

## IL N'EST GUÈRE DE PEINTRE HABILE QUI N'AIT UNE MANIÈRE PERSONNELLE

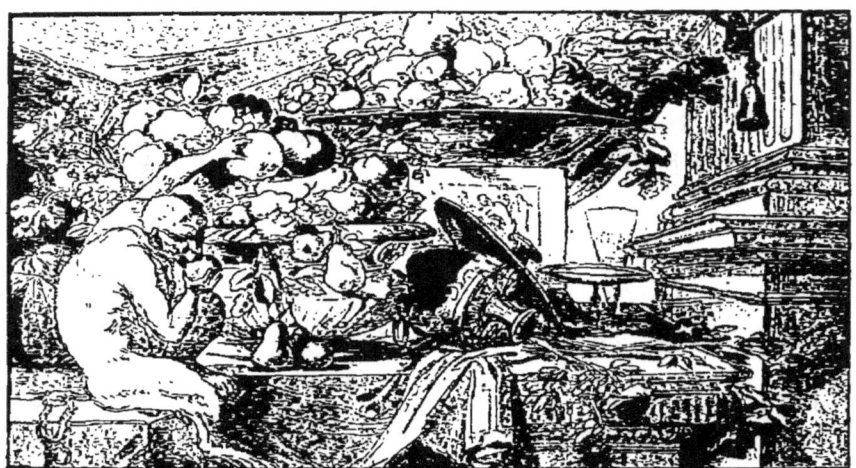

Fig. 126. — FRANS SNYDERS (1579 † 1657).
Un Larron. Dessin à la plume rehaussé de sépia.

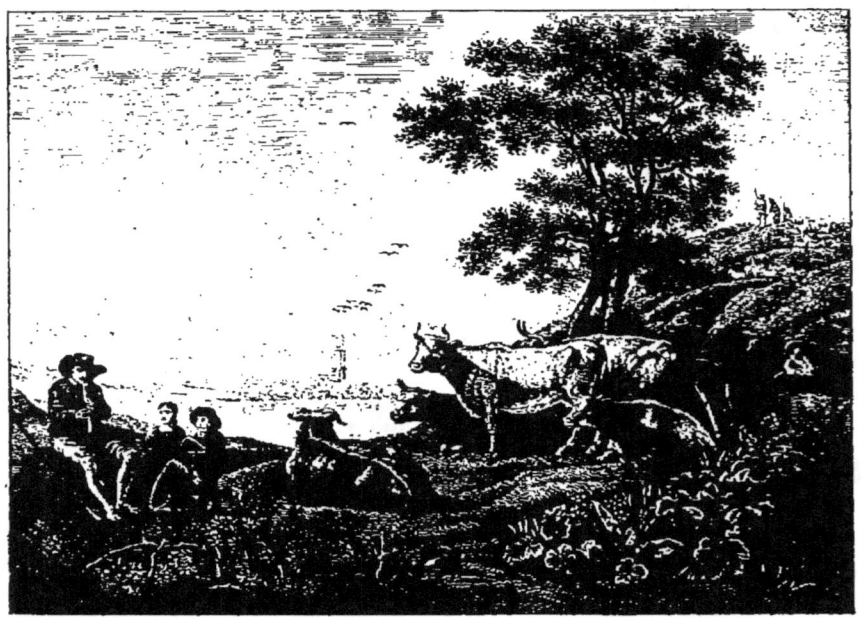

Fig. 127. — ALBERT CUYP (1605 † 1691). — Paysage avec figures et animaux.

*(Consulter, au bas de la page 190, la note relative aux figures 126 et 127.)*

d'une composition. Il s'applique à la peinture. On dit des figures d'un tableau dont l'expression, la pose et le mouvement ont de l'afféterie et manquent de naturel, qu'elles sont maniérées.

**MANNEQUIN** (s. m.). — Figure artificielle, grande poupée dont les membres articulés l'un avec l'autre par des charnières prennent toutes les attitudes qu'on veut leur donner. Le mannequin à l'usage des peintres se compose d'une carcasse en bois, espèce d'ossature, recouverte de tampons en coton et en vieux linge, qui figurent tant bien que mal les muscles, par conséquent les formes du corps, et sont enveloppés d'un tissu de tricot de soie qui tient lieu de la peau. Le principal ou plutôt le seul usage du mannequin est de disposer et de fixer les draperies de la même manière qu'elles pourraient être sur le modèle vivant, afin de les étudier et de les peindre à loisir. Il est bon que le mannequin soit aussi grand que nature, le mieux peut-être serait qu'il fût un peu plus grand, et c'est à tort qu'on le fait souvent plus petit. Alors même qu'il s'agit de tableaux à figures de dimensions au-dessous de nature, il faut se garder d'employer de petits mannequins, sous peine de n'avoir à peindre que des draperies raides, dures, chiffonnées, fausses (V. MAQUETTE).

\* **MANNEQUINÉ** (adj.). Fig. 128. — Qui est à la manière du mannequin. Le mannequin n'est bon, ainsi que nous venons de le dire, que pour étudier les draperies ; toutefois il est des peintres qui, pour épargner les frais du modèle, posent leurs figures, les ébauchent, et souvent même les terminent, sans autre secours que celui du mannequin drapé. Or, quelque soin qu'ils apportent à donner à ce dernier une attitude naturelle, il y a toujours dans la pose et le mouvement de cette image grossière et inanimée quelque chose de raide, d'apprêté et de faux, qui passe dans le tableau. On dit des figures où ce défaut se trouve, qu'elles sont mannequinées, ce qui s'entend toujours en mauvaise part.

On dit aussi quelquefois des draperies qu'elles sont mannequinées, pour exprimer qu'elles ont été posées avec un soin recherché trop apparent, et plutôt pour produire de l'effet que pour imiter la nature, dans le même sens que l'on dit de la pose d'une figure qu'elle est académique.

**MANŒUVRE** (s. f.). — Se dit, en terme de peinture, du maniement du pinceau, de la touche, de la manière de faire les teintes, d'empâter les couleurs, détails qui sont l'essentiel du mécanisme de la peinture.

**MAQUETTE** (s. f.). — Les peintres font des maquettes avec de petites figures en cire qu'ils disposent entre elles comme devront être les personnages de leur tableau, afin de se rendre raison de la formation des groupes et des effets de la lumière et de la perspective. Quelques-uns, pour s'assurer aussi des effets du clair-obscur sur les draperies, et de l'harmonie des cou-

ON DIT QUELQUEFOIS DES DRAPERIES QU'ELLES SONT MANNEQUINÉES

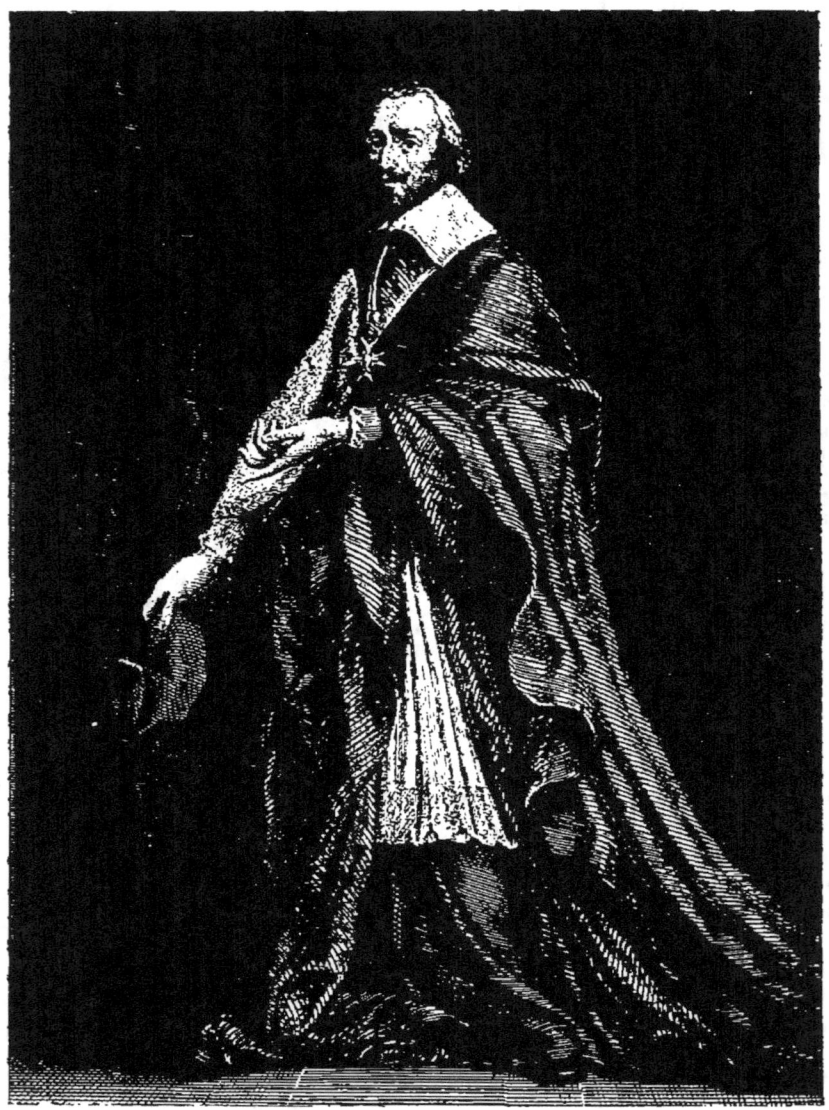

Fig. 128. — Philippe de Champaigne (1602 † 1674). — Le Cardinal de Richelieu
(Musée du Louvre, Paris).

On dit quelquefois des *draperies* qu'elles sont *mannequinées*, pour exprimer qu'elles ont été *posées* avec un soin trop *recherché*, plutôt pour produire de *l'effet* que pour *imiter* la *nature*, et que les *jeux* des *plis* des *étoffes* n'expriment pas la *touche* et l'*effet* des *lumières* et des *ombres*. Dans le même sens, on dit de la *pose* d'une *figure* qu'elle est *académique*.

leurs, habillent et costument les figures de leurs maquettes, ce qui souvent a le même inconvénient que l'usage des mannequins trop petits (V. MANNEQUIN). En général, la maquette ne donne que des aperçus très imparfaits de la nature : on ne doit en user qu'avec beaucoup de réserve.

**MARCHE** (s. f.). — Se dit de la manière dont procède le crayon ou le pinceau. On donne comme règle que la marche du pinceau doit suivre le mouvement des muscles dans le dessin du nu, et le sens des plis dans la peinture des draperies. Cependant les peintres en usent diversement, chacun selon l'habitude particulière qu'il s'est faite; de là l'usage de ces termes plus ou moins vagues : marche savante, marche indécise, marche libertine, etc.

Marche se dit aussi, en parlant de la composition, pour signifier l'ordre dans lequel se présentent, se succèdent et sont liés entre eux les figures, les groupes, les masses d'ombre et de lumière, la suite des plans d'un tableau; la marche de la composition suit la ligne de composition (V. LIGNE).

\* **MARINE** (s. f.). Fig. 129 et 130. — On désigne sous ce nom le tableau, qui a pour principal objet la mer, ses phénomènes et les travaux de navigation dont elle est le théâtre. Cette espèce de paysage, toute bornée qu'elle est par le petit nombre et le peu de variété des sujets qu'elle comporte, exige cependant une grande aptitude à rendre les effets de l'air et la lumière, ce qui est l'une des deux parties les plus importantes de l'art du peintre.

**MAROUFLER** (v. a.). — Coller la toile d'un tableau sur une autre toile pour la renforcer, ou sur un panneau de bois, sur une muraille pour l'y fixer. Ce procédé est surtout en usage et nécessaire pour fixer sur des lambris et des plafonds de grands ouvrages de peinture qui ont été exécutés sur toile dans l'atelier, soit parce que le peintre a trouvé plus commode de travailler devant le chevalet que d'opérer sur place, soit parce que ces lambris ou ces plafonds ne présentaient pas un enduit convenable. La plupart des plafonds peints à l'huile sont sur toile marouflée. On emploie pour cette opération une matière grasse et gluante formée du résidu de couleurs broyées à l'huile, qui dépose dans les pinceliers, et dont, par la cuisson, et au moyen de quelques autres préparations, on forme une colle très forte et très tenace que l'on appelle maroufle.

**MASQUE** (s. m.). — Ornement consistant en une face d'homme dont les traits sont ordinairement plus ou moins chargés. Il est pour la peinture, ce qu'est le mascaron pour la sculpture.

**MASSE** (s. f.). — On appelle ainsi les parties les plus larges d'un tableau formées d'une agrégation d'objets : masse d'arbres, masse de nuages, masse de rochers; les groupes de figures ou d'animaux forment des masses. On entend par distribution et balancement des

## QUELLE EST L'ESPECE DE PAYSAGE DÉSIGNÉE SOUS LE NOM DE MARINE

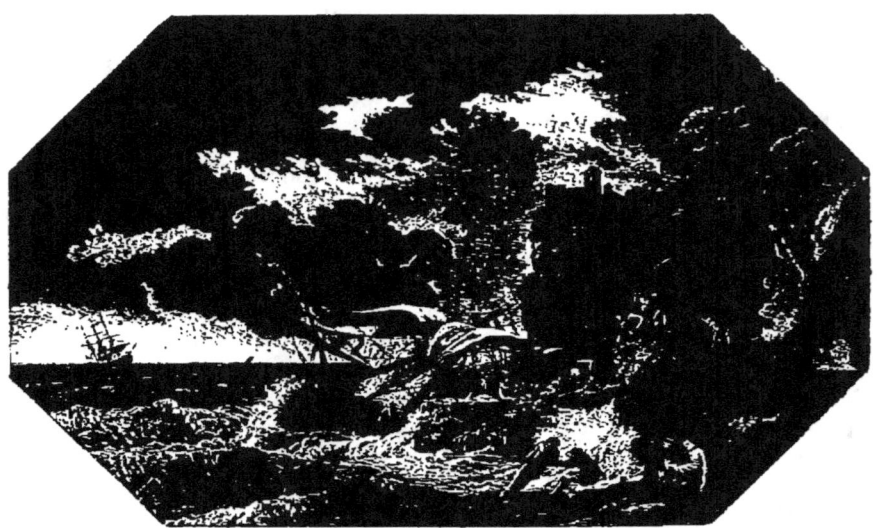

Fig. 129. — Carle-Joseph Vernet (1714 ✝ 1789). — Scène maritime. Tempête.

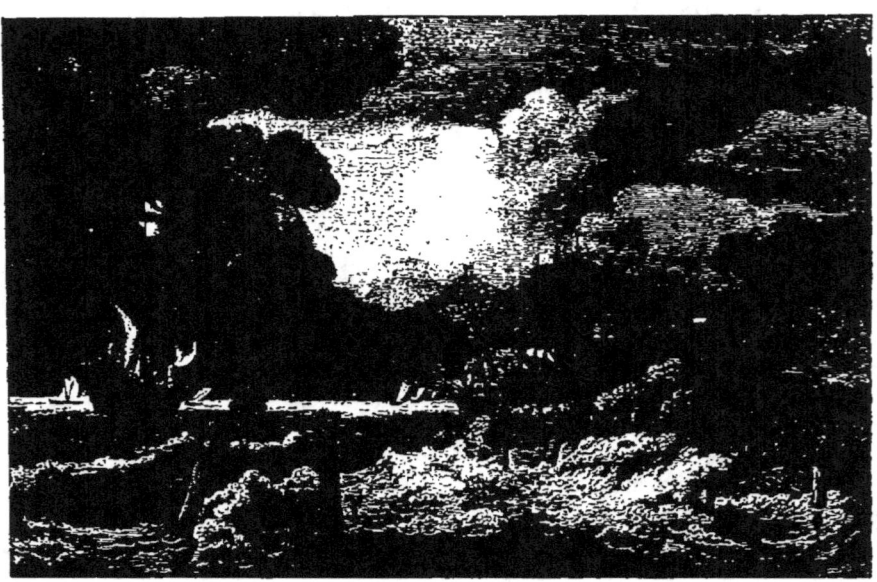

Fig. 130. — Jacob Isaackszoon van Ruisdael (1628? ✝ 1682). Scène maritime.

On désigne, sous le nom de *marine*, le *tableau* qui a pour principal objet la mer, ses phénomènes et les travaux de navigation dont elle est le théâtre. Cette espèce de *paysage*, toute bornée qu'elle est par le petit nombre et le peu de *rareté* des sujets qu'elle comporte, exige cependant une grande aptitude à rendre les *effets* de l'*air* et la *lumière*.

masses l'ordre dans lequel ces parties larges d'une composition sont disposées entre elles. Quelques critiques veulent que le mot masse ne s'emploie que relativement à l'effet du clair-obscur, lorsqu'il s'agit de larges parties d'ombre, de lumière ou de demi-teinte; mais, outre que ces larges parties de lumière diversement modifiée, présupposent l'existence de larges parties d'objets visibles, il est de fait que l'usage autorise l'emploi du mot masse, en parlant de ces objets eux-mêmes.

**MAT** (adj.). — Qui réfléchit peu la lumière, ce qui est le propre des surfaces non polies.

En parlant d'un tableau, on appelle coloris mat, un coloris qui a peu d'éclat et n'est composé que de tons mous.

**MATÉRIEL** (s. m.). — Le matériel de l'art; on entend par là l'ensemble des parties grossières de l'exécution qui n'exigent qu'une intelligence commune jointe à des connaissances pratiques, sans le concours du génie. On dit, en ce sens, d'un peintre, qu'il possède le matériel de l'art et de telle ou telle partie d'exécution, qu'elle tient au matériel de l'art, etc.

**MÉCANISME** (s. m.). — S'entend, dans le langage de l'art, des procédés et des moyens d'exécution, et aussi, dans un sens figuré, de la combinaison et de l'arrangement méthodique des parties de la composition. C'est, dans ce dernier cas, la science du simple praticien, ou, si l'on veut, celle de l'art, abstraction faite du génie.

\* **MÉGALOGRAPHIE** (s. f.). Fig. 131 et 132. — Les anciens faisaient, sous ce titre, un genre à part de la peinture qui avait pour objet de grandes compositions historiques, telles que celles qui couvraient les lambris des palais et tombeaux. Cette classification n'a pas été conservée; le mot qui l'exprime est demeuré sans usage.

**MÉLANGE** (s. m.). — Se dit des couleurs qui proviennent de diverses couleurs mêlées ensemble dans de certaines proportions, ou des teintes d'une même couleur, formées par une addition de blanc ou de brun qui rend la couleur première plus claire ou plus foncée. Le mélange se fait d'abord sur la palette, puis sur la toile pour arriver aux modifications les plus délicates, aux passages de tons les plus fins.

**MÉNAGER** (v. a.). — Est, en peinture, l'action de régler, d'ordonner avec la réserve convenable, la succession des couleurs, des tons, des lumières : ombres bien ménagées, teintes bien ménagées, etc.

**MÉPLAT** (adj.). — On écrivait autrefois mesplat : ligne méplate, ligne qui procède de la ligne droite à la ligne courbe par une multitude et une variété d'inflexions qui échappent à la démonstration mathématique, mais dont la nature abonde en ses productions.

Dans la plupart des animaux, et particulièrement dans la figure de l'homme, les contours sont engendrés par des lignes méplates, en sorte que, sur toute la surface d'un beau corps, la géométrie trouverait

## LES MÉGALOGRAPHIES SONT DE GRANDES COMPOSITIONS HISTORIQUES

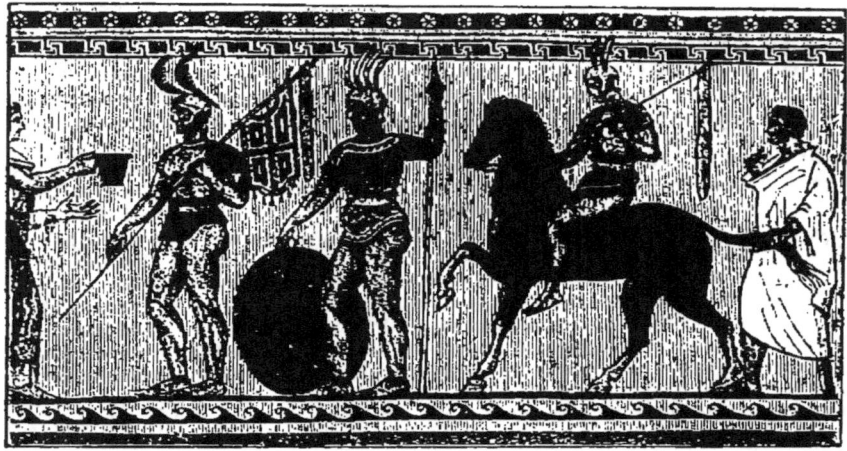

Fig. 131. — Mégalographie. Peinture antique. — (Musée de Naples.)

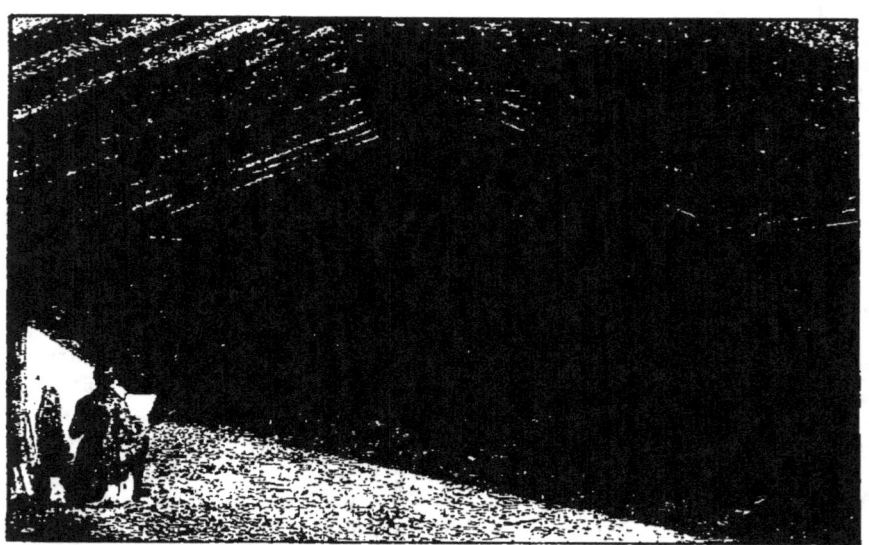

Fig. 132. — Mégalographie. Peinture étrusque. — (Tombeau à Corneto.)

Les anciens faisaient, sous le titre de *mégalographie*, un genre à part de la *peinture* qui avait pour objet de grandes *compositions historiques*, telles que celles qui couvraient les murs des temples, des palais et des tombeaux.

Cette classification n'a pas été conservée; le mot qui l'exprime est demeuré sans usage.

à peine quelque partie exactement plate, ou exactement identique à aucune des courbes dont la génération et les propriétés lui sont connues. Mais ces courbes que la science ne peut définir, et que la règle ni le compas ne sauraient décrire, le génie de l'art en a le sentiment, et la main du dessinateur est habile à les tracer.

Les lignes et les formes méplates, qu'on appelle aussi substantivement les méplats, établissent le passage d'un plan à un autre dans l'objet en relief. La succession de lignes droites ou de parties plates donne le dessin et les formes raides; les parties rondes et les lignes circulaires donnent le dessin mou et les formes lourdes : c'est à sentir et à rendre les lignes et les formes méplates que se doit appliquer le dessinateur. En cela, pourrait-on dire, consiste tout l'art du dessin.

**MESQUIN** (adj.). — Pauvre, petit, misérable. Se dit des formes et du caractère des figures qui manquent de grandiose, de noblesse ou de force; des draperies et des ajustements qui manquent d'ampleur, de richesse ou d'élégance; d'une composition dont les masses sont étroites et les objets petits et petitement exécutés.

\* **MESURE** (s. f.). Fig. 133 et 134. — Certaine quantité ou étendue, qu'on prend pour unité, et dont on exprime le rapport avec d'autres quantités ou étendues, pour déterminer quelles sont ces dernières. Il y a dans la pratique des arts deux espèces de mesures : les unes absolues, les autres relatives. Les premières, communes à tous les objets, déterminent l'étendue des corps auxquels on les applique, sans rien préjuger sur les conditions particulières de la structure de ces corps, non plus que sur les rapports qu'ont entre elles les parties qui les composent. Les secondes, relatives à certains objets auxquels elles s'appliquent spécialement, servent au contraire à déterminer la proportion dans laquelle chaque partie de l'objet concourt à la formation du tout, quelle que soit d'ailleurs l'étendue de ce dernier. De cette seconde espèce sont, pour la peinture, la tête, la face, le nez au moyen desquels on détermine les proportions de l'ensemble et de chaque partie d'une figure, sans par là exprimer quelle est sa grandeur, comme lorsqu'on dit également d'une figure de six pieds de haut et de celle qui n'en a que trois, qu'elles ont sept têtes, sept têtes et demie, huit têtes.

**MÉTIER** (s. m.). — On entend par métier la partie de l'art qui consiste dans l'exécution manuelle et l'arrangement méthodique, ce à quoi il semble que tout homme pourvu de l'adresse et de l'intelligence ordinaires puisse atteindre par le seul secours de l'étude pratique et de connaissances acquises, sans rien ou presque rien de cette aptitude spéciale qui constitue le génie. Il est superflu d'ajouter que le métier est indispensable pour la manifestation et la mise en usage du génie. On ne conçoit pas l'artiste proprement dit, sans quelque chose de l'un et de l'autre. Quelques-uns

## DANS LA PRATIQUE DES ARTS, LES MESURES SONT ABSOLUES OU RELATIVES

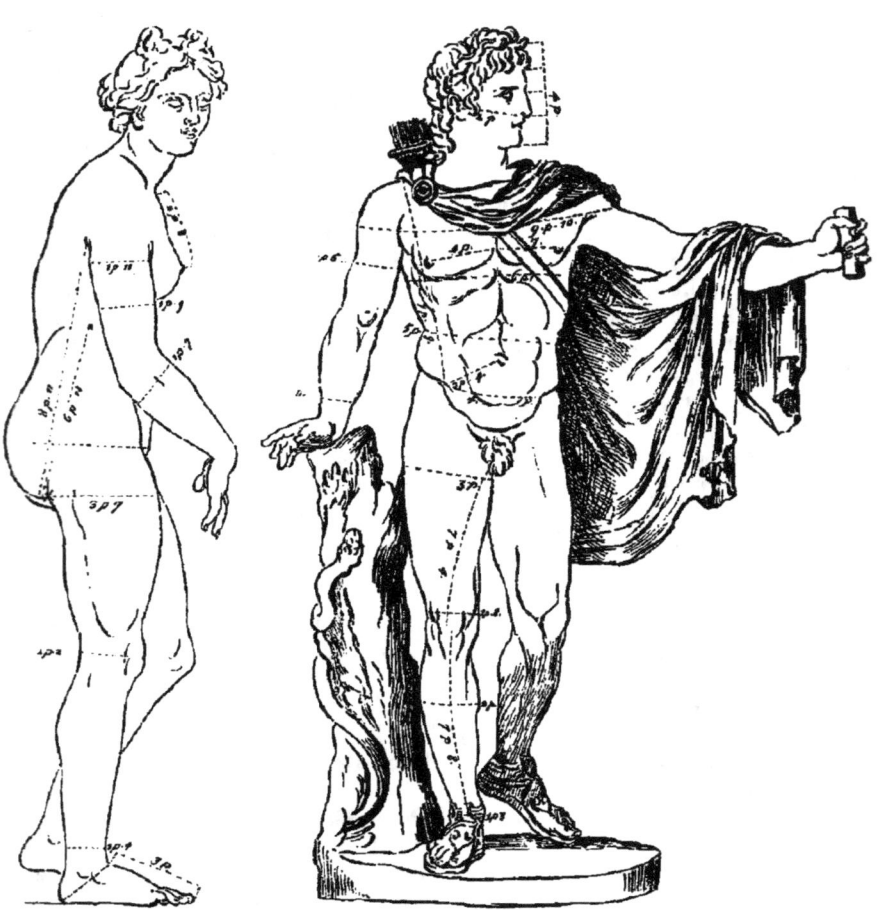

**Fig. 133 et 134.** — Proportions de l'ensemble, et de chaque partie d'une figure.

En peinture on détermine, au moyen de la *tête*, de la *face* et du *nez*, les *proportions* de l'*ensemble* et de chaque partie d'une *figure*, sans par là exprimer quelle est sa grandeur, comme lorsqu'on dit également d'une *figure* de six pieds de haut et de celle qui n'en a que trois, qu'elles ont sept *têtes*, sept *têtes* et demie, huit *têtes*.

ont plus de génie que de métier ; d'autres, en bien plus grand nombre, ont plus de métier que de génie. On le remarque, en disant des premiers qu'ils manquent de métier ; et des seconds qu'ils ont du métier, qu'il y a dans leurs ouvrages beaucoup de métier, une grande entente du métier, et, quelquefois, rien que du métier (V. MAIN, MANŒUVRE et MÉCANISME).

**MICHELANGESQUE** (adj.). — Se dit des œuvres créées à la manière de celles de Michel-Ange où l'anatomie des figures, d'une pose superbe et d'une tournure musclée est fièrement accusée (V. POUSSINESQUE et RAPHAÉLESQUE).

**MIGNARD** (adj.). — Joli, avec une sorte d'afféterie ; il exprime de petits agréments, une gentillesse enfantine, et est à peu près synonyme de mignon.

**MINIATURE** (s. f.). — Genre de peinture dans lequel on emploie des couleurs détrempées à l'eau gommée, particulièrement le *minium*, d'où lui est venu le nom de miniature. On peint en miniature sur vélin ou sur ivoire. L'usage le plus ancien de ce petit genre de peinture était pour l'exécution des vignettes dont on ornait autrefois les manuscrits et les incunables.

Les artistes des Écoles allemandes ont fait de cette même manière des petits tableaux ; mais l'emploi le plus ordinaire, et le seul un peu considérable de la miniature, est pour la peinture du portrait de petite dimension. Quelques peintres ont traité cette espèce de portrait d'une manière large, avec une fermeté et une facilité de touche qui sont probablement le dernier degré de puissance et de perfection de la miniature.

**MODÈLE** (s. m.). — Tout objet que l'artiste se propose d'imiter. Cependant, modèle, en terme absolu, est pour le peintre le modèle vivant, homme ou femme, d'après lequel il étudie et exécute une figure. C'est là toujours ce qu'il faut entendre par ces phrases : poser le modèle, appeler le modèle, étudier, consulter le modèle, etc.

**MODELÉ** (s. m.). — Le modelé est dans un tableau ce qui imite l'œuvre du modeleur. On dit en ce sens : beau modelé, savant modelé, pour exprimer l'art et la science avec lesquels les formes ont été rendues par le peintre, selon les procédés de son art ; et, dans le cas contraire, modelé creux.

**MODELER** (v. a). — Pour le peintre, modeler, c'est s'appliquer à rendre exactement, par le moyen du dessin et du clair-obscur, le relief des figures, les méplats et les détails du système musculaire.

On dit dans ce sens d'une figure peinte qu'elle est bien modelée, que le modelé en est beau, savant, vigoureux, etc.

\* **MODERNE** (adj.). Fig. 135. — En parlant de la peinture, moderne s'entend d'un tableau exécuté depuis plus de deux siècles, par opposition à ceux des peintres du xvi$^e$ et du commencement du xvii$^e$ siècle. Et par École moderne, on désigne seulement l'École actuelle, c'est-à-dire celle dans laquelle ont pris naissance les méthodes aujourd'hui en vigueur. Selon ces

## DISTINCTION ENTRE TABLEAU MODERNE, ET TABLEAU DE L'ÉCOLE MODERNE

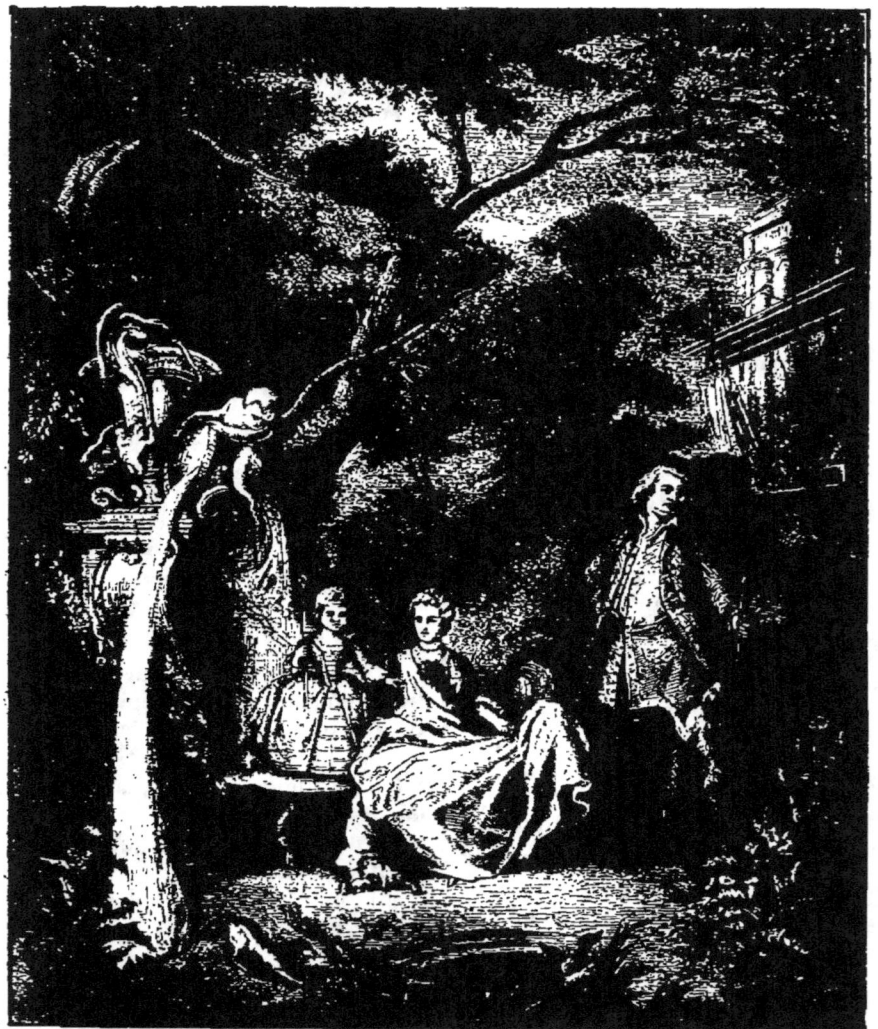

Fig. 135. — Jean de La Joue (1687 † 1761). — Le Peintre et sa famille
(Musée de Versailles).

En parlant de la *peinture*, *moderne* s'entend d'un *tableau exécuté* depuis plus de deux siècles, par opposition à ceux des peintres des xv⁰ et xvi⁰ siècles, et du commencement du xvii⁰. Par *École moderne*, on désigne seulement l'*École* actuelle, c'est-à-dire celle dans laquelle ont pris nais--sance les méthodes aujourd'hui en vigueur. Selon ces caprices du langage, les *tableaux* des trois derniers quarts du dix-septième siècle, et ceux des dix-huitième et dix-neuvième siècles, sont des *tableaux modernes*, sans néanmoins qu'on puisse dire que ce sont des *tableaux* de *l'École moderne*.

TABLEAUX.

caprices du langage, les tableaux des trois derniers quarts du dix-septième siècle et ceux des dix-huitième et dix-neuvième siècles sont des tableaux modernes, sans néanmoins qu'on puisse dire que ce sont des tableaux de l'École moderne.

**MOELLEUX** (adj.). — Se dit du travail du pinceau : touche moelleuse, pinceau moelleux, et exprime l'opposé de sécheresse, de dureté, ou du moins semble un intermédiaire entre la fermeté et la mollesse. La propriété du moelleux est de reproduire l'apparence des objets qui sont doux et flexibles au toucher. C'est un genre de mérite qui, sans être à dédaigner, ne s'élève pas cependant au-dessus de la portée du plus grand nombre des peintres, une qualité qu'on n'admire guère que dans de petits ouvrages, et qu'on a quelquefois sujet de blâmer dans ceux du genre élevé.

**MOLLESSE** (s. f.). — Défaut de fermeté (*V.* MOU). Toutefois, on entend aussi par mollesse une certaine flexibilité des contours, une certaine délicatesse dans l'imitation des chairs, qui n'est pas sans grâce et sans douceur; pris ainsi en bonne part, le mot mollesse exprime les mêmes idées que moelleux.

**MONOCHROME** (adj.). — Qui est d'une seule couleur. On appelle tableau monochrome celui qui, étant d'une seule couleur, ne figure les objets que sous le rapport de leur forme, au moyen des nuances de cette couleur. Les grisailles, les camaïeux, toutes les peintures en clair-obscur, sont des peintures monochromes.

**MONOTONIE** (s. f.). — Uniformité, égalité de ton. Pris dans ce sens propre, il s'applique au tableau dans lequel domine une certaine couleur, comme le verdâtre, le gris, le rouge de brique, de laquelle participent toutes les autres, et où l'échelle des tons a peu d'étendue, où l'œil n'est frappé d'aucune de ces oppositions par lesquelles les couleurs et les tons se font l'un l'autre ressortir et valoir. Figurément, il peut aussi se dire en parlant de l'ordonnance d'un tableau dans lequel les mêmes lignes, les mêmes masses, les mêmes figures à peu près, sont reproduites de toutes parts. La monotonie est, en peinture, comme dans la musique, comme partout où elle se trouve, ennuyeuse.

**MONTER** (v. a.). — En peinture, monter se dit de la couleur d'un tableau dont on rehausse les tons pour leur donner plus de vigueur et plus d'effet. Le procédé le plus ordinaire pour monter la couleur d'un tableau consiste dans l'emploi des glacis (*V.* GLACIS).

\* **MORBIDESSE** (s. f.). Fig. 136. — Mot emprunté de l'italien, *morbidezza*, pour signifier ce qui est délicat et doux au toucher. Il s'applique surtout et à peu près exclusivement à cette espèce de douceur et de souplesse qui est particulière aux chairs, dans les natures délicates telles que celle des enfants et des femmes. L'imitation exacte, l'art de reproduire aux yeux les effets visibles des chairs de cette nature, est ce qu'en peinture, et plus ordinairement encore en gravure, on entend par morbidesse.

ON APPLIQUE LE TERME MORBIDESSE AUX CHAIRS DES NATURES DÉLICATES

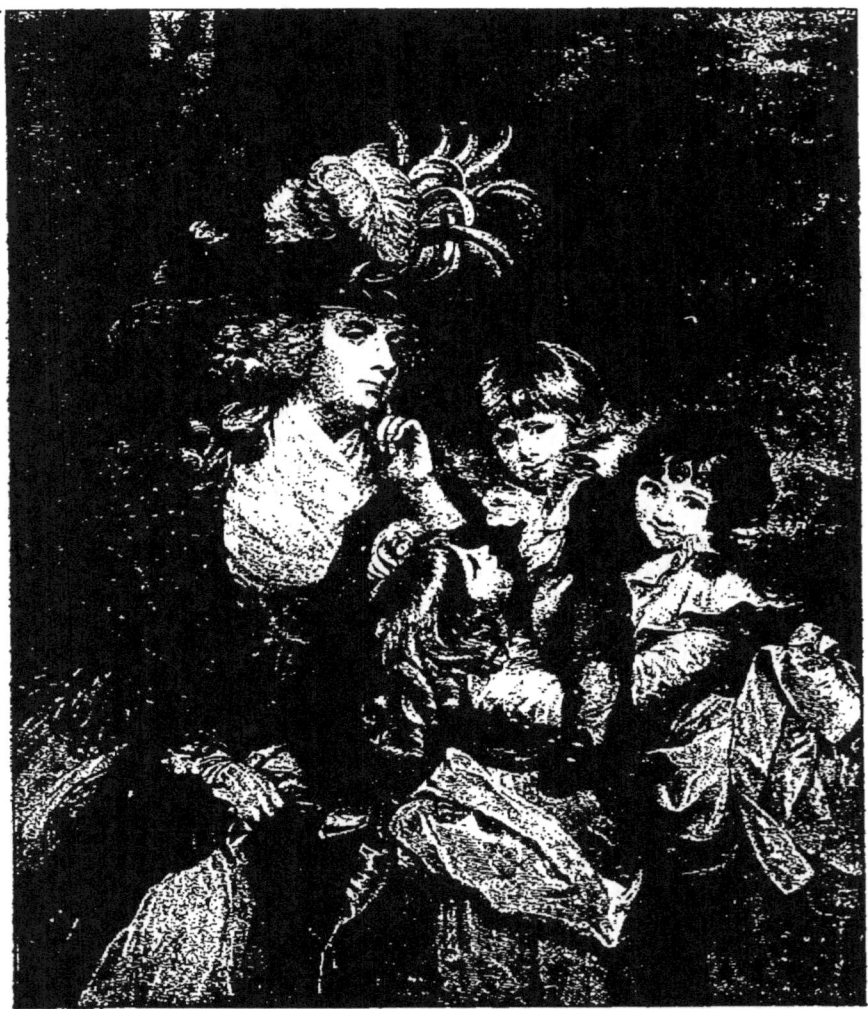

Fig. 136. — Sir John Reynolds (1723 † 1792). — Lady Smith et ses enfants.

On applique surtout le mot *morbidesse*, et à peu près exclusivement, à cette espèce de douceur et de *souplesse* qui est particulière aux *chairs*, dans les natures délicates telle que celle des enfants et des femmes. — L'*imitation* exacte, l'art de reproduire aux yeux les *effets* visibles des *chairs* de cette nature est, en peinture, ce qu'on entend par *morbidesse*.

**MORCEAU** (s. m.). — Dans le langage de l'art, morceau s'entend d'un ouvrage entier. On ne dirait pas de quelque partie d'un tableau, comme de quelque partie d'un discours, que c'est un beau morceau. Beau morceau, morceau précieux, achevé, se dit en parlant de l'ensemble d'un tableau. A cela se borne à peu près l'acception du mot morceau ainsi pris à l'absolu; on ne dirait pas mauvais morceau pour mauvais tableau.

**MORESQUE** (s. m.). — Se dit, bien que rarement, pour arabesque. Ornement en moresques, ou en arabesques (V. ARABESQUES).

\* **MORT** (adj.). — NATURE MORTE. Fig. 137. — Tableau de nature morte: par quoi l'on entend non seulement un tableau qui représente des animaux morts, tels que des oiseaux, du gibier, du poisson, mais aussi celui qui a pour sujet des êtres inanimés, comme des instruments de musique, des ustensiles de chasse, de guerre, de ménage, des viandes, des légumes, etc.

Le tableau de nature morte forme, sous ce titre, un petit genre à part. On n'appellerait pas tableau de nature morte celui qui représenterait un corps d'homme mort; un tel tableau appartiendrait au genre de l'histoire.

**MOU** (adj.). — Donne l'idée d'un objet manquant de ressort, cédant au toucher, sans élasticité. Il se dit, dans les arts, de ce qui est dénué de ce que l'on appelle la fermeté et l'effet piquant, et, en général, de tout ouvrage dont l'aspect fait présumer en celui qui l'a exécuté peu de vigueur dans l'esprit, peu de précision dans la vue, peu de prestesse dans la main; ce qui s'exprime aussi par ces façons de parler : touche molle, crayon, dessin mou, etc. (V. MOLLESSE.)

**MOUVEMENT** (s. m.). — Bien que le mouvement proprement dit semble incompatible avec l'immobilité réelle de la figure peinte ou sculptée, toutefois, parce que le mouvement dans l'être animé, se peut considérer comme la succession plus ou moins rapide d'une infinité de poses dans chacune desquelles on conçoit qu'il pourrait demeurer fixé, la représentation de l'être animé en état de mouvement n'est pas interdite aux arts du dessin. Le mouvement en peinture est la pose propre à l'individu agissant. Cependant, il n'est pas un seul mouvement, de la moindre partie du corps, qui ne modifie la situation de toutes les autres et ne détermine impérieusement de nouveaux rapports entre elles.

Même dans l'action la plus simple et la moins vive, ces modifications sont si nombreuses et ces rapports si multipliés qu'ils échappent à toute analyse méthodique; c'est pour l'artiste, dessinateur ou peintre, un objet de sentiment, bien plus que de combinaison : on indique, on prescrit la pose d'une figure en repos, on arrange une attitude, mais le secret du mouvement est inexplicable; l'intelligence n'en est donnée qu'au génie.

La justesse du mouvement des figures d'un tableau est donc une des choses auxquelles on reconnaît

**LE TABLEAU DE NATURE MORTE FORME, SOUS CES TERMES, UN GENRE A PART**

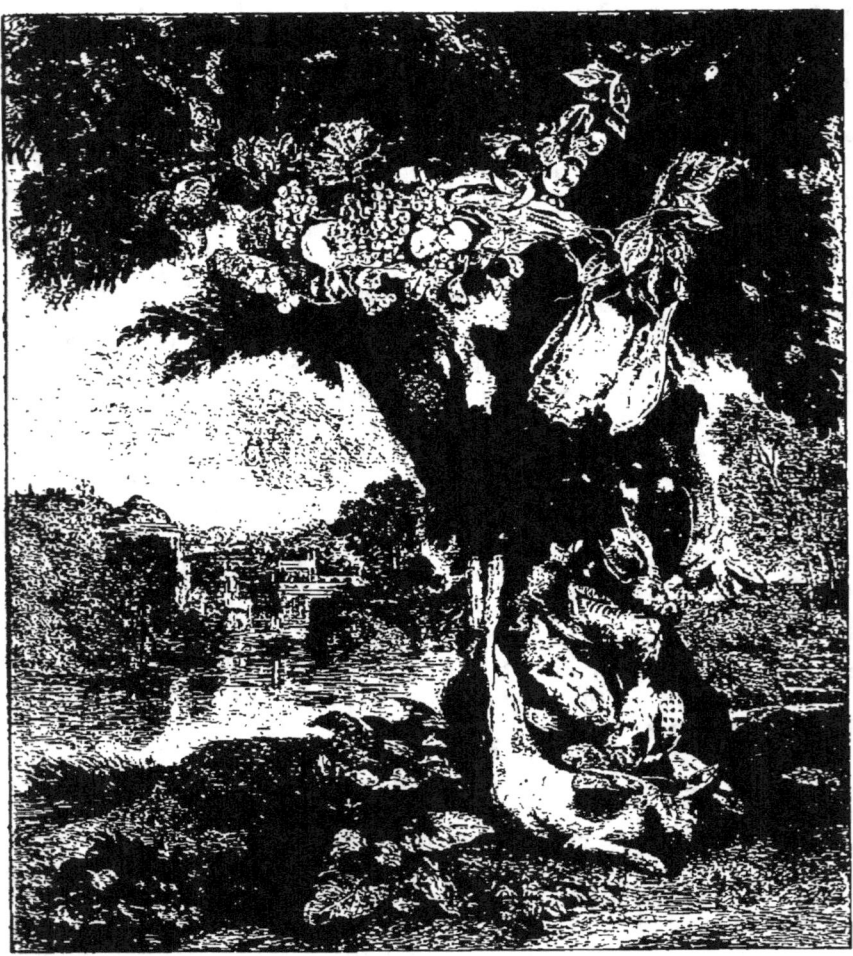

Fig. 137. — Jan Fyt (1609 ÷ 1661). — Fruits et Gibier.
Ancienne Galerie Delessert.

Par *tableau* de *nature morte* on entend non seulement un *tableau* qui représente des animaux *morts*, tels que des oiseaux, du gibier, du poisson, mais aussi celui qui a pour sujet des instruments de danse, de musique, des ustensiles de chasse, de pêche, de guerre, de ménage; des viandes, des légumes, etc. Le *tableau de nature morte* forme, sous ce titre, un petit *genre* à part. On n'appellerait pas *tableau de nature morte* celui qui représenterait un corps de femme ou d'homme *mort*; un tel *tableau* appartiendrait au *genre* de l'*histoire*.

le plus sûrement que l'artiste est doué du génie de son art.

Mouvement, en parlant de l'ensemble de la composition d'un tableau, s'entend aussi de l'état d'activité des personnages, de la vivacité plus ou moins grande de l'action, et aussi de la variété des épisodes, du nombre des objets, des contrastes, des oppositions, de tous les artifices mis en œuvre par le peintre pour agiter l'imagination du spectateur.

Mouvement se dit encore en parlant des draperies, en parlant de la tige et des branches des arbres, et en général des lignes du dessin. Le mouvement d'une draperie est la succession des inflexions suivant lesquelles elle s'étend sur le corps qu'elle enveloppe. Le mouvement des arbres est la direction dans laquelle chaque arbre, suivant sa nature, élève sa tige et pousse ses branches; ou bien, encore, la manière particulière dont sa tige et ses branches se tordent ou se courbent sous l'effort du vent. Le mouvement de toute ligne de dessin est la succession des inflexions par lesquelles elle trace un contour. On ne dirait pas d'une ligne droite qu'elle a du mouvement (V. ACTION).

**MYSTÉRIEUX** (adj.). — Couleur mystérieuse, composition mystérieuse, ou dans laquelle il y a du mystérieux, s'entend d'un certain effet général de couleur, d'un sujet de tableau et d'une ordonnance, qui portent à la rêverie, touchent et émeuvent l'âme.

Cette expression, bien que fort usitée, est, comme le sentiment auquel elle se rapporte, un peu vague.

\* **NAÏF** (adj.). Fig. 138. — Qui a sa simplicité telle que la nature l'a formé, sans rien encore ou peu de chose de ce que la réflexion, l'expérience, l'artifice de l'éducation et les habitudes empruntées de la civilisation apportent de changement ou même de supplément au naturel. Naïf ne se dit qu'en parlant des naturels heureux, et comporte les idées de candeur, d'ingénuité, d'innocence, d'enjouement ou de sensibilité, de grâce, de bonhomie, de franchise. La naïveté est le propre de l'enfance. Certains caractères doux, confiants, sincères, exempts d'orgueil, d'ambition, de jalousie, de passions fortes, la conservent même dans un âge plus avancé. Elle a dans les traits de la physionomie son expression, qui est facile à reconnaître et pleine de charme, surtout dans les femmes. Cette expression est l'objet de l'imitation du peintre, qui emploie toutes les ressources de l'art à représenter la nature naïve. On admire la naïveté des Vierges et des Enfants de Raphaël; il y a dans les tableaux des Carrache et du Dominiquin des personnages naïfs en assez grand nombre, et l'on en trouve, partout où il y a lieu, dans les compositions du Poussin.

Indépendamment de cette naïveté de la nature, objet de l'imitation de l'art perfectionné, l'art lui-même a sa naïveté, qui consiste dans les habitudes de son enfance et est le caractère des ouvrages du quinzième siècle, alors que les peintres ne se préoccupaient que peu du choix de leurs sujets et de ce qu'on a appelé depuis la poésie de la composition, la richesse de l'ordon-

## L'ART A SA NAÏVETÉ QUI EST LE CARACTERE DES OUVRAGES DU XVᵉ SIÈCLE

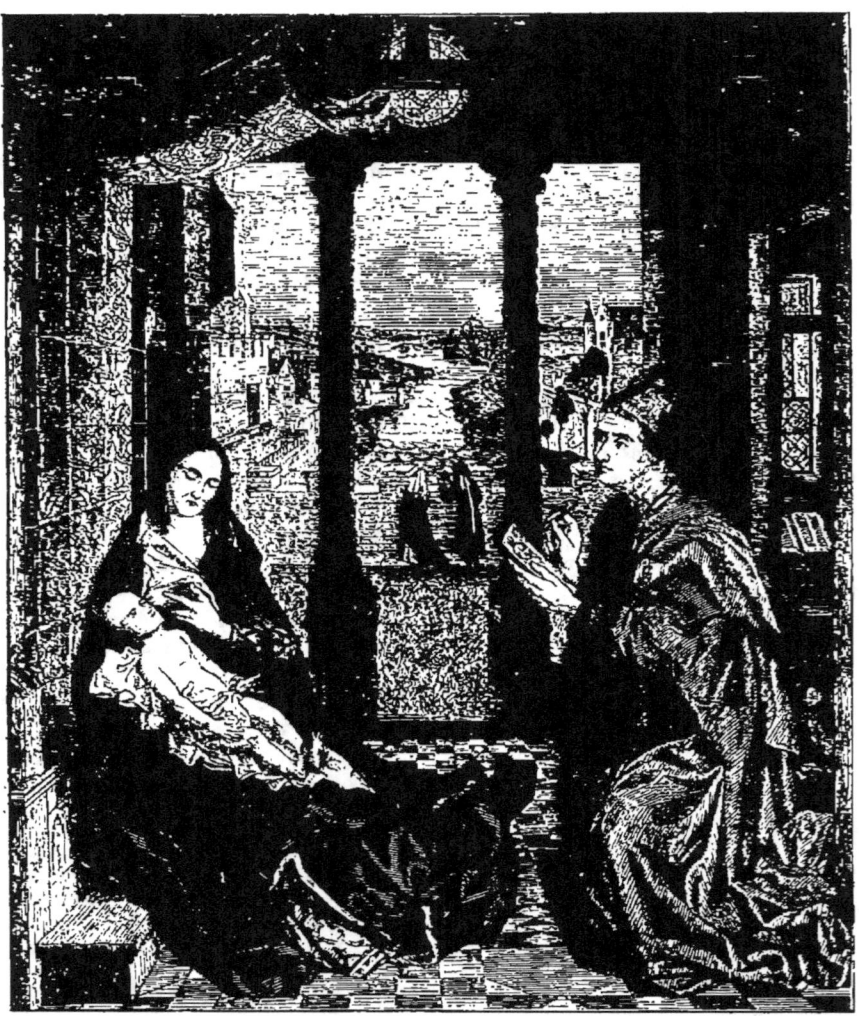

Fig. 138. — Jan van Eyck, dit Jean de Bruges (1390 ? ✝ 1440).
Saint Luc peignant les figures de la Vierge et de l'Enfant Jésus.

L'art a sa *naïveté*, qui consiste dans les habitudes de son enfance et est le *caractère* des ouvrages du XVᵉ siècle, alors que les *primitifs* représentaient les scènes sur toutes sortes de sujets, sans rien changer au *caractère* ni au *costume* des *modèles* que le siècle et le pays où ils vivaient leur fournissaient, ne se doutant de l'*idéal* en rien, ne s'appliquant à autre chose qu'à peindre ces *modèles* au naturel. C'est ainsi que l'on dit des *tableaux* de Jan van Eyck, dit Jean de Bruges, qu'ils sont *naïfs*, alors même qu'ils ont pour objet les *personnages* les plus étrangers au caractère *naïf*.

nance, la vérité historique, représentaient les scènes les plus simples sur toutes sortes de sujets, sans rien changer au caractère non plus qu'au costume des modèles que le siècle et le pays où ils vivaient leur fournissaient, ne se doutant de l'idéal en rien, ne s'appliquant à autre chose qu'à peindre ces modèles au naturel. C'est ainsi que l'on dit de tous les tableaux des primitifs qu'ils sont naïfs, alors même qu'ils ont pour objet les sujets et les personnages les plus étrangers au caractère naïf.

**NAÏVETÉ** (s. f.). — Caractère de ce qui est naïf (V. NAÏF).

**NATURALISTE** (s. m.). — (Voir ÉCOLES, APPENDICE, p. 325 à 333).

\* **NATURE** (s. f.). Fig. 139. — S'entend, dans le langage de l'art, de tout modèle donné immédiatement par la nature. On dit, en ce sens, peindre, dessiner d'après nature, c'est-à-dire d'après le modèle vivant ou l'objet lui-même, par opposition à peindre, à dessiner d'après un dessin, un tableau.

De ces deux manières d'opérer, l'une est beaucoup plus difficile que l'autre. Pour la seconde, il suffit de suivre et de répéter les procédés de l'art, tels que les présente réellement le modèle artificiel, de placer des lignes et des couleurs matérielles là où sont, dans ce modèle, des couleurs et des traits matériels de même nature, au lieu que, pour la première, ce n'est pas l'objet matériel qu'il s'agit de reproduire, mais seulement les apparences de cet objet, et cela au moyen de substances d'une toute autre nature que celles qui donnent ces apparences. C'est, particulièrement pour le peintre, une différence telle, et plus grande encore, que celle qu'il y a entre transcrire littéralement un écrit, ou le traduire d'une langue dans une autre.

Belle nature, est la nature la plus exempte de défauts, dont il y ait des modèles réels. On appelle nature idéale celle dont le modèle plus parfait encore n'existe que dans l'imagination de l'artiste.

**NERF** (s. m.). — Métaphore empruntée de la physiologie, pour exprimer la force, la fermeté que l'on a apportée à l'exécution d'un ouvrage d'art, et qui se laisse apercevoir dans cet ouvrage.

**NETTOYER** (v. a.). — Se dit d'une opération par laquelle on enlève de dessus un tableau la crasse et les taches que la poussière, l'humidité, la fumée, forment à la longue; ce qui ne se doit faire qu'avec beaucoup de précautions, et par gens expérimentés, afin d'éviter que l'enlèvement de la crasse n'entraîne aussi celui des parties les plus délicates de la peinture, telles que les glacis. A cela se bornent le travail et les soins qu'exige le nettoiement des tableaux. Lorsqu'il s'agit de suppléer des parties effacées ou tombées en écailles, de rentoiler le tableau ou d'y faire d'autres réparations, cela appartient à l'œuvre de la restauration.

**NEUF** (adj.). — Se dit, dans le langage de l'art, de ce qui résulte de combinaisons nouvelles, de ce qui frappe par son originalité, sa

## D'APRÈS NATURE S'ENTEND DE TOUT MODÈLE DONNÉ PAR LA NATURE

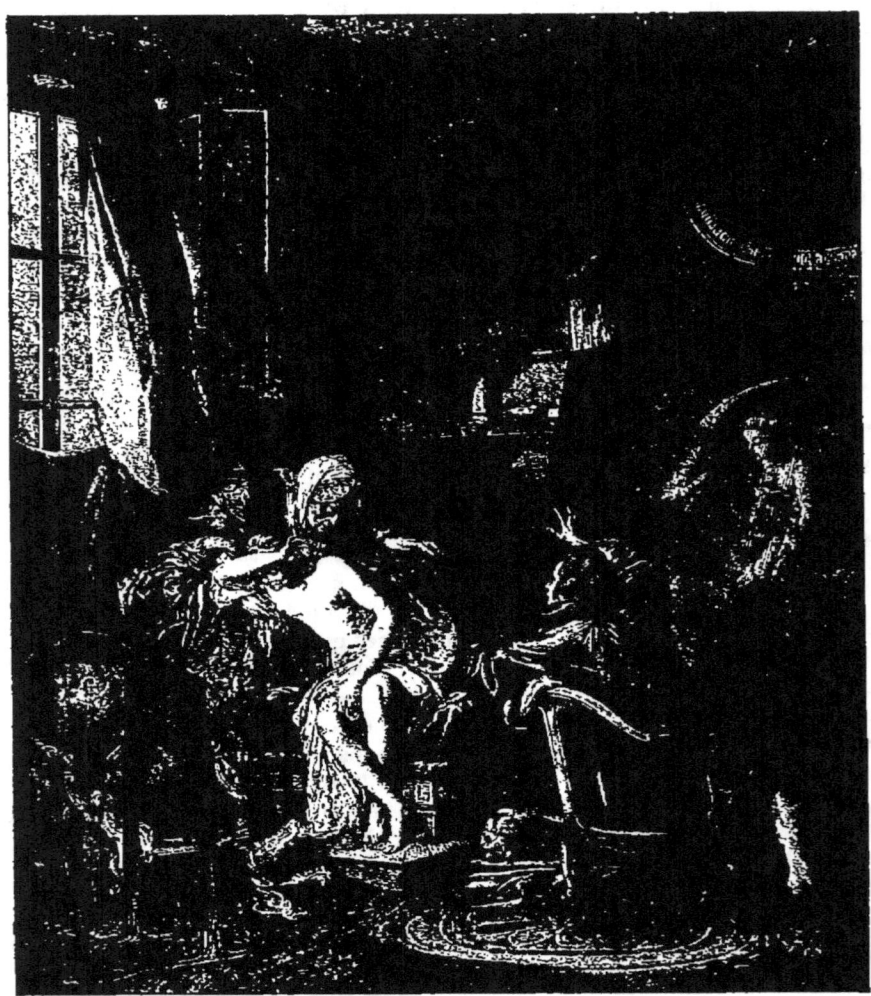

Fig. 139. — JEAN-MICHEL MOREAU, DIT LE JEUNE (1741 † 1814).
Le Modèle honnête. Gouache.

D'après *nature* s'entend, dans le langage de l'art, de tout *modèle* donné immédiatement par la *nature*. On dit, en ce sens, peindre d'après *nature*, c'est-à-dire d'après le *modèle* vivant ou l'objet lui-même, par opposition à peindre, à *dessiner* d'après un *dessin*, un *tableau*.

singularité; il ne se prend qu'en bonne part, et comporte toujours l'idée de quelque chose d'ingénieux. Pensée neuve, conception neuve, etc.; ne se dirait pas sérieusement d'une pensée, d'une conception bizarre, extravagante, insignifiante.

**NEZ** (s. m.). — Mesure proportionnelle à l'usage de la peinture et de la sculpture. Le nez est le tiers de la face (*V.* FACE).

**NIMBE** (s. m.). — En parlant du nimbe qui entoure la tête des saints, on dit plus ordinairement auréole (*V.* AURÉOLE et GLOIRE).

\* **NOBLE** (adj.). Fig. 140 et 141. — Se dit, dans le langage de l'art, de tout objet qui donne l'idée d'une prééminence fondée sur la sagesse de l'ordonnance, l'élégance des formes, la gravité, l'élévation du style.

La noblesse est ennemie des situations violentes, des formes tourmentées ou recherchées, des passions désordonnées; elle se refuse aux sujets empruntés d'une nature commune ou de mœurs triviales, dont elle fausserait la vérité, et ne se prête qu'avec difficulté aux sujets naïfs.

Les sujets les plus nobles en eux-mêmes seront sans noblesse en peinture, si le style de l'artiste a manqué d'élégance et d'élévation. Le tableau d'histoire, sagement traité, est le plus noble de tous.

**NOBLESSE** (s. f.). — Qualité de ce qui est noble (*V.* NOBLE).

**NOIR** (s. m.). — S'emploie substantivement dans le langage de l'art en parlant des bruns ou des ombres d'un tableau ou d'une estampe, particulièrement lorsqu'il s'agit de blâmer l'abus ou l'exagération de ces tons, comme lorsqu'on dit qu'il y a trop de noirs dans un tableau; ou d'une estampe, que les passages des blancs aux noirs ne sont pas assez ménagés, etc. On dit aussi d'un tableau qu'il tire au noir, lorsque, par l'action plus ou moins prolongée de l'air et du temps, ses demi-teintes et ses ombres noircissent, accident très ordinaire qui dépend pour beaucoup de la qualité des couleurs, des huiles et des vernis.

**NOMBREUX** (adj.). — Composition nombreuse; se dit d'une composition dans laquelle il entre un grand nombre de figures.

**NOURRI** (adj.). — Se dit du tableau dont les couleurs sont couchées abondamment; aussi d'une figure, dont les formes sont charnues, et plutôt grasses et fortes que sveltes. On dit tableau bien nourri de couleurs, pinceau nourri, formes nourries; c'est partout l'opposé de sec et de maigre.

**NOYER** (v. a.). — Noyer les couleurs, c'est les mélanger sur la toile en étendant une couleur ou une teinte dans la couleur ou la teinte

---

NOTE RELATIVE AUX FIGURES 140 ET 141. — Dans le *paysage*, on distingue le *genre noble* du *genre* rustique : le premier se reconnaît à la *grandeur* des *lignes*, au *balancement* et à la *disposition* des *masses*, au choix et au *caractère* des *fabriques*, au *style* des *figures*; le second a pour type les rochers et les cavernes.

## DANS LE PAYSAGE, ON DISTINGUE LE GENRE NOBLE DU GENRE RUSTIQUE

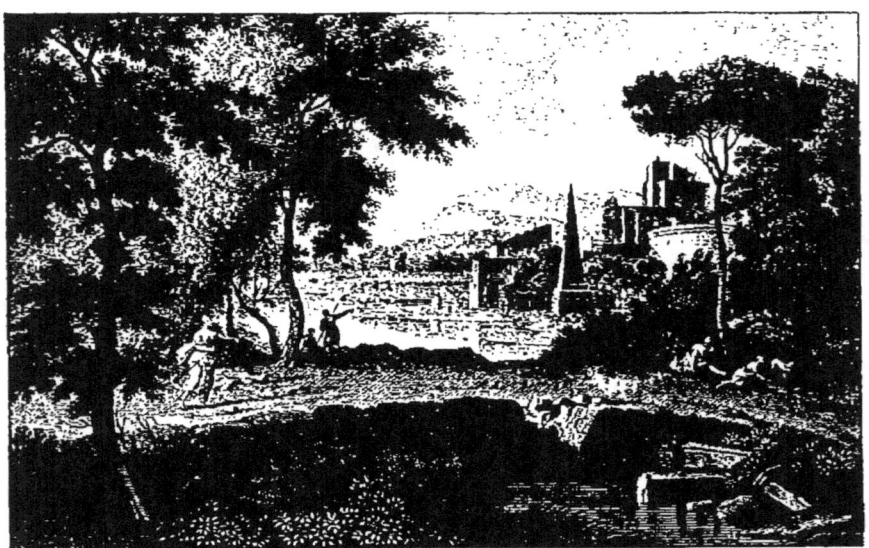

Fig. 140. — Johannes Glauber, dit Polidor (1645 † 1726). — Paysage noble.

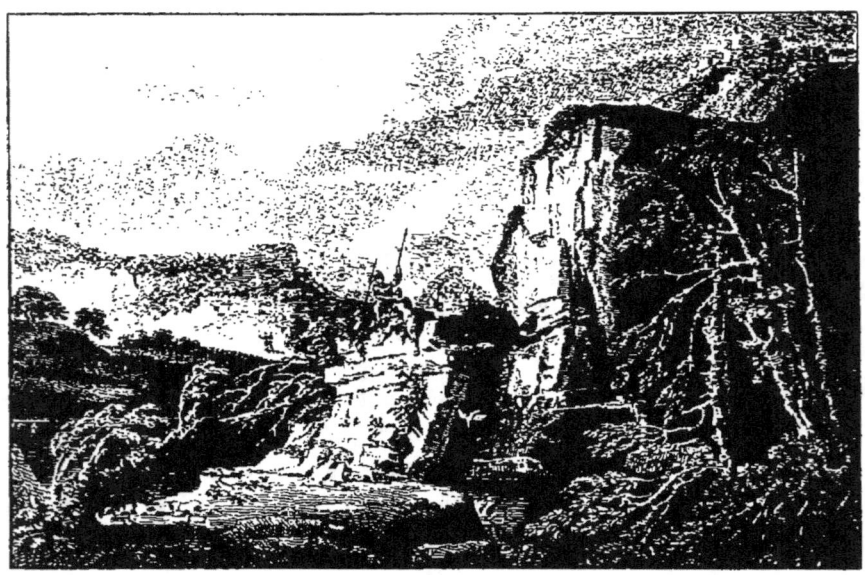

Fig. 141. — Salvator Rosa (1615 † 1673). — Paysage rustique, avec rochers et cavernes (Musée du Louvre, Paris).

*(Consulter, au bas de la page 210, la note relative aux figures 140 et 141.*

contiguë, jusqu'au point où elle s'y confond, et s'y perd en quelque sorte, comme on voit dans la nature le rouge des parties les plus colorées de la peau s'aller perdre, par une succession insensible de teintes, dans les parties les plus pâles. Quelques peintres, même parmi les grands coloristes, ont dédaigné cette manœuvre, et n'ont fait que placer les teintes les unes auprès des autres, sans faire sur la toile aucun mélange de couleurs. Mais c'est, d'une part, que ce mélange avait été fait déjà plus ou moins finement sur la palette, et, d'autre part, que l'artiste comptait sur l'effet de l'interposition de la vapeur atmosphérique entre son tableau et l'œil du spectateur, pour adoucir le passage d'une touche à l'autre et donner au tout ensemble l'aspect des couleurs noyées, ce qui arrive effectivement quand la succession des teintes par touches est établie avec justesse, et que le tableau doit être vu d'une certaine distance, c'est-à-dire à travers une couche plus ou moins épaisse de cette vapeur atmosphérique.

\* **NU** (s. m.). — Nu s'emploie substantivement pour signifier les parties de la figure peinte, qui sont dénuées de vêtement; ou bien même celles qui sont couvertes par le vêtement, en parlant d'une draperie qui accuse le nu, du nu senti sous la draperie, etc. Nu ne se dit pas du visage et des mains, que l'usage veut qui soient découverts; mais on le dit de toutes les autres parties du corps dans ces phrases : étudier le nu, faire sentir le nu sous les draperies, de beaux nus, etc.

**NUANCE** (s. f.). — Gradation d'une couleur depuis le degré le plus clair jusqu'au plus sombre. Ce mot est du langage commun, plus encore que de celui de l'art; on l'emploie surtout en parlant de l'œuvre du teinturier. Les peintres expriment la même idée par les mots tons, teintes, demi-teintes.

\* **NUDITÉ** (s. f.). Fig. 142. — État d'une personne ou figure nue, et au pluriel, nudités, parties nues d'une figure. Toutefois, les mots nudité et nudités ne s'emploient qu'en parlant du nu considéré sous le rapport de la pudeur. En ce sens, il s'entend en mauvaise part, et ne se dit que des figures et des tableaux dont les parties nues éveillent des pensées obscènes. Dans un sujet grave et convenablement traité, et même en un sujet gracieux et voluptueux, traité avec noblesse, les nus n'offensent pas la pudeur et ne sont pas ce qu'on appelle des nudités. En général, plus les figures d'un tableau sont d'un style élevé, plus leurs formes sont idéales, moins elles encourent le reproche de nudité : les Vierges, les Madeleines, les anges, des peintres de l'École du dix-huitième siècle abondaient en nudités; les Romains et les Romaines du fameux tableau des *Sabines* de David, les figures de héros, de nymphes, d'amours, de femmes et d'hommes nus des tableaux de Girodet (fig. 54), ne sont point des nudités.

**NUIT** (s. f.). — Effet de nuit; on appelle en peinture effet de nuit un tableau représentant une scène de nuit éclairée d'une lumière

## QUELLES SONT LES FIGURES QUI ENCOURENT LE REPROCHE DE NUDITÉ

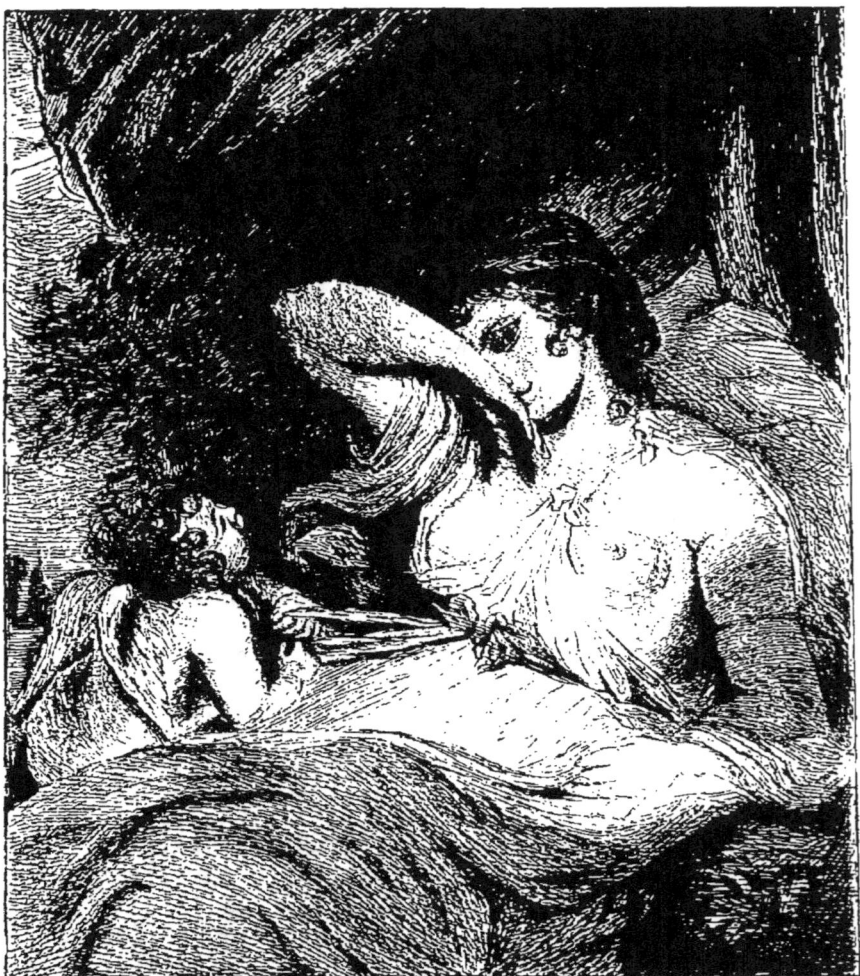

Fig. 142. — Sir John Reynolds (1723 ÷ 1792). — L'Amour dénouant la ceinture de Vénus (Musée de l'Ermitage, Saint-Pétersbourg).

En général, plus les *figures* d'un *tableau* sont d'un *style* élevé, plus leurs *formes* sont *idéales*, moins elles encourent le reproche de *nudité* : les Vierges, les Madeleines, les anges des peintres de l'*École* du dix-huitième siècle abondaient en *nudités* ; les Romains et les Romaines du fameux tableau des Sabines de David (fig. 41), les *figures* de héros, de nymphes, d'amours, de femmes et d'hommes nus ou demi-*nus* des *tableaux* de Girodet de Roucy, de Reynolds, etc., ne sont point des *nudités*. (V. fig. 54.)

artificielle, ou même seulement de cette demi-lumière naturelle que conserve l'atmosphère de la terre durant la nuit.

**OBSCUR** (adj.). — Se dit des objets dont la couleur participe plus du brun que du clair. On dit, dans ce sens, qu'un tableau est trop obscur, qu'un ton obscur convient à un sujet triste, que les teintes obscures donnent de la valeur aux tons brillants, etc.

\* **OMBRE** (s. f.). Fig. 143. — Obscurité occasionnée par l'obstacle qu'un corps opaque met au passage de la lumière rayonnante : la partie de la surface du corps opaque opposée à celle qui se présente à la lumière rayonnante est dans l'ombre; est aussi plus ou moins dans l'ombre l'espace au delà du corps opaque, qui eût été traversé par le faisceau de rayons divergents dont ce corps a intercepté le passage; et si ces rayons eussent eu à rencontrer au delà quelque autre surface opaque, comme le plancher, le plafond, ou l'un des murs verticaux d'une chambre, la partie de ce second corps où se fussent arrêtés les rayons interceptés déjà par le premier est aussi dans l'ombre. Cette dernière sorte d'ombre, soit qu'elle se projette sur le sol, ou qu'elle s'applique en quelque sorte sur un plan vertical, est ce qu'on appelle ombre portée.

Si la lumière était seulement rayonnante, les ombres, en général, seraient uniformément et complètement noires; il n'y aurait ni demi-jour, ni demi-teinte. Mais, parce que la lumière est ambiante aussi bien que rayonnante, elle se répand plus ou moins même autour du corps opaque qui intercepte l'action directe de ses rayons, et, par là, l'obscurité occasionnée par cette interception est plus ou moins diminuée et diversement modifiée, suivant le plus ou moins de volume de ce corps, la manière dont sa surface se développe, et la position où il est relativement au foyer de la lumière. Une autre propriété de la lumière est d'être réfléchie par les corps opaques sur lesquels elle tombe, et cela aussi de diverses manières, suivant la nature et la couleur de ces corps (V. REFLET). C'est là aussi le principe d'une infinité de modifications de l'ombre. L'observation de cette multitude de modifications et la théorie des causes qui les occasionnent composent principalement la science du clair-obscur.

La forme des corps solides n'étant perceptible au sens de la vue que par la présence et le jeu des ombres, l'art d'imiter les ombres est une des parties essentielles de la peinture les plus importantes. Il n'appartient qu'à l'artiste de connaître ou plutôt de sentir l'infinie variété des effets de l'ombre. Le simple amateur se borne à voir et à dire des ombres d'un tableau qu'elles sont légères, transparentes, lourdes, épaisses, suivant qu'elles s'étendent par une dégradation de tons nombreux et bien suivis, qu'elles participent plus ou moins, selon leur épaisseur, de la couleur des objets, ou bien que leurs masses sont sans dégradations, et qu'elles font taches sur les objets avec lesquels elles devraient s'identifier.

## LA LUMIÈRE EST AMBIANTE AUSSI BIEN QUE RAYONNANTE

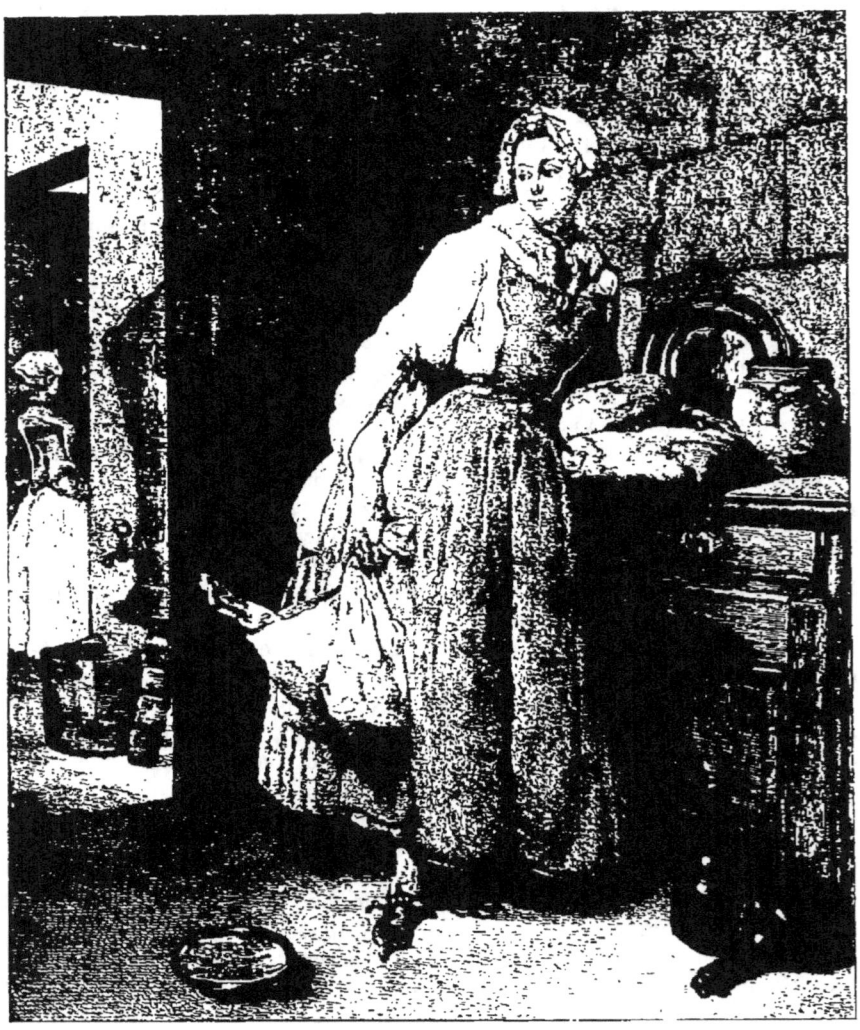

Fig. 143. — Jean-Baptiste-Siméon Chardin (1699 ✝ 1779).
La Pourvoyeuse, dite aussi : La Ménagère (Musée du Louvre, Paris).

Si la *lumière* était seulement rayonnante, les *ombres*, en général, seraient uniformément et complètement *noires* ; il n'y aurait ni demi-jour ni demi-*teinte*. Mais, parce que la *lumière* est ambiante aussi bien que rayonnante, elle se répand plus ou moins autour du corps opaque qui intercepte l'action directe de ses rayons, et, par là, l'*obscurité* occasionnée par cette interception est plus ou moins diminuée et modifiée, suivant le volume de ce corps, la manière dont sa surface se développe, et la position où il est relativement au foyer de la *lumière*.

**OMBRER** (v. a.). — Placer les ombres dans un tableau ou dans un dessin. Ne se dit guère qu'en parlant des ombres que l'objet représenté dans un dessin, proprement dit, doit projeter sur le fond, suivant la direction de la lumière qui éclaire le modèle; ces ombres étant les seules que l'on mette après coup, et par un travail indépendant de celui du dessin. Quant aux ombres portées ou étendues sur les divers points de l'objet lui-même, pour exprimer les parties saillantes, et ce qu'on appelle le modelé, elles appartiennent au travail général du dessin. On ne dit pas non plus d'un tableau qu'il est bien ou mal ombré, pour signifier que les effets d'ombre y sont bien ou mal rendus. Dans ce cas, on emploie suivant le besoin quelqu'une des expressions rapportées à l'article (OMBRE) ci-dessus, ou d'autres équivalentes.

**OPPOSITION** (s. f.). — Concours d'objets de forme, de nature ou de caractère fort différents, qu'on réunit cependant dans une même composition, pour que, se faisant ressortir et valoir l'un par l'autre, ils rendent plus forte l'impression que chacun d'eux est destiné à produire. Opposition est à peu près synonyme de contraste (*V.* CONTRASTE). Toutefois, on le dit plus particulièrement des ombres et des lumières, des couleurs sombres et claires, éclatantes et douces, et des autres effets frappants du clair-obscur.

\* **ORDONNANCE** (s. f.). Fig. 144 et 145. — Est, dans la peinture, l'arrangement du sujet, la marche de la composition, la disposition des masses. Ce mot comporte l'idée d'une composition plus ou moins nombreuse en figures qu'il a fallu coordonner. Il ne se dirait pas d'un tableau composé de une ou deux figures, ou d'un seul groupe de figures.

L'ordonnance est riche quand elle présente à l'œil une grande variété de figures ramenées à l'unité par les rapports et la liaison qui existent entre elles; elle est sage et simple, lorsque les figures, sans être en grand nombre, remplissent néanmoins le champ de la composition, en s'offrant à l'œil du spectateur dans un ordre facile à suivre, et tel que le requiert la vérité de l'action représentée; et l'on dit qu'elle est pauvre, quand les figures, quel que soit leur nombre, manquent d'accord entre elles, ou quand ce nombre est insuffisant pour rendre le sujet avec tous les développements qu'il comporte et laisse à désirer.

**ORDRE** (s. m.). — Arrangement méthodique des parties d'un tout; est l'une des conditions essentielles de la composition en général, et des groupes en particulier (*V.* BEAU).

NOTE RELATIVE AUX FIGURES 144 ET 145. — L'*ordonnance* est riche quand elle présente à l'œil une grande *variété* de *figures* ramenées à l'*unité* par les *rapports* et la liaison qui existent entre elles; elle est sage et *simple* lorsque les *figures*, sans être en grand nombre, remplissent néanmoins le *champ* de la *composition*, en s'offrant à l'œil du spectateur dans un ordre facile à suivre et tel que le requiert la *vérité* de l'*action* représentée; et l'on dit qu'elle est *pauvre*, quand les *figures*, quel que soit leur nombre, manquent d'*accord* entre elles, ou quand ce nombre est insuffisant pour rendre le sujet avec tous les *développements* qu'il comporte.

**RICHESSE, SAGESSE, SIMPLICITÉ ET PAUVRETÉ DANS L'ORDONNANCE**

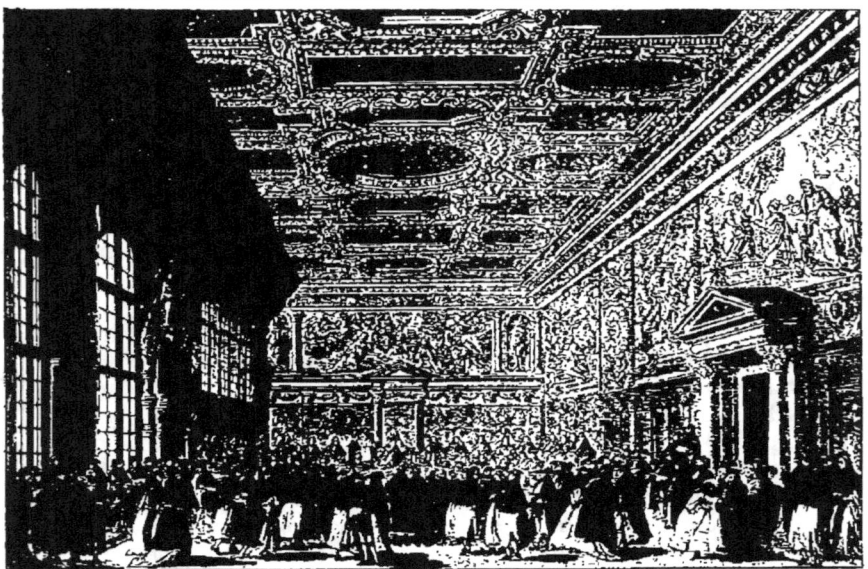

Fig. 144. — Antonio Canal, dit Il Canaletto (1697 ✝ 1768).
Le Carnaval à Venise (Palais des Doges, Venise).

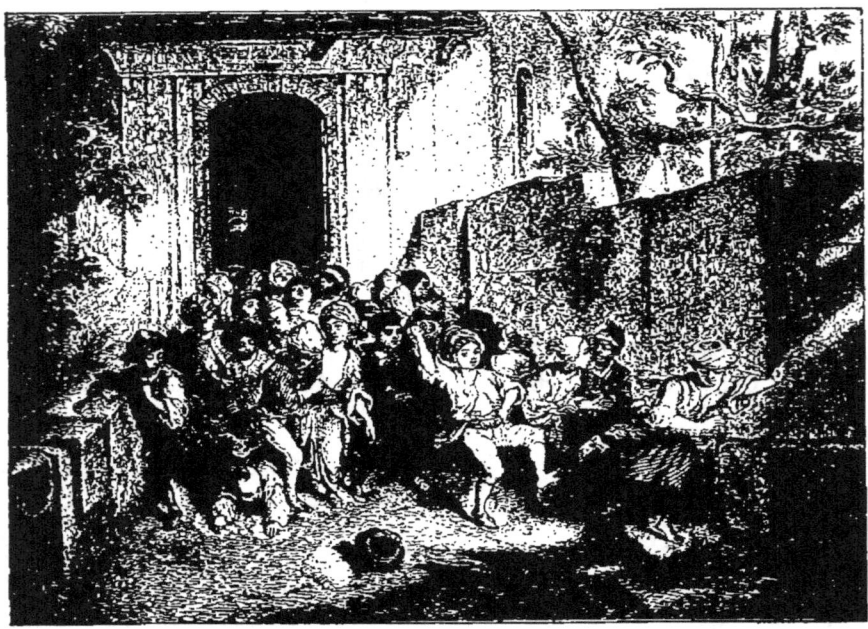

Fig. 145. — Alexandre-Gabriel Decamps (1803 ✝ 1860). — Sortie d'une école turque.
(Musée des Arts Décoratifs, Paris).
(Consulter, au bas de la page 216, la note relative aux figures 144 et 145.)

**ORIENTALISTE** (s. m.). — (*Voir* ÉCOLES, APPENDICE, p. 325 à 333).

**ORIGINAL** (adj.). — On appelle tableau original, et, substantivement, un original, le tableau qui a été composé et fait d'invention, ou d'après nature, et n'a pas été copié d'après un autre tableau.

On emploie aussi ce mot substantivement pour exprimer l'objet d'après lequel une copie a été faite, en bornant toutefois son application aux objets d'art de même nature que les copies auxquelles ils ont servi de modèles. On ne dirait pas du modèle vivant qui pose devant le peintre, qu'il est l'original de la figure du tableau, non plus qu'on ne dit d'un portrait qu'il est la copie du personnage qu'il représente.

Les originaux sont plus estimés que les copies pour deux raisons : l'une essentielle, qui est que l'ouvrage original est unique, tandis que les copies se peuvent multiplier; l'autre, accidentelle, savoir, que c'est, en général, l'artiste inférieur qui copie l'artiste supérieur, et qu'ainsi les originaux sont pour l'ordinaire réellement meilleurs que les copies.

Toutefois rien ne s'opposerait à ce qu'il en fût autrement, s'il arrivait à un bon peintre de copier l'ouvrage d'un moins habile que lui. Il arrive encore que la copie, la réplique, qu'un artiste fait de son ouvrage est inférieure à l'original. Nous avons exposé la cause de l'infériorité de cette espèce de copie (*V.* COPIE).

\* **ORIGINALITÉ** (s. f.). Fig. 146 et 147. — Caractère de ce qui est original; se dit des personnes et des choses.

Selon qu'on l'applique à l'artiste ou à l'ouvrage, il s'entend d'une manière particulière de concevoir ou d'être conçu, d'exécuter ou d'être exécuté, qui sort, sinon des règles, du moins des habitudes qui se distingue par quelque chose de piquant et d'ingénieux, et n'est pas toujours exempt d'un peu de bizarrerie, défaut voisin en quelque sorte du mérite de l'originalité. L'originalité comporte l'idée d'une certaine hardiesse, d'une certaine licence, d'un certain dédain des voies ordinaires et des exemples accrédités; elle n'est pas, comme l'analogie grammaticale pourrait le faire croire, la propriété de tout ouvrage original. Beaucoup de tableaux originaux manquent, ainsi que les maîtres qui les ont faits, de ce que l'on entend par originalité, et l'originalité passe sans difficulté, comme les autres qualités de l'œuvre, de l'original dans la copie.

**ORNEMENT** (s. m.). — Toute partie accessoire d'un ouvrage qui a pour objet d'ajouter à son agrément et à son prix. Les draperies,

---

NOTE RELATIVE AUX FIGURES 146 ET 147. — Bien que tous les peintres de quelque renom aient chacun une *manière* de *composer* et de peindre qui leur est propre et à laquelle on reconnaît leurs ouvrages, tous, même les plus habiles, n'ont pas de l'*originalité*. — Les plus excellents et les plus sages, ceux qui opèrent le mieux selon la science et en mémoire des grands modèles, sont souvent même ceux qui ont le moins d'*originalité*. Ainsi il y a plus d'*originalité* dans la *manière* d'éclairer de Rembrandt et de quelques autres maîtres hollandais, que dans celle de Raphaël et du Titien.

## ORIGINALITÉ DANS LES DIFFÉRENTES MANIÈRES D'ÉCLAIRER DES PEINTRES

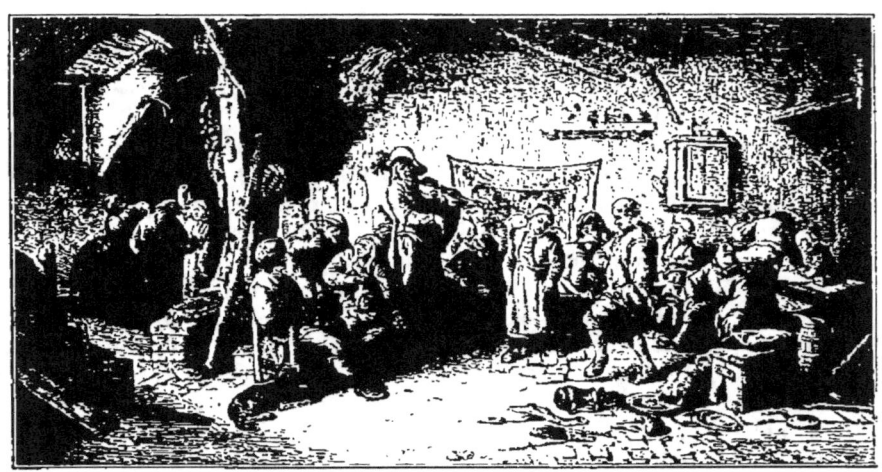

Fig. 146. — Adriaen van Ostade (1610 † 1685) — Musico hollandais.
(Ancienne Galerie Delessert).

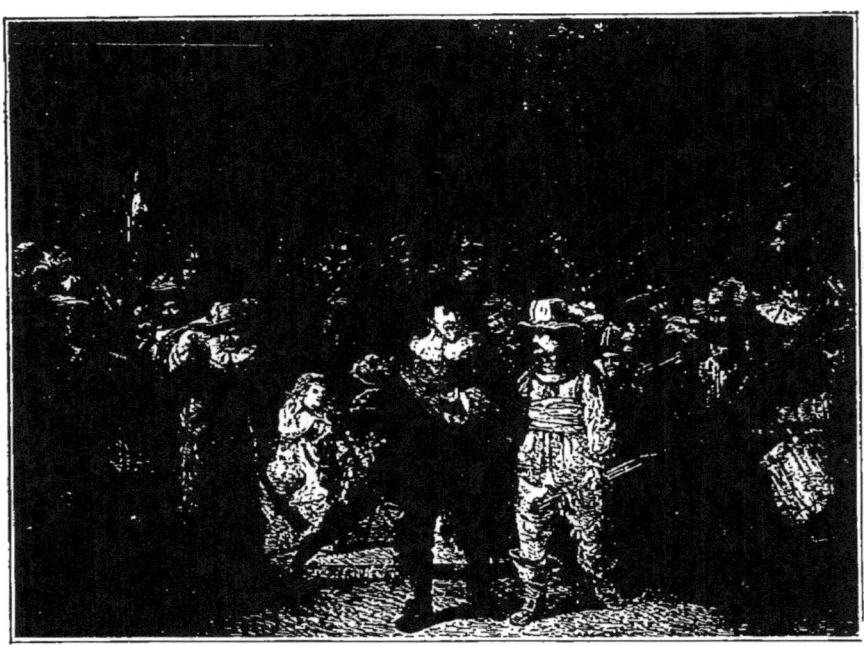

Fig. 147. — Rembrandt-Harmensz van Rijn (1606 † 1669).
Sortie de la Compagnie du capitaine Bahning Cock, dite La Ronde de nuit
(Rijksmuséum, Amsterdam).

(Consulter, au bas de la page 218, la note relative aux figures 146 et 147.)

les guirlandes, les vases, les camées, les ustensiles de forme élégante et pittoresque, et les ornements d'architecture sont les sujets ordinaires de l'ornement en peinture.

On n'emploie pas le mot ornement pour désigner les objets dont il s'agit ci-dessus, quand ils entrent dans la composition d'un tableau ou d'un bas-relief; on les comprend alors sous la dénomination d'accessoires. On dit les accessoires, et non les ornements d'un tableau.

Le genre de l'ornement, bien que subalterne, exige néanmoins de la part de l'artiste, autant qu'aucun autre, de l'esprit, de l'intelligence et du goût. Les plus grands peintres ne l'ont pas dédaigné au besoin : les arabesques du Vatican dessinées par Raphaël sont de l'ornement.

**OUTRÉ** (adj.). — Exprime l'exagération, et se dit, soit des formes trop prononcées d'une figure, soit du mouvement, quand il accuse un effort démesuré à l'action du personnage, soit surtout de l'expression de la physionomie, lorsqu'elle va jusqu'à faire grimacer les traits du visage. Le coloris est aussi l'occasion quelquefois d'ombres outrées; mais on ne dirait guère de la lumière et des couleurs qu'elles sont outrées, pour exprimer qu'elles sont, l'une trop éclatante, et les autres trop vives.

**PALETTE** (s. f.). — Est la petite planche ordinairement de bois de noyer, sur laquelle le peintre place les couleurs et fait les teintes dans lesquelles il trempe ses pinceaux, ce qui a donné naissance à l'expression figurée : sentir la palette.

Quand les couleurs d'un tableau ne sont pas fondues, qu'elles rendent mal la nature et semblent avoir été placées sur la toile sans plus d'art qu'elles l'étaient sur la palette, on dit d'un tel tableau qu'il sent la palette.

\* **PANNEAU** (s. m.). Fig. 148. — Les peintres appellent panneau la planche dressée pour exécuter un tableau sur bois. Lorsque le panneau est artisonné, on le consolide ou on le remplace par un parquetage.

**PANORAMA** (s. m.). — Tableau qui occupe entièrement l'horizon du spectateur, et s'offre à sa vue à l'exclusion de tous autres objets. Le panorama se compose donc de deux parties principales, un tableau proprement dit, et l'appareil dans lequel ce tableau est ajusté. Ce spectacle optique est d'invention moderne : voici comment on l'explique, et ce en quoi il consiste.

Suivant le seul témoignage de nos yeux, nous n'avons la perception de la distance qui nous sépare d'un objet, que par la présence d'autres corps visibles qui s'interposent entre cet objet et nous. Faute de corps intermédiaires, cette distance est pour nous comme si elle n'existait pas, et plus ceux-ci sont rares, moins l'autre est sensible. Ainsi, une route bordée d'arbres paraît à la vue plus longue que celle où il n'y a pas d'arbres, et ceux qui estiment l'éloignement d'un navire en mer, ou d'une maison en plaine par l'habitude qu'ils ont d'apprécier les distances à terre, ou dans les rues d'une ville, se trompent d'ordinaire en moins.

ON CONSOLIDE LES ANCIENS PANNEAUX ARTISONNÉS AVEC DES PARQUETAGES

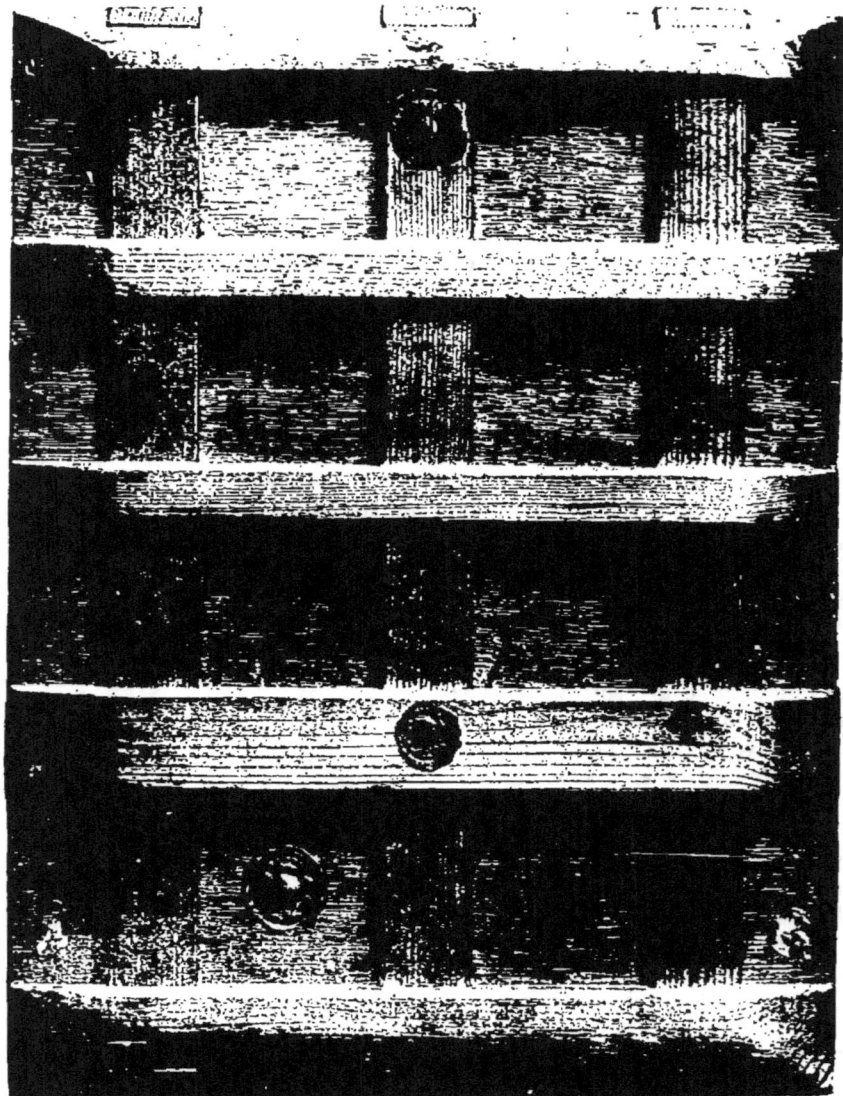

Fig. 148. — Parquetage moderne consolidant un panneau artisonné.

Le parquetage est employé pour consolider les *tableaux* peints sur les bois qui sont fendus, brisés, gondolés, disjoints ou *artisonnés*. Il est composé d'un assemblage de lames de bois de force supérieure à celle du *panneau* à consolider; les montants sont échancrés à moitié bois, de distance en distance, afin de faire place à d'autres lames plus minces, destinées à maintenir le *panneau* transversalement sans y adhérer. — On appelle *châssis* l'assemblage de tringles de bois, sur lesquelles on assujettit et on tend la toile qui doit servir à peindre un *tableau*.

Il en est de même de l'étendue et de la grandeur des corps, dont nous avons une perception toute différente de l'image incessamment changeante qu'ils réfléchissent dans nos yeux, et qui nous les fait sentir, pour ainsi dire, plus grands ou plus petits, au moindre mouvement que nous faisons pour nous approcher ou nous éloigner, tellement que nous ne nous formons l'idée fixe et vraie de leurs dimensions qu'en leur appliquant une mesure taillée à la main, ou du moins qu'en les comparant, à vue d'œil, avec d'autres corps déjà soumis à l'épreuve de cette mesure convenue. Ces opérations de l'organe de la vue, cet empire de l'habitude et de la raison sur les sens, sont assez connus pour qu'il ne soit pas besoin de les exposer ici avec plus de détail. Mais il est nécessaire de se les rappeler pour concevoir jusqu'à quel point il peut être difficile de juger de l'éloignement et des dimensions réelles des figures d'un tableau qu'on a disposé de manière qu'il n'y ait entre ce tableau et le spectateur aucun objet intermédiaire, et, près de là, aucun corps de mesure connue que l'on puisse comparer à ces figures.

**PAPILLOTAGE** (s. m.). — Effet désagréable aux yeux, espèce d'éblouissement qu'occasionnent une multitude de petites lumières, c'est-à-dire de points brillants, et le choc de petites parties de couleurs diverses éparpillées en quelque sorte dans un tableau; c'est le défaut contraire au mérite des lumières larges et des grandes masses de couleur; on dit d'un tableau où ce défaut se trouve, qu'il papillote. On le dit particulièrement des draperies dont les plis multipliés et chiffonnés manquent de largeur.

**PARACHRONISME** (n. m.). — Quelques peintres ont placé des faits à une époque postérieure à celle où ils ont eu lieu réellement (*V.* ANACHRONISME et ARCHAÏQUE).

\* **PARTI** (s. m.). Fig. 149 et 150. — Prendre un parti, se dit en parlant de l'ordonnance d'un tableau, particulièrement en ce qui concerne la disposition des masses d'ombre et de lumière. Dans l'arrangement des objets, tel que le présente la nature, il arrive souvent que la lumière venant de divers points, ou s'étendant trop uniformément, ne donne que des ombres faibles, sans marche bien réglée, confuses, les unes provenant d'un jet de lumière, les autres d'un autre, et toutes plus ou moins atténuées par la lumière ambiante; ou bien encore que les figures éparses et les autres objets, sans consistance, sans caractère, sans liaison entre eux, ne donnent ni les lignes ni les masses voulues pour une belle ordonnance pittoresque. Dans l'un et l'autre cas, la marche de la lumière et celle de la ligne de composition seraient vagues et incertaines. Sur cela, l'artiste prend un parti : il sépare

---

NOTE RELATIVE AUX FIGURES 149 ET 150. — Si, dans un *tableau*, les *parties* d'*ombre* et de *lumière* sont *larges* et *tranchées*; si les *masses* opposées les unes aux autres, sont fortes et bien distinctes, on dit que le peintre a pris dans cet ouvrage un grand *parti*. Si au contraire, les choses ont été laissées dans le vague et la confusion, on dira que le peintre n'a pas pris de *parti*, que l'*ordonnance* de ce *tableau* en est défectueuse.

## DANS QUEL CAS DIT-ON QUE LE PEINTRE A PRIS PARTI, UN GRAND PARTI?

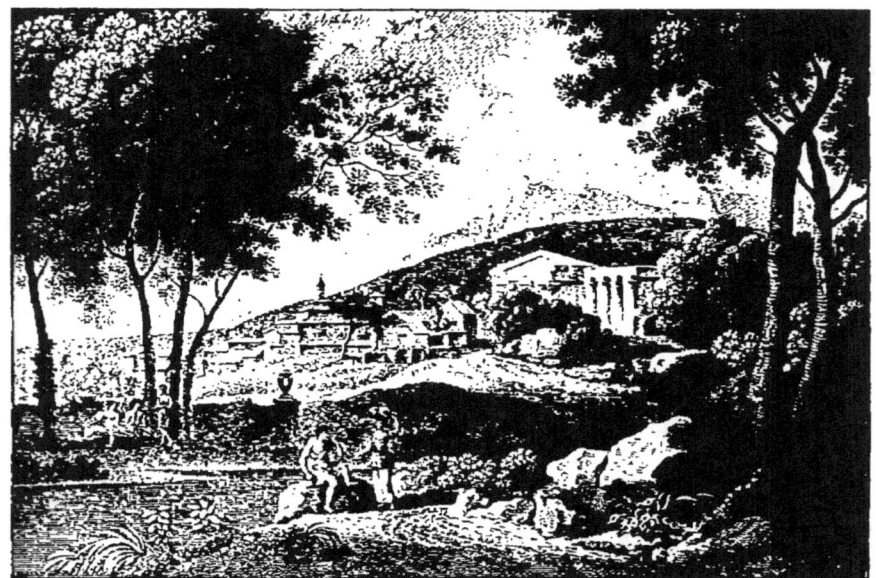

Fig. 149. — Jan-Frans van Bloemen (1662 † 1740). — Paysage avec figures et ruines.

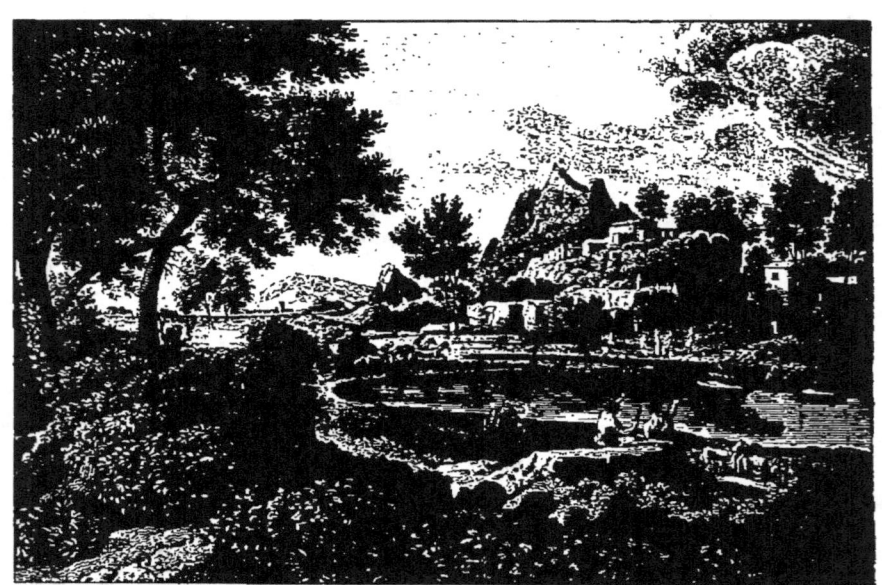

Fig. 150. — Nicolas Poussin (1594 † 1665). — Paysage.

(Consulter, au bas de la page 222, la note relative aux figures 149 et 150.)

en quelque sorte la lumière des ténèbres, et les rassemble chacune de leur côté pour qu'elles se fassent valoir l'une l'autre, en établissant une juste opposition des jours et des ombres, et de même il rassemble et forme en groupe les figures et les accessoires de son sujet pour en obtenir des masses qui se balancent ou contrastent entre elles. Si ces parties d'ombre et de lumière sont larges et tranchées; si ces masses, opposées les unes aux autres, sont fortes et bien distinctes, on dit qu'il a pris dans ce tableau un grand parti. Si, au contraire, les choses avaient été laissées dans ce vague et cette confusion dont il a été parlé d'abord, on dirait que le peintre n'a pas pris de parti.

**PASSAGE** (s. m.). — Est, en peinture, la transition d'une teinte à une autre, d'un ton à un autre. Les passages sont la succession des nuances d'une couleur, depuis la plus foncée, jusqu'à la plus légère, et la succession des ombres depuis la plus forte jusqu'à la plus claire, jusqu'au clair lui-même. Plus la gradation des teintes ou de la lumière est insensible, douce, et parcourant un grand espace, plus beaux sont les passages. Tous les corps solides, éclairés d'une lumière naturelle et abondante, donnent, à qui sait les bien voir, la série des tons dont se forment les passages d'ombre.

Les plus beaux modèles de passages par la série des teintes, nous sont offerts par la nature dans les fleurs, dans les fruits, et surtout dans la carnation humaine.

\* **PASSION** (s. f.). Fig. 151. — Les passions, en tant qu'elles ont une grande action, non seulement sur l'attitude, le mouvement et les traits du visage de celui qu'elles transportent ou affectent actuellement, mais même sur l'habitude de corps et le caractère de physionomie de ceux qui, sans en être actuellement agités, en reçoivent des impressions fréquentes, sont un sujet important d'étude et de méditation pour le peintre studieux. Faute de connaître le jeu et la pantomime des passions, il est impossible de s'assurer qu'on donnera aux figures d'un tableau ou d'un groupe, l'expression propre à l'action et voulue par la situation des personnages. Le Brun a publié, sur le caractère et la pantomime des passions, une dissertation assez étendue; avant lui, Léonard de Vinci n'avait pas omis d'en parler dans son *Traité de la peinture*.

Sur cet important sujet, il faut entendre par passion, non seulement les mouvements violents ou désordonnés de l'âme, mais aussi ses affections, même les plus douces et les plus louables.

Toutes sont également du ressort des arts d'imitation, par l'influence plus ou moins grande, mais toujours très sensible, qu'elles ont sur la physionomie et les habitudes du corps de l'homme.

**PASTEL** (s. m.). — Genre de peinture pour lequel on emploie des crayons ou pâtes de diverses couleurs. Ces pâtes sont tendres, faciles à se pulvériser et telles que l'artiste peut les employer, tantôt comme le crayon ordinaire pour tracer des contours et des hachures

## IMPORTANCE DE LA CONNAISSANCE DU JEU ET DE LA PANTOMIME DES PASSIONS

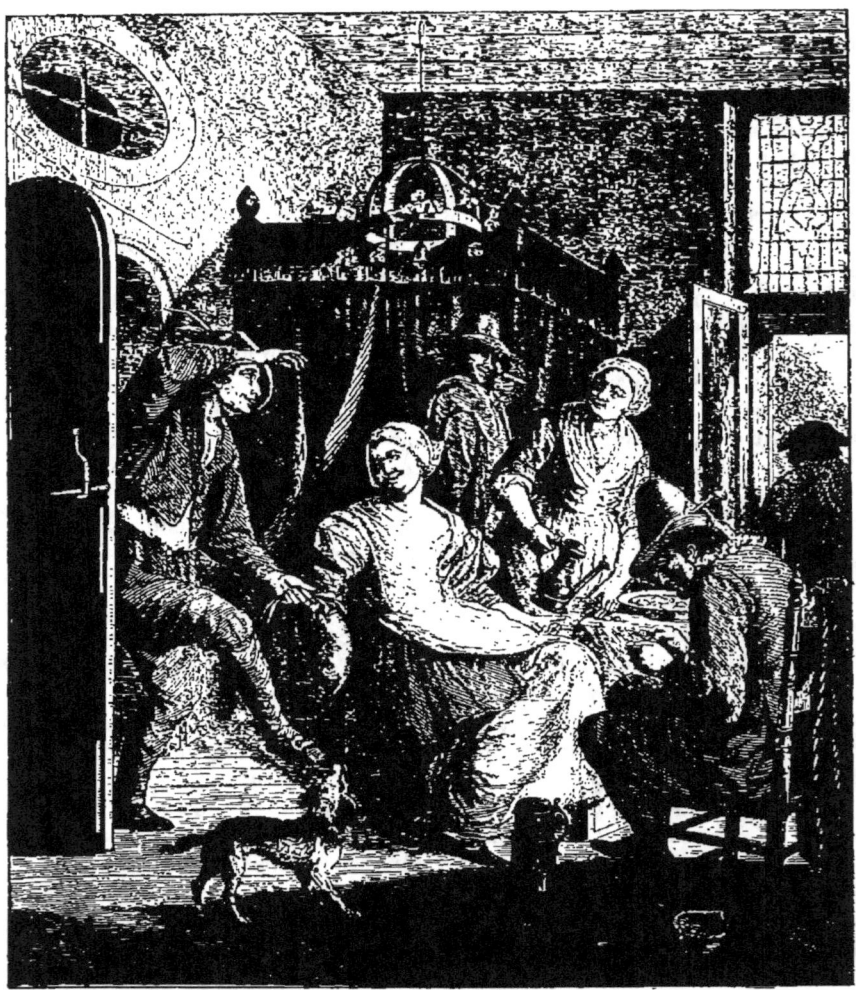

Fig. 151. — Jan Steen (1627? † 1679). — Le Vert galant.

Faute de connaître le jeu et la pantomime des *passions*, il est impossible de s'assurer qu'on donnera aux *figures* d'un *tableau* ou d'un *groupe* l'expression propre à l'*action* et voulue par la situation des *personnages*; c'est un sujet important qui a été étudié par les maîtres hollandais.

plus souvent encore en les écrasant, pour les étendre sur le papier avec le doigt. C'est toujours sur papier, et sur un papier un peu grenu, que l'on peint en pastel.

Un pastel d'une belle conservation est devenu une chose rare, bien que plusieurs des peintres du dix-huitième siècle aient exécuté, dans ce genre, un grand nombre de portraits, dont quelques-uns ne sont pas sans mérite.

\* **PASTICHE** (s. m.). Fig. 152 et 153. — Tableau dans lequel l'artiste s'est, pour l'exécution d'un sujet de son choix ou de son invention, appliqué à imiter la manière d'ordonner, de dessiner, de colorier, de peindre d'un autre maître, auquel il a dessein de faire qu'on attribue son ouvrage.

Il va sans dire que le faiseur de pastiches, bien qu'il n'emprunte pas aussi son sujet au maître qu'il imite, doit, pour que rien ne manque à l'illusion, faire choix d'un sujet analogue à ceux que ce maître a coutume de traiter. Le pastiche diffère de la copie en ce que cette dernière est la reproduction de la composition du tableau copié, plutôt encore que celle du faire du maître, et que l'autre est la reproduction en quelque sorte de ce faire appliqué à une composition originale.

Le pastiche présuppose donc, dans celui qui le traite, la faculté d'inventer et l'adresse à imiter, tandis que la copie n'exige ni l'une ni même l'autre de ces choses : une copie, lorsqu'elle n'a pas pour but de tromper l'amateur, peut n'être, quant au faire, qu'une imitation plus ou moins éloignée de l'original.

**PASTORALES** (adj.). — Après les peintres des fêtes galantes, vinrent les peintres des pastorales, dont François Boucher est le type le plus complet. Il en est en même temps le créateur et, dans ce genre, est resté sans rival. François Boucher acquit une grande vogue, produisit de nombreux ouvrages dans tous les genres, et son style patronné par la marquise de Pompadour, devint bientôt celui qui domina dans l'École française.

On ne vit partout que des Amours joufflus, des bergères et des nymphes lestement retroussées, des bergers enrubannés leur serrant la taille, des déesses de la mythologie travesties en marquises, des femmes galantes, des jeunes filles au minois fripon folâtrant sur un lit en désordre; c'était le genre qui s'alliait aux mœurs dissolues de l'Époque Louis XV.

**PÂTE** (s. f.). — Signifie l'ensemble des couleurs d'un tableau; peindre dans la pâte, se dit de la manière d'opérer du peintre, qui, au lieu de

---

NOTE RELATIVE AUX FIGURES 152 ET 153. — Des peintres, même fort habiles, se sont fait à la fois un jeu et un mérite de l'*exécution de pastiches*. Tel était David Téniers, le Jeune qui imitait, à s'y tromper, les *tableaux* de Bassan, la *manière* de Callot, etc., et aurait dû s'en tenir à ses villages, comme Gilles van Tilborgh (1625?†1678).

D'autres se sont surpassés eux-mêmes en faisant des *pastiches* de maîtres plus forts qu'eux, ce qui s'explique par la direction meilleure dans laquelle ils se trouvaient entraînés sur les traces de ces maîtres, dont ils suivaient les *procédés* en abandonnant pour cela les leurs propres.

## DES PEINTRES MÊME FORT HABILES ONT EXÉCUTÉ DES PASTICHES

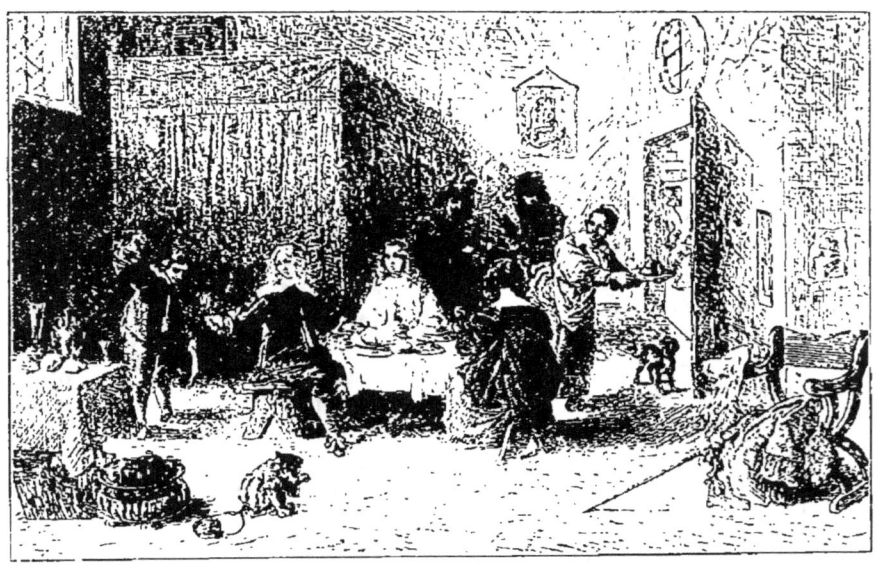

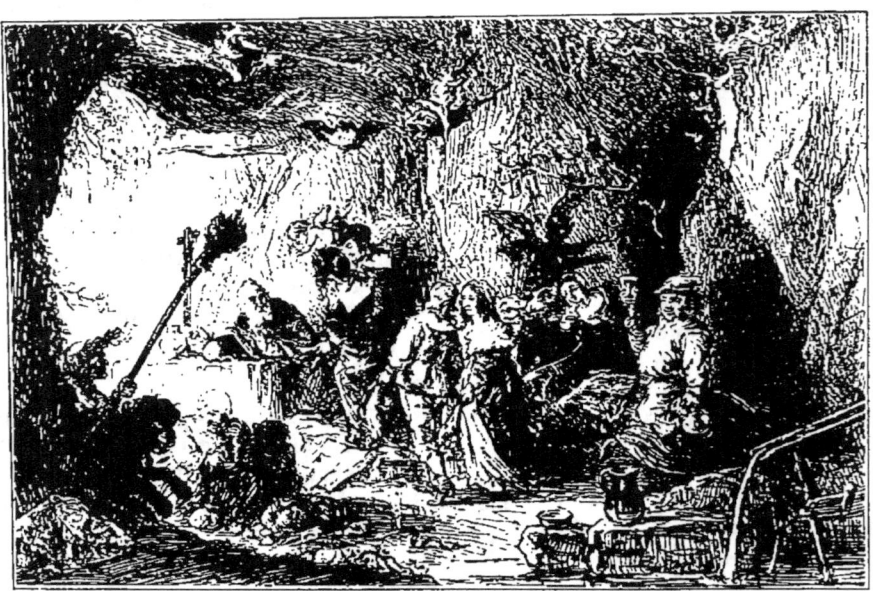

Fig. 152 et 153. — DAVID TÉNIERS, LE JEUNE (1610 † 1690).
L'Enfant prodigue (Musée du Louvre, Paris).
La Tentation de Saint Antoine (Galerie royale, Dresde).

(Consulter au bas de la page 226, la note relative aux figures 152 et 153.)

couvrir son trait d'une ébauche légère, puis de touches successives plus ou moins nettes, charge d'abord la toile de masses épaisses de couleurs, qu'il fond ensuite les unes dans les autres. Cette pratique est celle de beaucoup de peintres coloristes. Elle ne saurait convenir aux dessinateurs, à cause de la difficulté, ou plutôt de l'impossibilité qu'il y a de retrouver et de suivre les lignes du trait sous ces épaisses couleurs, et d'arrêter des contours par ce procédé de fusion. Le Tintoret, Bassan, Salvator-Rosa, Rembrandt, etc., ont peint dans la pâte.

**PÂTEUX** (adj.). — On dit quelquefois, bien que cette expression soit peu usitée, chairs pâteuses, pour signifier des chairs peintes largement et moelleusement; on dit aussi de la touche qu'elle est pâteuse, pour exprimer qu'elle est abondante en couleur, et le contraire de la touche sèche. Mais on ne dit pas tableau pâteux, même en parlant d'un tableau peint dans la pâte.

**PATINE** (s. f.). — Par extension, on comprend sous le nom de patine l'espèce de crasse dont se sont, à la longue, chargés les tableaux des vieux maîtres.

**PAUVRE** (adj.). — Qui manque de grandeur, de richesse, qui est sans élévation, sans dignité, sans énergie; une tête pauvre est une tête sans caractère, sans expression, sans physionomie, faiblement modelée, sans relief, sans vigueur de dessin ni de couleur; une draperie pauvre est celle qui manque d'ampleur et de développement; une composition pauvre, celle dans laquelle le sujet est mal développé, où manquent les épisodes, les circonstances et les objets accessoires, les contrastes et les autres combinaisons de l'art propres à donner l'intelligence du sujet, à le rendre frappant pour l'imagination du spectateur, et à déceler dans son auteur une imagination riche et féconde.

**PAUVRETÉ** (s. f.). — On appelle pauvreté, dans les ouvrages de l'art, les formes petites, les détails minutieux, les accidents vulgaires qu'il est de l'essence de l'art d'agrandir ou de négliger.

\* **PAYSAGE** (s. m.). Fig. 154 à 158. — Le paysage est l'un des principaux genres de la peinture. Il a pour objet l'imitation des effets de la lumière dans les espaces de l'air et sur la face de la terre et des eaux. Le paysage embrasse la représentation des terrains, montagnes, rochers, arbres, lacs, rivières, de tout ce que présente ou peut présenter l'aspect d'un pays; il comprend le genre particulier des marines (V. MARINE), la composition et la représentation des figures, des animaux et des épisodes historiques ou de fantaisie qui peuvent animer une scène champêtre, et appeler l'intérêt sur un site agreste. Ce genre est celui que cultivent le plus ordinairement les peintres amateurs, les gens du monde.

Dans l'éducation générale qui n'a pas pour objet de former des peintres, et dans laquelle le dessin n'entre que comme accessoire, on

## LES GRANDS PEINTRES ONT, SEULS, LE SENTIMENT DES BEAUTÉS DE LA NATURE

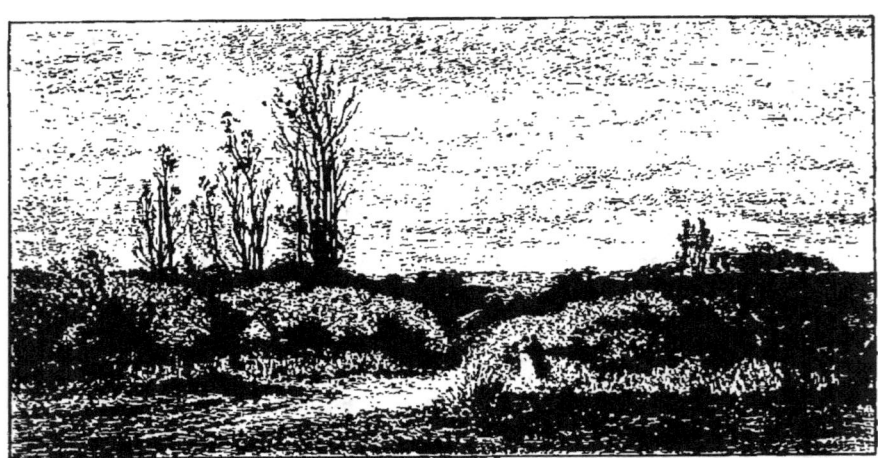

Fig. 154. — Charles-François Daubigny (1817 † 1878). — Le Printemps.

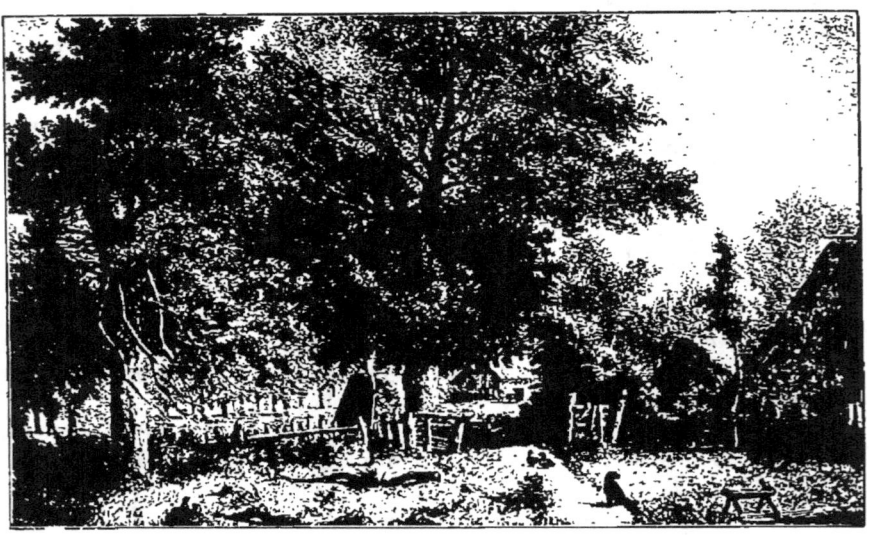

Fig. 155. — Théodore Rousseau (1812 † 1867). — Bornage de Barbizon.

Avoir le *sentiment* des *beautés* de la *nature* pour faire choix d'un beau *site*, est déjà la marque d'un mérite, malheureusement peu commun.
Chaque saison dans l'année, chaque heure dans le jour, la moindre révolution dans l'atmosphère donnent à la face de la terre une physionomie nouvelle. C'est à bien observer ces changements, à les concevoir dans leur vaste *ensemble* et dans la multitude infinie de leurs combinaisons que la sagacité du *paysagiste* se fait connaître.

préfère avec raison l'étude du paysage à celle de la figure. S'il n'est pas besoin d'un travail aussi opiniâtre et d'un génie aussi spécial pour représenter des arbres, des nuages, des rochers, que pour rendre les traits réguliers de la figure humaine, il ne faut cependant pas moins de jugement et de goût pour composer le paysage et ses épisodes, que pour imaginer les scènes du tableau d'histoire. Avoir le sentiment des beautés de la nature pour faire choix d'un beau site, serait déjà la marque d'un mérite peu commun. Mais presque toujours le paysagiste est obligé d'inventer lui-même ses tableaux, l'aspect le plus magnifique qui se présente à sa vue, ne pouvant d'ordinaire passer sur la toile sans subir de changement, à cause de l'espace qu'il embrasse, de la multiplicité et de l'éloignement des objets, ou parce que les accidents qui en font la plus grande beauté, ne sont pas de nature à être reproduits par la peinture. Combien de choses en effet dans le tableau mouvant de la nature, qu'on ne peut fixer sur la toile! et quelle variété, quel choix reste encore dans celles que le pinceau peut saisir! Chaque saison dans l'année, chaque heure dans le jour, la moindre révolution dans l'atmosphère donnent à la face de la terre une physionomie nouvelle. C'est à bien observer ces changements, à les concevoir dans leur vaste ensemble, et dans la multitude infinie de leurs combinaisons, que la sagacité du paysagiste se fait connaître.

La fraîcheur et le calme du matin, la lumière expansive du soleil levant sont favorables aux nobles pensées, aux résolutions généreuses, et conviendront le mieux à la représentation des entreprises hardies. Le ciel brûlant du milieu du jour pèse également sur les hommes et sur les troupeaux; il servira de fond aux scènes de repos.

Le soir, l'esprit fatigué du travail de la journée n'a plus cet élan qui le transportait au matin dans les vagues régions de l'avenir : comme il lui faut moins d'efforts pour revenir sur le passé, il a coutume alors de s'occuper de ses souvenirs; cette heure est celle de la mélancolie. L'influence du soir est aussi fort grande sur les animaux et sur les plantes. Les effets de la lumière dans le ciel et sur les eaux ne sont jamais si riches et si variés qu'au soleil couchant; c'est le temps de la journée qui fournit au paysagiste ses plus beaux sujets. Chaque saison aussi a, si l'on peut dire, ses mœurs, ainsi que son vêtement, qui lui sont propres : l'homme et l'animal foulent la neige d'un autre pas que l'herbe fleurie; l'un et l'autre se meuvent et respirent autrement dans l'atmosphère orageuse de l'été que sous le ciel brillant et léger d'un hiver froid. L'étude

---

NOTE RELATIVE AUX FIGURES 156 ET 157. — On range les *tableaux paysages* en trois classes : les *vues* ou représentations exactes, espèces de portraits de *sites* donnés; le *paysage mixte*, copié aussi de quelque *site* ou *paysage naturel*, mais auquel l'artiste a ajouté, retranché ou changé ce qu'il a jugé nécessaire pour l'*effet* pittoresque de son *tableau*; et enfin le *paysage idéal*, tout de la *composition* du peintre, qui a cherché dans son *imagination* les plus belles lignes, les plus belles *fabriques*, les *figures*, le *site* et le *ciel* les plus propres à produire sur le spectateur l'impression dont il a eu le dessein de le frapper.

## LE PAYSAGE IDÉAL EST TOUT DE LA COMPOSITION DU PEINTRE

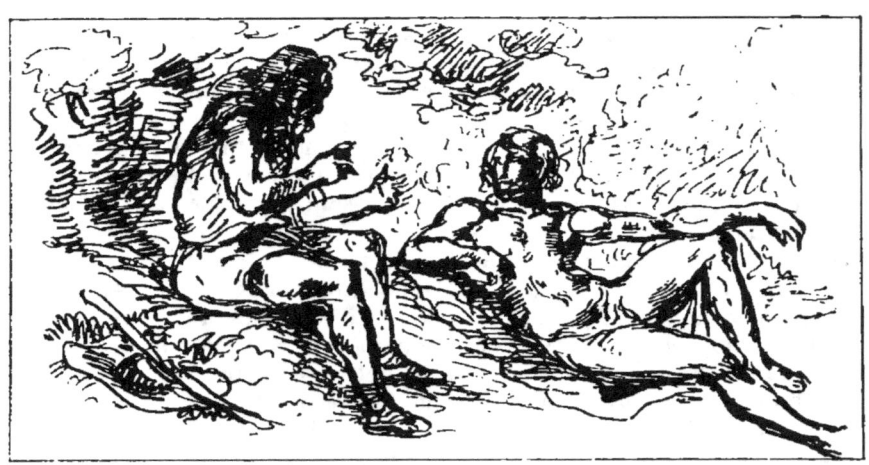

Fig. 156. — Ferdinand-Victor-Eugène Delacroix (1798 † 1863).
Herminie et les bergers. — Étude pour Paysage idéal.

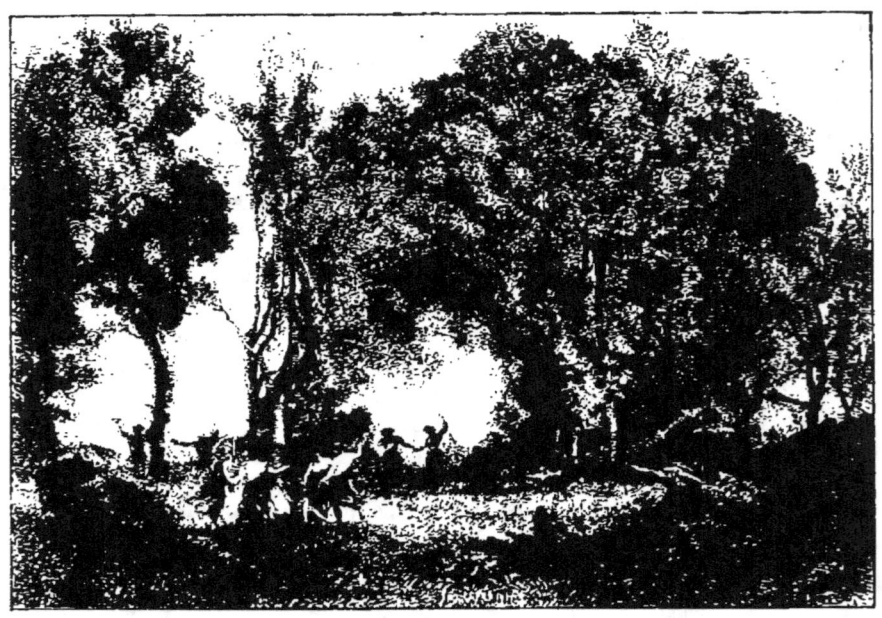

Fig. 157. — Jean-Baptiste-Camille Corot (1796 † 1875). — Danse de nymphes
(Musée du Luxembourg).

(Consulter au bas de la page 250, la note relative aux figures 156 et 157).

du paysage, ne fût-elle pour le simple amateur qu'une occasion d'admirer ces harmonies de la nature, ce serait assez pour la regarder comme une partie utile de l'éducation.

On range les tableaux paysages en trois classes : les vues ou représentations exactes, espèces de portraits de sites donnés; le paysage mixte, copié aussi de quelque site ou paysage naturel, mais auquel l'artiste a ajouté, retranché ou changé ce qu'il a jugé nécessaire pour l'effet pittoresque de son tableau; et enfin le paysage idéal, tout de la composition du peintre, qui a cherché dans sa mémoire ou dans son imagination les plus belles lignes, les plus belles fabriques, le site et le ciel les plus propres à produire sur le spectateur l'impression dont il a eu le dessein de le frapper. Cette dernière espèce de paysage est surtout à l'usage du paysage historique, c'est-à-dire de celui dont le peintre a entendu faire le théâtre de quelque action plus ou moins intéressante.

Le paysage mixte convient aux tableaux qui ont plus particulièrement pour objet l'imitation de la nature champêtre. Quant aux vues tout à fait exactes, elles n'ont pour motif que de conserver l'image de certains lieux, ou bien ne sont qu'un sujet d'étude; rarement elles méritent le titre de tableau.

**PAYSAGISTE** (s. m.). — Artiste qui peint des paysages (*V*. PAYSAGE).

**PEINDRE** (v. a.). — Reproduire l'apparence des corps solides sur une surface plane au moyen des couleurs et par l'action du pinceau, ou seulement revêtir une surface de couleurs, avec la brosse, sans avoir pour but la représentation d'aucun objet. Dans le premier cas, peindre exprime l'action de l'artiste proprement dit et donne lieu à ces locutions : peindre l'histoire, le paysage, le portrait, pour faire profession de peindre dans l'un de ces genres; peindre à l'huile, à fresque, à l'aquarelle, en détrempe, en miniature, pour peindre par l'un ou l'autre de ces procédés; se faire peindre, pour faire faire son portrait, bien qu'on ne pût dire de la personne dont on fait le portrait qu'on la peint à l'huile ou en miniature. Il faut dire que l'on fait son portrait à l'huile, en miniature, etc., et cependant on pourrait ajouter, sans blesser l'usage, que cette personne est peinte debout, assise, à cheval, etc.

Peindre sans rien représenter, étendre des couleurs sur une muraille, un plafond, un lambris, est le travail du peintre en bâtiments. On dit d'un appartement qu'il est peint, ou bien qu'on le fait peindre en gris, en vert, etc.; mais on ne dirait pas, en parlant de l'ouvrier occupé de ce travail, qu'il peint; l'expression propre serait : il met en couleur, ou il peinture.

**PEINÉ** (adj.). — Se dit, dans les arts, particulièrement dans la peinture, de ce qui est exécuté sans facilité, peu librement, avec timidité, et porte l'empreinte d'un travail machinal pénible.

**PEINTRE** (s. m.). — Est, en terme absolu, celui qui fait profession de

## LE PAYSAGE MIXTE A POUR OBJET L'IMITATION DE LA NATURE CHAMPÊTRE

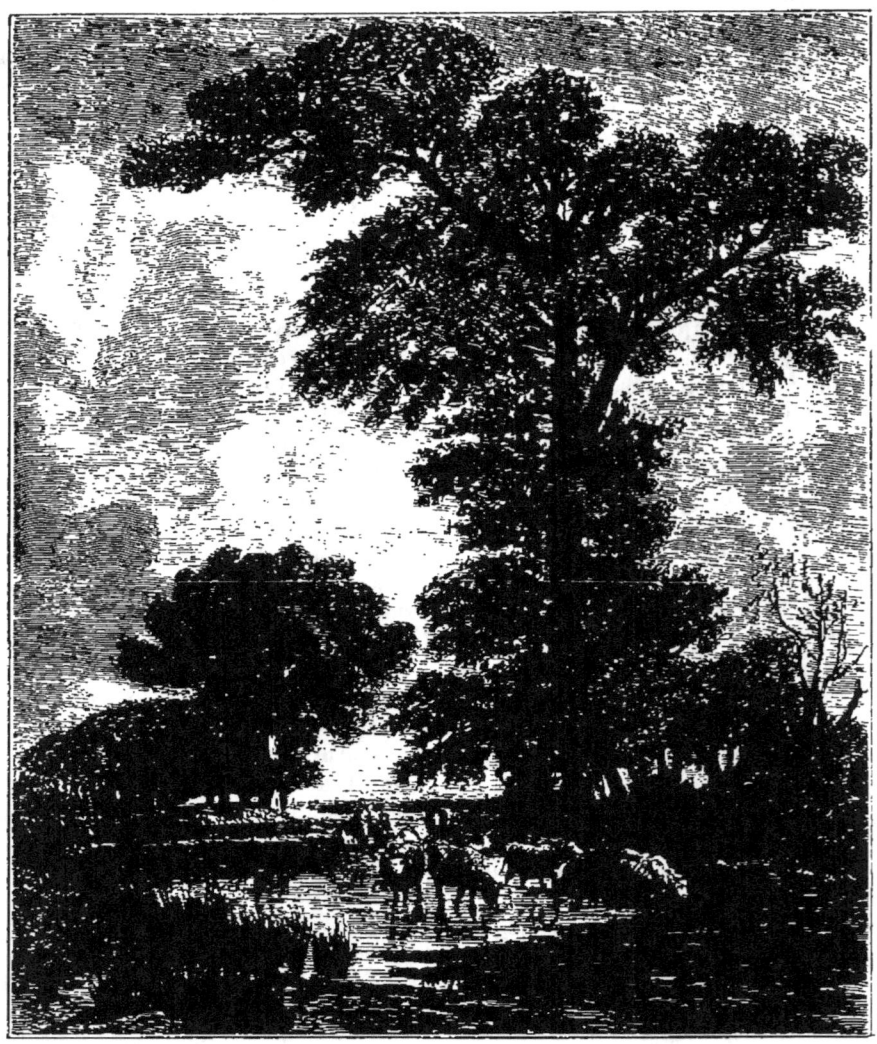

Fig. 158. — Jules Dupré (1812 † 1889). — Troupeau s'abreuvant à une mare.

L'étude du *paysage*, ne fût-elle pour le simple amateur qu'une occasion d'admirer les *harmonies* de la *nature*, ce serait assez pour la regarder comme une partie utile de l'éducation.

Le *paysage mixte* convient aux *tableaux* qui ont plus particulièrement pour objet *l'imitation* de la *nature champêtre*.

Quant aux *vues* tout à fait exactes, elles n'ont pour motif que de conserver l'image de certains lieux, ou bien ne sont qu'un sujet d'*étude*; rarement elles méritent le titre de *tableau*.

TABLEAUX. 30

peindre à titre d'artiste. Le peintre simple manouvrier se qualifie, suivant l'application qu'il fait de son métier, de peintre en bâtiments, peintre de décors, peintre d'enseignes, peintre de lettres, etc.

Par dérision, on appelle peintre d'enseignes un médiocre, un mauvais artiste peintre.

* PEINTURE (s. f.). Fig. 159. — La peinture, considérée comme art, est l'imitation sur une surface plane de la couleur des objets, et de leur forme en ce qu'elle a d'apparent à nos yeux, au moyen du crayon et de diverses substances colorantes. La peinture comprend ainsi deux parties principales : le dessin, ou l'art de représenter les contours extérieurs de l'objet, et le coloris, qui prête à l'image, non seulement la couleur, mais aussi la forme, le relief propres à cet objet.

Le dessin, sans le coloris, suffit pour donner une idée assez exacte de la forme et du caractère des objets, ainsi qu'on le voit par les estampes au simple trait.

La couleur, sans rien de précis ni d'arrêté dans les contours, peut, à elle seule aussi, présenter une image vague et assez frappante des choses, dont l'esprit est habituellement préoccupé, comme sont les hommes, les animaux, les arbres, les fleurs et autres sujets ordinaires des tableaux.

Quelques peintres se sont bornés à ce moyen d'imitation pour le paysage et la bambochade ; la plupart n'en emploient pas d'autre pour jeter une première idée sur la toile et faire ce qu'on appelle une esquisse peinte. Toutefois, l'œuvre accompli de la peinture exige le concours du dessin et de la couleur.

La peinture a ses divers genres, que nous avons fait connaître au mot genre. Elle a aussi diverses manières d'opérer. Le procédé aujourd'hui le plus généralement employé est celui par les couleurs à l'huile, c'est-à-dire broyées avec de l'huile, procédé inconnu des anciens, dont on attribue l'invention à Jean de Bruges, qui vivait au quinzième siècle.

Quelques auteurs prétendent cependant qu'avant que Jean de Bruges eût pratiqué ce procédé en Flandre, des peintres vénitiens l'avaient découvert et en usaient en Italie. Le doute sur ce point suffit pour prouver que l'usage de la peinture à l'huile ne remonte pas plus haut, du moins, que la fin du quatorzième siècle. Jusque-là, on avait peint en détrempe et à fresque (V. DÉTREMPE et FRESQUE).

On a beaucoup recherché de nos jours, sans en avoir retrouvé les recettes et les procédés, la manière de peindre des anciens, que l'on désigne sous le nom de peinture encaustique (V. ENCAUSTIQUE).

Par peinture, on entend aussi l'œuvre du peintre ; mais, dans cette acception, il n'est guère d'usage qu'au pluriel, en parlant de l'ensemble des ouvrages d'apparat qui couvrent les lambris et les voûtes d'une galerie, d'un salon, de tout un palais : les peintures de la Galerie d'Apollon, de l'église des Invalides à Paris, du palais de Versailles, etc. Les tableaux proprement dits ne sont pas compris sous ce titre général. On ne dirait pas les peintures de la Galerie du musée

## DISTINCTION A ÉTABLIR ENTRE LES MOTS PEINTURE ET TABLEAU

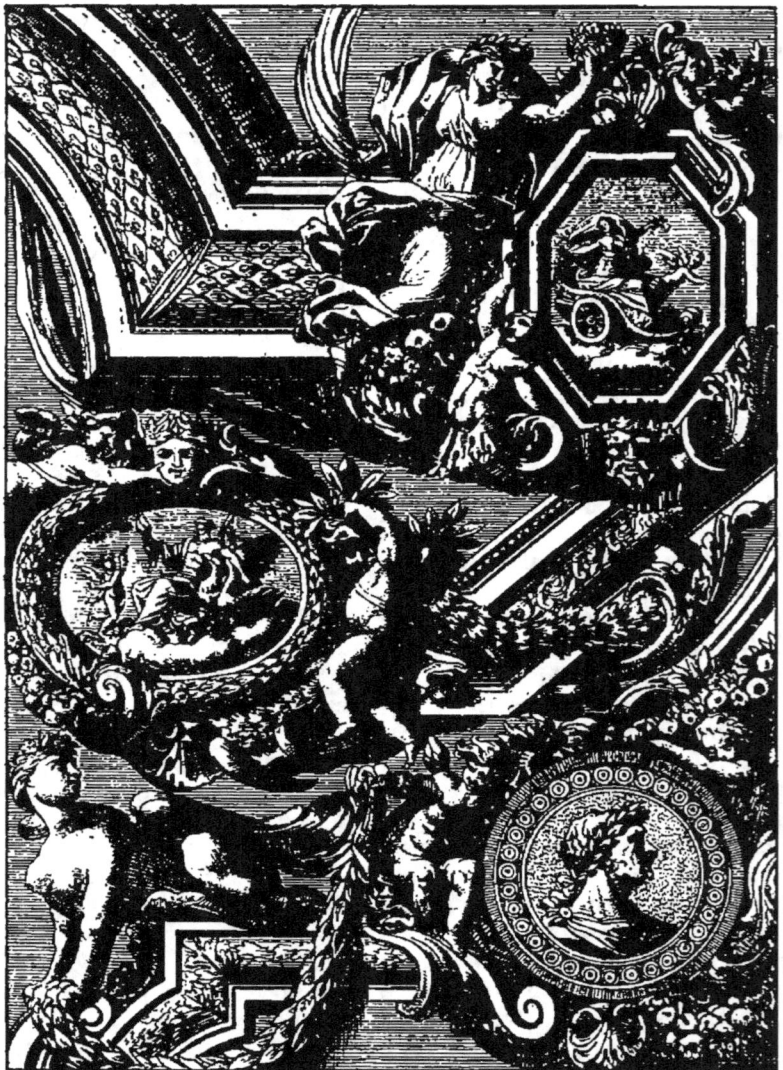

Fig. 159. — Charles Le Brun (1619 ╪ 1690). — Décoration de voussures (Château de Versailles).

Par *peinture*, on entend aussi l'œuvre du peintre ; mais, dans cette acception, il n'est guère d'usage qu'au pluriel, en parlant de l'ensemble des ouvrages d'apparat qui couvrent les lambris et les voûtes d'une *galerie*, d'un salon, de tout un palais : les *peintures* de la *Galerie* d'Apollon, de l'église des Invalides à Paris, du palais de Versailles, etc. Les *tableaux* proprement dits ne sont pas compris sous ce titre général. On ne dirait pas les *peintures* de la *galerie* du Musée du Louvre, à moins qu'on ne voulût parler de celles qui se trouvent dans l'ornement de la voûte.

du Louvre, à moins qu'on ne voulût désigner celles qui se trouvent dans l'ornement de la voûte.

**PENDANTS** (s. m.). — Sont, chacun relativement à l'autre, deux tableaux de même grandeur, de même forme, analogues par le caractère du sujet et le mouvement des figures, qui peuvent être placés symétriquement et en regard.

**PÉNOMBRE** (s. f.). — Le point où l'ombre, s'associant à la lumière, établit le passage du clair à l'obscur. Ce terme est peu usité.

\* **PENSÉE** (s. f.). Fig. 160. — Est, en parlant de peinture, le motif de la composition, ce qu'en le présentant aux yeux, l'artiste a voulu adresser à l'esprit. On dit dans ce sens qu'un peintre a bien rendu, bien exprimé sa pensée, ou que sa pensée manque de développement, et, bien souvent, qu'il n'y a pas de pensée dans son tableau.

Pensée se dit aussi d'un épisode, d'un trait heureux et original, qui saisit l'âme et frappe l'esprit du spectateur, et, suivant le besoin du sujet, fait naître des idées sérieuses ou riantes, réveille des souvenirs terribles, produit des contrastes touchants, et, par là, concourt au développement de la pensée de la composition et à l'effet du sujet principal. Suivant que la pose ou l'expression de quelque figure, l'invention de quelque épisode, le choix de quelque accessoire, parle ainsi à l'imagination du spectateur, on dit que c'est une belle pensée, une pensée ingénieuse, et quelquefois une pensée

sublime. Il y a aussi des pensées recherchées, entortillées, puériles, affectées, prétentieuses. Cela arrive toutes les fois que le peintre a employé, pour se faire comprendre, des images étrangères à son sujet, ou disproportionnées à l'ordre d'idées qu'il a voulu éveiller; quand l'esprit se fatigue à découvrir le sens caché sous l'image, et finit par trouver que ce sens n'est rien ou peu de chose; ou lorsqu'on aperçoit d'abord que l'artiste s'est fait sur sa propre intelligence et sur les moyens d'expression de son art des idées exagérées.

Parce qu'il est plus facile de se faire illusion sur les conceptions de son esprit que sur l'ouvrage de sa main, la foule des artistes médiocres attache une grande importance à la pensée et aux pensées, et voudraient bien que le monde crût, comme ils le croient volontiers eux-mêmes, que c'est en cela que consiste le principal mérite d'un tableau (*V.* GÉNIE).

On appelle aussi pensée, et mieux encore première pensée, le premier trait, la première esquisse, le premier croquis que l'artiste a fait d'un tableau (*V.* PRÉPARATION).

Ces premiers jets de l'imagination sont précieux et recherchés des amateurs, parce que d'ordinaire ils ont une franchise, un feu et un certain caractère, qui ne passent pas toujours dans l'ouvrage travaillé plus à loisir (*V.* IDÉE).

**PENSER** (v. a). — On dit d'un tableau qu'il est bien pensé, lorsque la composition, sagement conçue, est évidemment le fruit des méditations d'un artiste ingénieux;

## CE QU'ON APPELLE PREMIÈRE PENSÉE D'UN ARTISTE, SON IMPORTANCE

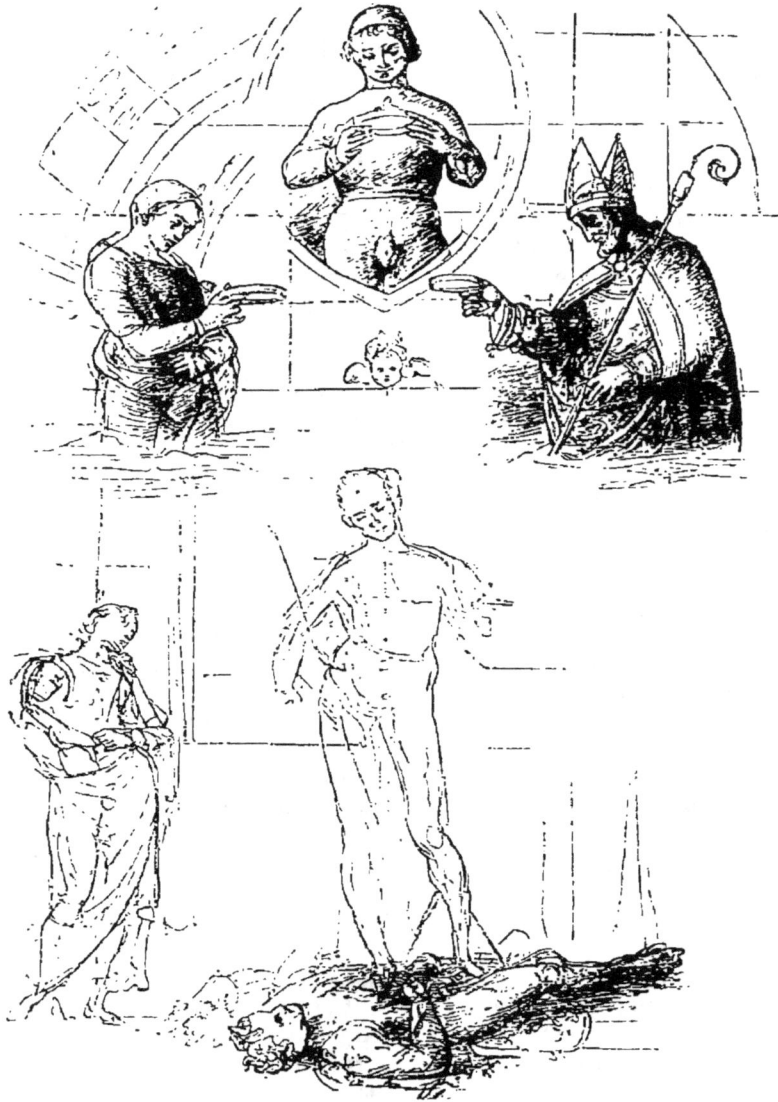

Fig. 160. — Raffaello Santi, dit Raphael Sanzio (1483 † 1520).
Le Couronnement de saint Nicolas de Tolentino (Musée Wicar, Lille).

On appelle première *pensée*, le premier *trait*, la première *esquisse*, le *croquis* que l'artiste a fait d'un *tableau*. Ces premiers *jets* de l'*imagination* sont précieux et recherchés des amateurs, parce que d'ordinaire ils ont une *franchise*, un *feu* et un certain *caractère* qui ne passent pas toujours dans l'ouvrage travaillé plus à loisir.

on le dirait aussi d'un épisode, ou même d'une seule figure.

**PERCÉ** (adj.). — Se dit en parlant du paysage : un paysage bien percé est celui dont les premiers plans sont disposés de manière à laisser voir les lointains. Percé, ou percée, s'emploie aussi substantivement et est masculin ou féminin : il y a de beaux percés dans un paysage, quand, entre les objets qui occupent les premiers plans, se trouvent des lointains profonds.

\* **PERSONNAGE** (s. m.). Fig. 161 et 162. — L'art du dessin n'admet pas de personnages, mais des figures. Toutefois les compositions du peintre ayant pour objet non seulement la représentation de sujets individuels, mais aussi celle de faits historiques, on est souvent entraîné à dire les personnages d'un tableau. Or, il faut faire attention qu'il n'y a lieu à l'emploi du mot personnage, que quand il s'agit du fait historique : lorsque le discours se rapporte à l'œuvre de l'art, c'est du mot figure seul qu'on se doit servir. Ainsi, quand on dit le personnage principal d'un tableau, cela s'entend du personnage principal dans l'action représentée. On ne dirait pas personnage bien dessiné, bien peint; on dit : figure bien peinte, bien dessinée, etc. Le plus ordinaire, comme le mieux, est que le personnage principal du sujet soit aussi la figure principale du tableau. Toutefois, il peut en être autrement, comme lorsque le sujet lui-même exige que le principal personnage se montre sur un plan reculé; la figure principale est alors celle de quelqu'un des personnages secondaires qui occupent les premiers plans.

\* **PERSPECTIVE** (s. f.). Fig. 163. — La perspective est le changement de forme et de dimension qu'éprouve à nos yeux l'apparence des objets, suivant qu'ils sont plus ou moins éloignés, ou que nous les considérons de différents points de vue; ce qui résulte, d'une part, de la variété de l'angle que forment dans notre œil les rayons de la lumière réfléchie par l'objet visible, suivant l'éloignement et la position dans lesquels nous nous plaçons relativement à cet objet; et, d'autre part, de l'affaiblissement et de la confusion de cette apparence, occasionnée par l'interposition d'une plus ou moins grande étendue d'atmosphère plus ou moins chargée de vapeurs. De là, la distinction que l'on fait, dans le langage comme dans la pratique de l'art, de deux sortes de perspectives : la perspective linéaire, dont le système s'établit positivement et se démontre méthodiquement au moyen de lignes géométriques, et la perspective aérienne qui est l'effet vague et indéterminé des phénomènes de l'atmosphère. La

---

Note relative aux figures 161 et 162. — Il faut faire attention qu'il n'y a lieu à l'emploi du mot *personnage*, que quand il s'agit du fait *historique* : lorsque le discours se rapporte à l'œuvre de l'art, c'est du mot *figure* seul qu'on se doit servir. Ainsi, quand on dit le *personnage* principal d'un *tableau*, cela s'entend du *personnage* principal dans l'*action* représentée. On ne dirait pas *personnage* bien dessiné, bien peint; on dit : *figure* bien peinte, bien dessinée, etc. Le plus ordinaire, comme le mieux, est que le *personnage* principal du sujet soit aussi la *figure* principale du *tableau*.

## DISTINCTION A ÉTABLIR ENTRE LES MOTS PERSONNAGE ET FIGURE

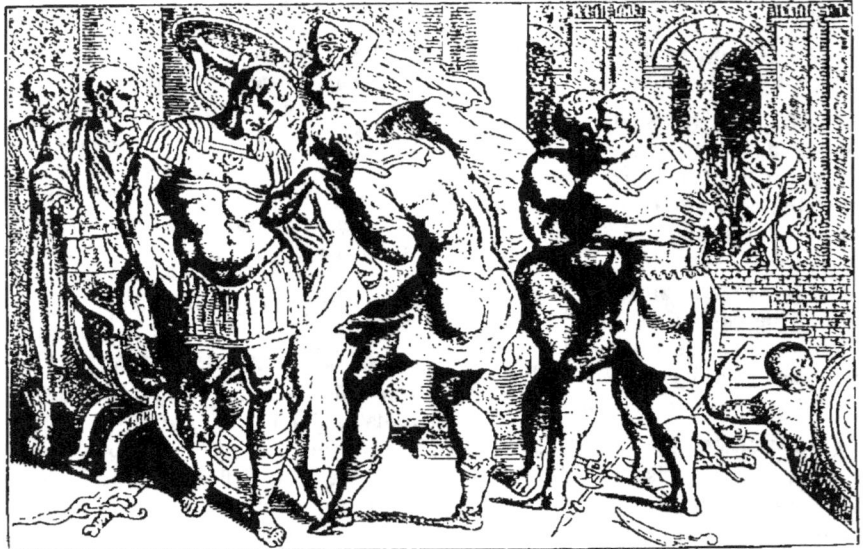

Fig. 161. — Niccolo del' Abbate (1512 † 1571). — Ulysse reconnu dans sa maison.

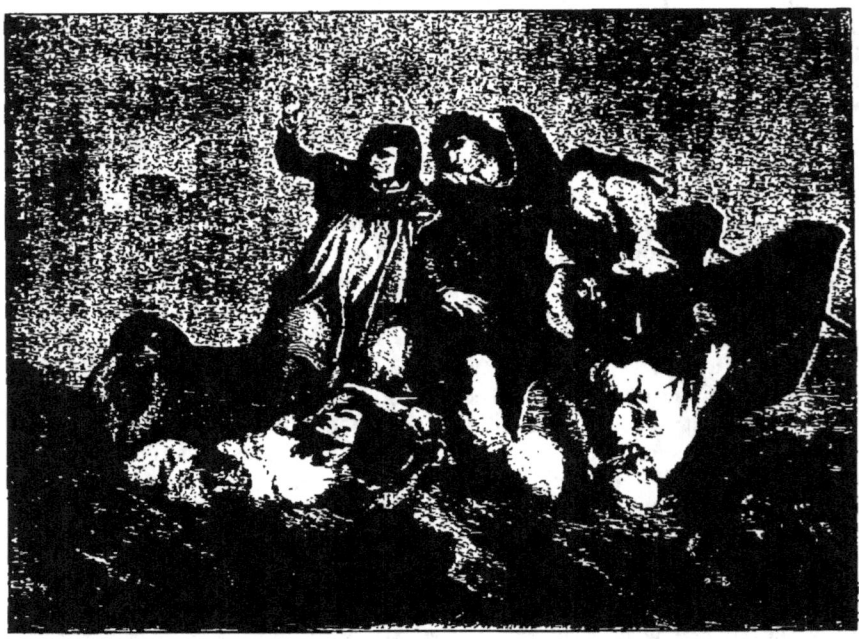

Fig. 162. — Ferdinand-Victor-Eugène Delacroix (1798 † 1863).
Le Dante et Virgile aux enfers (Musée du Louvre, Paris).

(Consulter, au bas de la page 258, la note relative aux figures 161 et 162.)

première de ces deux sortes de perspectives est l'objet d'une science que l'on désigne elle-même sous le nom de perspective, la perspective, et qui est un rameau de cette branche des mathématiques que l'on appelle l'optique. La science de la perspective détermine à quel point doit être placée, et dans quelles lignes doit être circonscrite sur la toile, l'image des figures ou des objets diversement situés dans l'espace, pour que cette image les représente à nos yeux tels que ceux-ci les apercevraient dans cet espace. Cette science est positive, et ne saurait tromper celui qui en fait une application exacte : soient données la distance et la forme d'un corps connu, la géométrie déterminera avec certitude quelle hauteur et quelles dimensions il faut lui assigner sur la toile, pour qu'il y paraisse de même grandeur et de même forme que dans la nature.

Quant à la perspective aérienne, elle n'est pas susceptible de démonstration ; il n'y a ni règle ni méthode pour en déterminer les effets. Seulement, on a l'expérience que plus l'objet est éloigné, plus les contours sont vagues et perdus, et la couleur confuse et atténuée ; qu'à distance égale ces effets sont beaucoup plus marqués dans une atmosphère épaisse et chargée de vapeurs, que sous un ciel pur et lumineux, et qu'il est tel phénomène de l'air qui peut en un instant tout changer, et entraîner le spectateur dans les plus étranges illusions. C'est à l'œil exercé, et en quelque sorte au sentiment du peintre, à décider du reste ; lui seul peut aviser aux moyens de bien rendre ce qu'il voit.

La perspective aérienne est, comme l'autre, indispensable pour compléter la représentation des objets dont l'aspect est modifié par leur éloignement de l'œil du spectateur. Toutefois, les effets de cette sorte de perspective ne commencent à devenir sensibles que sur les objets placés à une certaine distance, tandis que la perspective linéaire agit sur les plus rapprochés comme sur ceux qui le sont le moins. Les raccourcis, si ordinaires dans la composition des figures de premier plan, sont un effet de perspective linéaire.

On est dans le doute si les peintres de l'antiquité eurent la science de la perspective. Quelques peintures, quelques bas-reliefs antiques, dans lesquels on remarque des effets de perspective, ne sont pas, sur cela, un témoignage affirmatif suffisant. Le seul instinct d'imitation a pu suffire pour reproduire ces effets. Même, de nos jours, beaucoup de peintres ne savent pas la perspective, et, par habitude, à vue d'œil, établissent assez bien les divers plans de leurs tableaux, et assignent assez exactement à chaque objet la place qu'il doit occuper et les dimensions qu'il doit avoir sur la toile ; ceux à qui cette science manque le moins, souvent n'ont pas recours à ses procédés mécaniques, et opèrent aussi à vue d'œil. Toutefois, ces derniers ont sur les autres un grand avantage. Chez eux, le coup d'œil étant secondé de la prescience en quelque sorte de l'objet, ils en ont une perception beaucoup

## DANS QUELLES LIGNES L'IMAGE DES FIGURES DOIT-ELLE ÊTRE CIRCONSCRITE

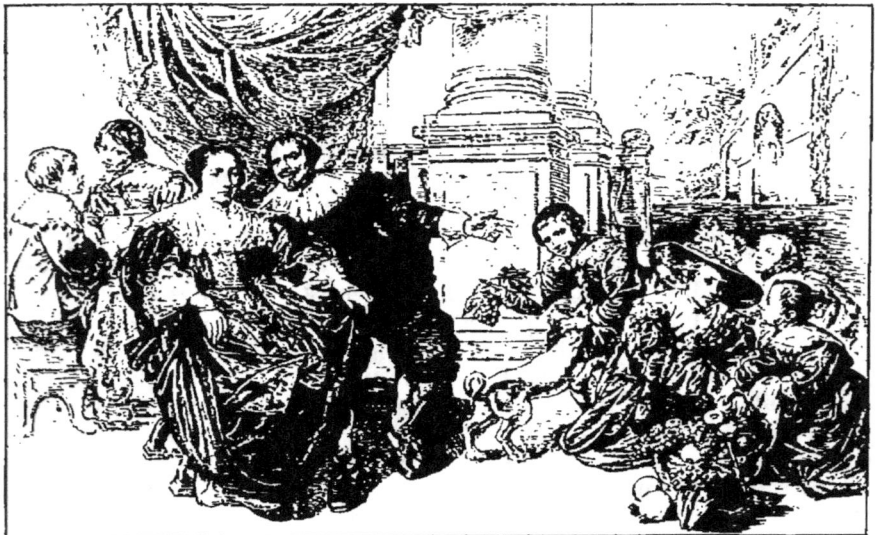

Fig. 163. — FRANS HALS, LE VIEUX (1581 † 1666). — Portraits de famille
(Pinacothèque, Munich).

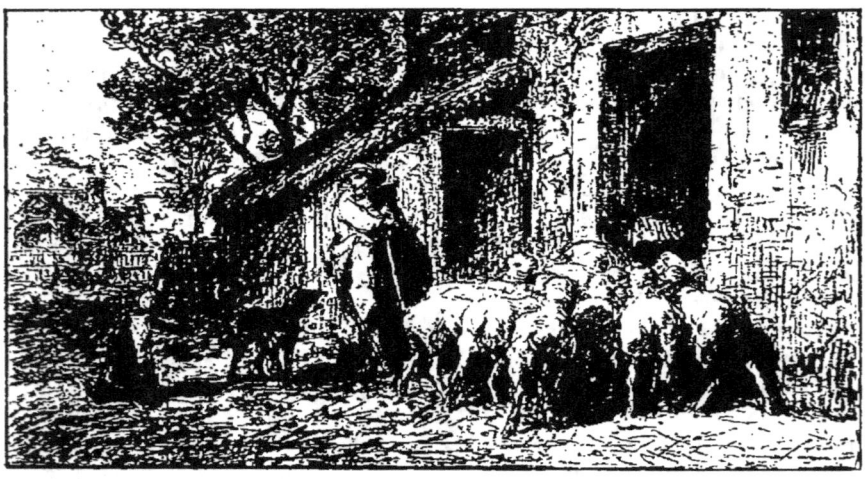

Fig. 164. — CHARLES-ÉMILE JACQUE (1813 † 1894). — Moutons rentrant à la bergerie.
Dessin au crayon noir.

La science de la *perspective* détermine à quel point doit être placée et dans quelles *lignes* doit être circonscrite, sur la toile, l'*image* des *figures* ou des objets diversement situés dans l'espace pour que cette *image* les représente à nos yeux tels que ceux-ci les apercevraient dans cet espace. Cette science est positive, et ne saurait tromper celui qui en fait une application exacte ; soient données la distance et la forme d'un corps connu, la géométrie déterminera avec certitude quelle hauteur et quelles dimensions il faut lui assigner sur la toile, pour qu'il y paraisse de même grandeur et de même forme que dans la nature.

plus nette, et leur main, pour le tracer, est plus libre et plus sûre; de même que la science du système musculaire est d'un grand secours au dessinateur pour rendre les formes et le mouvement d'une figure, alors même qu'il opère, le modèle sous les yeux. Par cette raison, l'étude spéciale de la perspective est du nombre de celles qui forment le peintre accompli.

Mettre un tableau en perspective, c'est tracer sur la toile, par les procédés de la géométrie, les lignes qui doivent régler la grandeur et la place de chaque objet. Ce soin est surtout indispensable lorsqu'il s'agit d'objets sur lesquels les effets de la perspective sont très sensibles et très précis, comme dans les fabriques d'architecture régulière, et ce qu'on appelle les intérieurs. En ce cas, le peintre qui ne sait pas la perspective a recours à un géomètre de profession. Celui qui la sait le mieux en use souvent de même, pour s'éviter l'ennui d'une opération minutieuse, laquelle exige, outre le savoir, une certaine habitude d'opérer.

On distingue sous le nom de perspective, les peintures qui ont pour objet principal les effets de la perspective et ses illusions, dans les sujets où elles sont le plus frappantes, comme de longues galeries, des portiques à grand nombre d'arcades ou de colonnes, des allées d'arbres à perte de vue, etc. On emploie d'ordinaire ces sortes de peintures pour masquer les murs trop rapprochés d'un jardin ou d'une cour, et pour faire ce qu'on appelle au théâtre, des toiles de fond. On appelle vue perspective, par opposition à vue géométrale, la vue d'un édifice, où sont rendus les effets de la perspective.

**PETIT** (adj.). — Est, en ce qui concerne les procédés, ainsi que les résultats de l'exécution, l'expression négative des qualités exprimées par les mots, grand, large, hardi, noble. Petit comporte surtout l'idée opposée à grandiose. Quelques critiques ont employé substantivement le mot petit, pour faire une classe à part des tableaux de petite dimension.

\* **PHYSIONOMIE** (s. f.). Fig. 165 et 166. — Ensemble des traits de la face humaine, considéré comme expression, comme caractère des affections de l'âme et des habitudes morales, différent en cela du mot visage qui ne s'entend que de la configuration matérielle de la face. Ainsi, de deux sujets à visages très semblables, l'un peut avoir, non seulement beaucoup plus de physionomie que l'autre, mais une physionomie fort différente.

Physionomie, la physionomie, signifie aussi la science, la méthode, à l'aide de laquelle on a l'intelligence de cette expression, et l'on déchiffre en quelque sorte les caractères de la face humaine. Ce n'est pas ici le lieu d'examiner

---

NOTE RELATIVE AUX FIGURES 165 ET 166. — On entend par *physionomie*, l'ensemble des *traits* de la *face* humaine considéré comme *expression*, comme *caractère* des affections de l'âme et des habitudes morales; différent en cela du mot *visage* qui ne s'entend que de la configuration matérielle de la face. Ainsi, de deux sujets à visages très semblables, l'un peut avoir, non seulement beaucoup plus de *physionomie* que l'autre, mais une *physionomie* fort différente.

## LA PHYSIONOMIE EST L'ENSEMBLE DES TRAITS DE LA FACE HUMAINE

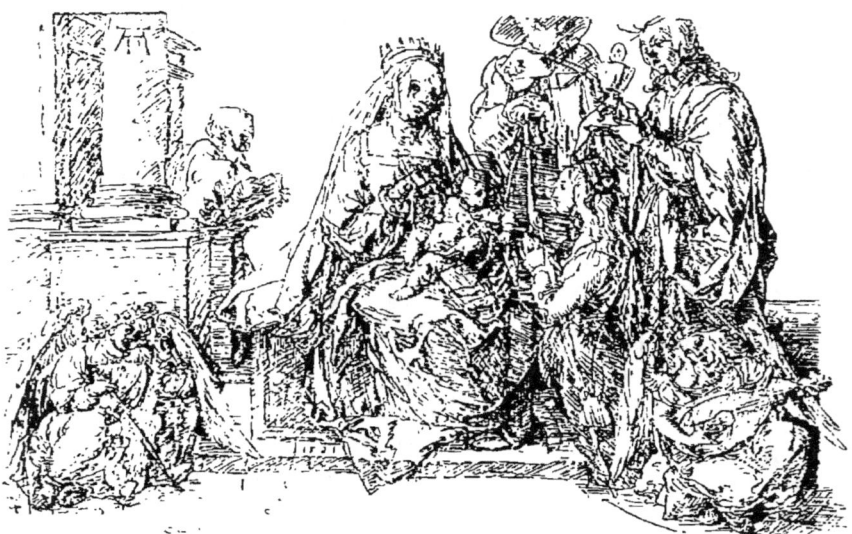

Fig. 165. — ALBRECHT DÜRER (1471 † 1528). — Sainte famille. Dessin à la plume (Galerie de Chantilly).

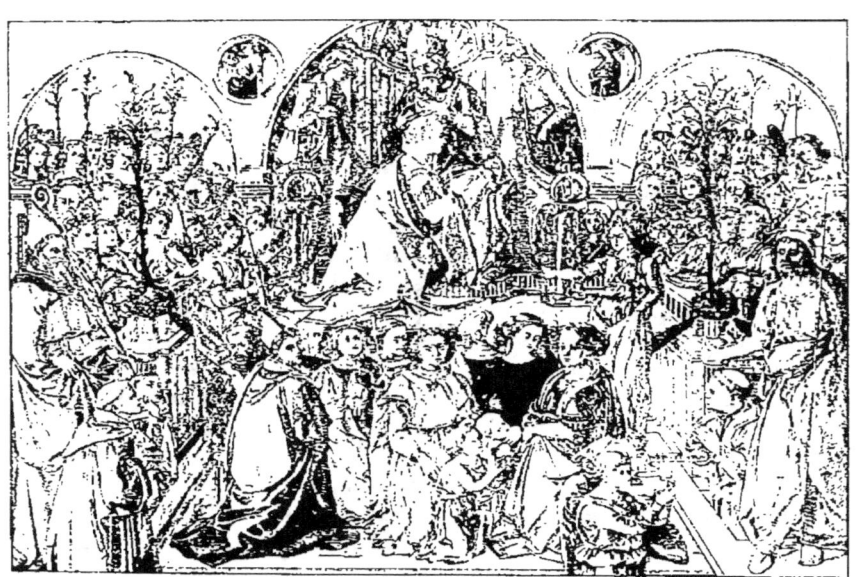

Fig. 166. — FRA (frère) FILIPPO LIPPI (1406? † 1469).
Le Couronnement de la Vierge. Fresque (Voir fig. 116)
(Académie des Beaux-Arts. Florence).

*Consulter, au bas de la page 242, la note relative aux figures 165 et 166.*

jusqu'à quel point cette science est positive ou chimérique. Il suffit pour l'artiste de remarquer comme un fait, qu'à certain ensemble de traits, à certaines habitudes, à certains mouvements du visage, s'attachent constamment l'idée, le préjugé de certain naturel moral commun aux individus porteurs de cette même physionomie. Ainsi, quoi qu'il en soit de la science du physionomiste, on est d'accord, et l'on s'entend sur ce que c'est que physionomie douce, grave, mélancolique, triste, sombre, dure, hardie, audacieuse, colère, féroce, gaie, riante, spirituelle, naïve, franche, ouverte, insouciante, éhontée, sérieuse, inquiète, stupide, fausse, timide, etc.; et l'on ne fait nul doute que le peintre qui ne saurait nous montrer ses personnages que par le dehors n'a, pour leur imprimer un caractère moral conforme à la situation dans laquelle il les place, rien de mieux à faire que d'user de ces signes convenus, et pour cela d'en faire un objet particulier d'observation et d'étude.

**PIETA** (n. f.) (*V.* note de la fig. 167).

**PINCEAU** (s. m.). — Instrument avec lequel le peintre pose les couleurs. Les peintres distinguent le pinceau et la brosse. Ils entendent par brosse, un pinceau plus gros et moins affilé que le pinceau proprement dit. Mais pinceau s'emploie aussi, dans un sens figuré, pour manière de peindre, résultat de l'action du pinceau. On dit, en ce sens, pinceau fin, léger, large, gras, etc., et que l'on reconnaît dans un tableau le pinceau du maître, du grand maître, etc.

**PIQUANT** (adj.). — Se dit, en parlant de la peinture, particulièrement des effets de lumière, pour signifier un effet qui frappe vivement, tel qu'en produisent une touche vive, un contraste bien senti, un passage prompt de la lumière à l'ombre, etc.

**PIQUER** (v. a.). — C'est rehausser les parties claires d'un dessin par des touches de crayon blanc, ou avec du blanc détrempé à la gomme.

**PLAFOND** (s. m.). — Lorsqu'il s'agit des peintures d'un plafond, cela s'entend de toutes les peintures comprises au-dessus de la corniche d'appartement, quelle que soit la disposition des champs sur lesquels elles sont exécutées. On ne distingue ces deux dispositions différentes, que quand il y a lieu de les opposer l'une à l'autre, comme lorsque l'on dit de deux pièces que l'une est à plafond, et l'autre voûtée ou surmontée d'une coupole. Et toujours faudra-t-il, en parlant des peintures de ces pièces, employer le mot plafond; on dit également le plafond de la galerie et le plafond du salon d'Hercule, à Versailles, bien que le premier soit peint sur une voûte, et le second sur un plafond proprement dit.

Plusieurs peintres, même parmi les plus célèbres, ont disposé la composition et les figures de leurs plafonds d'une manière peu différente de celle qui est usitée pour les tableaux ordinaires, sans avoir autrement égard à la courbure des voûtes, ou même à la position tout à fait horizontale du champ sur

## ERREURS DANS LA DÉNOMINATION DES TABLEAUX A SUJETS RELIGIEUX

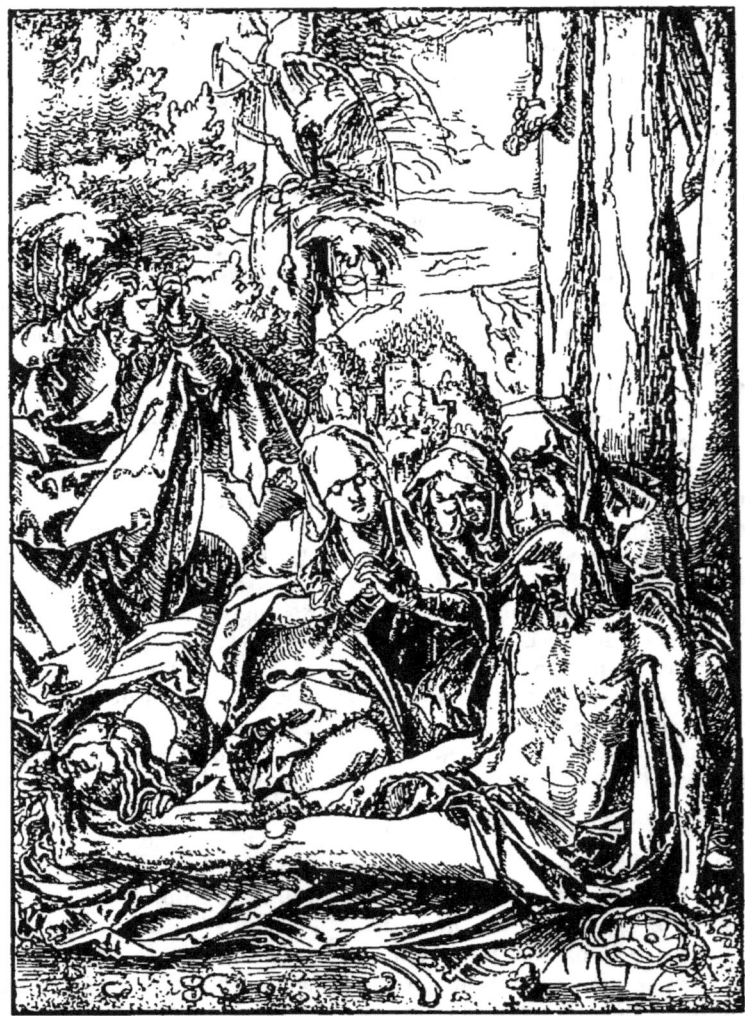

Fig. 167. — Hans Baldung Grün (1477?† 1545). — Pietà. Dessin à la plume.
(Musée de Bâle).

On désigne, sous le nom de *Pietà*, les *groupes* ou représentations de la Vierge portant dans ses bras ou sur ses genoux, le corps du Christ descendu de la croix. Dans quelques représentations, la Vierge est accompagnée de saint Jean et des trois Marie. — On dit aussi, mais par erreur, *déposition* de croix; cette dénomination n'appartient qu'aux *groupes* représentant Joseph d'Arimathie et les disciples détachant le Christ de la croix.

lequel ils avaient à opérer. D'autres ont adopté, pour les peintures de plafond, un système de composition particulier, qui consiste dans le choix de sujets dont la scène se puisse placer au-dessus de nos têtes dans les plaines de l'air, comme l'assemblée des dieux aux régions de l'Olympe, ou leurs courses à travers l'Empyrée, dans des chars, sur des nuages, à tire d'ailes; comme les apothéoses des héros, les allégories fantasques, et, parmi les sujets religieux, les assomptions de la Vierge ou des saints, et ce qu'on appelle les gloires. Parce que de tels sujets comportent nécessairement beaucoup de figures et toutes sortes d'objets vus en raccourci, la science des raccourcis et l'art de les présenter sous l'aspect le moins désagréable possible, sont particulièrement l'objet des études du peintre de plafonds, et ce que les amateurs admirent le plus dans cette sorte de composition (*V.* ANAMORPHOSE).

**PLAFONNER** (v. a.). — On dit, en parlant des peintures de plafonds, que les figures plafonnent bien, lorsque les raccourcis et les autres effets de perspective voulus par la disposition horizontale du tableau, sont bien rendus; ce qu'on ne saurait exiger que dans les plafonds de la seconde des deux espèces dont il est parlé à l'article plafond. En ce sens, plafonner est neutre.

\* **PLAN** (s. m.). Fig. 168. — Plan est d'un grand usage et d'une application fort importante dans le langage de la peinture, où il signifie la succession des lignes parallèles sur lesquelles sont, relativement à notre vue, les objets à mesure que leur position les éloigne de nous et nous les montre sur le terrain, l'un au delà de l'autre; ce que la peinture imite, en les figurant l'un au-dessus de l'autre, sur le plan vertical du tableau, avec le soin de faire subir à chacun la réduction de dimension voulue par les lois de la perspective.

Rigoureusement parlant, il y a, dans le tableau comme dans la nature, autant de plans que de lignes parallèles perceptibles entre le spectateur et le point le plus reculé de l'horizon. Toutefois, le peintre choisit à volonté un certain nombre de ces lignes sur lesquelles il échelonne et arrête les objets principaux de sa composition, et qu'il appelle premier plan, deuxième plan, troisième, quatrième plan. Les plans intermédiaires à ces plans principaux, et qui servent comme de passage de l'un à l'autre, restent sans désignation. Ainsi, on dit qu'une figure est sur le premier plan et une autre sur le second; mais on ne détermine pas, on néglige les plans qu'occupent chacun des pavés du plancher, chaque caillou ou chaque brin d'herbe du sol, entre ces deux figures.

L'art de bien établir les plans principaux pour obtenir une belle ligne de composition et faire que les objets ne s'offusquent pas l'un l'autre, ne produisent pas des ressauts trop brusques, est une partie importante de la composition.

On appelle premier plan celui qui semble le plus près du specta-

## IL Y A, DANS UN TABLEAU, AUTANT DE PLANS QUE DE LIGNES PARALLÈLES

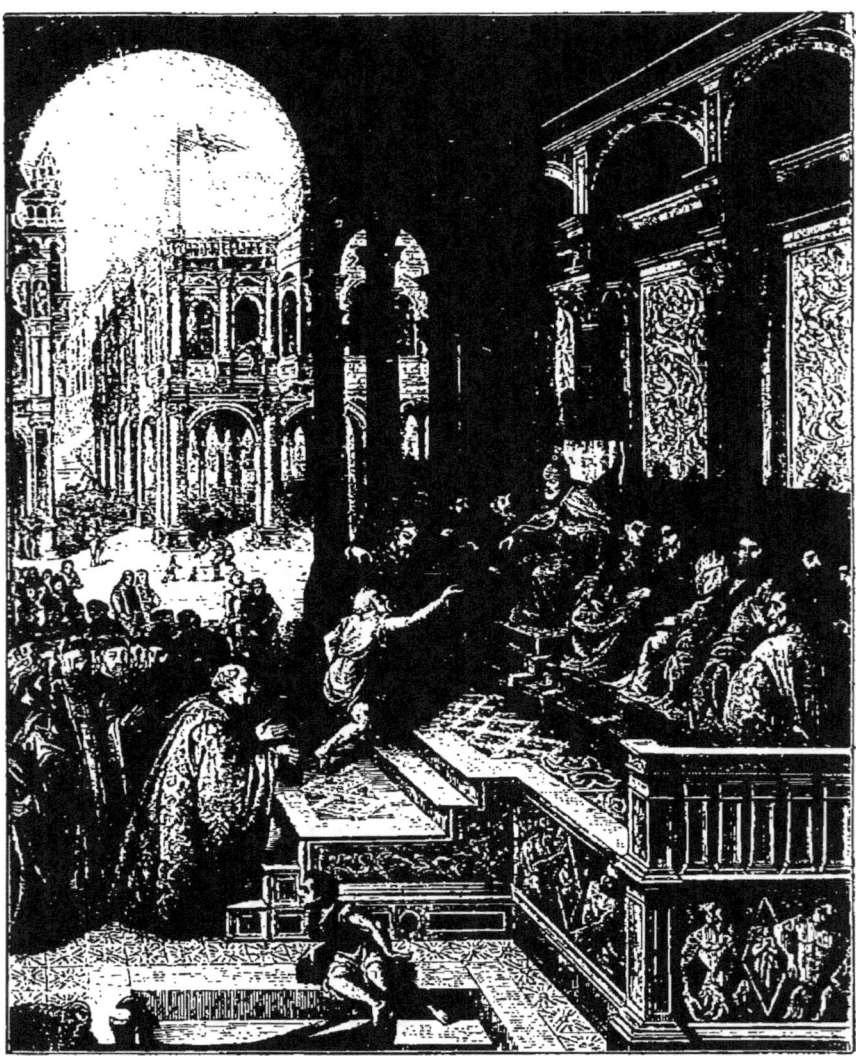

Fig. 168. — PÂRIS BORDONE (1500 † 1570). (Académie des Beaux-Arts, Venise.)
Le Pêcheur rapportant l'anneau de Saint Marc au Doge.

Rigoureusement parlant, il y a dans le *tableau*, comme dans la nature, autant de *plans* que de *lignes* parallèles perceptibles entre le spectateur et le point le plus reculé de l'*horizon*. Toutefois, le peintre choisit à volonté un certain nombre de ces *lignes* sur lesquelles il échelonne et arrête les objets principaux de sa *composition*, et qu'il appelle premier *plan*, le deuxième, troisième, quatrième *plan*, etc.

teur, c'est-à-dire qui occupe la partie la plus basse du tableau. L'usage est de placer les figures principales un peu plus haut, sur le second plan. Quand on dit que les figures d'un tableau ont dix-huit pouces, trente pouces, trois pieds, six pieds de proportion, cela s'entend de la mesure de ces figures principales, les autres subissant, chacune selon le plan qu'elle occupe relativement à celles-là, les modifications voulues par la perspective.

On dit qu'une figure n'est pas à son plan lorsque, relativement au point qu'elle occupe sur la toile, elle n'a pas les dimensions voulues par les lois de la perspective linéaire, ou que, par quelque défaut soit de perspective aérienne, soit de clair-obscur, elle paraît ou plus rapprochée ou plus éloignée qu'il ne faudrait. Dans ce dernier cas, on dit aussi, et mieux peut-être, qu'une figure avance, qu'une figure s'enfonce trop.

On dit encore, en parlant d'une tête ou d'une figure peinte, que les plans sont bien sentis, finement sentis, savamment exprimés, lorsque les parties les plus saillantes se distinguent de celles qui le sont moins, dans un juste rapport; lorsque le passage de l'une à l'autre n'est pas heurté, et s'établit, ainsi qu'il est dans la nature, suivant le système musculaire considéré dans un sujet bien conformé. Dans un sens contraire, on dit d'un tableau ou même d'une statue qu'ils sont faits par plans, lorsque cette succession de parties étroites en saillie de parties plus larges, dont se compose la face des objets en relief, n'est pas ménagée par des dégradations de tons et des contours de trait assez doux; et on dit encore qu'un peintre opère par petits plans lorsqu'il multiplie ces passages plus que n'exige l'imitation de la nature vue en grand.

\* **PLI** (s. m.). Fig. 169. — Les plis d'une draperie sont les renflements occasionnés par l'ampleur de l'étoffe plus que suffisante pour envelopper exactement l'objet qu'elle couvre.

L'arrangement des plis est, pour le peintre, un objet important (V. DRAPERIE et YEUX).

**POÉSIE** (s. f.). — La poésie est, dans les arts du dessin, la partie de la composition qui a pour objet de parler à l'imagination du spectateur, et qui procède plus particulièrement de celle de l'artiste. Dans la peinture, elle se manifeste surtout par le caractère des figures et l'invention des épisodes et des accessoires; par l'invention du sujet, s'il s'agit d'une fiction; par la création de l'être idéal, s'il s'agit de sujets allégoriques. La poésie se montre par ces mêmes moyens, bien qu'avec un peu plus de réserve, dans la sculpture.

Nous ne savons si l'on peut dire que l'architecture soit susceptible de poésie, à moins qu'on n'entende par là l'effet sévère ou grandiose, riche ou élégant de ses ouvrages.

**POÉTIQUE** (adj.). — En parlant de la peinture, on entend par composition poétique cette partie de la composition qui a pour objet l'invention du sujet, des épisodes, des accessoires, indépendamment de

## L'ARRANGEMENT DES PLIS D'UNE DRAPERIE EST UN OBJET IMPORTANT

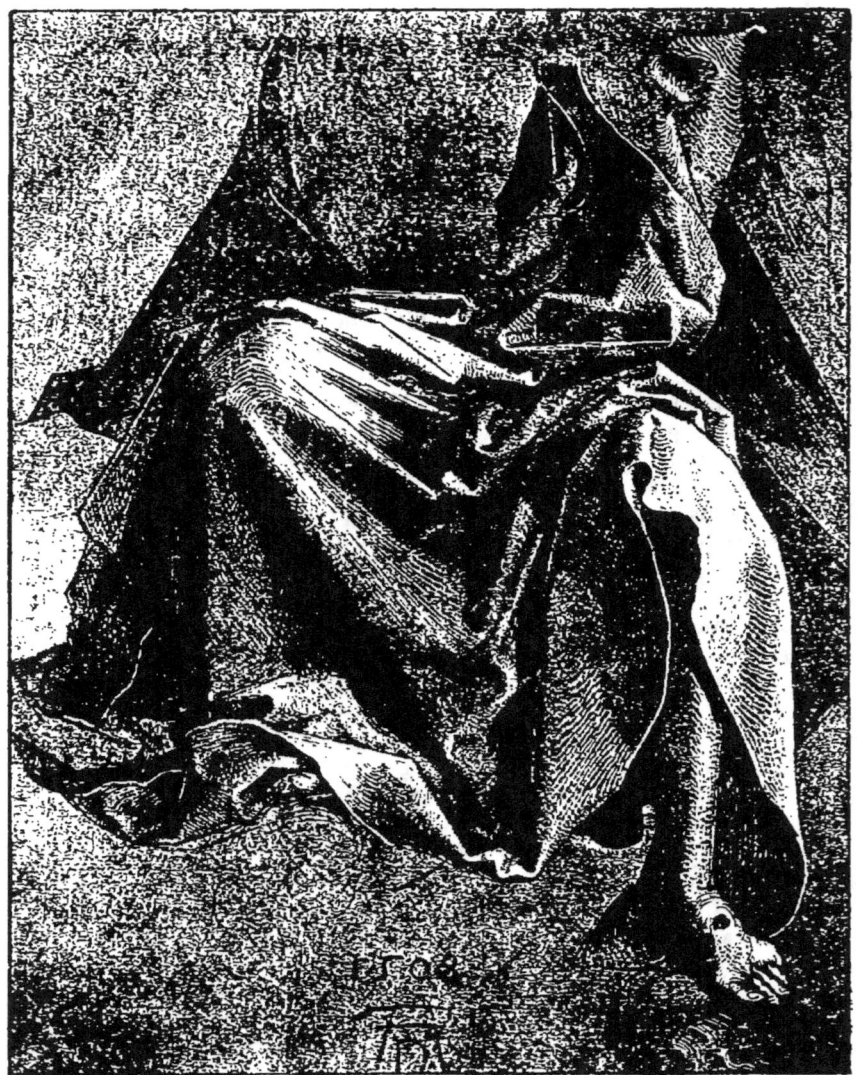

Fig. 169. — ALBRECHT DÜRER (1471 † 1528). — Étude de draperie. Dessin
(Musée du Louvre, Paris).

Les *plis* d'une *draperie* sont les renflements occasionnés par l'ampleur de l'*étoffe* plus que suffisante pour envelopper exactement l'objet qu'elle couvre. L'*arrangement* des *plis* des *draperies* doit être pour le *peintre*, à l'exemple des plus célèbres artistes, un objet important.

l'ordonnance pittoresque et des procédés techniques (*V.* COMPOSITION).

Poétique, pris substantivement pour exprimer une méthode, un traité de l'art de la poésie, se dit quelquefois aussi en parlant d'un traité de la composition en peinture : s'abstenir de toute image désagréable aux yeux, alors même qu'une telle image pourrait plaire à l'imagination, est une des lois de la poétique de la peinture.

\* **POINT DE VUE** (s. m.). Fig. 170. — Est, soit le point qu'occupe un objet vers lequel se porte la vue, soit le point où est placé celui dont la vue se porte sur cet objet.

Dans la première de ces deux acceptions, on dit : beau point de vue, point de vue éloigné, vaste point de vue, pour succession agréable ou nombreuse d'objets qu'embrasse la vue.

La seconde donne lieu à ces phrases : bon point de vue; se placer au vrai, au meilleur point de vue; point de vue bien choisi, etc.

En peinture, le point de vue, tant celui de l'objet que celui du spectateur, est déterminé par la position respective suivant laquelle un des rayons partant de l'œil de ce dernier se trouve perpendiculaire à la toile sur un point qui doit être aussi le point d'intersection d'une ligne verticale et d'une ligne horizontale que l'on supposerait tracées sur cette toile (*V.* HORIZON). A ces conditions, le peintre détermine la place du point de vue de son tableau, c'est-à-dire qu'il dispose et représente tous les objets de sa composition pour être vus chacun sous l'aspect sous lequel le verrait un spectateur placé, relativement à l'un d'eux dans la nature, comme l'est le spectateur du tableau relativement au point de vue déterminé dans ce dernier de la manière que nous venons de dire. A ce compte rigoureux, pour voir dans un tableau tout ce que présenteraient et rien que ce que présenteraient dans la nature, les objets solides qu'il figure, il faudrait se tenir constamment immobile au point de vue déterminé par le peintre, et d'où lui-même voyait ces objets quand il les a représentés. D'une part, en effet, les objets fixés sur la toile ne se présentent que sous un seul aspect invariable, et, d'autre part, nous ne saurions faire un mouvement, en quelque sens que ce soit, sans que l'aspect des corps solides change à notre vue, sans qu'il s'en dérobe certaines parties, tandis que d'autres se découvrent. Toutefois, on voit fort bien un tableau de plusieurs points de vue, comme quand on passe devant, qu'on le parcourt, non pas seulement des yeux, mais en marchant de droite à gauche, ou de gauche à droite : c'est qu'alors, par une puissante et singulière illusion du sens de la vue, il nous semble que le tableau tourne sur lui-même pour tenir les objets qu'il représente toujours en même rapport avec nos yeux.

Cette illusion provient de ce que l'image en peinture ne changeant point pour nous d'aspect, bien que nous nous mouvions devant elle, l'effet est exactement identique à celui que produirait l'objet lui-même s'il se mouvait d'un mou-

## POINT DE VUE DOIT ÊTRE EMPLOYÉ DANS DEUX ACCEPTIONS

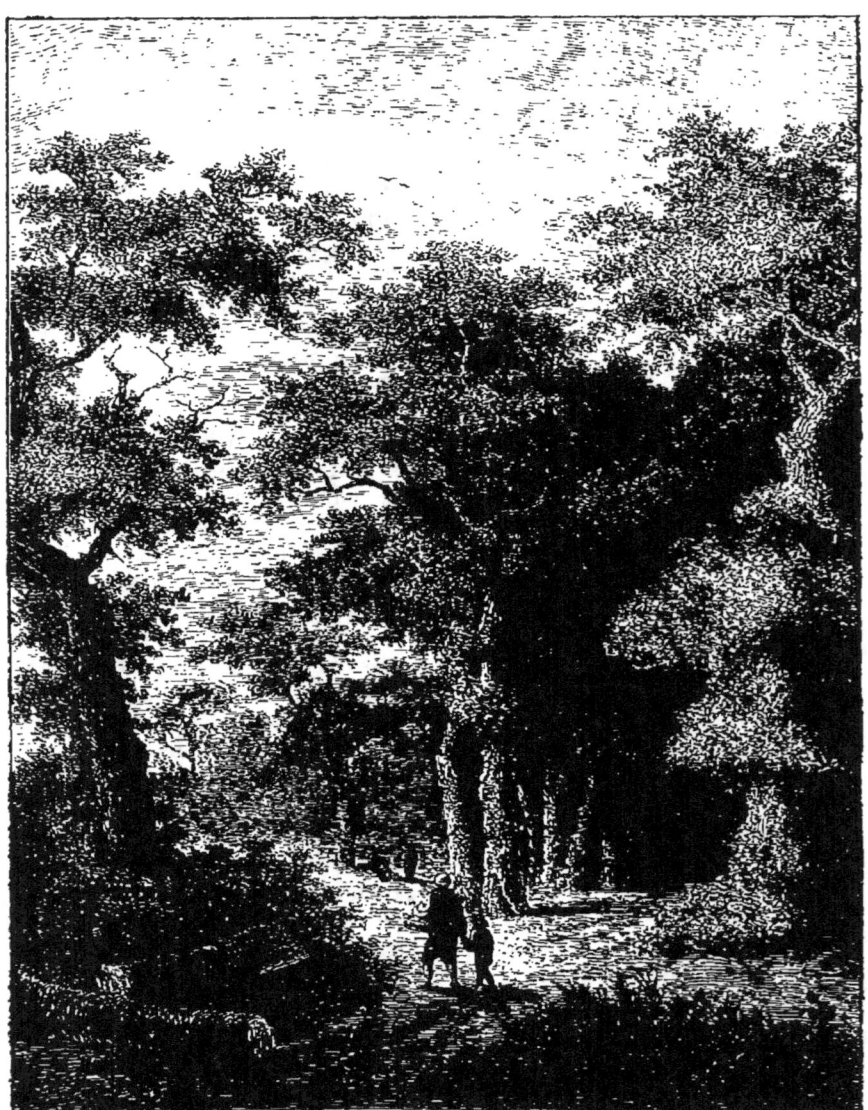

Fig. 170. — Jan Both (1610? † 1652). — Entrée de Bois
(Palais Madame, Turin).

Le *point de vue* est, soit le point qu'occupe un objet vers lequel se porte la *vue*, soit le point où est placé celui dont la *vue* se porte sur cet objet. Dans la première de ces deux acceptions, on dit : beau *point de vue*, *point de vue* éloigné, vaste *point de vue*, pour succession agréable ou nombreuse d'objets qu'embrasse la *vue*. La seconde donne lieu à ces phrases : bon *point de vue*; se placer au vrai, au meilleur *point de vue*; *point de vue* bien choisi, etc.

vement correspondant au nôtre, comme serait, par exemple, de faire un quart de conversion sur lui-même, tandis que nous décririons le quart d'un cercle dont il serait le centre, en sorte que rien ne changeât dans les positions respectives.

Or, l'effet étant le même, l'imagination se figure la même cause.

Cet effet d'optique, qui, bien que constant, échappe le plus souvent à l'attention, est cependant assez ordinairement frappant dans une figure isolée, vue de face, en regard du spectateur; quelque mouvement que fasse alors celui-ci, de quelque côté du tableau qu'il passe, la figure peinte semble tourner sur elle-même, par un mouvement correspondant au sien, et le suivre des yeux. On se plaît quelquefois à ménager de ces illusions optiques dans les peintures de plafonds.

**POINTILLISTE** (adj.). — (V. ÉCOLES, APPENDICE, pages 325 à 333).

**POINTILLÉ** (s. m.). — Manière de peindre, particulièrement à l'usage du peintre en miniature, pour rendre les chairs, et qui consiste à poser les couleurs par petits points au moyen d'un pinceau bien affilé. On procède quelquefois de même pour des dessins à la pierre noire ou à l'encre de Chine. Les dessins ainsi faits prennent le nom de dessins au pointillé.

On fait aussi entrer dans la gravure un travail par petits points, que l'on appelle pointillé.

**PONCER** (v. a.). — Passer la ponce sur un dessin dont on a piqué le trait avec une aiguille, afin de le reporter en lignes ponctuées sur un papier ou sur une muraille. Ce procédé est en usage dans la peinture à fresque pour reporter le trait des cartons sur l'enduit, lorsqu'on ne veut pas se servir d'une pointe qui laisserait trace dans cet enduit.

Depuis quelques années, l'usage s'est introduit de dire d'un artiste qu'il a un poncis ou poncif, pour exprimer qu'il compose ou qu'il opère d'après une certaine routine, de certaines habitudes dont il ne sort pas.

**PONCIS** (s. m.). — Dessin ou estampe dont le trait est piqué pour qu'on puisse le reporter sur un papier ou sur une muraille, et le multiplier à volonté au moyen de la ponce.

**\* PONDÉRATION** (s. f.). Fig. 171. — Est l'équilibre, le balancement des masses, tel que la nature l'établit dans ses productions, particulièrement dans la figure humaine et dans les animaux, dont les mouvements, quand rien ne les contraint, se compliquent de manière à ce que, quelle que soit l'attitude nouvelle qu'ils leur fassent prendre, toutes les parties du corps se trouvent constamment en équilibre et balancées les unes par les autres. Ces lois et ces habitudes de la nature sont, pour le peintre, un sujet important de méditation.

**\* PORTRAIRE** (v. a.). Fig. 173. — Faire le portrait de quelqu'un; mot usité au dix-septième siècle, ainsi que le terme portraiture.

## LA PONDÉRATION EST L'ÉQUILIBRE, LE BALANCEMENT DES MASSES

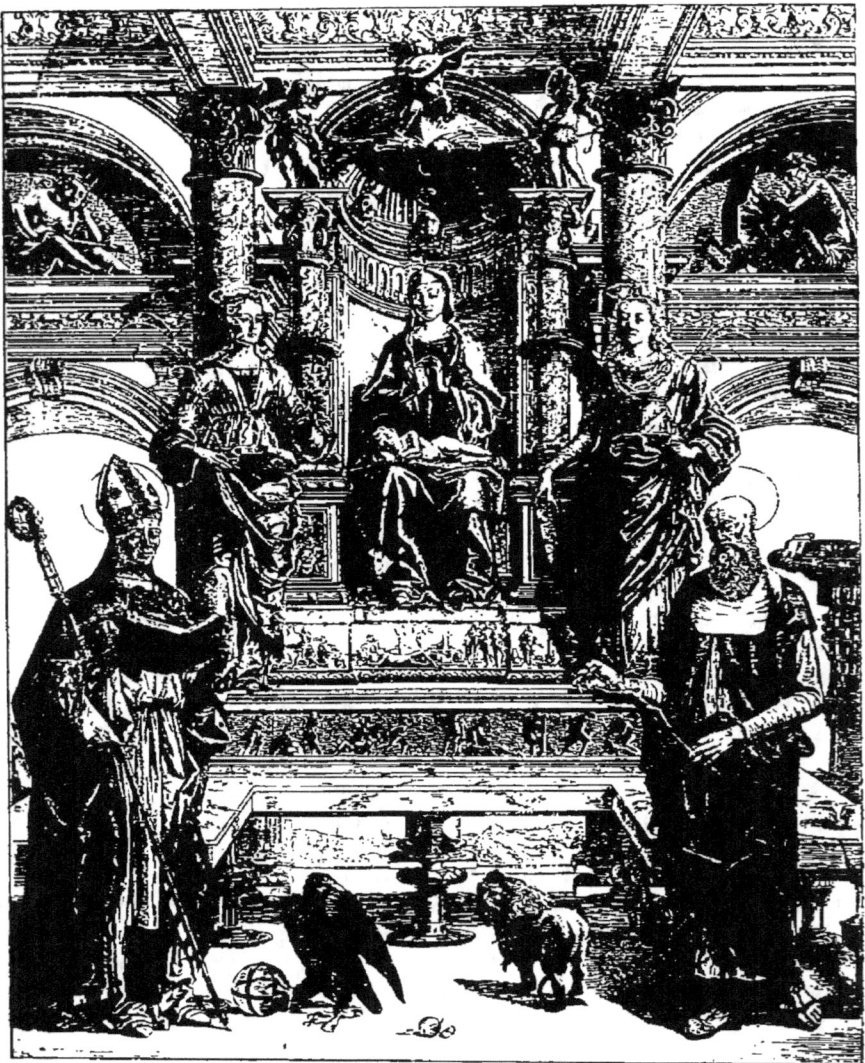

Fig. 171. — Cosimo Tura, dit Il Cosmè (1432 † 1495).
La Vierge adorée par deux saints (Musée Royal, Berlin).

La *pondération* est l'*équilibre*, le *balancement des masses*, tel que la *nature* l'établit dans ses productions, particulièrement dans la *figure* humaine et dans les animaux, dont tous les *mouvements*, quand rien ne les contraint, se compliquent de manière à ce que, quelle que soit l'*attitude* nouvelle qu'ils leur fassent prendre, toutes les parties du corps se trouvent constamment en *équilibre* et *balancées* les unes par les autres.

Ces lois et ces habitudes de la *nature* sont, pour le *peintre*, un sujet important de méditation.

**PORTRAIT** (s. m.). — Image, ressemblance d'une personne tracée au pinceau, au crayon, à la plume ou au burin. S'il s'agissait de l'image ou effigie sculptée, on ne dirait pas portrait, mais buste ou statue. La peinture appliquée au portrait ne diffère de celle qui s'applique à la représentation de personnages historiques ou de figures idéales, qu'en ce que le modèle n'en est pas pris dans la nature en général, tel que l'a pu concevoir le peintre, suivant le besoin du sujet de son tableau; mais qu'il s'agit d'une représentation individuelle, pour laquelle l'artiste doit s'appliquer à retracer les traits particuliers qui peuvent concourir à rendre l'image identique, en quelque sorte, avec le modèle. L'une et l'autre exigent d'ailleurs et les mêmes études et la même connaissance de la nature, et la même pratique de l'art. Si la première ne demande pas autant d'imagination, elle requiert de plus une certaine habileté à surmonter des difficultés qu'il n'est pas possible, ici comme là, d'éluder. Ainsi, malgré le préjugé contraire, il n'appartient qu'au peintre d'histoire habile de faire des portraits de quelque mérite sous le rapport de l'art (*V.* INDIVIDUEL et RESSEMBLANCE).

Mais parce que le portrait a pour lui, indépendamment du mérite de l'art, l'intérêt qui s'attache à l'objet dont il est l'image, que le nombre des gens qui veulent se faire peindre est hors de toute proportion avec celui des peintres habiles, et que la plupart, non seulement se contentent d'une image grossière, mais la préfèrent même à une plus parfaite qui leur présenterait des finesses de trait et de physionomie qu'ils ne sont point aptes à observer dans la nature, il s'est formé, sous le titre de peintre de portraits, une classe d'artistes qui s'occupent exclusivement de ce genre d'ouvrage et dont le talent, gradué suivant la même échelle que le goût et l'intelligence du public, s'étend du médiocre au pire. Quant aux connaisseurs, aux amateurs instruits, ils savent que, pour avoir un bon portrait, c'est à un peintre d'histoire qu'il faut s'adresser, et que les plus habiles seulement sont pour cela assez habiles.

On appelle portrait en pied celui qui représente toute la figure, et portrait à mi-corps celui dont la bordure coupe la figure au-dessous du buste, ou même au-dessous des genoux. Cette dernière sorte de portrait, qui a tout l'avantage du portrait en pied, surtout quand il s'agit d'une figure assise, et qui, étant d'un tiers moins haut, se place plus facilement dans un appartement ordinaire, est d'un usage courant.

Par portrait, sans autre spécification, on entend d'ordinaire le portrait jusqu'à la poitrine.

Pendant quelques années du dix-huitième siècle, la mode a été de se faire peindre sous le costume et avec les attributs de divinités ou de personnages fabuleux.

On appelait cette espèce de portraits, portrait historié.

\* **PORTRAITURE** (s. f.). Fig. 172. — Dans cette acception, il est du vieux langage et tout à fait hors d'usage. Mais on entend encore par portrai-

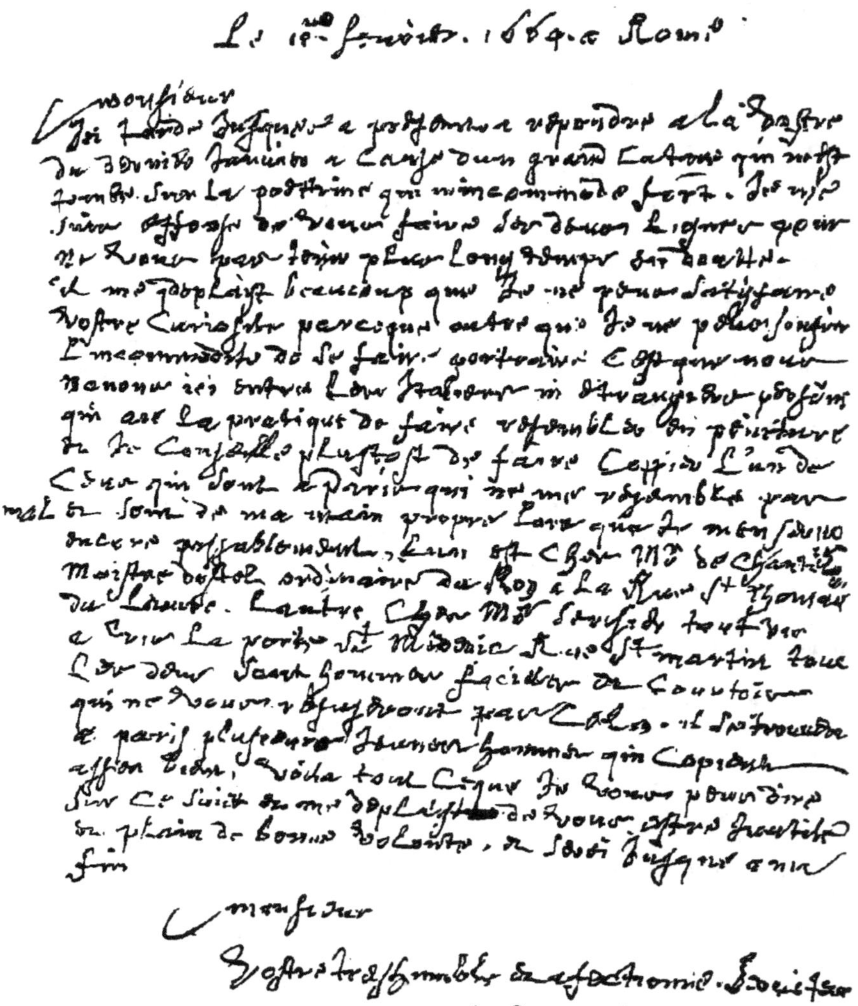

**EMPLOI DES EXPRESSIONS PORTRAITURE, PORTRAIRE, AU XVIIᵉ SIÈCLE**

Fig. 172. — LETTRE DE NICOLAS POUSSIN (1594 † 1665) AU PÈRE NICAISE,
religieux à Dijon; datée de Rome le 18 février 1664.
(Département des Manuscrits, Bibliothèque nationale, Paris.)

Le terme *portraiture* est du vieux langage et tout à fait hors d'usage. Mais on entend encore par *portraiture*, un recueil d'exemples, principes de dessin, qui présentent le trait des différentes parties et de l'ensemble de la *figure*, vus sous différents aspects.

L'expression *portraire* était employée au dix-septième siècle (Consulter la lettre de Nicolas Poussin, reproduite, ci-dessus et dont nous donnons la transcription page 353).

ture, un recueil d'exemples, principes de dessin, qui présentent le trait des différentes parties et de l'ensemble de la figure, vus sous différents aspects. L'expression « se faire portraire » était en usage au dix-septième siècle.

(*Voir* la *Lettre* de Nicolas Poussin, figure 172, dont nous donnons la transcription, page 333).

**POSE** (s. f.). — On appelle pose académique celle dans laquelle on remarque cette recherche de beaux développements, d'attitudes difficiles à rendre et parfois désordonnées, qui sont trop ordinaires au modèle que l'on pose pour la leçon des élèves (*V.* ACADÉMIQUE).

**POSER** (v. a.). — Se dit en parlant du modèle. Poser un modèle, c'est déterminer l'attitude dans laquelle il doit se tenir.

Poser s'entend aussi de l'action du modèle. On dit dans ce sens, de celui qui fait la profession de modèle, qu'il pose pour tel peintre, ou encore que c'est lui qui a posé telle figure d'un tableau.

**POUSSER** (v. n.) — Exprime l'action de certaines couleurs qui, en plus ou moins de temps, absorbent et dominent celles avec lesquelles elles ont été mêlées et, par là, en ternissent l'éclat, ou même en faussent le ton et en dénaturent la nuance. On dit aussi d'un tableau qu'il pousse au noir, pour exprimer que quelques-unes de ses parties noircissent, ce qui provient d'ordinaire de l'emploi indiscret de certaines substances colorantes, ou de la nature des huiles, ou de la mauvaise qualité de l'impression des toiles, de ce que le vernis a été appliqué sur le tableau avant qu'il fût suffisamment sec, ou enfin, de l'action du temps qui, à la longue, décompose ou dévore les meilleures couleurs. Peu de tableaux vieillissent sans éprouver quelqu'un de ces accidents, dont l'effet est de détruire la fraîcheur et de rompre l'harmonie du coloris.

\* **POUSSINESQUE** (adj.). Fig. 173 et 174. — Lorsqu'un artiste digne d'un grand renom a une manière de faire particulière, fortement caractérisée et qui frappe d'abord par certaines perfections ou habitudes qui n'appartiennent qu'à lui, le nom de cet artiste s'attache en quelque sorte à cette manière de faire, que d'autres cherchent à imiter. Ainsi, dans la conversation des amateurs, on entend par figure raphaëlesque une figure qui a quelque chose de l'élégance, de la sagesse et de la pureté de dessin, de la douce expression et de l'ajustement, ordinaires aux figures de Raphaël; et par figure michelangesque, une figure dont la pose

---

NOTE RELATIVE AUX FIGURES 173 ET 174. — La *manière* dont Le Poussin concevait le *paysage* et la disposition de ses *compositions historiques*, le *caractère* de ses *figures*, son *style* grave, sa *couleur* un peu âpre, ont une *originalité* qui les fait d'abord reconnaître et rend familières les expressions de *paysage poussinesque, caractère, couleur, composition poussinesques*. Mais, de plus, on dit, rarement toutefois, *figures poussinesques*, ou de *proportion poussinesque*, pour signifier seulement des *figures* un peu au-dessous de demi-*nature*, comme celles que Le Poussin a employées dans la plupart de ses *tableaux*.

## EXEMPLES DE COMPOSITIONS ET DE CARACTÈRES DITS POUSSINESQUES

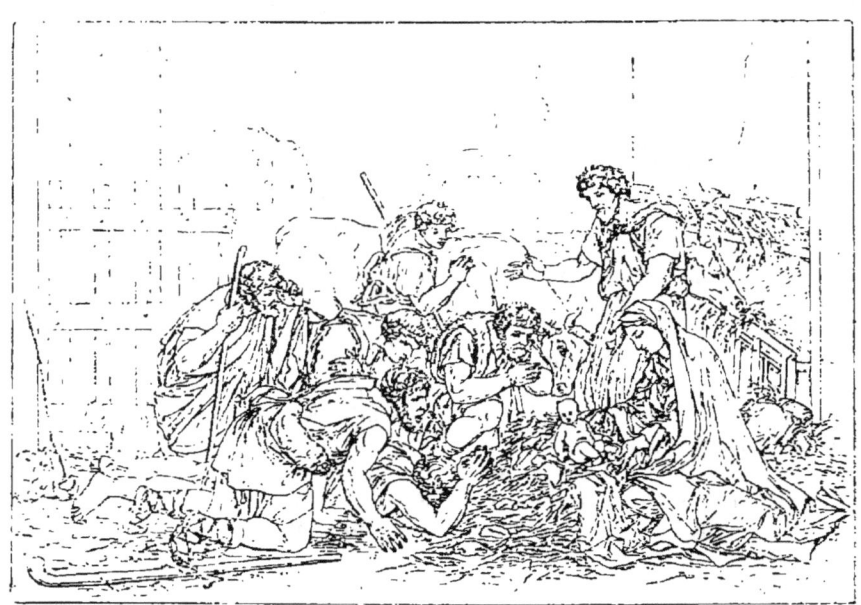

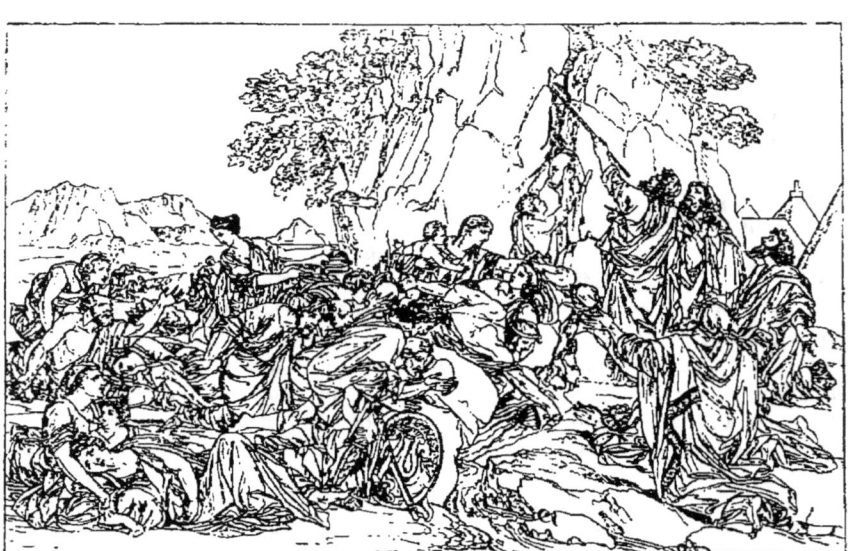

Fig. 173 et 174. — NICOLAS POUSSIN (1594 † 1665). — L'Adoration des bergers ; et, Moïse frappant le rocher d'Horeb (Musée du Louvre, Paris).

(Consulter, au bas de la page 256, la note relative aux figures 173 et 174.)

TABLEAUX.

savante et tourmentée, les contours prononcés, le dessin vigoureux et l'expression forte rappellent les ouvrages de Michel-Ange. Il en est de même, sous un double rapport, du Poussin : sa manière de concevoir le paysage et de disposer ses compositions historiques, le caractère de ses figures, son style grave, sa couleur un peu âpre, ont une originalité qui les fait d'abord reconnaître et rend familières les expressions de paysage poussinesque, caractère, style, couleur, composition poussinesque. Mais, de plus, on dit rarement, toutefois, figures poussinesques, ou de proportion poussinesque, pour signifier seulement des figures un peu au-dessous de demi-nature, comme celles que le Poussin a employées dans la plupart de ses tableaux (V. MICHELANGESQUE et RAPHAELESQUE).

PRATIQUE (s. f.). — Est l'acte, l'opération manuelle, l'exercice machinal de l'art. On l'oppose à théorie, qui signifie la spéculation, la connaissance des règles, l'ordre, le système des procédés de l'art. Plusieurs ont l'intelligence de la théorie d'un art, qui ne peuvent parvenir à la pratique, faute d'organes naturellement propres à cette pratique, et qui y aient été exercés convenablement en temps utile. D'autres, au contraire, pratiquent l'art sans l'avoir médité, sans avoir fait une étude spéciale de ses règles, par une sorte d'instinct, en vertu de la seule aptitude des organes, développée par l'habitude d'opérer : ceux-là ont la pratique de leur art, sans en posséder la théorie.

Par pratique, on entend aussi la manière de faire, les habitudes particulières à chaque artiste. Dans ce sens, il comporte l'idée de la facilité, de l'habileté de main, qui résultent d'une organisation heureuse, secondée d'un exercice fréquent : c'est ainsi qu'on dit belle pratique, pratique large du dessin, du pinceau, du crayon.

On dit aussi, dans un sens défavorable, dessiner, composer, colorier de pratique, c'est-à-dire sans consulter la nature, à l'aide d'une routine que l'on s'est faite, selon certaines formes que l'on applique à tous les sujets, suivant une marche et des combinaisons bornées et toujours les mêmes.

PRÉCIEUX (adj.). — Se dit, dans le langage de l'art, en parlant d'un ouvrage traité avec grand soin, terminé, poli en quelque sorte, avec une adresse et une patience extrêmes : travail précieux, pinceau précieux, fini précieux. C'est l'expression d'un mérite propre aux petits ouvrages : ce serait celle d'un défaut s'il s'agissait d'ouvrages de grandes dimensions, ou qui appartinssent au genre élevé de l'histoire. Précieux, dans ce sens, n'a son application qu'à la partie du travail.

On ne le dirait pas du tout-ensemble d'un tableau : les tableaux de J.-A. Watteau, de F. Boucher, sont d'un travail précieux ; ceux de Raphaël et du Titien sont des tableaux précieux, c'est-à-dire d'un grand mérite et d'un grand prix.

\* PRÉCISION (s. f.). Fig. 175. — Est l'exactitude, la correction rigoureuse dans le dessin ou le mo-

## CE QUE LA PRÉCISION COMPORTE EN PARLANT DU DESSIN ET DES TABLEAUX

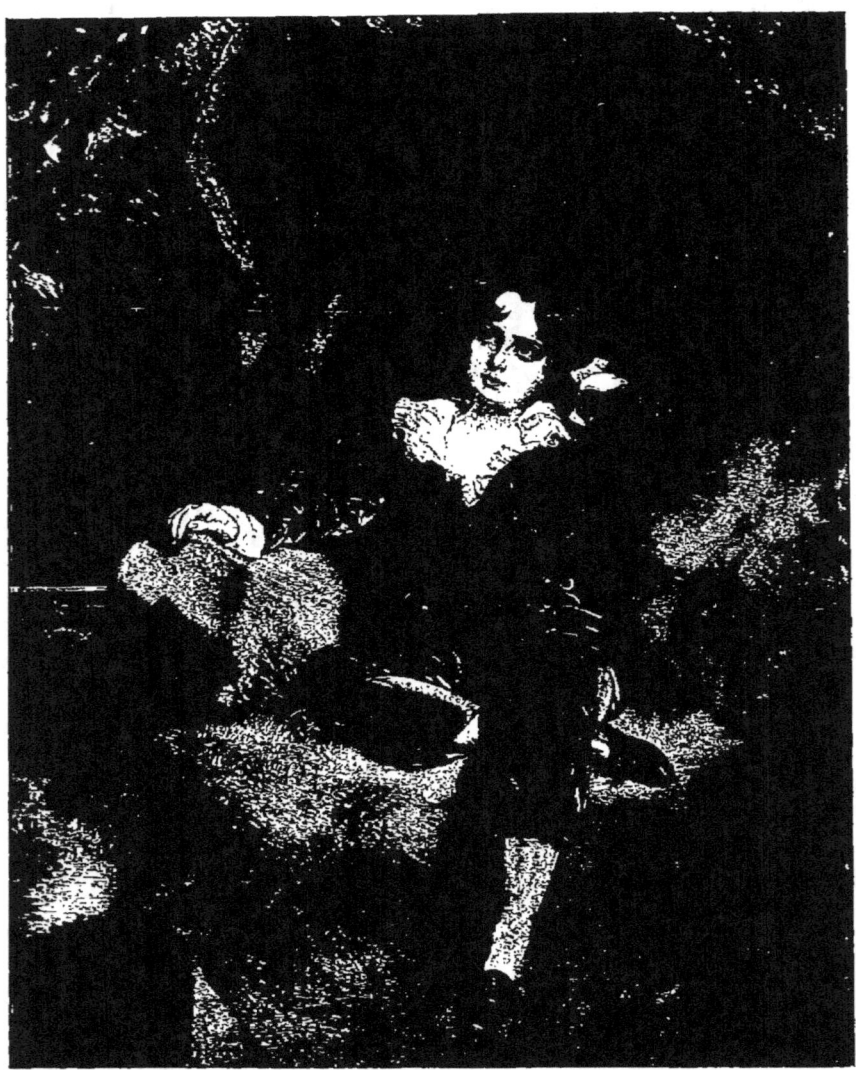

Fig. 175. — Sir Thomas Lawrence (1769 ✝ 1830). — Le Fils de J. G. Lambton, Esq. M. P.

La *précision* est l'exactitude, la *correction* rigoureuse dans le *dessin* ou le *modelé*. *Précision* en parlant du *dessin* et des *tableaux*, comporte l'idée d'une *touche ferme* et de *contours arrêtés*.

delé. Précision, en parlant du dessin, comporte l'idée d'une touche ferme et de contours arrêtés.

\* **PRÉDELLE** (n. f.). Fig. 6 et 55. — Gradin ou compartiment inférieur d'un tableau, dans lequel un ou plusieurs sujets sont représentés.

**PRÉPARATION** (s. f.). — « Terme de dessin et de peinture, écrit Littré dans son *Dictionnaire*. Disposition des ombres et des demi-teintes par plans, sans les fondre, pour rendre l'effet plus général. »
Les préparations des peintres ainsi que celles des pastellistes méritent d'être recherchées; c'est, pour ainsi dire, leurs premières pensées (V. ÉBAUCHE et PENSÉE).

**PRESTESSE** (s.f.). — Promptitude, habileté, vivacité dans le maniement du pinceau, qui se manifeste par la franchise des touches, la netteté des contours et les autres apparences d'un travail prompt et facile. La prestesse, bien que souvent ennemie de la correction et des finesses de l'art, plaît, parce qu'elle fait naître d'abord l'idée d'un travail fait sans peine, par un homme doué d'un coup d'œil et d'une main sûrs, qui opère et surmonte les difficultés en se jouant. La prestesse contribue à donner aussi au tableau un effet piquant. Par là, on la peut ranger au nombre des qualités louables de la peinture. La sculpture ne l'admet pas : elle entraînerait pour elle trop d'accidents.

**PRIMITIF** (adj.). — COULEURS PRIMITIVES. Les couleurs primitives ou principales à l'usage de la peinture sont, sans compter le noir et le blanc, au nombre de trois seulement; savoir, le jaune, le bleu et le rouge. Ces trois couleurs, modifiées l'une par l'autre, ou par le mélange du noir ou du blanc, peuvent fournir à tous les besoins de la palette.

\* **PRIMITIFS** (adj. pl.). — Fig. 176. — On se souvient du très grand succès obtenu par une exposition d'œuvres dues aux primitifs français, organisée à Paris, en un zèle d'apôtre, par Henri Bouchot, le très regretté Conservateur au Département des Estampes de la Bibliothèque nationale, Membre de l'Institut.
Cette exposition, grande leçon de l'histoire de l'art, a permis d'établir, avec des preuves irréfutables et au moyen de documents incontestables, l'originalité, l'homogénéité, la priorité de l'art français chez nos primitifs; c'est grâce à l'effort fait par un homme de grand savoir, et d'une urbanité qui sera toujours citée à l'égal de celle des plus grands esprits, que nous en connaissons le talent naturel extraordinaire.
Notre génération, après avoir payé un juste tribut d'admiration à cette incomparable et opportune manifestation du génie français, s'est mise à la découverte des œuvres primitives des grandes périodes de l'art en général, et de celles des quatorzième et quinzième siècles en particulier; œuvres mystérieuses, énigmatiques, d'une émotion ingénue, d'une science incertaine, mais d'un sentiment exprimant avec énergie la vie intime,

## L'IDÉAL DES PRIMITIFS EST D'UNE PUISSANTE ESTHÉTIQUE, GRANDE ET SUBLIME

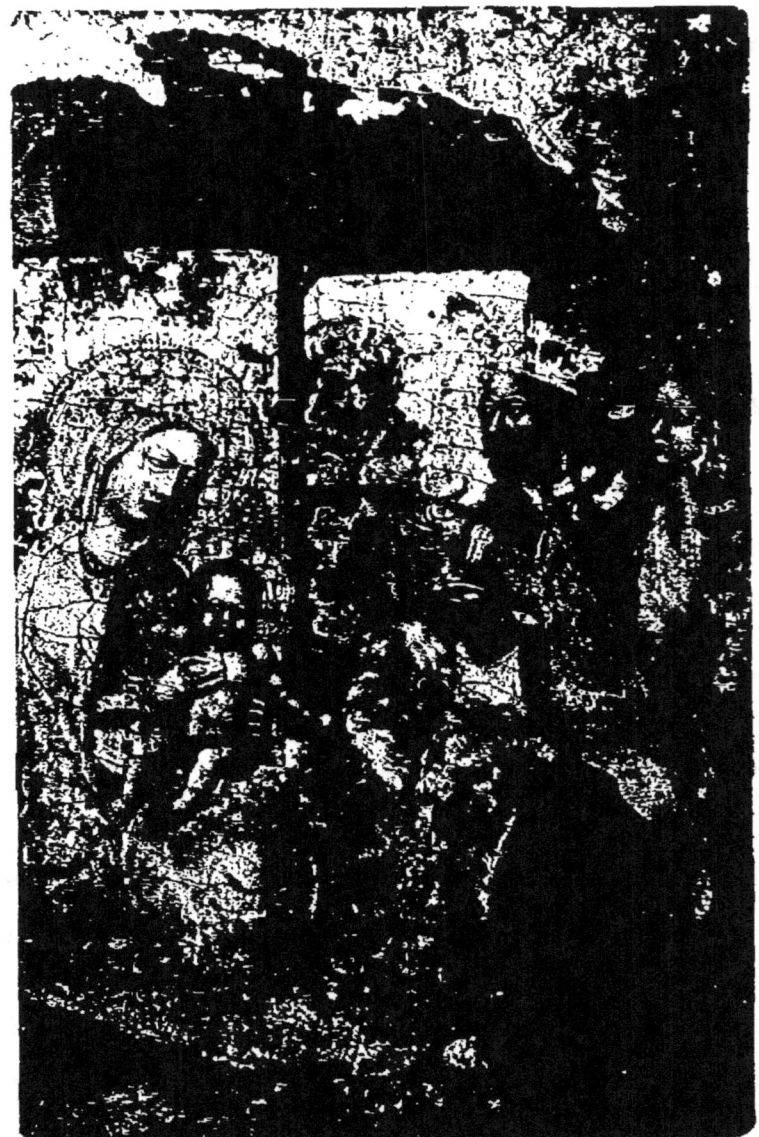

Fig. 176. — L'Adoration des Mages. École du Midi (fin du quatorzième siècle) (Galerie de Madame Lippmann, Berlin).

Les œuvres des primitifs sont mystérieuses, énigmatiques, d'une émotion ingénue, d'une science incertaine, mais d'un sentiment exprimant avec énergie la vie intime, harmonieuse, sociale et religieuse, quoique rendue avec une technique imparfaite, mise au service de l'expression extraordinairement forte d'un idéal de puissante esthétique, grande et sublime.

harmonieuse, sociale et religieuse, quoique rendue avec une technique imparfaite, mise au service de l'expression extraordinairement forte d'un idéal de puissante esthétique, grande et sublime.

C'est en silence qu'il faut admirer les travaux de ces artisans consciencieux, amoureux des êtres et des choses, naturalistes et humains; on en aime la grâce, on en subit le charme et la beauté. Les loyaux « maistres d'œuvres », les honnêtes « ymaigiers », constructeurs et décorateurs de nos cathédrales et châteaux, ont repris, dans l'admiration et la reconnaissance du monde civilisé, la place qu'ils méritent (V. ÉCOLES, APPENDICE, p. 325 à 333).

PRINCIPAL (adj.). — On entend par objet principal, dans un tableau, celui qui appelle le plus impérativement l'attention et les regards; lumière principale, celle à laquelle toutes les autres sont subordonnées; figure principale, la figure de l'un des premiers plans qui domine les autres, et à laquelle celles-ci se rattachent plus ou moins pour former le groupe principal; personnage principal, le personnage le plus important du sujet de la composition.

Dans une composition bien entendue, où l'on a voulu réunir l'unité d'action, d'intérêt et d'effet, il faut, autant que possible, que le personnage principal soit aussi la figure principale qu'éclaire la principale lumière.

PRINCIPE (s. m.). — On appelle, en général, principes d'un art les règles, le système de procédés, suivant lesquels il doit être exercé.

Par principes de dessin, on entend aussi particulièrement un recueil d'exemples, à l'usage de l'enseignement primaire, présentant les détails et l'ensemble de la figure, et le progrès du travail du dessinateur, depuis l'esquisse jusqu'au dernier fini.

PROCÉDÉ (s. m.). — Manière d'opérer pour parvenir à un résultat donné. On entend par les procédés d'un art, la suite méthodique ou habituelle des opérations requises pour amener l'œuvre à laquelle il s'applique, du commencement jusqu'au point de perfection.

* PROFIL (s. m.). Fig. 177 à 181. — On appelle profil, le contour que présente un objet vu de côté. Dans le langage de la peinture, on applique ce terme particulièrement à la figure et à la tête humaines vues de côté, c'est-à-dire sous un aspect tel, qu'on en aperçoive toute la partie droite ou gauche, et rien que cette partie; ce qui donne, pour le buste, le contour de la plus grande saillie du front, du nez, des lèvres, du menton, des épaules et de la poitrine.

PRONONCER (v. a.). — Exprimer nettement, clairement, avec force et précision; il se dit du caractère de la physionomie, des formes de la figure, des contours du dessin. Un caractère de tête prononcé est celui qui exprime bien l'état, la situation, les passions du personnage que l'artiste a voulu représenter; des formes prononcées sont celles qui marquent avec soin les détails du système musculaire; un

## CE QU'ON APPELLE PROFIL, ET CE QUE LE CONTOUR PRÉSENTE

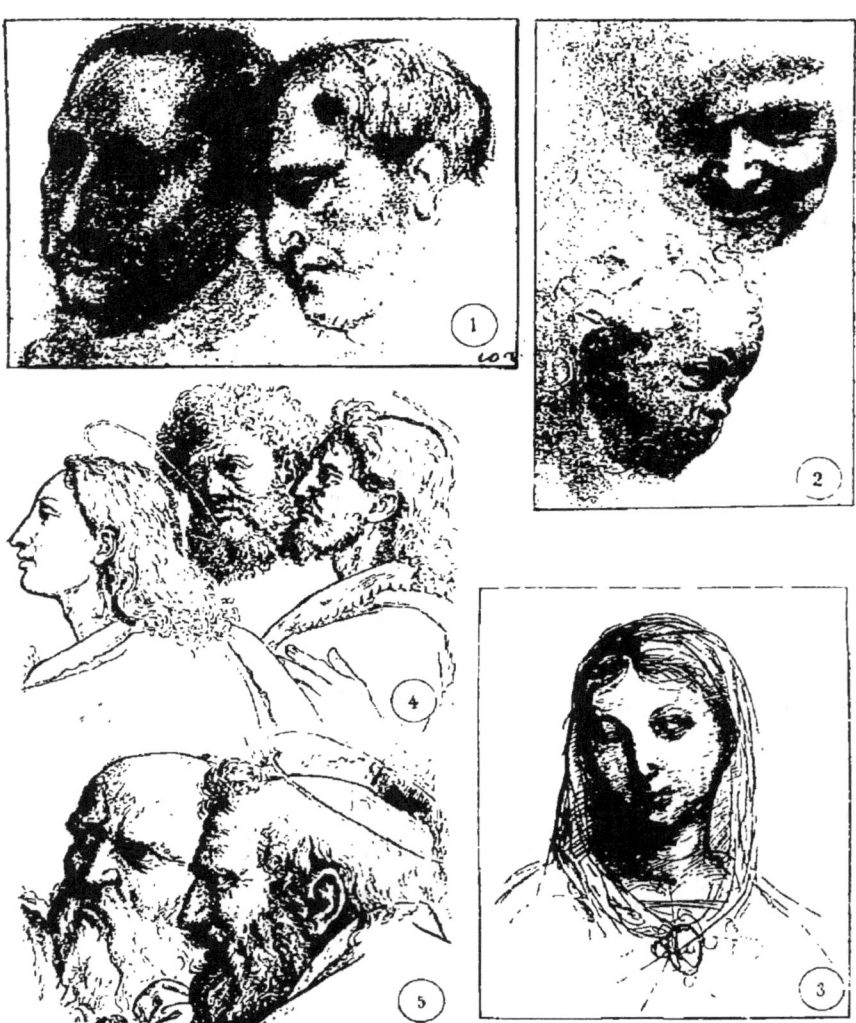

Fig. 177 à 181. N⁰ˢ 3 à 5. — Raffaello Santi (1483 † 1520). 3, Tête de Vierge. Dessin à la pointe d'argent (Collection Malcolm). 4 et 5, Têtes d'apôtres (Galerie de Chantilly). — 1 et 2. Petrus-Paulus Rubens (1577 † 1640). 1, Dessin relevé de sanguine (British Museum, Londres). 2, Études (Musée du Louvre, Paris).

On appelle *profil*, le *contour* que présente un objet vu de côté. Dans le langage de la *peinture*, on applique ce terme particulièrement à la *figure* et à la *tête* humaines vues de côté, c'est-à-dire sous un aspect tel, qu'on en aperçoive toute la partie droite ou gauche, et rien que cette partie, ce qui donne, pour le buste, le *contour* de la plus grande saillie du front, du nez, des lèvres, du menton, des épaules et de la poitrine.

dessin prononcé, est celui qui indique avec précision, avec force ou même avec quelque peu d'exagération, les inflexions, les emmanchements, le mouvement des diverses parties de la figure.

\* PROPORTION (s. f.). Fig. 182. — Il faut entendre par proportions, le rapport qu'ont entre elles les dimensions des diverses parties d'un tout; la grandeur, le volume de chaque partie, relativement aux dimensions de chacune des autres parties, et du tout ensemble; d'où il résulte que les proportions sont réglées, non par des mesures absolues, mais par des mesures relatives.

Les belles proportions d'une figure sont celles que donne le rapport de grandeur et de masse qu'on a reconnu qu'avaient entre elles les diverses parties du corps dans un sujet bien conformé.

Ainsi, prenant pour mesure relative, la face que l'on suppose devoir être à peu près le dixième de la hauteur de la figure debout, on compte : du sommet de la tête à la naissance des cheveux, un tiers de face; de la naissance des cheveux au bas du menton, une face; du menton jusqu'à la fossette entre les clavicules, deux tiers de face; de la fossette, entre les clavicules, et le bas des mamelles, une face; du bas des mamelles au nombril, une face; du nombril aux parties naturelles, une face; des parties naturelles au haut du genou, deux faces; du haut du genou au cou-de-pied, deux faces et demie; du cou-de-pied au-dessous de la plante du pied, une demi-face.

Le bras et la main, depuis l'épaule jusqu'à l'extrémité des doigts, comprennent quatre faces; la distance de l'épaule à la fossette de la clavicule, est d'une face. L'homme, étendant les bras et les mains, présente une ligne transversale égale à la verticale, c'est-à-dire longue de dix faces.

Toutefois ces proportions ne sont pas invariables, même dans les sujets bien conformés. Ceux de nature svelte comportent sans difformité jusqu'à dix faces et demie, les moins élancés peuvent n'en avoir que neuf et demie, et cette différence se distribue entre les diverses parties de la figure, non pas dans une proportion rigoureuse, mais au gré de l'artiste, suivant son sentiment, de la manière la plus propre à donner à la figure le caractère de légèreté ou de force voulu pour le personnage.

Les animaux et tous les êtres de forme régulière dans la nature ont leurs proportions, que l'on pourrait ainsi déterminer en prenant une partie pour mesure relative.

L'usage autorise à dire figure de petite proportion, pour : figure moins grande que nature, bien que cette façon de s'exprimer manque d'exactitude. Les proportions d'une figure sont indépendantes de sa hauteur, et peuvent être les mêmes dans le géant et dans le pygmée. Quand il s'agit de la grandeur absolue, il serait mieux d'employer le mot dimension, et de dire figure de petite dimension.

PROPRETÉ (s. f.). — Se dit de la netteté des contours, et surtout de celle de la touche, de l'effet d'un

**RAPPORT DE GRANDEUR ET DE MASSE DES DIVERSES PARTIES DU CORPS**

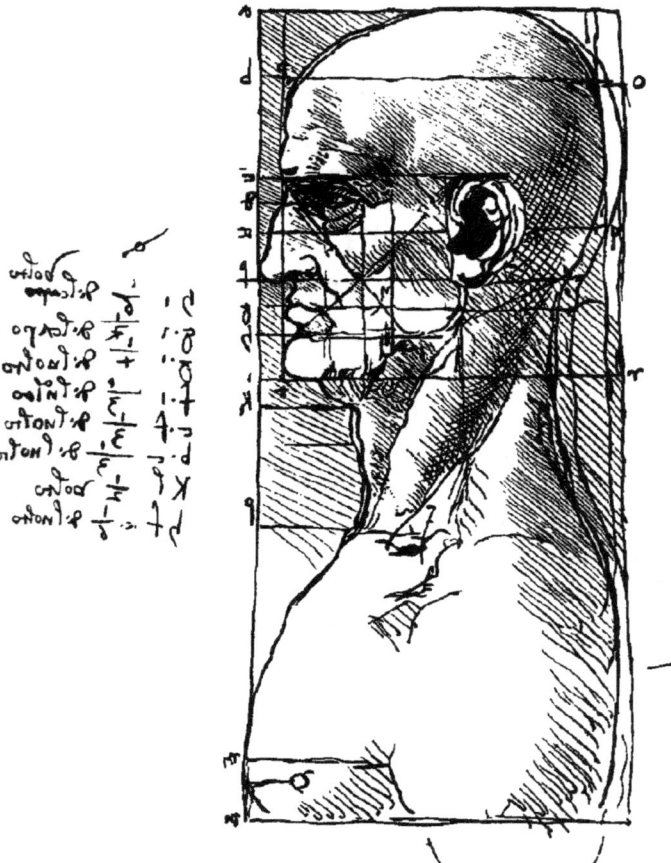

Fig. 182. — LIONARDO DA VINCI (1452 † 1519). — Étude sur les proportions (*V*. p. 9).
(On sait que Léonard de Vinci écrivait de droite à gauche).

Les belles *proportions* d'une *figure* sont celles que donne le rapport de *grandeur* et de *masse* qu'on a reconnu qu'avaient entre elles les diverses parties du corps dans un sujet bien conformé. Ainsi, prenant pour mesure relative, la *face* que l'on suppose devoir être le dixième de la hauteur de la *figure* debout, on compte : du sommet de la tête à la naissance des cheveux un tiers de *face*; de la naissance des cheveux au bas du menton, une *face*; du menton jusqu'à la fossette entre les clavicules, deux tiers de *face*; de la fossette, entre les clavicules et le bas des mamelles, une *face*; du bas des mamelles au nombril, une face ; du nombril aux parties naturelles, une *face*; des parties naturelles au haut du genou, deux *faces*; du haut du genou au cou-de-pied, deux *faces* et demie ; du cou-de-pied au-dessous de la plante du pied, une demi-*face*.

soin scrupuleux dans la conduite du crayon ou du pinceau; c'est l'opposé du sale, et souvent aussi du facile et du large. La propreté, qu'on ne recherche guère que dans les petits ouvrages, est rarement un mérite et participe souvent du défaut, dans les grands.

PUR (adj.). — Exempt de mélange, de superfétation, de souillure. Se dit du dessin, et comporte alors les idées de correction, de netteté, de finesse et d'un certain degré d'élégance. On le dit aussi d'une couleur dont la fraîcheur et l'éclat ne sont ternis par le mélange d'aucune autre couleur.

\* PYRAMIDER (v. n.). Fig. 183. — Être disposé en pyramide. Cette disposition, suivant laquelle les masses ont une base large et solide, et vont s'allégeant par degrés, à mesure qu'elles s'élèvent, est favorable à l'effet pittoresque, au balancement des parties, à l'unité d'objet; l'idée s'en présente d'elle-même à l'homme de goût, lorsque les circonstances de son sujet ne la repoussent pas. Des artistes du dix-huitième siècle en avaient fait une règle générale de la composition en peinture. Faire pyramider chaque figure, chaque groupe, et tout l'ensemble d'un tableau, leur semblait chose admirable, et un perfectionnement du système de composition suivi avant eux par les premiers et grands maîtres de l'art. Les peintres usent de la disposition pyramidale quand leur sujet s'y prête, sans recherche et sans affectation, ainsi qu'ont fait les grands peintres des temps modernes et les grands sculpteurs de l'antiquité (V. GRADATION).

RACCORDER (v. a.). — Lorsque le peintre n'est pas satisfait de l'harmonie d'un tableau qu'il vient de terminer, il le raccorde en s'appliquant, par un travail après coup, à éteindre les lumières trop brillantes, à adoucir les tons trop tranchants, à rompre les couleurs trop crues.

Les contrefacteurs essaient souvent une opération semblable sur de vieux tableaux dont le temps a détruit l'harmonie. Il est fort rare que ce travail n'ait pas un résultat tout contraire à celui qu'on se proposait, et que le tableau le plus adroitement raccordé de cette manière ne devienne bientôt plus discord qu'il n'était auparavant, par l'altération qu'éprouvent à leur tour, et promptement, les couleurs ainsi fraîchement appliquées en parfait accord avec d'autres, qui avaient déjà subi l'effet du temps.

\* RACCOURCI (s. m.). Fig. 184. — Est la représentation perspective d'un objet, sous un point de vue tel que la succession des plans, au moyen de laquelle nous aurions la perception de son étendue, se dérobe à nos yeux, soit que ces plans s'offusquent l'un l'autre, soit que les faisceaux de lumière auxquels ils servent de base, nous en rapportent l'image sous un angle toujours plus étroit, à mesure qu'ils se resserrent. Or, il en arrive ainsi de tout objet que l'on regarde de haut en bas, ou de bas en haut, ou bien qui se présente à notre horizon de bout en bout. Telle est, pour exem-

## DE LA COMPOSITION PYRAMIDALE EN PEINTURE AU XVIII° SIÈCLE

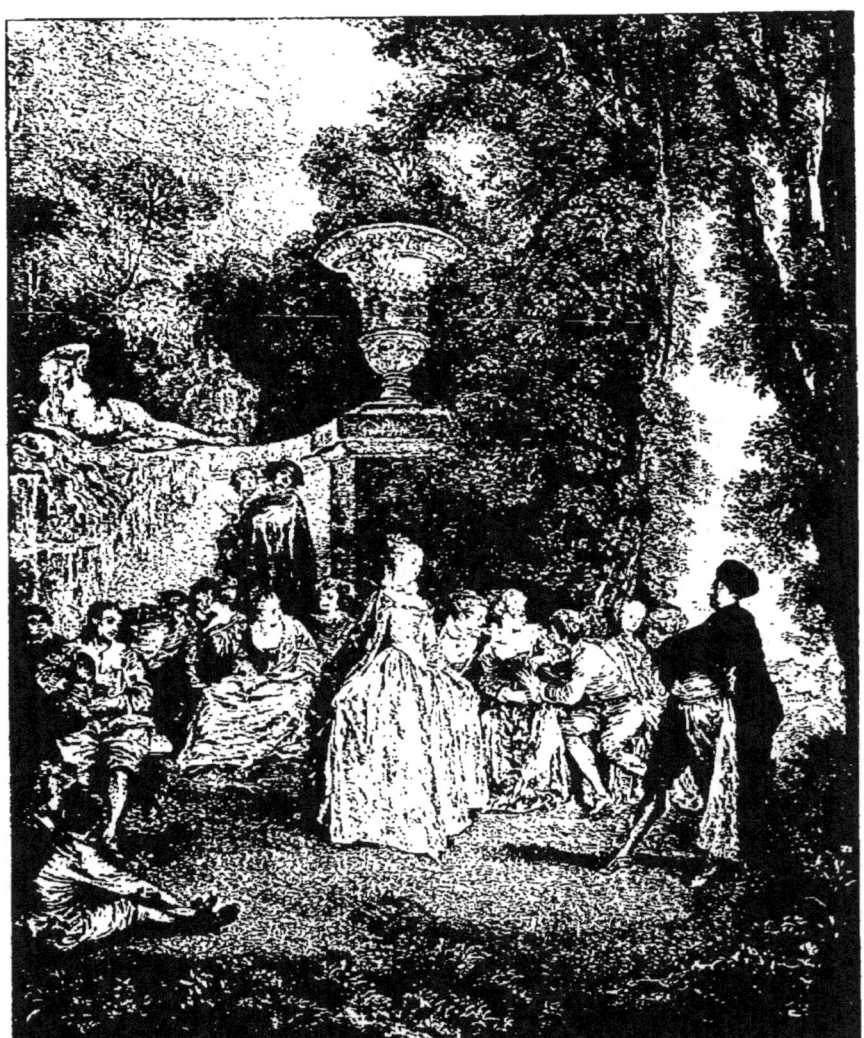

Fig. 183. — JEAN-ANTOINE WATTEAU (1684 † 1721). — Fête Vénitienne.

Quelques artistes du dix-huitième siècle avaient fait une règle générale de la *composition pyramidale* en *peinture* et en sculpture. Faire *pyramider* chaque *figure*, chaque *groupe*, et tout l'*ensemble* d'un *tableau*, leur semblait chose admirable, et un perfectionnement du système de *composition* suivi avant eux par les premiers et grands maîtres de l'art.

ple, une tête que l'on regarde face à face. Sous cet aspect, la succession entière des plans depuis le sommet du front jusqu'au bas du menton, s'offre à la vue sans aucun retranchement, sans aucune altération. Mais que cette tête vienne à se jeter en arrière : à mesure qu'elle se renversera, la partie la plus saillante du menton nous dérobera la vue de celle qui l'est le moins; il en sera de même de la saillie de la lèvre supérieure à l'égard de l'espace entre cette saillie et celle du nez, et de la saillie du nez à l'égard de la partie renfoncée entre les sourcils, et de la saillie des sourcils à l'égard du front, etc.

Faute d'apercevoir ces parties ainsi offusquées les unes par les autres, on n'aura qu'une perception incomplète de la longueur réelle de cette tête : on la verra en raccourci. Il en serait de même, bien que la cause en fût moins manifeste, d'un solide dont la surface n'offrirait aucune sinuosité.

Supposez, sur un plan horizontal, à la hauteur de votre œil, un cylindre debout, tel qu'un fût de colonne. Pourvu que la distance de ce cylindre soit égale au moins à sa hauteur, vous le voyez dans toute son étendue verticale. Mais faites que, sans pencher ni à droite ni à gauche, il se renverse en arrière, jusqu'à être couché sur le plan horizontal; vous cesserez alors d'apercevoir aucun des points de son étendue verticale; et tandis que, pour opérer ce changement de position, il aura décrit dans l'espace un quart de cercle, vous l'aurez vu parcourir successivement tous les degrés possibles du raccourci. Cette opération des raccourcis est soumise aux lois générales de la perspective linéaire ; ses effets se peuvent déterminer d'avance par des lignes géométriques. Toutefois, les peintres ont fait de ce qu'on appelle le raccourci l'objet d'une science, ou plutôt d'un savoir-faire particulier, qui représente avec vérité au moyen du clair-obscur, non moins que suivant les règles de la perspective linéaire, les effets du raccourci. Ces effets, qui ne sont sensibles aux yeux du vulgaire qu'autant qu'ils résultent d'altitudes ou de positions inusitées dans la nature, sont rarement agréables en eux-mêmes.

Leur mérite en peinture n'est guère que celui de la difficulté vaincue, et de la singularité des aspects sous lesquels ils présentent les objets tout autrement qu'on n'est accoutumé à les voir. L'usage des raccourcis est surtout fréquent dans les plafonds où l'on présente les objets comme devant être vus de bas en haut (*V.* ANAMORPHOSE).

**RADIAL** (adj.). — Couronne radiale; est la couronne lumineuse dont les anciens peintres ornaient la tête des dieux, et que les sculpteurs suppléaient quelquefois, particulièrement dans les statues de Jupiter, par des rayons de bronze doré, implantés dans le front du dieu. On dit aussi radié : couronne radiée (*V.* AURÉOLE et GLOIRE).

**RAGOÛT** (s. m.). — Expression vague, usitée et de mode parmi les artistes et les amateurs du

## SUCCESSION ENTIÈRE DES PLANS DANS UNE FIGURE VUE EN RACCOURCI

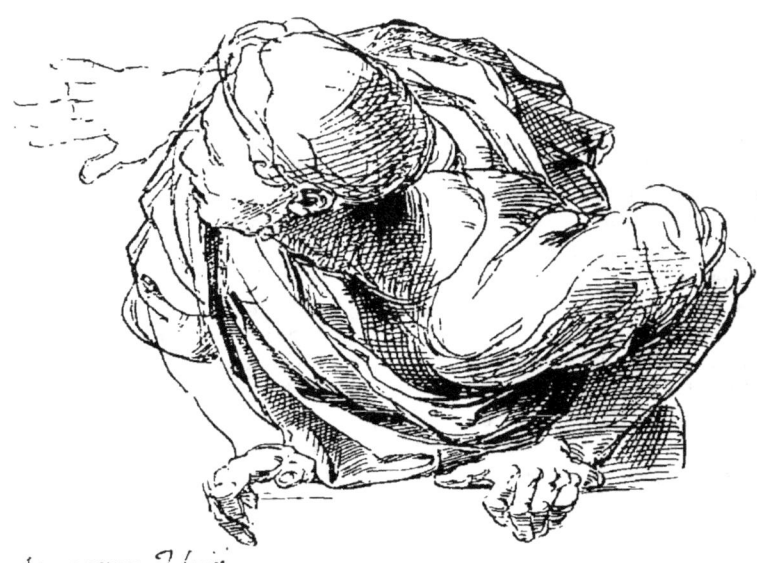

Fig. 184. — Raffaello Santi, dit Raphael Sanzio (1483 † 1520).
Étude pour une *figure* de la « Dispute du Saint-Sacrement » (Musée de Montpellier).

Il arrive de tout objet que l'on regarde de haut en bas, ou de bas en haut, ou bien qui se présente à notre *horizon* de bout en bout, que nous le voyons en *raccourci*. Telle est, pour exemple, une *tête* que l'on regarde face à face. Sous cet aspect, la succession entière des *plans*, depuis le sommet du front jusqu'au bas du menton, s'offre à la vue sans aucun retranchement, sans aucune altération. Mais que cette *tête* vienne à se jeter en arrière : à mesure qu'elle se renversera, la partie la plus saillante du menton nous dérobera la *vue* de celle qui l'est le moins; il en sera de même de la saillie de la lèvre supérieure à l'égard de l'espace entre cette saillie et celle du *nez*, et de la saillie du *nez* à l'égard de la partie renfoncée entre les sourcils, etc.

dix-huitième siècle, auxquels en appartient l'invention.

Par ragoût, ces artistes et amateurs entendaient certain effet piquant, provenant de la vivacité et de la chaleur du coloris, d'une certaine facilité de la touche et d'autres petits agréments propres aux petits sujets traités, quant à l'exécution, avec esprit et liberté.

On disait aussi ragoûtant, pour exprimer un tableau où il y avait du ragoût; et un pinceau ragoûtant, un crayon ragoûtant, pour manière de peindre, de dessiner avec ragoût.

RAIDE (adj.). — Qui semble manquer de souplesse, de flexibilité. Contours raides, mouvement raide, draperie raide, sont les contours formés de lignes droites, qui ne marquent pas les inflexions, les ondulations, les méplats des muscles sous l'enveloppe de la peau; une disposition des membres de la figure telle qu'ils semblent n'être point aptes à se mouvoir; une draperie dont les plis étroits et tous parallèles de haut en bas ne sont rompus, détournés, chiffonnés par aucun accident.

La raideur des contours décèle, dans le dessinateur, tout à la fois l'ignorance des formes et le défaut d'habileté de la main.

\* RAIES (n. f.). — RAIES DE BOIS. Fig. 185. — Les raies de bois sont occasionnées par le mouvement de retrait des parties d'un panneau. Sous l'action des influences atmosphériques, les fibres se disjoignent, la peinture se fend, se trézale et tombe par fragments.

RAME (n. f.). — PEINTURE SUR RAME. Expression importée en France par les italiens au dix-septième siècle, et désignant les tableaux peints sur cuivre; *pittura su rame*, peinture sur cuivre.

RAPHAÉLESQUE (adj.). — Se dit des œuvres créées dans le style et dans les différentes manières de ce Maître. On dit, dans ce sens, ce dessin, ce tableau sont d'une beauté raphaélesque (*V.* MICHELANGESQUE et POUSSINESQUE).

RAPPEL (s. m.). — Se dit en parlant des lumières d'un tableau dans le même sens que écho (*V.* ÉCHO) : il exprime l'artifice par lequel le peintre dirige à son gré l'attention du spectateur sur les diverses parties de sa composition, en mesurant en quelque sorte à chacune la lumière, suivant l'ordre dans lequel il veut que la vue se porte de l'une à l'autre; le propre de la vue étant de se porter, par un mouvement instinctif, d'abord et de préférence sur les points les plus éclairés. L'art de disposer les rappels de lumière procède de l'entente du clair-obscur, et concourt puissamment à l'effet pittoresque, en même temps qu'il contribue à faire se présenter avec ordre les idées du peintre. On dit rappeler la lumière.

RAPPORT (s. m.). — Quelques auteurs ont prétendu établir avec précision la proportion suivant laquelle les ombres, les demi-teintes et les lumières doivent être placées les unes près des autres, pour donner au tout-ensemble du tableau le plus grand éclat possible, et ils ont

RAIES DE BOIS, MOUVEMENT DE RETRAIT DES PARTIES D'UN PANNEAU

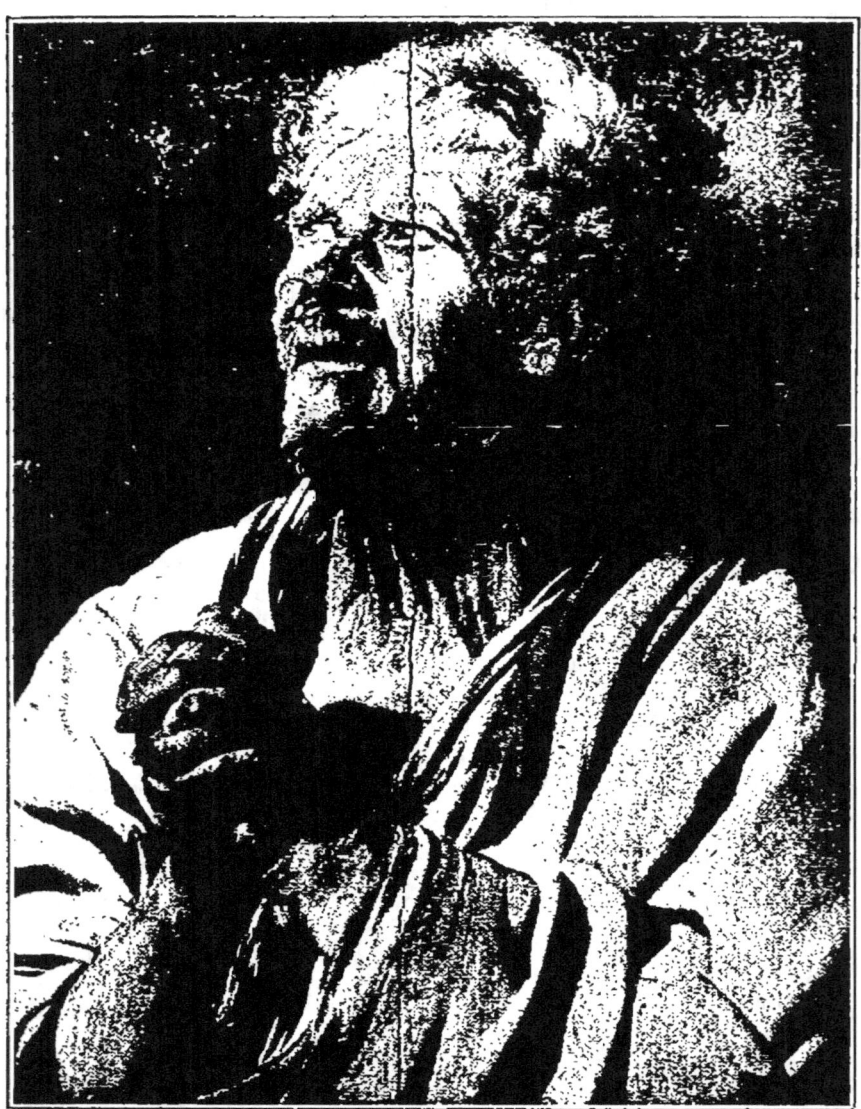

Fig. 185. — JAKOB JORDAENS (1593 † 1678). — Étude sur panneau (Musée de Caen).
Le mouvement de retrait des parties d'un *panneau*, sous l'action des influences atmosphériques, occasionne des *raies de bois*. Les fibres se disjoignent, la *peinture* se fend. Pour faire rejoindre les parties d'un *panneau* détérioré, ou tout au moins pour éviter que le mal ne s'aggrave, on enduit de colle de caséine, faite de sang de bœuf trituré avec du fromage blanc, une bande de toile que l'on applique au revers. — Aux XIVe, XVe et XVIe siècles, on s'est servi, pour les *panneaux* de *tableaux*, de bois de Daniemarche (Danemark), variété du chêne réputée incorruptible et ne pouvant s'*artisonner* (Voir APPENDICE, pages 554 à 556).

intitulé cette théorie : rapport mutuel des clairs, des demi-teintes et des ombres. La disproportion est l'inexactitude de rapport entre les dimensions des figures avec ce qui les entoure.

**RÉALISTE** (adj.). — (*V.* ÉCOLES, APPENDICE, pages 325 à 333).

**\* RÉALISME** (s. m.). Fig. 186. — Le réalisme fut, au moyen âge, une doctrine philosophique opposée au nominalisme.

Ces sectes, fameuses par leurs querelles, quelquefois sanglantes, ont agité la scolastique des xi°, xii° et xiii° siècles. En littérature, comme en art, réalisme se dit de la manière d'écrire et de peindre des littérateurs et des artistes qui décrivent ou représentent les figures, la nature telles qu'ils les voient, abstraction faite de l'idéal (*V.* ÉCOLES, APPENDICE, pages 325 à 333).

**RECHERCHER** (v. a.). — S'entend, dans le langage de l'art, en divers sens, non pas seulement différents, mais même opposés. Il se dit, au participe, d'un ouvrage où se manifestent le soin et la peine que s'est donnés l'artiste pour trouver des choses non communes, pour ne rien imaginer et ne rien faire de ce que d'autres peuvent avoir fait ou imaginé avant lui : poses recherchées, expressions recherchées, pensées recherchées, signifient poses, expressions, pensées qui, en même temps qu'elles ne sont pas naturelles, décèlent l'intention de paraître originales, d'être plus gracieuses, plus profondes, plus ingénieuses qu'il n'est ordinaire ; recherché se prend alors en mauvaise part. Au contraire, on dit en bonne part, figure bien recherchée, pour : figure bien travaillée ; ouvrage recherché, pour : ouvrage que l'on a soigné, fini, dans ses plus petits détails.

**RÉDUCTION** (s. f.). — Opération par laquelle on réduit un tableau, un dessin, etc. On appelle aussi réduction la copie ainsi réduite.

**RÉDUIRE** (v. a.). — Réduire un tableau, un dessin, c'est en faire la copie de moindre dimension que l'original, mais d'ailleurs exacte, et en conservant à toutes les parties les mêmes proportions qu'elles ont entre elles et avec le tout ensemble, dans l'original. Ainsi, le tableau réduit à moitié est le tableau copié, qui occupe une toile égale en superficie au quart de la toile de l'original (*V.* CARREAU).

**REFLET** (s. m.). — La lumière qui tombe sur un corps rejaillit, s'il y a lieu, sur un corps voisin, privé par lui-même de lumière, et lui prête une clarté qui ne diffère de celle qu'il recevrait de la lumière directe, qu'en ce qu'elle est plus sourde, plus rare. C'est ce rejaillissement qu'on appelle reflet, et cette clarté que l'on nomme lumière de reflet : soit donnée une colonne doublée d'un pilastre, le côté de cette colonne opposée à la lumière sera par lui-même dans l'ombre, mais il y aura, pour mêler quelque clarté à cette ombre et l'adoucir, la lumière de reflet que devra donner le pilastre, suivant l'angle sous lequel il sera lui-même frappé de la lumière directe. De plus, la lumière ainsi

## UN EXEMPLE DES MAITRES DE LA DOCTRINE DU RÉALISME AU XVIIᵉ SIÈCLE

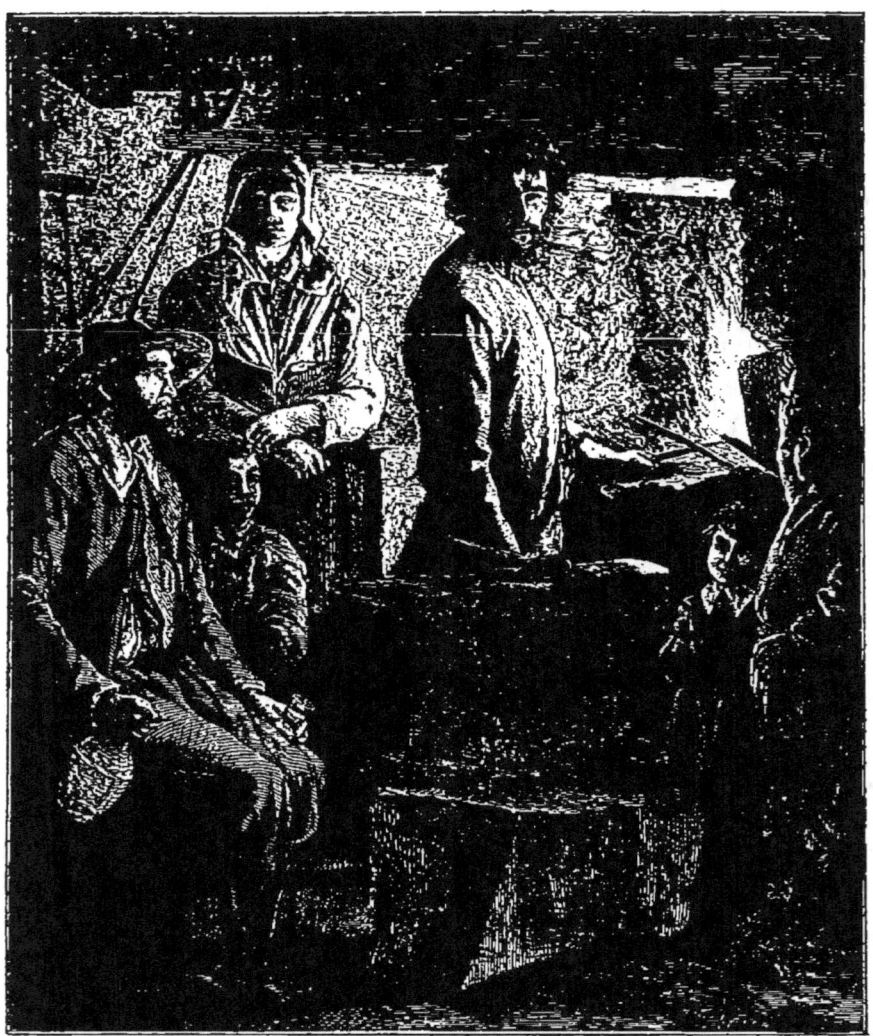

Fig. 186. — Mathieu? Le Nain (1607 † 1677). — Un Maréchal dans sa forge
(Musée du Louvre, Paris).

Le réalisme fut, au moyen âge, une doctrine philosophique opposée au nominalisme. Ces sectes, fameuses par leurs querelles, quelquefois sanglantes, ont agité la scolastique des xiᵉ, xiiᵉ et xiiiᵉ siècles. En littérature de même qu'en art, réalisme se dit de la manière d'écrire et de peindre des littérateurs et des artistes, qui décrivent ou représentent les figures, les groupes, la nature tels qu'ils les voient, abstraction faite de l'idéal.

TABLEAUX. 35

reflétée rejaillit, imprégnée de la couleur de l'objet qui la renvoie, et elle fait participer à cette couleur celui sur lequel elle se porte. Il se fait alors sur ce dernier un mélange de sa couleur avec celle de l'objet dont il reçoit une lumière reflétée. Cette propriété qu'ont les reflets de modifier et la couleur et la lumière des objets à peu près au gré du peintre, toujours plus ou moins maître de préparer ces effets par la manière dont il dispose sa composition, multiplie et facilite aussi infiniment les combinaisons du clair-obscur et celles de l'harmonie de coloris; aussi les peintres en abusent-ils souvent, en prêtant aux lumières et aux teintes reflétées plus d'intensité qu'elles n'en ont en effet. Toutefois, il est juste de remarquer que si les peintres exagèrent souvent dans leurs tableaux l'intensité des reflets, surtout en ce qui concerne les couleurs, le commun des artistes, de son côté, n'a qu'une idée fort incomplète des effets de ce phénomène.

Il en est des reflets comme de beaucoup d'autres effets de la lumière et de l'optique, que leur mobilité ou l'habitude qui nous les rend familiers, empêchent que nous ne remarquions dans la nature, en sorte qu'ils nous paraissent tout nouveaux, et nullement naturels, quand ils se présentent fixés sur la toile d'un tableau auquel nous sommes appelés à donner une attention particulière.

Ainsi, nous passerons souvent avec un vêtement bleu, devant une tapisserie jaune, sans remarquer que celle des deux étoffes qui reçoit le reflet de l'autre se colore en ce moment de vert.

Préoccupés de l'idée qu'un rideau est jaune, nous n'apercevons pas que quelqu'une de ses parties se colore d'une teinte orangée, par l'approche accidentelle d'un corps rouge; de même que nous n'avons pas la perception positive de la suite des demi-teintes dont ce rideau est çà et là couvert, encore que ce soit par la présence de ces demi-teintes elles seules, que nous apercevions et le volume et la forme de ses plis.

**REHAUSSER** (v. a.). — C'est ajouter à l'éclat des lumières d'un tableau, d'un dessin, d'une peinture de décors, par des touches de couleurs ou l'application de matières plus éclatantes encore, que l'on appelle rehauts.

\* **REHAUTS** (s. m.). Fig. 187. — Touches vives et brillantes par lesquelles le peintre ajoute à l'éclat des plus grandes lumières de son tableau, et, par là, à l'échelle de tons dans laquelle il s'était renfermé. Le peintre emploie pour les rehauts le grand blanc et les tons clairs de couleurs vives. Les rehauts du dessinateur sont des touches d'un crayon plus blanc que le papier sur lequel il a tracé son dessin à la pierre noire.

**RELVEER** (v. a.). — Hausser le ton, relever les jours, les lumières d'un tableau, d'un dessin; il diffère de rehausser, en ce qu'il s'applique à l'ensemble du système de lumière du tableau, et que rehausser ne se dit qu'en parlant de quelques points qu'il s'agit de frapper de lumière.

LES REHAUTS SONT DES TOUCHES VIVES ET BRILLANTES AJOUTANT A L'ÉCLAT

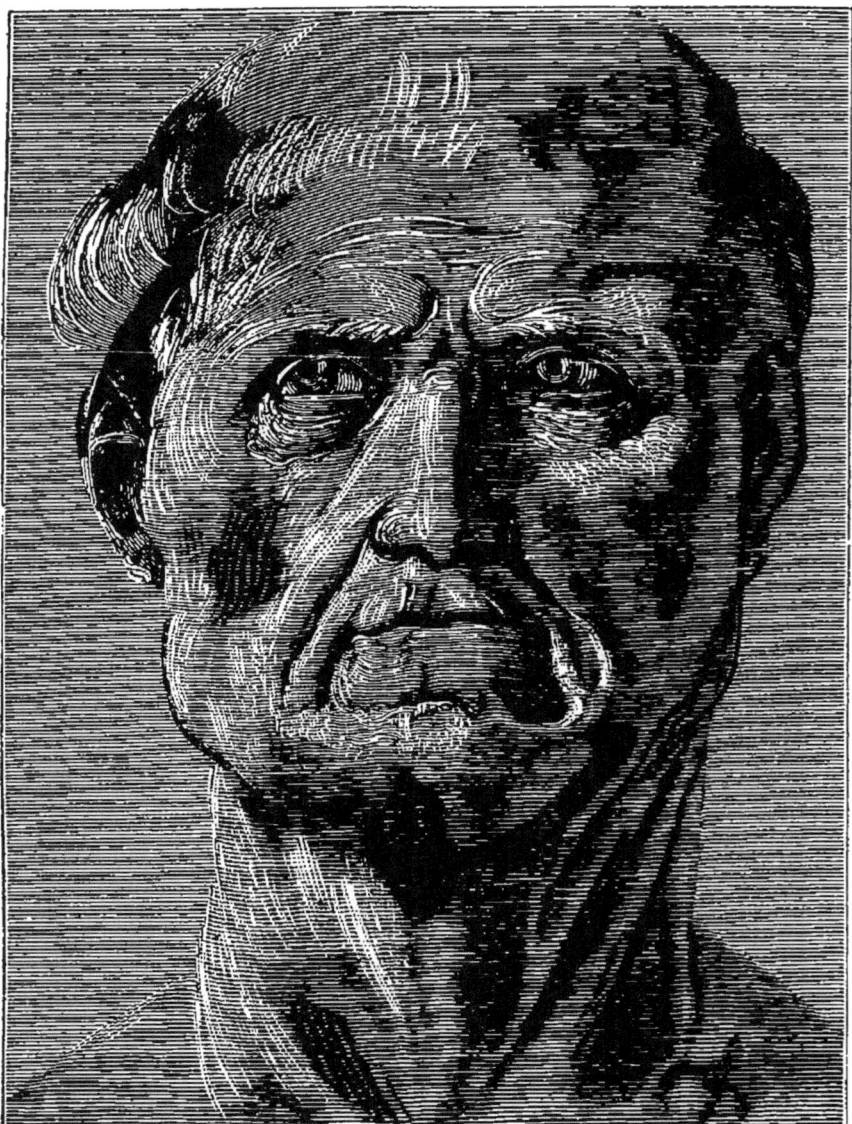

Fig. 187. — École Lombarde (fin du XVᵉ siècle).
Tête d'homme, à la pierre noire rehaussée de blanc (Musée Wicar, Lille).

Les *rehauts* sont des *touches* vives et *brillantes* par lesquelles le *peintre* ajoute à l'*éclat* des plus grandes *lumières* de son *tableau*, et, par là, à l'échelle de *tons* dans laquelle il s'était d'abord renfermé. Le *peintre* emploie pour les *rehauts* le grand blanc et les *tons* clairs de *couleurs* vives. Les *rehauts* du *dessinateur* sont des *touches* d'un *crayon* plus blanc que le papier sur lequel il a tracé son dessin à la pierre noire.

**RELIEF** (s. m.). — Est, en général, tout ouvrage saillant sur une surface unie. Il exprime, en ce qui concerne la peinture, l'effet des clairs et des ombres, l'effet du clair-obscur, en vertu duquel un objet ressort sur la toile avec toutes les apparences d'un corps solide.

**RENDRE** (v. a.). — Signifie, dans le langage de l'art, imiter exactement, reproduire fidèlement les traits, les formes, les détails donnés par le modèle. Il se dit particulièrement en parlant des contours et des effets de lumière. On dit aussi qu'un sujet est bien rendu, pour exprimer que rien ne manque dans la composition de ce qui peut concourir à la rendre intelligible, et que la pensée de l'artiste est clairement présentée.

**RENTOILAGE** (s. m.). — Opération par laquelle on soutient et l'on conserve la toile d'un vieux tableau en le collant sur une toile neuve. Le rentoilage diffère de l'enlevage ou enlèvement, en ce que, dans cette dernière opération, la vieille peinture détachée du panneau en bois artisonné, est reportée et fixée immédiatement sur une toile. Presque tous les restaurateurs de tableaux peuvent faire le rentoilage; il n'appartient qu'aux plus habiles d'entreprendre l'opération de l'enlevage (*V.* RESTAURATION).

**REPEINT** (s. m.). — Lorsqu'un vieux tableau que l'on veut restaurer est tellement endommagé que quelques parties sont effacées ou tombées en écailles, il faut les refaire. Ce sont ces parties ainsi repeintes que l'on désigne sous le nom de repeints. Aussi bien faits que soient les repeints, ils n'échappent pas à l'œil du connaisseur, qui reconnaît à cela qu'un tableau a déjà subi une ou plusieurs restaurations; car, de même que les anciens repeints se distinguent du travail primitif, les nouveaux sont plus visibles que les anciens.

**REPENTIR** (s. m.). — Il arrive quelquefois qu'un peintre, dans le cours de son travail et quand sa toile était déjà couverte, a changé quelque chose aux contours ou à la pose d'une figure, ou au mouvement d'une draperie, ou à quelque détail de son tableau. Or, quelque soin qu'il ait pris pour ne laisser aucune trace du premier travail, il est rare que celui-ci, quand il n'a pas été entièrement enlevé, ne reparaisse, soit par l'espèce de relief qu'occasionne, sous la nouvelle couche de couleur, le trait de l'ancienne, soit même parce que cette ancienne couleur a poussé, est venue remonter à la surface de la nouvelle et se manifester par une espèce de teinte noire. Ce sont ces vestiges d'une première idée que l'artiste a abandonnée pour une autre, que l'on nomme repentirs. On regarde généralement les repentirs comme un témoignage de l'originalité d'un tableau, le copiste n'ayant, en effet, nul motif de se repentir ni de s'amender.

Qui sait cependant jusqu'où peuvent aller la prévoyance et la malice du copiste contrefacteur?

**RÉPÉTITION** (s. f.). — Copie d'un tableau exécutée par l'auteur lui-même, dans les mêmes dimensions

## PARTIES DE COMPOSITION ET D'EXÉCUTION MÉNAGÉES POUR DONNER DU REPOS

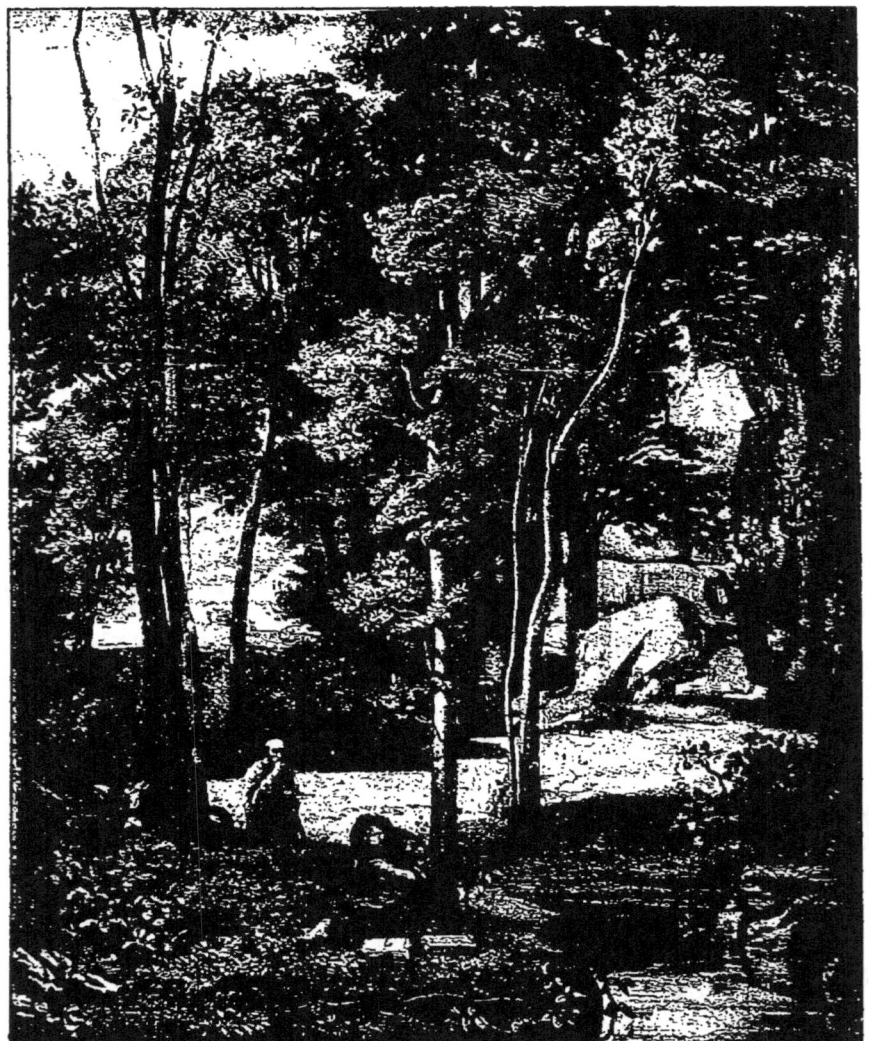

Fig. 188. — Jean-Baptiste-Camille Corot (1796 † 1875). — Démocrite.

Le *dessin* ou le *tableau* dans lequel la *lumière* éparpillée ou trop vive, et des *couleurs brillantes* et peu *harmonieuses tourmentent* la *vue*, manque de *repos*. Il faut, pour prévenir cet inconvénient, étendre les *masses d'ombre* et les demi-*teintes*, éviter la profusion de *lumières étincelantes*, de *couleurs éclatantes*, et ménager dans le *tout-ensemble* une *harmonie* douce.

On appelle *repos* les larges parties d'*ombre*, les *masses* de *lumières* et de *couleurs* ainsi éteintes et disposées à dessein de *reposer* la *vue*.

que son œuvre originale et d'une manière identique (V. COPIE, DOUBLE, ORIGINAL, RÉPLIQUE).

**RÉPLIQUE** (s. f.). — Il ne faut pas confondre répétition avec réplique; si la répétition est exécutée dans les mêmes dimensions que l'œuvre originale, la réplique, exécutée aussi par l'auteur, a des dimensions différentes de l'original, soit en plus, soit en moins (V. COPIE, DOUBLE, ORIGINAL, RÉPÉTITION).

\* **REPOS** (s. m.). Fig. 188. — Les repos sont, dans un tableau, des parties de composition et d'exécution ménagées pour donner du relâche à l'attention du spectateur, et sauver une trop grande fatigue à l'organe de la vue. Repos est l'opposé de fracas, de papillotage. Une composition sur un sujet dont l'action est vive et compliquée, dans laquelle une multitude de personnages, tous agissant, mus de passions violentes, dans des poses, des attitudes variées et contrastées à l'infini, couvrent la toile sans aucun intervalle, est une composition qui manque de repos. En un tel sujet, l'art eût exigé quelque épisode d'un caractère plus doux, plus tranquille que l'action principale, quelques groupes de personnages calmes, à l'écart de l'action, dans lesquels une sorte d'uniformité de pose, d'expression, d'ajustement, eût concouru à l'unité d'une masse grave et large.

Le tableau dans lequel la lumière éparpillée ou trop vive, et des couleurs brillantes et inharmonieuses tourmentent la vue, manque également de repos. Il faut, pour prévenir cet inconvénient, étendre les masses d'ombre et les demi-teintes, éviter la profusion de lumières étincelantes, de couleurs éclatantes, et ménager dans le tout-ensemble une harmonie douce. On appelle repos les larges parties d'ombre, les masses de lumières et de couleurs ainsi éteintes et disposées à dessein de reposer la vue.

**REPOUSSOIR** (s. m.). — Masses de brun et d'ombres que les peintres recherchent l'occasion de placer au premier plan d'un tableau pour faire fuir et s'enfoncer les objets des seconds plans. Quelques théoriciens contestent l'effet de cet artifice et prétendent que ces ombres, prédominantes sur le premier plan, ne sont pas dans la nature. Cette dernière objection semble mieux fondée que l'autre. Toutefois, les peintres de nos jours ont à peu près abandonné l'usage des repoussoirs.

**RÉSOLUTION** (s. f.). — Se dit dans le même sens que parti pris (V. PARTI).

\* **RESSEMBLANCE** (s. f.). Fig. 189. — Se dit en parlant d'un portrait, et signifie l'identité de l'apparence visible du portrait et du modèle.

Ressemblance ne s'applique à aucune autre image. On ne dit pas de la représentation en peinture d'une action, d'un événement, qu'elle est ressemblante pour signifier qu'elle représente exactement, fidèlement cette action, cet événement.

En parlant d'un tableau de fleurs, on dira que des roses, des pavots, etc., sont bien rendus, rendus avec vérité, et non qu'ils sont res-

ON DIT DES FLEURS QU'ELLES SONT BIEN RENDUES, ET NON RESSEMBLANTES

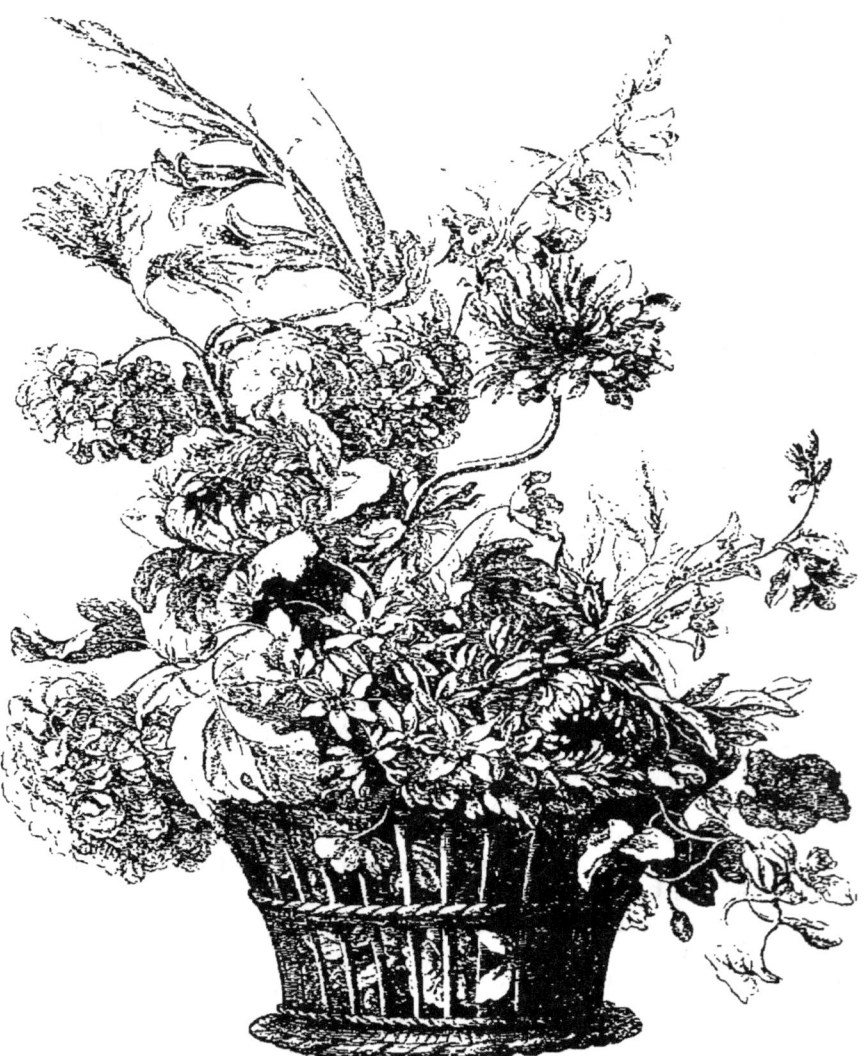

Fig. 189. — JEAN-BAPTISTE MONNOYER, DIT BATPISTE (1634 † 1699). — Étude de fleurs.

En parlant d'un *tableau de fleurs*, on dira que les roses, les pavots, etc., sont bien *rendus*, rendus avec *vérité*, et non qu'ils sont *ressemblants*; on ne le dirait pas même alors qu'il s'agirait de la représentation d'une certaine *fleur* dont, pour un motif quelconque, l'artiste se serait appliqué à reproduire sur la toile toutes les particularités individuelles; il faudrait, en parlant d'une telle représentation, dire qu'elle est exacte, identique, et non qu'elle est *ressemblante*.

semblants; on ne le dirait pas même alors qu'il s'agirait de la représentation d'une certaine fleur dont, pour un motif quelconque, l'artiste se serait appliqué à reproduire sur la toile toutes les particularités individuelles; il faudrait, en parlant d'une telle représentation, dire qu'elle est exacte, qu'elle est identique et non qu'elle est ressemblante.

On dit d'un peintre qu'il attrape bien la ressemblance, pour exprimer qu'il fait des portraits ressemblants, ce qui résulte : soit d'une certaine habitude de saisir les traits les plus marquants de son modèle; soit du talent de joindre à l'expression générale des formes de la nature et de la vie celle des traits et du caractère de physionomie particuliers au modèle (V. INDIVIDUEL).

On appelle ressemblance frappante celle qu'on aperçoit, dont on est étonné, à la première vue, préalablement à aucun examen de la vérité de l'imitation des formes et de la justesse de l'expression.

Les portraits, même les plus mauvais sous le rapport de l'art, sont susceptibles de cette espèce de ressemblance.

Il arrive souvent, au contraire, qu'il faut un certain temps, une certaine attention pour sentir, en quelque sorte, la ressemblance d'un portrait très beau et très bien fait, dans lequel le peintre, sans rechercher les détails minutieux de la figure, sans outrer les traits et forcer les habitudes du visage, s'est appliqué à rendre la nature dans sa simplicité et à reproduire la physionomie, plutôt encore qu'à retracer le visage du modèle (V. INDIVIDUEL et PORTRAIT).

RESSENTI (adj.). — Se dit des formes. On appelle formes ressenties, celles qui donnent à apercevoir, sous l'enveloppe de la peau, les détails et le mécanisme du système musculaire et de la charpente osseuse; la naissance, l'épanouissement, l'insertion des muscles; les tendons, les apophyses et l'articulation des os; et l'on dit dessin ressenti, fortement ressenti, pour signifier que toutes ces choses sont exprimées par le crayon avec force et précision. Les formes ressenties sont le propre des natures mâles et vigoureuses.

RESSORT (s. m.). — Métaphore admise pour exprimer la vivacité d'action d'une composition et la puissance d'effet d'un tableau; on dit d'une composition sans chaleur, d'un coloris sans vigueur, d'un tableau sans effet, qu'ils manquent de ressort.

* RESTAURATEUR (n. m.). Fig. 191. — Artisan dont les travaux consistent dans la réparation des tableaux fatigués.

La profession de restaurateur de tableaux exige une grande habileté, et ne peut être exercée que par des artisans habiles et consciencieux; nous en tenons les noms et adresses à la disposition de nos lecteurs (V. APPENDICE, page 334).

RESTAURER (v. a.). — Restaurer un tableau, c'est le rétablir en l'état où il était avant que le temps, les mutilations ou d'autres acci-

## RESTAURATIONS DE TABLEAUX APPROUVÉES PAR DES ARTISTES CÉLÈBRES

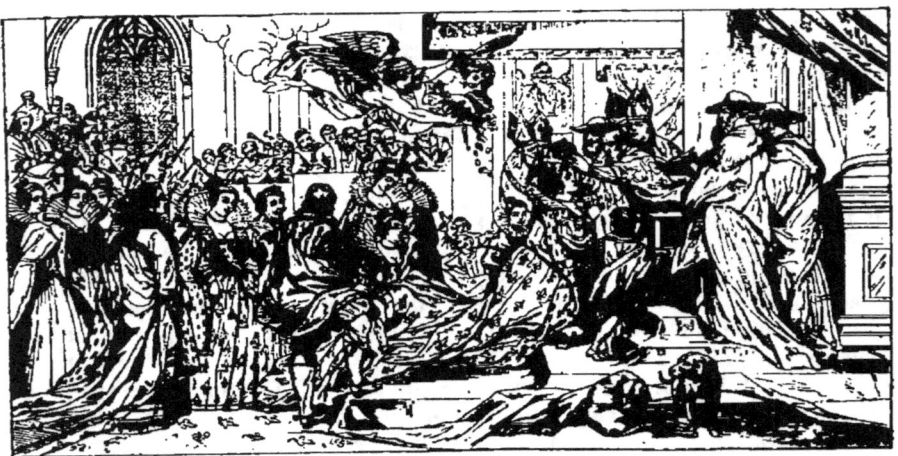

Fig. 190. — PETRUS-PAULUS RUBENS (1577 † 1640).
Couronnement de Marie de Médicis, à St-Denis, 13 mai 1616 (Musée du Louvre, Paris).

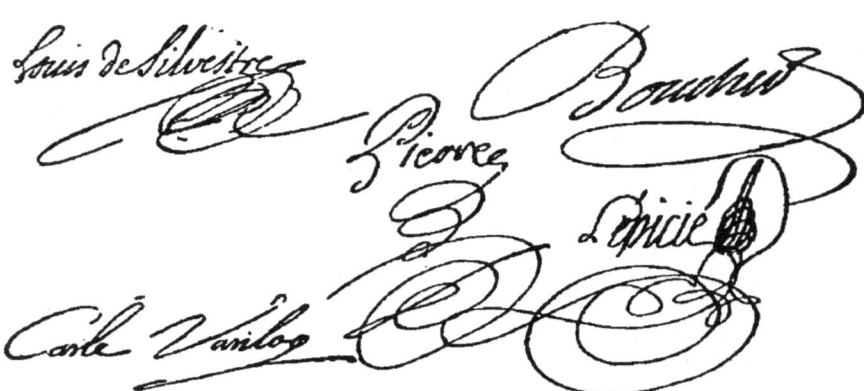

Fig. 191. — Signatures de cinq artistes célèbres qui, au XVIII<sup>e</sup> siècle, donnèrent leur approbation pour la restauration des tableaux de la Galerie dite de Rubens.

L'ancienne Collection de Bovet contenait un très précieux document daté de Paris, 14 mai 1754, dans lequel Louis de Silvestre, peintre d'histoire et de portraits (1675 † 1760); Carle van Loo, le célèbre peintre (1705 † 1765); Jean-Baptiste-Marie Pierre, peintre d'histoire (1713 † 1789); François Boucher, le peintre des amours (1703 † 1770), et Bernard Lépicié, le célèbre graveur (1698 † 1755), déclarent s'être, sur la demande de M. de Vandières (frère de Mme de Pompadour), transportés au Luxembourg, « dans la *galerie* de Rubens, à l'effet d'examiner les tableaux qui demandent à être *restaurés* et décider si l'opération, proposée par la veuve Godefroy et le sieur Colins, peintre, pour enlever les gris (*chancis*) desdits tableaux sans les déplacer, peut, indépendamment de la réussite de ladite opération, ne leur apporter et causer par la suite aucun dommage ». Ces artistes ont, après examen, donné leur complète approbation à cette opération. — On sait que ces *tableaux*, que Marie de Médicis avait commandés à P.-P. Rubens et qui ornaient le Palais du Luxembourg à Paris, font actuellement partie du Musée du Louvre (V. fig. 12, 190, et consulter la note, page 56).

dents l'eussent défiguré, mis en mauvais état. On procède à la restauration d'un vieux tableau en le soumettant à l'opération de l'enlevage, en le rentoilant, en repeignant les parties tombées en écailles ou détruites par le frottement, en raccordant celles dont l'harmonie a été faussée par l'altération des couleurs, en donnant un nouveau vernis.

L'usage de restaurer les tableaux a trop souvent pour effet la destruction, avant le temps, d'œuvres qui auraient pu plaire encore et conserver un grand prix dans leur état de vétusté.

Il arrive aussi, abusant ainsi de la crédulité des amateurs, qu'on applique dérisoirement cet art à des tableaux tellement usés, qu'après l'opération faite, il ne reste plus, en effet, de l'œuvre originale, que la vieille toile, et tout au plus quelques parties insignifiantes de l'ancienne composition.

**RETOUCHE** (s. f.). — Dernière façon qu'un peintre donne, après coup, à son propre ouvrage pour le perfectionner, ou à l'ouvrage d'un élève, pour corriger ce qu'il y a de défectueux, ou suppléer ce qui y manque. Les retouches, celles surtout qui sont d'une autre main que le corps de l'ouvrage, n'échappent pas à l'œil du connaisseur.

**RETOUCHER** (v. a.). — Se dit particulièrement en parlant des ouvrages de peinture et signifie revenir sur un tableau, le corriger, même y faire des changements plus ou moins notables en vue de l'améliorer. On dit d'un peintre qu'il a retouché son tableau, et du tableau d'un élève qu'il a été retouché par le maître.

**RÉVEILLON** (s. m.). — Artifice du pinceau qui a pour but de rompre la monotonie du coloris et des dégradations du clair-obscur par la scintillation de quelque point brillant de lumière ou de couleur, sans conséquence d'ailleurs pour la marche générale de la lumière et le système d'harmonie du tableau. Le reflet brillant de la lumière à la rencontre de la surface convexe et polie d'un vase, d'un casque, de quelque pièce d'une armure de métal, la lumière tombant par accident sur l'un des points d'une draperie de couleur vive, sont l'occasion de réveillons de lumière, de réveillons de couleur; c'est surtout dans les ouvrages du peintre de genre que ces petits artifices de l'art ont leur emploi et leur mérite.

**REVIVRE** (v. n.). — Faire revivre, rendre la vivacité. On le dit en parlant du nettoyage qui rend leur premier éclat aux couleurs d'un tableau que la crasse avait terni, de celui du vernis qui rend à l'ensemble du tableau vieux peint, l'éclat qu'il avait au sortir des mains de l'artiste, etc.

\* **RIANT** (adj.). Fig. 192 et 193. — Se dit du sujet d'un tableau. Les scènes champêtres et pastorales, les fictions brillantes ou gracieuses de la mythologie sont, pour la peinture, des sujets riants. Un sol ni trop montueux, ni trop plat, une végétation variée, une vue abon-

## LES SCÈNES CHAMPÊTRES. LES FICTIONS MYTHOLOGIQUES, SONT DES SUJETS RIANTS

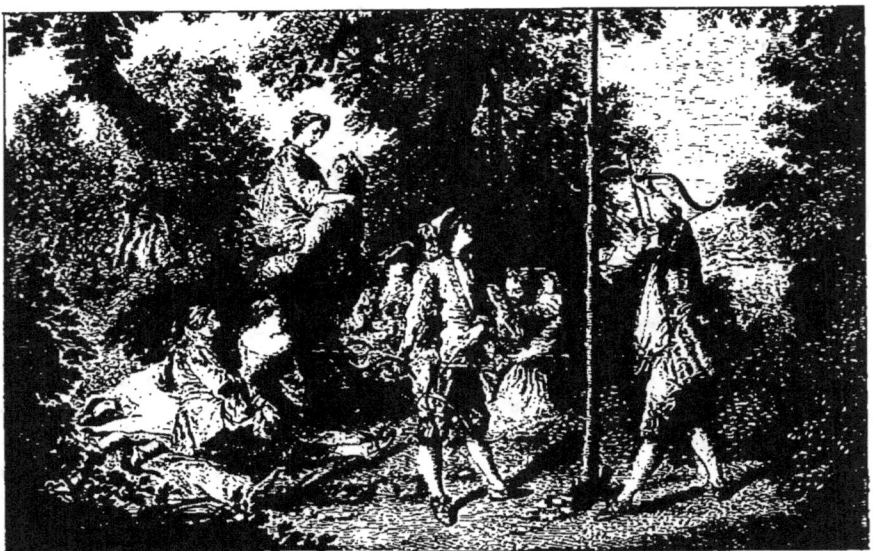

Fig. 192. — NICOLAS LANCRET (1690 † 1743). — Le Tir à l'arc.

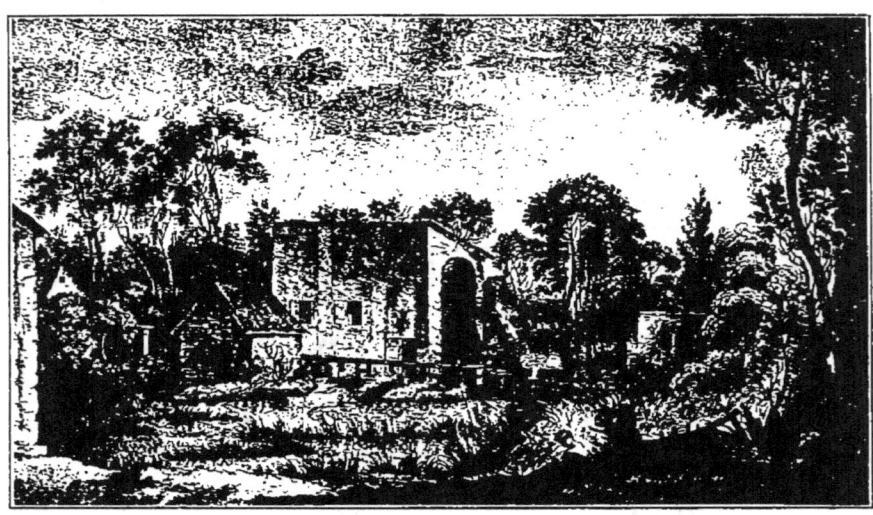

Fig. 193. — FRANÇOIS BOUCHER (1703 † 1770). — Le Moulin à eau.

Les scènes *champêtres* et *pastorales*, les fictions *brillantes* ou *gracieuses* de la mythologie sont, pour la *peinture*, des sujets *riants*. Un sol ni trop montueux, ni trop plat, une végétation facile et variée, une *rue* abondante en objets pittoresques constituent un *paysage*, un *site riant*.

dante en objets pittoresques constituent un paysage, un site riant.

**RICHE** (adj.). — Abondant en inventions et en combinaisons heureuses, en détails ingénieux et variés, en accessoires élégants, en ornements de bon goût. Riche, en parlant des ouvrages de l'art, ne s'entend point ou presque point de la richesse et de l'éclat matériels, et jamais de cet éclat lui seul, sans qu'il soit accompagné, ou plutôt s'il n'accompagne cette autre richesse d'imagination et d'exécution qui seule donne aux productions de l'art le mérite et le prix.

Toutefois, le terme riche comporte l'idée d'un certain luxe, d'une certaine profusion.

Une composition en peinture peut être fort belle sans être riche.

**RICHESSE** (s. f.). — La richesse d'un ouvrage d'art consiste dans l'abondance et l'heureux choix des moyens d'exposer les idées de l'artiste, d'embellir le tableau, d'en développer la pensée à l'aide de détails et d'ornements ingénieux et agréables, d'accessoires appropriés et pittoresques. L'amas de personnages oiseux, de détails insignifiants, d'ornements de mauvais goût et d'accessoires étrangers au sujet, ne font pas, quelque éclat qu'on leur suppose, la composition riche.

**ROMANESQUE** (adj.). — Qui tient du roman, qui a quelque chose du merveilleux, de l'invraisemblable, ordinaire aux aventures de roman; ou bien de l'exaltation de sentiment, de la passion recherchée, du langage précieux, des mœurs maniérées que les romanciers donnèrent en général aux héros et aux héroïnes de leur invention, dans le siècle où les diverses branches de la littérature se développèrent en France et prirent chacune un caractère particulier.

Il est peu usité dans le langage de la peinture et point dans le langage de la sculpture et de l'architecture. Nous ne le citons que pour empêcher qu'on le confonde avec le mot romantique.

\* **ROMANTIQUE** (adj.). Fig. 194 et 195. — Se dit ordinairement des lieux, des paysages qui rappellent, à l'imagination, la poésie dont les chants des troubadours ont été l'origine. Situations romantiques, aspect romantique.

Romantique ne se trouve pas dans la plupart des lexiques antérieurs aux vingt dernières années du dix-huitième siècle. Les auteurs de l'*Encyclopédie* n'en firent pas même le sujet d'un article grammaire. Plus tard, ceux qui remanièrent ce grand ouvrage sous le titre d'*Encyclopédie méthodique*, en admettant le mot romantique dans le langage de la peinture pour spécifier un sujet tiré d'un roman, ajoutent : « Le sujet d'un tableau peut être tiré d'un roman et, par conséquent, être romanesque sans être traité d'une manière qui ait rien de romantique; d'agréables bizarreries dans les ajustements, des parures fantasques, d'ingénieuses singularités dans le site, dans la disposition de la scène, ont quelque chose de romantique. Le spectateur sent que ces fantaisies

## CE QU'IL FAUT ENTENDRE PAR SUJET ROMANTIQUE OU MÉLODRAMATIQUE

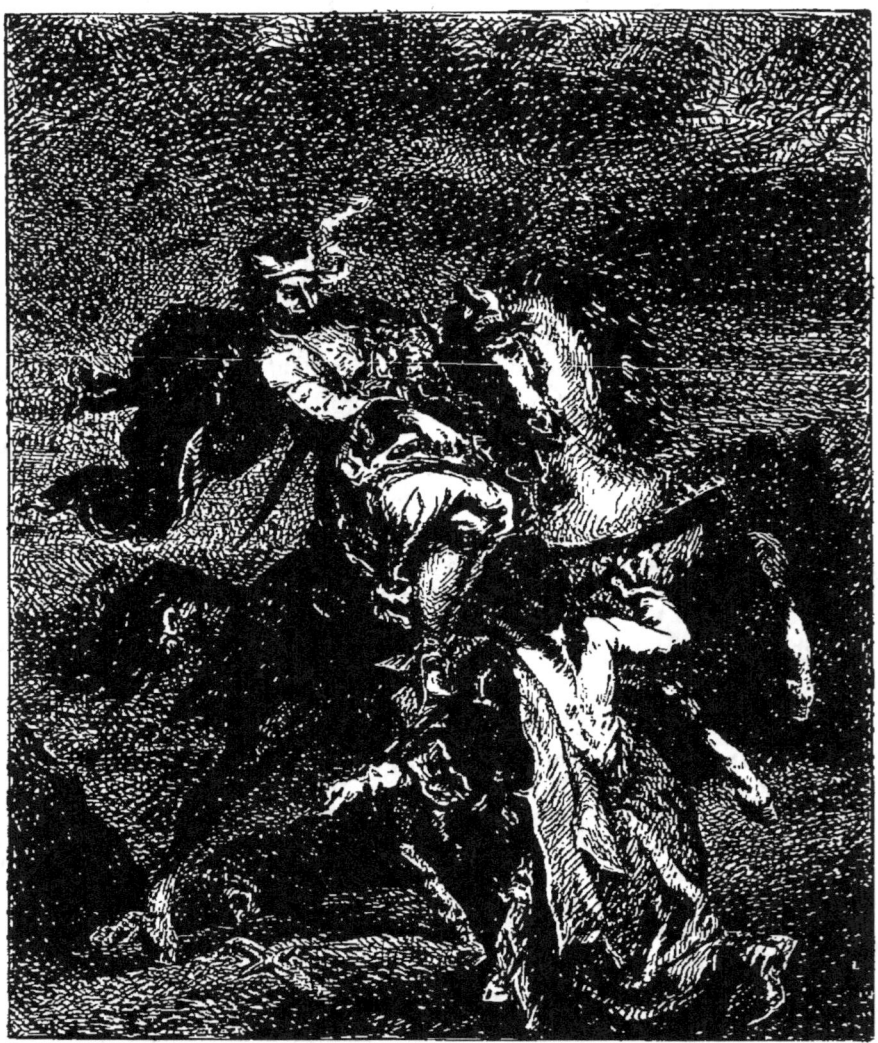

Fig. 194. — Ferdinand-Victor-Eugène Delacroix (1798 † 1863).
Combat du Giaour et du Pacha (Sujet inspiré d'un passage du *Giaour* de Lord Byron).

Par sujet *romantique*, il semble qu'il faille entendre une aventure, un fait d'armes, quelque événement merveilleux du temps et des lieux où l'on parlait la langue romane, venus jusqu'à nous sous la forme naïve des anciennes chroniques, des romances, des fabliaux, ou des poèmes mélodramatiques orientaux, tout vibrants de *passion*.

n'appartiennent ni à l'histoire ni à la vie commune, et il les attribue au roman. Le Benedetti, Santerre, Grimoux, et surtout les Watteau, ont des singularités qui rendent leurs tableaux romantiques. Plusieurs peintres, tels que Rembrandt, Salvator-Rosa, le Feti, etc., ont porté dans le genre de l'histoire le style romantique. C'est un grand défaut que les agréments qui l'accompagnent ont fait quelquefois pardonner.

« Le mot romantique appartient à la langue anglaise; plusieurs écrivains français en ont fait usage, et comme il n'y a pas d'équivalent dans cette langue, il mérite d'y être adopté. »

Tels étaient, vers la fin du dix-huitième siècle, l'acception, et, si l'on peut s'exprimer ainsi, l'état en France du mot romantique. Depuis, cette acception s'est fort étendue, et cet état a changé; il n'est personne aujourd'hui qui n'use du mot romantique; on l'applique à une multitude de choses, sans néanmoins s'entendre, encore qu'imparfaitement, sur le sens qu'il y faut attacher.

Pour ne nous arrêter ici qu'à celui qu'on lui prête en parlant des arts du dessin, romantique se dit non seulement de certains sujets de tableaux, mais aussi de certaines manières de composer et d'exécuter le tableau.

Par sujet romantique, il semble qu'il faille entendre une aventure, un fait d'armes, quelque événement merveilleux du temps et des lieux où l'on parlait la langue romane, venu jusqu'à nous sous la forme naïve des anciennes chroniques, des romances et des fabliaux, ou des poëmes mélodramatiques orientaux, tout vibrants de passion.

La composition romantique, qui a son application même en des sujets autres que ceux du moyen âge, se distingue par le choix d'un site sauvage ou de quelque intérieur sombre éclairé d'une lumière extraordinaire; par la recherche des détails minutieux, l'emploi d'épisodes empruntés des cérémonies populaires, des faits historiques (V. fig. 95 et 95 $^{bis}$), ou des habitudes de la vie les plus vulgaires, par une affectation du naturel qui se plaît à outrer les mouvements, les passions, les sentiments les plus communs, par une recherche de ce que nous imaginons avoir été la candeur, la simplicité des siècles passés, ou bien la rudesse, la perfidie, la cruauté des temps barbares.

La véritable doctrine de l'École Romantique (1825-1835) est la liberté dans l'art; cette École s'affranchit de la convention et des traditions dites classiques; amoureuse du pittoresque, elle substitue le caractère à la beauté.

Paganique et religieuse tour à tour l'École Romantique s'engoue pour l'Orient et la chevalerie du moyen âge, et rompt avec le classicisme.

La technique en est habile, large, puissante; ses interprétations poétiques, ses compositions expressives, mouvementées et non torturées, la couleur en est remarquable et puissante.

ROMANTISME (V. ÉCOLES, APPENDICE, pages 325 à 333).

## LA COMPOSITION ROMANTIQUE A SON APPLICATION EN DES SUJETS DIVERS

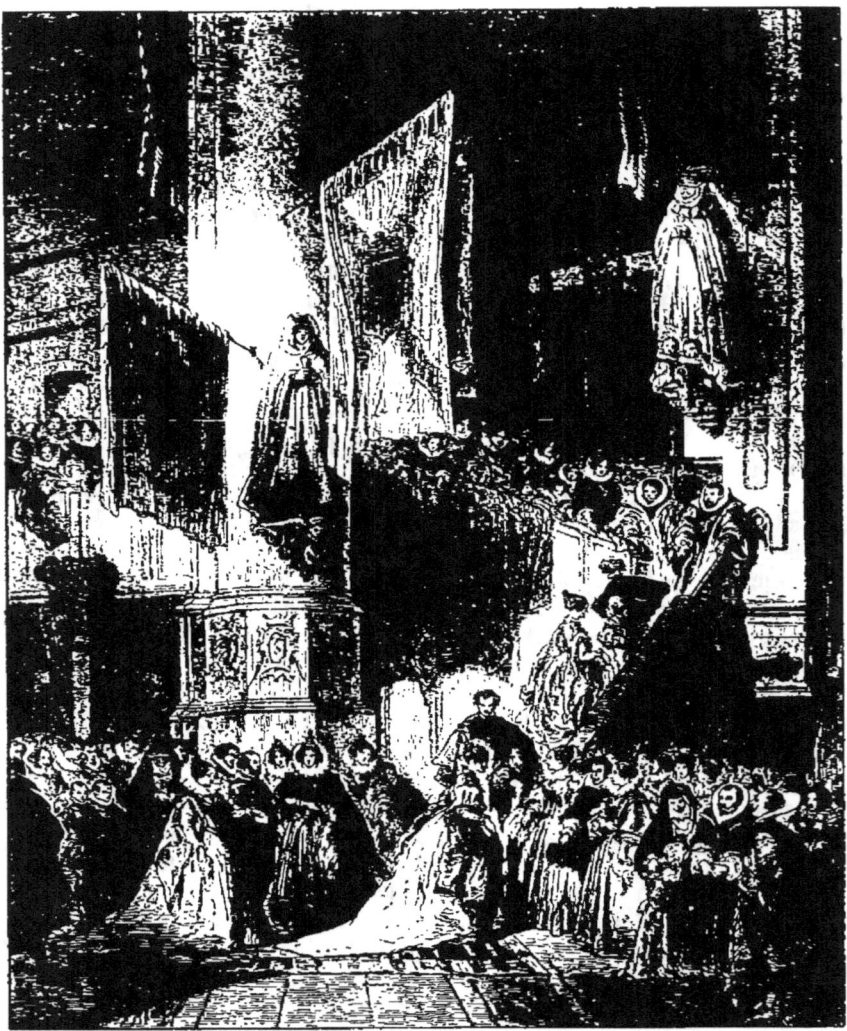

Fig. 195. — Eugène-Louis-Gabriel Isabey (1804 † 1886).
Intérieur de l'Église de Delft (Seizième siècle).

La *composition romantique*, qui a son application même en des sujets autres que ceux du moyen âge, se distingue par le choix d'un *site* sauvage ou de quelque *intérieur* sombre éclairé d'une *lumière* extraordinaire; par la *recherche* des *détails* minutieux, l'emploi d'*épisodes* empruntés des cérémonies pompeuses, des faits historiques (V. fig. 95 et 95 *bis*), ou des habitudes de la vie les plus vulgaires; par une affectation du naturel qui se plaît à outrer les *mouvements*, les *passions*, les *sentiments* les plus communs; par une *recherche* de ce que nous imaginons avoir été le grand luxe, ou la candeur, la simplicité des siècles passés, ou bien la rudesse, la perfidie, la cruauté des temps barbares.

**ROMPRE** (v. a.). — Se dit en parlant de la couleur, et signifie apporter à la couleur locale et crue d'un objet les modifications de teintes et de tons voulues par la perspective aérienne et par le jeu des ombres, de la lumière et des reflets. On dit d'un ciel trop bleu qu'il faut en rompre la couleur afin de le rendre vaporeux; et d'une draperie, qu'il faut en rompre la couleur et les teintes suivant le mouvement de ses plis, suivant les ombres portées, ou les reflets, soit de lumière, soit de couleur, auxquels elle est en butte.

On appelle ton rompu, celui qui s'élève ou se dégrade pour figurer l'ombre avec plus ou moins d'intensité; et couleur rompue, celle qui participe d'une autre couleur au moyen d'un reflet.

\* **RUINE** (s. f.). Fig. 176. — Quelques auteurs font, sous le nom de ruines, une espèce particulière des tableaux du genre du paysage qui représentent des ruines, de même qu'on désigne sous le nom de marines, les tableaux représentant la vue de la mer. Une ruine de Leprince, de Panini, de Hubert-Robert, etc.

**RUPTURE** (s. f.). — Opération par laquelle on forme sur la palette les couleurs variées, les tons et les teintes, par le mélange des couleurs primitives, entre elles ou avec le noir et le blanc.

**SACRIFICE** (s. m.). — Artifice qui consiste à donner à certains objets d'un tableau moins d'apparence et moins d'éclat qu'ils n'en ont dans la nature, une moindre perfection d'imitation que celle à laquelle il serait au pouvoir de l'artiste d'atteindre, soit pour faire valoir d'autres objets plus importants de la composition, soit afin d'obtenir l'unité d'effet par la subordination de l'effet de chaque objet à celui d'un objet principal : de même que la nature rapprochée de l'imitation, quelque parfaite que soit cette dernière, en détruit ou en atténue l'effet, de même une imitation plus parfaite, si on la rapproche de celle qui l'est moins, nuit à l'illusion de celle-ci. Cependant l'art ne saurait atteindre également bien à l'imitation de toutes sortes d'objets. Il en est qu'il pourrait reproduire identiquement; tels seraient, pour le peintre, des tableaux suspendus dans l'intérieur d'une Galerie. D'autres, comme les détails de l'architecture de cette Galerie, lui seraient faciles à imiter à peu près parfaitement. Puis viendraient les draperies, qui sont d'une imitation un peu moins facile, et, enfin, les figures, les carnations, pour l'imitation desquelles l'art, quoi qu'il fasse, sera toujours de beaucoup en défaut. Si donc le peintre appliquait tout son savoir-faire, toute la puissance de son art, à chacune de ces choses également, il y aurait nécessairement inégalité d'imitation, en raison précisément inverse de l'importance des objets. La perfection d'une partie de l'image trahirait et ferait ressortir l'imperfection de l'autre; toute illusion deviendrait impossible. Pour prévenir cet inconvénient, l'artiste se défend de porter l'imitation des objets, ainsi faciles à représenter, plus loin que ne peut aller celle

## TABLEAUX DU GENRE PAYSAGE DÉSIGNÉS SOUS LE NOM DE RUINES

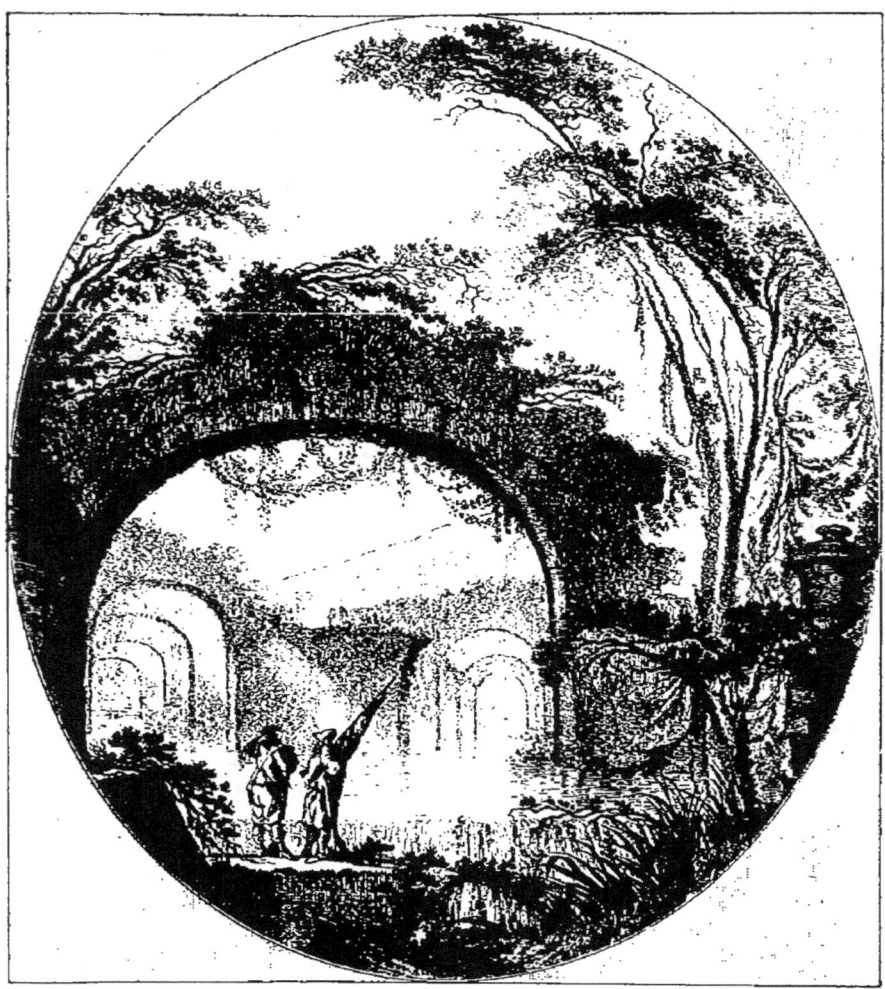

Fig. 196. — Jean-Baptiste Leprince (1733 † 1781). — Décor dit Ruines.

Quelques auteurs font, sous le nom de *ruines*, une espèce particulière des *tableaux* du *genre paysage* qui représentent des *ruines*, de même qu'on désigne, sous le nom de *marines*, les *tableaux* représentant la vue de la mer. Une *ruine* de Jean-Baptiste Leprince, de Panini, de Hubert-Robert, etc. — La recherche du pittoresque, une des principales conditions exigées dans toutes les œuvres d'art du XVIIIe siècle, fit trouver, à Jean-Baptiste Leprince, ces heureux *contrastes* des *masses* et des *silhouettes*, ces *effets* simples que demande la *décoration* et qui semblent complètement ignorés de notre *École paysagiste* contemporaine.

TABLEAUX.

des objets dont la représentation est le plus difficile : en termes de l'art, il sacrifie les uns aux autres. Par un artifice semblable, le peintre sacrifie l'une à l'autre des choses de même nature, telles, par exemple, que des figures, en donnant aux unes plus de lumière, de mouvement ou de grandiose, plus de fini, et en présentant les autres dans la demi-teinte, sous des formes moins arrêtées, moins solidement modelées, et sous des couleurs moins éclatantes, suivant qu'il veut concentrer l'attention du spectateur sur les premières et les faire valoir aux dépens, en quelque sorte, et par le sacrifice des secondes. Les anciens peintres sacrifiaient ainsi sans ménagement, et presque toujours avec grand succès, une partie de leur tableau à l'autre. Cette manière de faire était du goût de gens qui avaient un sentiment vrai de l'art, et du mérite propre à ses productions. De nos jours, que les ouvrages de l'art ne sont plus seulement goûtés et jugés par une élite d'amateurs, mais que la masse du public y veut prendre part et en jouir à sa manière, on exige de l'artiste que tout, jusqu'aux moindres accessoires, soit imité du mieux possible ; on applaudit, on exige la perfection dans ce qui est facile à sentir et à juger, aussi bien qu'à faire ; l'on ne s'en soucie guère dans ce qui ne peut être apprécié, non plus qu'exécuté, que par le petit nombre des habiles. Les tableaux, même les meilleurs, de l'École moderne, pèchent souvent par le trop de fini, la trop grande perfection des parties qu'il eût fallu sacrifier (*V.* SALIR).

**SAGE** (adj.). — Se dit de la composition d'un sujet de peinture, de sculpture ou d'architecture. Il comporte les idées de convenance et surtout de simplicité. Il ne se dirait guère d'une composition, même très bonne, dans le genre du tableau d'apparat.

**SALE** (adj.). — Se dit de la couleur d'un tableau, lorsque les teintes sont embrouillées, confuses, grossièrement fondues, composées de couleurs ennemies ; et l'on dit pinceau sale, peindre d'un pinceau sale, pour exprimer la mauvaise habitude de peindre par teintes ainsi confuses et désordonnées.

**SALIR** (v. a.). — Signifie, en parlant des couleurs et sans qu'on le prenne en mauvaise part, une opération de l'art qui consiste à éteindre, à rendre à dessein embrouillées et confuses, certaines parties du tableau que l'on veut sacrifier à d'autres (*V.* SACRIFICE).

\* **SCÉNOGRAPHIE** (s. f.). Fig. 197. — L'art de représenter les objets, particulièrement les sites et les édifices en perspective. Il se dit surtout de l'art du peintre décorateur appliqué aux décorations de la scène. Scénographie s'entend aussi de ces sortes de représentations : la scénographie d'un temple, d'un palais et de ses jardins, d'une ville, d'une vallée, etc.

**SCIENCE** (s. f.). — Science, en parlant des arts de l'imagination ou de la main, s'applique à la partie de ces arts à laquelle on procède méthodiquement suivant un

## REPRÉSENTATION SCÉNOGRAPHIQUE DES SITES, DES ÉDIFICES, DES PALAIS, ETC.

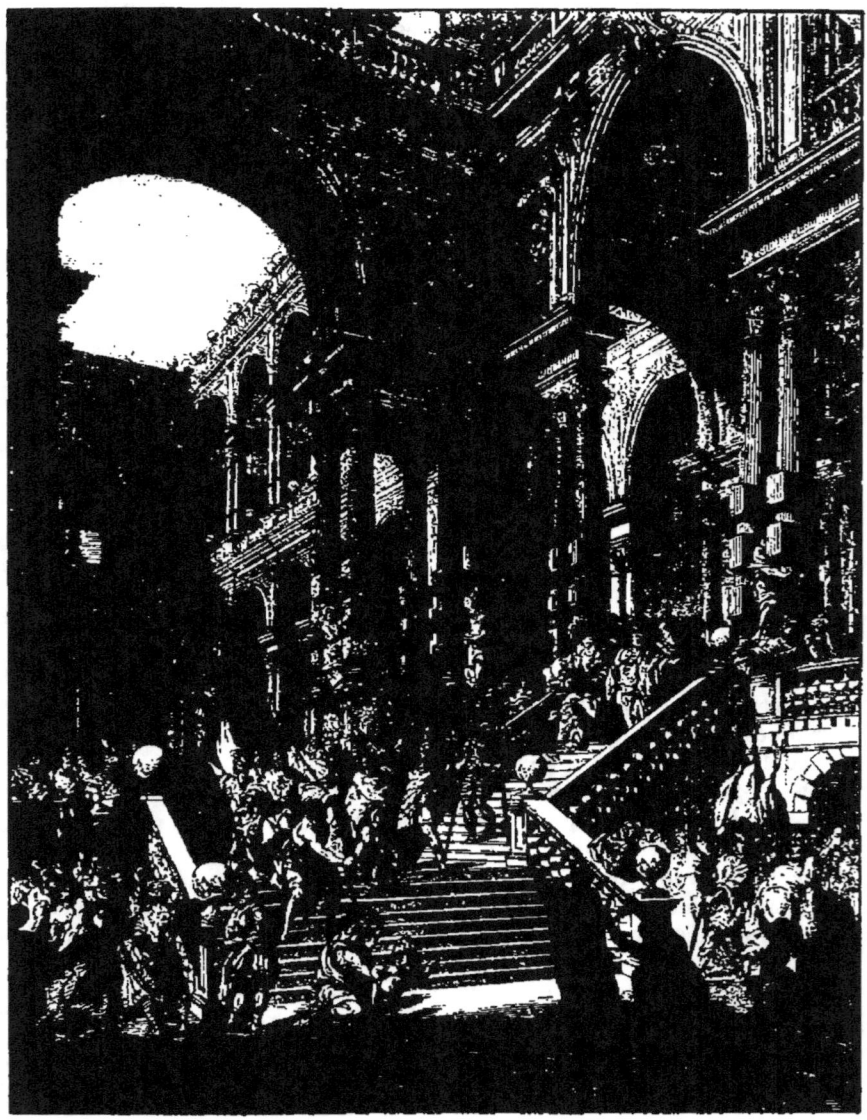

Fig. 197. — FERNANDO GALLI, DIT BIBBIENA (1653 † 1743).
Jésus devant Ponce-Pilate. Dessin.

La *scénographie* est l'art de représenter les objets, particulièrement les *sites*, les édifices, et l'intérieur des palais en *perspective*; se dit surtout de l'art du *peintre décorateur* appliqué aux *décorations* de la scène et s'entend aussi de ces sortes de représentations : la *scénographie* d'un temple, d'un palais et de ses jardins, d'une ville, d'une vallée, etc.

corps de préceptes et des règles données par certaines sciences. La peinture admet et comporte la science du dessin, qui est la connaissance positive des formes de la figure, résultant de l'étude de l'anatomie; la science de la perspective, qui procède de la géométrie; la science de l'optique, en tant qu'elle a pour objet l'action et les effets de la lumière sur les objets visibles. On ne dit guère la science de la couleur ou du coloris, parce qu'il n'y a sur cette partie de l'art ni méthode ni préceptes bien positifs qui soient généralement admis, et que l'opération du coloriste procède du sentiment et de l'organisation de l'artiste beaucoup plus que d'aucune théorie.

Il en est de même de la composition et de l'expression qui procèdent de l'imagination du peintre, et sur lesquelles on n'a jamais donné que des préceptes vagues et de fort peu d'efficacité. Tels sont aussi, pour la sculpture, l'art de modeler la terre et celui de tailler le marbre, qui dépendent d'une adresse instinctive de la main; et la pose et l'ajustement des figures, qui sont choses de sentiment, d'esprit et d'imagination.

SEC (adj.). — Les corps secs, et plus encore ceux qui sont desséchés, ont en général une raideur de contours, une inflexibilité, un poli, quelque chose de rétréci qui frappe les yeux et fait qu'on les distingue à la simple vue et sans le secours du toucher des corps moites, onctueux, veloutés.

Ce sont ces apparences des corps secs qui, quand elles se rencontrent dans les productions de l'art, constituent ce qu'on entend par dessin sec, couleur sèche, faire sec.

Un dessin sec est celui dont les contours ne participent pas de l'élasticité naturelle aux chairs, de la flexibilité et du renflement propres à des draperies plus ou moins soutenues par l'air.

Des couleurs placées l'une près de l'autre, sans qu'elles se pénètrent mutuellement et se fondent ensemble, qui sont étendues d'un pinceau lisse et luisant, et que ne recouvre pas une légère couche de vapeur imprégnée plus ou moins de la teinte propre à chacune, constituent ce qu'on appelle un coloris sec.

L'habitude de cette manière d'opérer, qui était généralement celle des peintres du moyen âge, est ce qu'on entend par un faire sec, une manière sèche.

Des formes rétrécies et manquant de méplats, un travail dénué de morbidesse, sont les caractères du sec en sculpture.

\* SENTIMENT (s. m.). Fig. 198. — Le sentiment, en ce qui concerne les arts du dessin, est la perception des formes et de leur beauté, au delà du point où ces effets sont susceptibles de démonstration.

C'est, en d'autres termes, cette perception exquise, qui est l'une des conditions du génie de ces arts (V. GÉNIE).

Léonard de Vinci, et d'autres après lui, ont déterminé par écrit les proportions de la figure. Newton et ses disciples ont dit ce qu'était la lumière, et quelle action elle exerce sur nos yeux et à la rencontre des corps visibles. Mais rien

EFFETS QUE LA NATURE TIENT EN RÉSERVE POUR LES YEUX PRIVILÉGIÉS

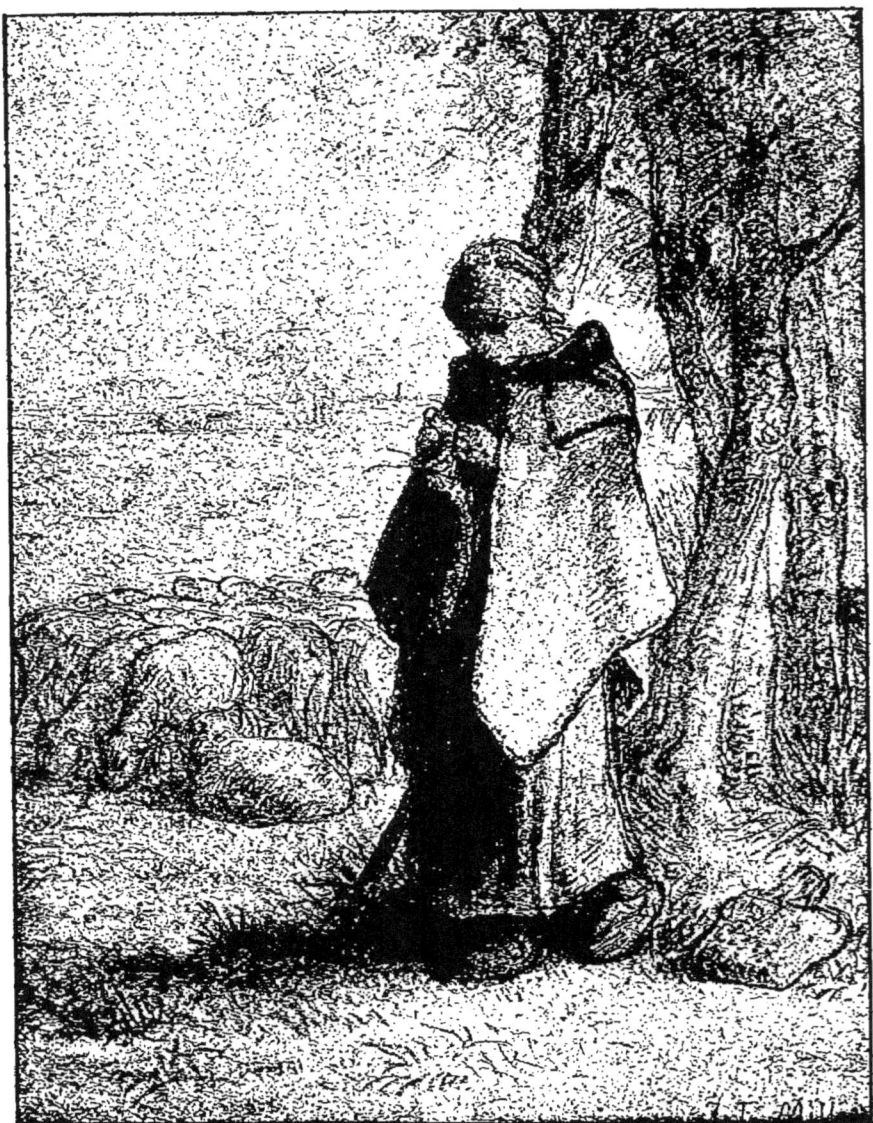

Fig. 198. — Jean-François Millet (1814 † 1875). — La Gardeuse de moutons.
Dessin au crayon noir (Ancienne Collection Alfred Sensier).

Quand le *sentiment* se communique de l'organe de la *vue* à la main qui *modèle*, qui *dessine* ou qui *peint*, l'*imitation* reproduit, souvent même avec une heureuse *exagération* qui les rend sensibles aux yeux vulgaires, les *effets* que la *nature* tient en réserve pour les seuls yeux privilégiés. On dit alors du *peintre* qu'il a le *sentiment* du *dessin* et de la *couleur*, et qu'il y a du *sentiment* dans le *trait* du *crayon*, dans la *touche* du *pinceau*.

de cela n'explique comment deux figures, également proportionnées suivant toutes les règles, à la forme desquelles il n'y a rien à reprendre, tellement que le géomètre et l'anatomiste ne sauraient dire en quoi elles diffèrent, sont cependant si différentes aux yeux de l'artiste et de l'amateur, que l'une les frappe d'admiration et l'autre leur semble seulement exempte de défauts; comment de deux effets semblables de lumière, également conformes aux lois de l'optique, l'un produit plus d'illusion et est plus doux à la vue que l'autre? Il est incontestable qu'entre ces choses parfaitement semblables en tout ce qu'elles ont de commensurable, il y a cependant une différence perceptible qui échappe à la démonstration et dont on a seulement le sentiment, plus ou moins, suivant le degré de perfection d'organes dont on est doué. Quand ce sentiment se communique de l'organe de la vue à la main qui modèle, qui dessine ou qui peint, l'imitation reproduit, souvent même avec une heureuse exagération qui les rend sensibles aux yeux vulgaires, ces effets que la nature tient en réserve pour les yeux privilégiés.

On dit alors du peintre qu'il a le sentiment du dessin et de la couleur, et qu'il y a du sentiment dans le trait du crayon, dans la touche du pinceau (V. SVELTE).

**SFUMATO** (s. m.). — Terme emprunté de l'italien. S'emploie pour signifier une manière de peindre extrêmement moelleuse, qui ne détermine que vaguement les contours et les formes, et néanmoins reproduit l'effet des objets tels que la nature nous les laisse voir à une certaine distance, déjà enveloppés des vapeurs de l'atmosphère. Cette manière de peindre, particulière aux coloristes, à qui seuls elle peut réussir, n'est pas dénuée d'agrément, surtout dans les petits sujets, pourvu qu'on en use sobrement et qu'on supplée, par la vigueur du ton et la fermeté de la touche, à ce que le *sfumato* apporte de mollesse dans le dessin.

**SGRAFITTO** (s. m.). — Terme emprunté de l'italien, dont on use quelquefois au lieu de manière égratignée, peinture égratignée (V. ÉGRATIGNÉ).

\* **SILENCE** (s. m.). Fig. 199. — S'emploie, dans le langage de l'art, en opposition à fracas.

On dit qu'il y a du silence dans un tableau pour exprimer que le sujet tranquille, le calme de l'attitude et de la physionomie des personnages, la simplicité des accessoires, l'absence de tout effet de lumière frappant, et un coloris soit doux, soit sévère, mais sans éclat, disposent l'âme du spectateur à un sentiment calme et portent son esprit à la méditation (V. FRACAS).

**SIMPLICITÉ** (s. f.). — Qualité de ce qui est simple, point ou peu compliqué, exempt d'ornements superflus. C'est dans les arts, en général, une sage réserve, une épargne sévère des moyens de produire l'effet qu'on se propose, et dans les arts du dessin en particulier, le prix du soin qu'a eu l'artiste de traiter un sujet facile à compren-

## QUAND DIT-ON QU'IL Y A DU SILENCE DANS UN TABLEAU

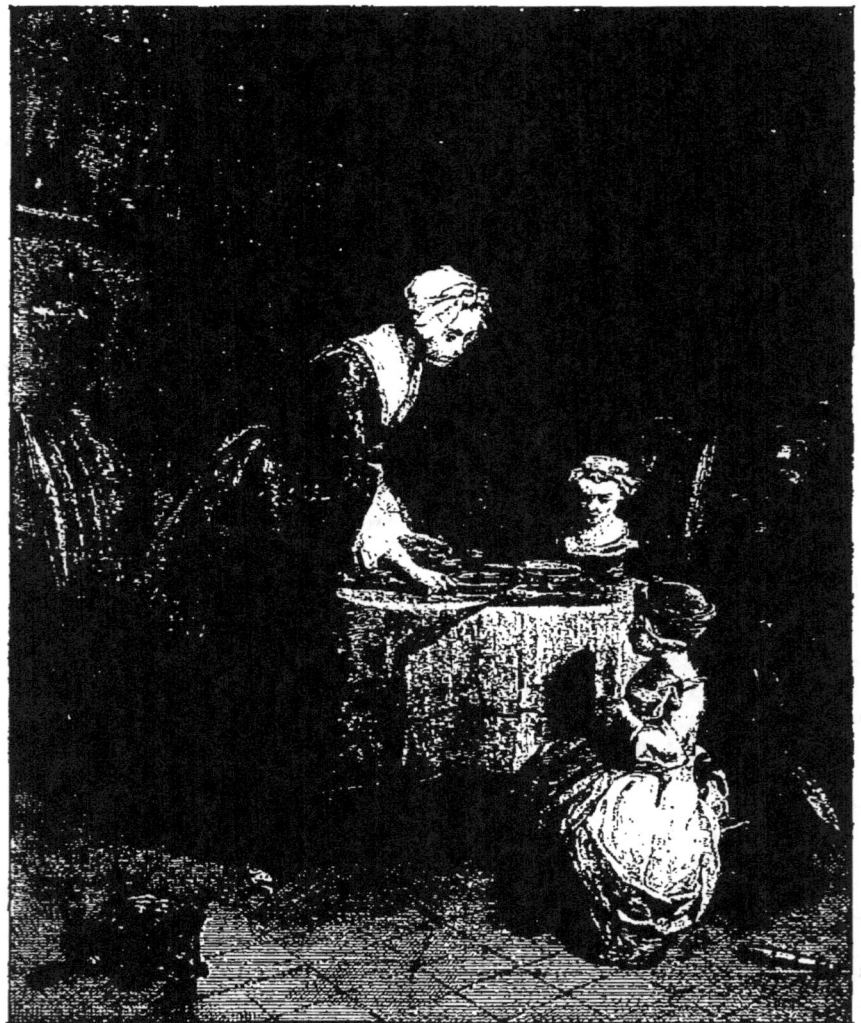

Fig. 199. — JEAN-BAPTISTE-SIMÉON CHARDIN (1699 † 1779).
Le Bénédicité; désigné aussi : Les Grâces (Musée du Louvre, Paris).

On emploie le mot *silence*, dans le langage de l'art, en *opposition* à *fracas*. On dit qu'il y a du *silence* dans un *tableau* pour exprimer que le sujet tranquille, le calme de l'*attitude* et de la *physionomie* des *personnages*, la *simplicité* des *accessoires*, l'absence de tout *effet* de *lumière* frappant, et un *coloris* soit doux, soit sévère, mais sans *éclat*, disposent l'âme du spectateur à un *sentiment* calme et portent son *esprit* à la méditation.

dre, de ne faire entrer dans sa composition que le nombre de personnages ou d'objets strictement nécessaires à l'expression de sa pensée; de rendre les contours et les formes, par le nombre de lignes, le plus petit possible; de ne multiplier les inflexions de ces lignes et les accidents de ces formes qu'autant qu'il faut pour l'imitation d'une nature exempte d'affectation; de s'abstenir de tout accessoire, de tout ornement superflu; de présenter de larges masses de préférence à des détails multipliés.

Quelques auteurs ont fait de la simplicité une des conditions essentielles du beau, sans songer que l'on considère et l'on admire comme belles un grand nombre de choses fort compliquées et quelquefois même à cause de leur complication. Mais il est vrai de dire que la simplicité, par cela seul qu'elle est un des plus sûrs moyens de produire l'effet grandiose, est une des causes les plus ordinaires comme les plus efficaces, du beau dans les arts.

SINUEUX (adj.). — Se dit des lignes qui s'écartent de la direction droite par des courbes, puis y reviennent pour s'en écarter encore, tantôt dans un sens, tantôt dans un autre.

SITE (s. m.). — L'ensemble des objets qui se présentent à la vue dans un espace donné, tel qu'on le pourrait choisir pour en faire le sujet d'un paysage : site riant, paisible, agreste, sauvage, romantique, pittoresque, etc.

SOIGNÉ (adj.). — Dans le langage particulier à la peinture, soigné comporte l'idée d'un soin minutieux qui n'est un mérite que dans les petits ouvrages. Quelque soin et quelque travail qu'un peintre ait mis à l'exécution d'un tableau d'histoire, on ne classera pas ce tableau parmi les ouvrages qu'on dit soignés. Les tableaux de Gérard Dow, de Mieris, et, en général, des maîtres hollandais, sont des ouvrages soignés. Ceux de Léonard de Vinci, de Raphaël, et plus encore ceux des grands maîtres de nos jours, sont des ouvrages exécutés avec beaucoup de soin, mais qu'on ne désignerait pas sous le titre d'ouvrages soignés. On dit pinceau soigné, faire soigné, pour manière de peindre avec cette propreté, ce fini recherché et minutieux qui constituent l'ouvrage soigné.

SOLIDE (adj.). — Se dit du coloris et de la manière de peindre. Un coloris solide est celui dont les tons ont un certain degré de vigueur et de franchise; une touche solide, un faire solide sont ceux d'où résulte un certain degré d'empâtement.

On dit des tableaux ainsi peints et coloriés qu'ils sont solidement peints.

SORTIR (v. n.). — Se dit, en peinture, dans le même sens que détacher : une figure qui sort bien est celle qui semble se détacher et venir en avant de la toile.

\* SOUPLESSE (s. f.). Fig. 200. — Les corps souples, alors même qu'ils ne cèdent à aucun effort et demeurent immobiles, ont aux yeux une apparence autre que celle des corps inflexibles, par cela seuls qu'ils sont composés d'éléments

## LA SOUPLESSE EST UNE QUALITÉ PROCÉDANT DU SENTIMENT DE L'ARTISTE

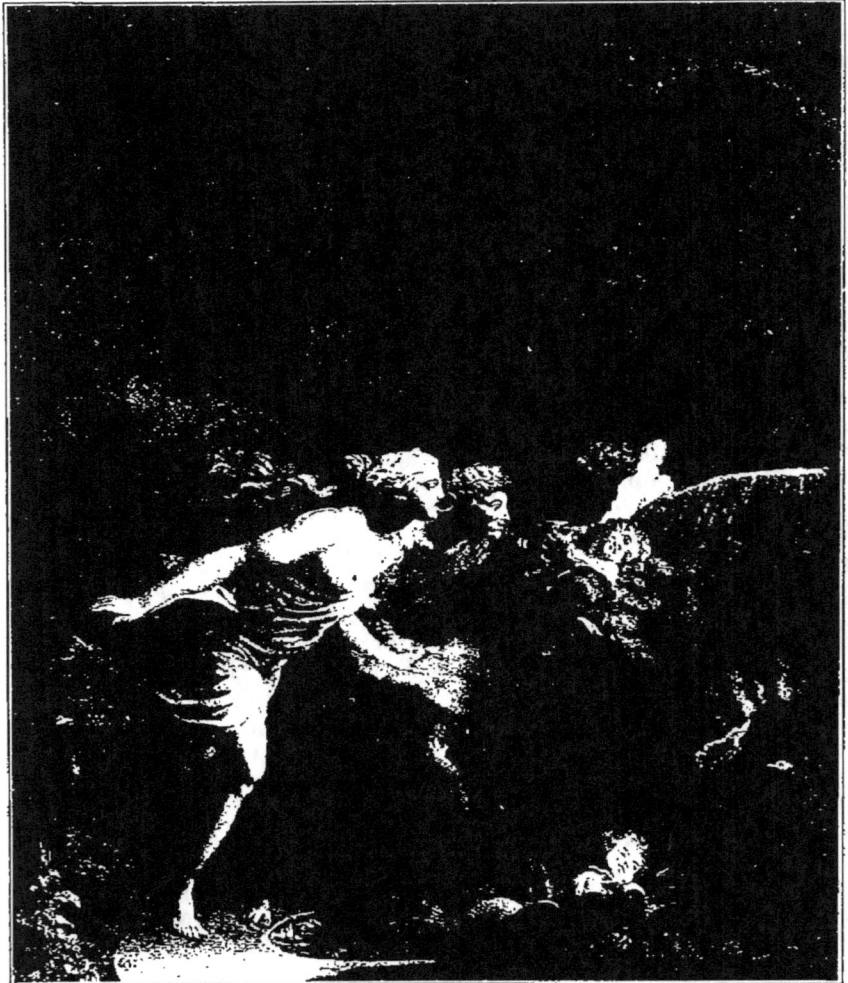

Fig. 200. — Jean-Honoré Fragonard (1732 † 1806). — La Fontaine d'amour.

Ce sont les apparences du corps flexible que l'art cherche à simuler dans la matière inflexible de l'*image*, ou bien à représenter et à faire sentir dans les *lignes* tracées au *crayon*, qui donnent lieu à l'emploi du mot *souplesse*, en parlant des *contours* et du *mouvement* d'une *figure dessinée* ou peinte. Dans les arts du *dessin*, la *souplesse* est le contraire de la *raideur* et l'une des qualités qui procèdent du *sentiment* de l'artiste.

différents ou différemment combinés. De même, un corps flasque ou brisé, qui tombe en cédant à son propre poids, a un mouvement et prend une attitude pour ainsi dire visiblement différente de celle du corps flexible qui cède et s'abaisse sous un effort. Ce sont ces apparences du corps flexible que l'art cherche à simuler dans la matière inflexible de l'image, ou bien à représenter et à faire sentir dans les lignes tracées au crayon, qui donnent lieu à l'emploi du mot souplesse, en parlant des contours et du mouvement d'une figure peinte ou sculptée. Dans les arts du dessin en général, et dans la peinture en particulier, la souplesse est le contraire de la raideur et l'une des qualités qui procèdent du sentiment de l'artiste.

**SOURD** (adj.). — Se dit des couleurs qui, par elles-mêmes, ont peu d'éclat et renvoient peu de lumière, ou dont l'éclat et la lumière sont atténués et voilés en quelque sorte par le mélange de tons sombres ou blafards. On emploie les couleurs et les tons sourds à dessein de faire ressortir l'éclat du coloris dans d'autres parties plus importantes du tableau.

Les peintres de portraits détachent volontiers leur figure sur un fond sourd. C'est un défaut, dans un tableau, qu'un coloris généralement sourd.

**SOUTENIR** (v. a.). — Se dit en parlant des couleurs et des tons que l'on fait valoir l'un par l'autre au moyen d'associations, de gradations artistement combinées.

\* **SPIRITUEL** (adj.). Fig. 201. — Se dit en parlant de la touche du peintre et du dessinateur. La touche spirituelle est celle qui est donnée avec vivacité et qui, en quelques traits, prête à l'objet le caractère, l'effet qui lui est propre. Elle a surtout son application et son mérite pour les petites figures ou celles qui, vues déjà un peu dans le lointain, n'ont à présenter qu'une apparence plus ou moins vague; elle est aussi d'un précieux effet dans le paysage accidenté pour faire fuir les premiers plans animés de figures, de groupes d'arbres, et donner au feuillé la variété et le caractère convenables. La touche spirituelle procède du sentiment de l'artiste. L'invention du sujet, l'ordonnance, les épisodes, les caractères de tête peuvent aussi être spirituels; mais, en ce sens, spirituel, touche spirituelle, rentre dans son acception générale.

**STANTÉ** (adj.). — Terme emprunté de l'italien et peu en usage. Il a même signification que fatigué; le tableau stanté est celui où se manifestent l'effort du travail et la peine extrême de l'artiste.

**STRAPASSER** (v. a.). — Tourmenter, violenter. Ce mot signifie, dans le langage de la peinture, exagérer jusqu'à l'incorrection la forme et le mouvement des figures, et comporte l'idée d'un crayon large, facile, hardi, mais affectant la science qui lui manque et ne pouvant surmonter les difficultés qu'il se propose. Quelques auteurs ont qualifié du nom de strapasson le dessinateur qui tombe dans ce défaut. Strapas-

## MÉRITE DE LA TOUCHE SPIRITUELLE POUR LES PETITES FIGURES ET LE PAYSAGE

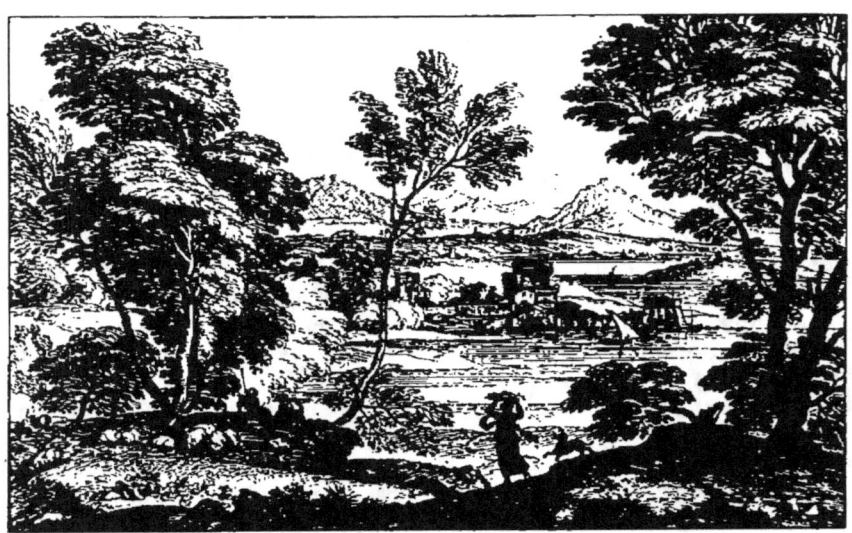

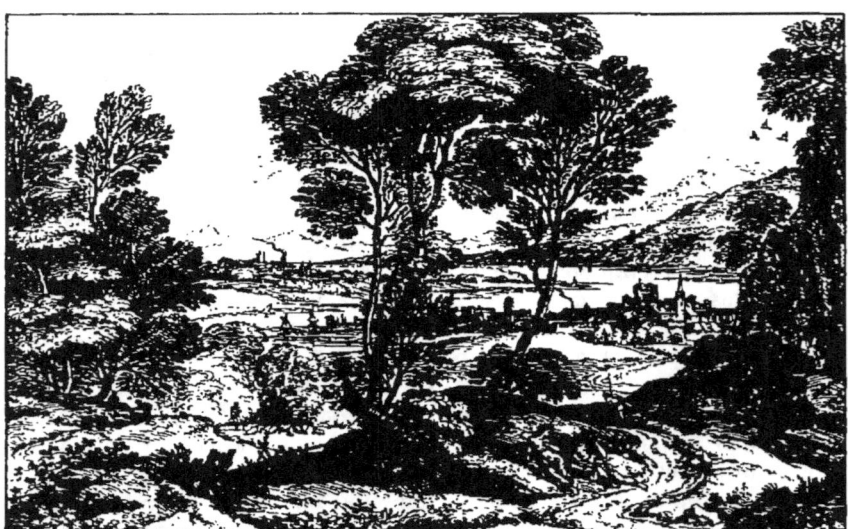

Fig. 201 et 201 bis. — A. VAN DER KABEL (1631 †1695). — Paysages décoratifs. Dessins.

La *touche spirituelle* est celle qui est donnée avec vivacité et qui, en quelques traits, prête à l'objet le *caractère*, l'*effet* qui lui est propre. Elle a surtout son application et son mérite pour les petites *figures* ou celles qui, vues déjà un peu dans le *lointain*, n'ont à présenter qu'une apparence plus ou moins *vague*; elle est aussi d'un précieux *effet* dans le *paysage* accidenté pour faire fuir les premiers plans animés de figures et de groupes d'arbres, et donner au *feuillé* la *variété* et le *caractère* convenables.

son est moins usité encore que strapasser, qui l'est peu.

**STYLE** (s. m.). — Terme transporté de la rhétorique aux arts du dessin pour signifier la manière particulière à chaque artiste d'exprimer ses pensées et de leur donner une certaine forme par le choix des objets, la nature et l'agencement des contours, comme fait l'orateur, dans le langage, par le choix et l'arrangement des mots.

Il y a donc, en effet, dans les arts autant de styles différents que d'artistes opérant d'une manière originale ; on peut, du moins, comme dans la littérature, en distinguer un assez grand nombre. Toutefois, le mot style a son emploi le plus ordinaire, comme le plus étendu, à l'absolu, et s'entend de la reproduction, par des moyens simples et exactement appropriés, d'une image formée dans le cerveau de l'artiste, avec plus ou moins des abstractions et des fictions qui constituent le beau idéal. Quand on dit d'ouvrages de peinture qu'ils ont du style, et plus souvent qu'ils en manquent, cela veut dire que ces conditions réunies de l'invention et de l'exécution s'y trouvent ou ne s'y trouvent pas. On dit style sévère, style élégant, et, mieux encore, sévérité de style, élégance de style, pour donner l'idée du caractère de l'image ainsi conçue, et grand style, style pur, pureté de style, pour rendre raison de la manière large, facile, hardie, ou bien exacte, correcte et fine, dont cette image est ou tracée, ou modelée.

Le style ne s'applique pas seulement à la figure, mais aussi aux draperies, aux ustensiles et à l'ornement ; à la nature inerte et brute, aux arbres, aux rochers, aux masses de la terre, à la fluctuation des eaux, à l'amoncellement des nuages, à tous les objets enfin dont la forme est susceptible de s'épurer et de s'embellir en passant, en quelque sorte, par l'imagination de l'homme.

On dit d'un tableau qu'il est dans le style de tel maître, sans par là rien préjuger sur le mérite de ce tableau, ou entendre qu'il ait ce qu'on appelle absolument du style, mais seulement qu'il est fait à la manière, dans le style particulier de ce maître.

**SUAVE** (adj.). — Se dit en parlant de la couleur d'un tableau dont l'effet général est doux à l'œil ; on le dit quelquefois même d'un sujet et d'une composition qui porte l'esprit à des idées douces. Le suave est voisin du fade et de l'insignifiant ; il est rare qu'il n'en participe pas plus ou moins.

\* **SUBLIME** (s. m.). Fig. 202. — Est le beau à un degré très éminent en un sujet grave qui, sous une forme frappante, saisit l'imagination et étonne de prime abord ; plus on le contemple, plus il semble digne d'admiration.

Ce concours de conditions ne se rencontre guère que dans les choses de l'ordre moral. Par cette raison, on pourrait peut-être mettre en question si les arts d'imitation dans lesquels l'image matérielle, toujours plus ou moins péniblement tracée, entre pour une grande part,

ON NE RENCONTRE LE SUBLIME QUE DANS LES CHOSES DE L'ORDRE MORAL

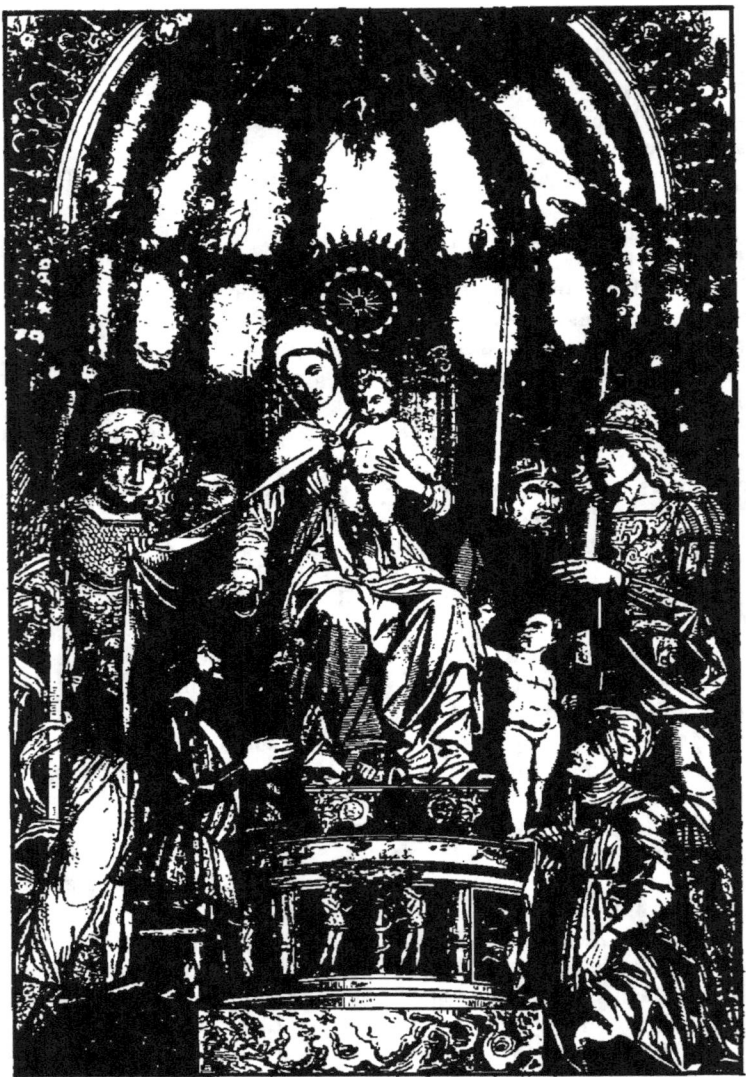

Fig. 202. — Andréa Mantegna, ou Mantègne (1431 † 1506).
La Madone de la Victoire (Musée du Louvre).

Le *sublime* est le *beau* à un degré très éminent en un sujet grave qui, sous une *forme* frappante, saisit l'*imagination* et étonne de prime abord ; plus on le contemple, plus il semble digne d'admiration. Ce concours de conditions ne se rencontre guère que dans les choses de l'ordre moral. Par cette raison, on pourrait peut-être mettre en question si les arts d'*imitation* dans lesquels l'*image* matérielle, toujours plus ou moins péniblement tracée, entre pour une grande part, sont susceptibles de *sublime*.

sont susceptibles de sublime. On est du moins d'accord que le mot sublime, pris adjectivement, n'a son application qu'aux parties de ces arts qui procèdent plus immédiatement de la pensée de l'artiste. On ne le dirait ni du dessin ni de la couleur d'un tableau, quelque parfaits qu'ils puissent être, ni même de l'ordonnance pittoresque. On le hasarde quelquefois en parlant de la conception du sujet, de la composition poétique, du caractère et de l'expression des figures.

**SVELTE** (adj.). — A, dans le langage de l'art, même signification que délié dans le langage général. Il se dit de la stature de l'homme, et, par une sorte d'analogie, de quelques autres objets, pour exprimer le plus haut degré de légèreté, d'élévation verticale auxquels ils puissent être portés sans que le système des proportions soit faussé, sans qu'il en résulte aucune apparence de maigreur, de faiblesse, de délicatesse outrée : svelte comporte les idées d'élégance et de grâce. Dans les êtres animés, il entraîne aussi celle de souplesse, d'agilité. Il n'est guère l'attribut que de la jeunesse. Il se dit de l'individu comparativement aux individus de même espèce, et des individus de certaines espèces, comparativement à ceux d'autres espèces. Le beau cheval de race anglaise ou limousine est svelte, les cerfs et les gazelles sont des animaux sveltes. Le bouleau, le peuplier d'Italie sont, de leur nature, sveltes. Un jeune chêne, un jeune tilleul de belle venue sont sveltes ; mais l'un et l'autre, en vieillissant, perdent cette qualité. On appelle formes sveltes les formes propres aux diverses parties d'un corps svelte (V. SENTIMENT).

**SYMBOLE** (s. m.). — N'a, dans le langage de l'art, d'autre acception que celle qui résulte de sa synonymie avec le mot emblème (V. EMBLÈME).

* **SYMÉTRIE** (s. f.). Fig. 203. — Est le rapport de grandeur, de forme et de position que les parties d'un tout ont entre elles et avec l'ensemble de ce tout.

La symétrie contribue à la beauté de plusieurs manières : par elle se manifeste l'ordre dans la composition, et parce qu'elle tend à rattacher les parties à un centre d'unité, et qu'elle fait apercevoir d'un seul coup d'œil le tout ensemble, elle est un puissant moyen de grandiose. La symétrie n'est point étrangère même aux compositions du peintre (V. BALANCEMENT).

**SYMPATHIE** (s. f.). — Est la propriété qu'ont certaines couleurs de plaire et de se faire mutuellement valoir par leur rapprochement, ou qui, mêlées ensemble, se modifient l'une par l'autre agréablement. On dit quelquefois à ce sujet que deux couleurs ont de la sympathie ou de l'antipathie, et, plus ordinairement, qu'elles sont amies ou ennemies.

* **TABLEAU** (s. m.). Fig. 204 à 207. — Est, en peinture, tout ouvrage de chevalet sur bois, sur toile ou sur cuivre, bien que l'usage ait prévalu de désigner spécialement sous

## EN ART, LA SYMÉTRIE CONTRIBUE A LA BEAUTÉ DE PLUSIEURS MANIÈRES

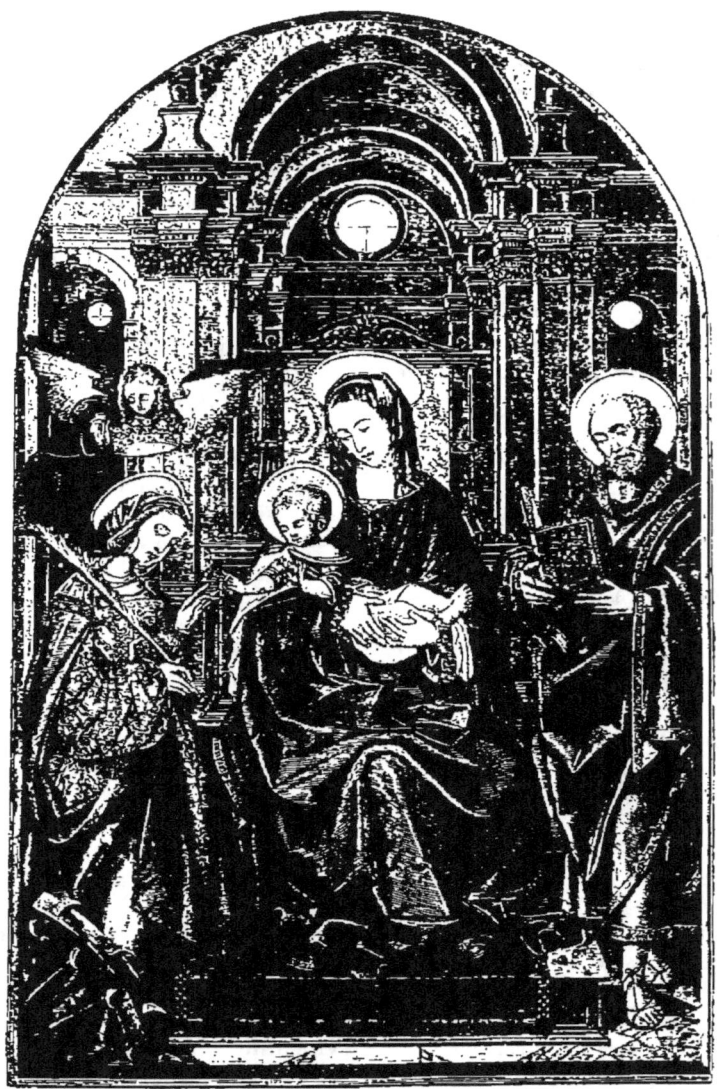

Fig. 203. — GAUDENZIO FERRARI (1484 † 1550). — Le Mariage de Sainte Catherine
(Pinacothèque royale, Turin).

La *symétrie* contribue à la *beauté* de plusieurs manières : par elle se manifeste l'*ordre* dans la *composition*, et parce qu'elle tend à rattacher les parties à un centre d'*unité* et qu'elle fait apercevoir d'un coup d'œil le *tout-ensemble*, elle est un puissant moyen de *grandiose*. La *symétrie* n'est point étrangère même aux *compositions* du peintre.

le titre de chevalet les tableaux de petite dimension (V. CHEVALET).

Les tableaux se classent suivant le sujet qu'ils représentent et suivant la manière dans laquelle ils sont traités, de là les nominations de tableau d'histoire, tableau paysage, tableau de genre, tableau de fleurs, etc. (V. GENRE).

TACHE (s. f.). — On dit des parties de couleur qui ne se fondent pas avec celles qui les avoisinent et semblent étrangères au système du coloris, qu'elles font tache.

TALENT (s. m.). — La connaissance des secrets et des finesses d'un art, jointe au degré d'aptitude suffisant pour en faire une application agréable ou utile, constitue ce qu'il faut entendre par talent. Talent se dit particulièrement en parlant des beaux arts, et peut être regardé comme le diminutif de génie. Il n'est guère d'homme d'esprit qui ne puisse devenir un artiste de talent dans l'art quelconque auquel il s'appliquera, pourvu que son organisation physique ne se refuse pas à la pratique de cet art. De là vient que le nombre des gens de talent si petit, quand on le compare à la multitude des artistes sans vocation, est si grand cependant en comparaison du nombre de ceux auxquels doit être réservé le titre d'hommes de génie.

Par cela même que talent est diminutif de génie, le premier de ces mots acquiert, à l'aide de certains termes ampliatifs, même signification que le second; beau talent, grand talent ont, ou peu s'en faut, même sens et même valeur que génie (V. GÉNIE).

TAPAGE (s. m.). — Dans le langage de la peinture, tapage a la même signification que fracas et est moins usité.

TAPER (v. a.). — Manière de peindre qui consiste dans une touche très libre, très hardie, très négligée, en apparence du moins, et telle qu'il semble que l'artiste n'ait fait que taper çà et là sa toile de quelques coups de brosse. Le tableau tapé exige, pour produire son effet, qu'on le voie d'un peu loin. Cette manière de faire n'exclut ni la science ni le sentiment, et quand ces deux qualités ne lui manquent pas, elle ne le cède en mérite à aucune autre.

TÂTER (v. a.). — Opérer avec certitude, en essayant tantôt d'une manière de faire, tantôt d'une autre. C'est le propre de l'ignorance ou de la timidité. Le peintre qui opère ainsi, tourmente la couleur, met et laisse de l'incertitude dans les contours. On dit de l'ouvrage ainsi fait qu'il est tâté.

TEINTE (s. f.). — On est d'accord que ce mot s'entend de la diversité des nuances d'une même couleur, ou de celles produites par le mélange de couleurs analogues, que le peintre prépare et dispose sur la palette, ou qu'il forme au bout du pinceau en trempant ce dernier, plus ou moins légèrement, dans les diverses couleurs du mélange desquelles doit résulter la nuance; mais on ne s'accorde pas aussi bien sur l'idée qu'il faut attacher au mot teinte, en parlant des nuances et des effets de la couleur ainsi mise en œuvre dans le tableau.

## LES TABLEAUX SE CLASSENT SUIVANT LE SUJET QU'ILS REPRÉSENTENT

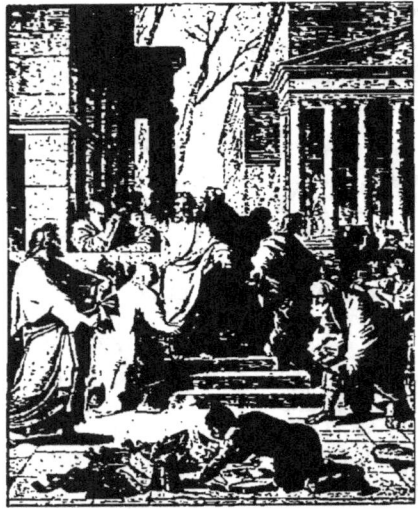

Fig. 204. — Tableau d'Histoire
(*Voir* fig. 72).

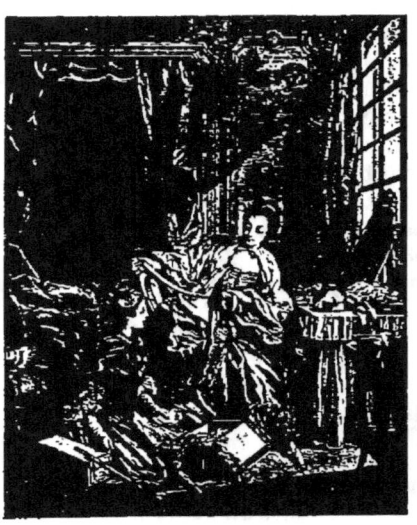

Fig. 205. — Tableau de Genre
(*Voir* fig. 75).

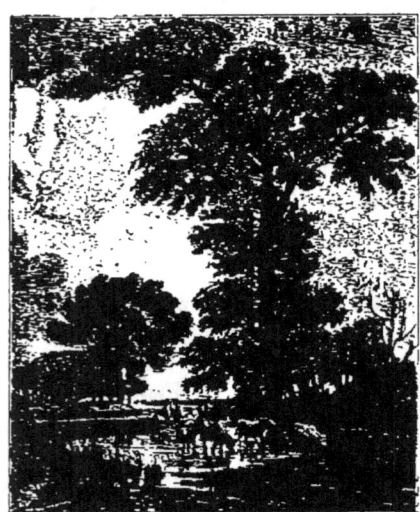

Fig. 206. — Tableau Paysage
(*Voir* fig. 158).

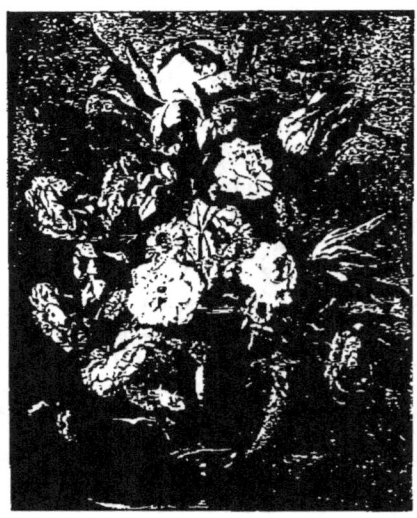

Fig. 207. — Tableau de Fleurs
(*Voir* fig. 88).

Le *tableau* est, en *peinture*, tout ouvrage de *chevalet* peint sur bois, sur toile ou sur rame, bien que l'usage ait prévalu de désigner spécialement sous le titre de *chevalet* les *tableaux* de petites dimensions. Les *tableaux* se classent suivant le sujet qu'ils représentent et suivant la manière dans laquelle ils sont traités ; de là les dénominations de *tableau d'histoire, tableau de genre, tableau paysage, tableau de fleurs*, etc.

TABLEAUX.

Ici commence quelque dissidence sur le sens particulier à chacun des mots teinte et ton ; et, dans la conversation des amateurs, rien n'est plus ordinaire que la confusion de ces deux mots.

Le plus généralement pourtant, et avec raison, ce semble, on emploie, sauf exception d'un seul cas, le mot teinte en parlant des couleurs, indépendamment des effets et des combinaisons du clair-obscur, comme dans ces phrases : teintes de rouge, teintes briquetées, violâtres, jaunâtres ; teintes blafardes, teintes sales, etc.

Et le mot ton a une application lorsqu'il s'agit de la valeur relative des couleurs ; suivant une échelle harmonique, soit que la gradation résulte du plus ou moins d'intensité d'une même couleur, de la succession de diverses couleurs plus ou moins éclatantes, ou des effets de la lumière et de l'ombre sur les corps revêtus de ces couleurs.

On dit, dans ce sens, tons doux, tons vigoureux, tons éclatants, pour signifier à quel degré de l'échelle harmonique appartient la partie colorée dont s'agit.

Quant à l'exception dont il est parlé plus haut, elle a pour objet l'usage généralement admis du mot demi-teinte, pour signifier un degré moyen d'intensité de lumière entre la pleine lumière et l'ombre, le passage de la lumière à l'ombre, ou même tous les degrés d'ombre, jusqu'à l'absence absolue de la lumière exclusivement.

Par figure dans la demi-teinte, on entend toute figure plus ou moins dans l'ombre.

**TEINTER** (v. a.). — Colorier d'une couleur plate plus ou moins foncée quand, pour donner plus d'effet à un dessin, on teint le papier d'une légère couche de blanc sale.

**TENDRE** (adj.). — Se dit, ainsi que le mot dur, en parlant des couleurs, par une sorte de métaphore empruntée de l'action des corps doux et des corps rudes au toucher. Les couleurs tendres sont celles qui agissent doucement sur l'organe de la vue, et dont l'aspect serait le moins fatigant pour des yeux excessivement délicats. De tels yeux, au contraire, ne se fixeraient pas longtemps sur ce qu'on entend par couleurs dures sans en éprouver une sensation pénible. L'emploi des couleurs tendres dans la peinture est favorable à l'harmonie et à la suavité. Les couleurs dures se prêtent davantage à l'effet vigoureux. La couleur tendre n'est, le plus souvent, que la teinte faible de la même couleur, qui, poussée à son plus haut degré d'intensité, serait dure. Le rose est une couleur tendre, le rouge une couleur dure.

**TENDREMENT** (adj.). — Peindre tendrement, c'est peindre d'une manière suave et moelleuse sans s'élever au-dessus des effets doux. Ce mot est peu usité.

**TENDRESSE** (s. f.). — Exprime l'effet du tableau qui est peint tendrement, et étend son application aux effets analogues de la sculpture et de la gravure, encore qu'on ne pût pas dire d'une statue ou d'une planche gravée qu'elles ont été exécutées tendrement.

**IMPORTANCE DES TERRAINS DANS LA COMPOSITION DU TABLEAU-PAYSAGE**

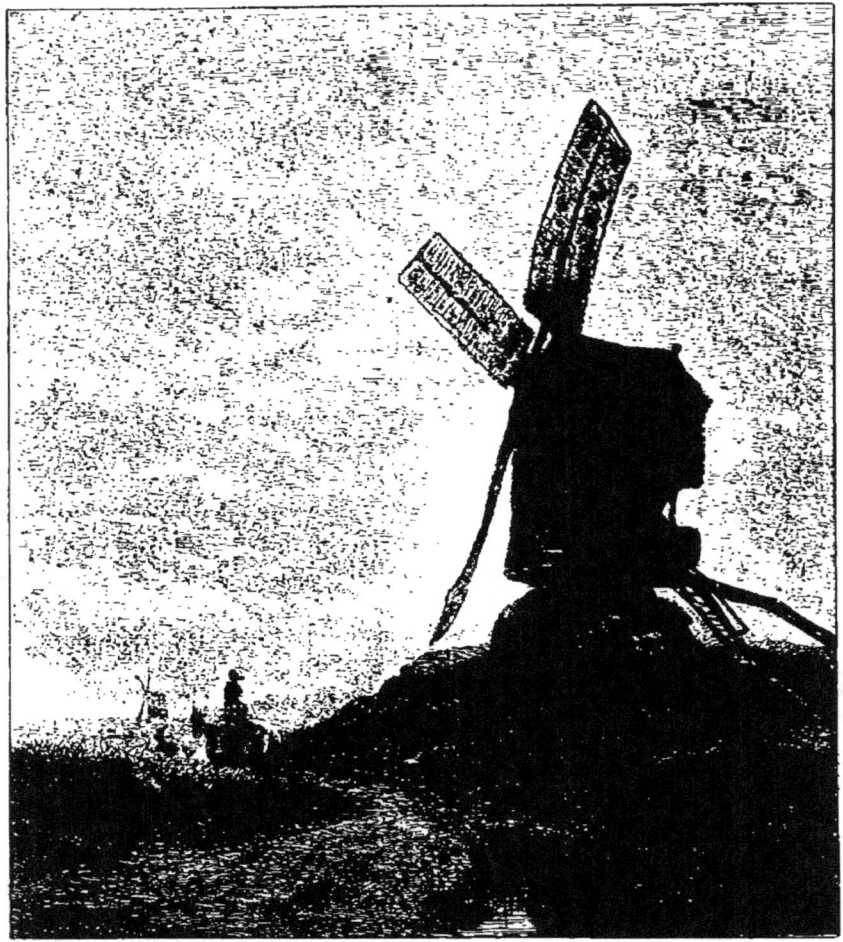

Fig. 208. — Constant Troyon (1810 † 1865). — Le Moulin.

L'expression *terrain* s'entend de toutes les parties du *tableau-paysage* sur lesquelles ne s'élèvent ni arbres, ni *fabriques*, ni montagnes, mais qui représentent la terre nue, ou seulement revêtue d'herbe, de cailloux et autres objets ordinaires à la surface du sol ras. *Terrain* ne s'emploie qu'au pluriel : les *terrains* d'un *tableau*, des *terrains* bien disposés. Les *terrains* ont une grande valeur et sont une partie importante dans la *composition* du *paysage*.

**TERMINER** (v. a.) — Mettre la dernière main à un ouvrage, l'amener au point où il ne laisse plus rien à désirer, du moins en ce qui dépend du travail de l'artiste. On dit, en ce sens, qu'un artiste a laissé des ouvrages sans être terminés, et de quelques-uns, qu'ils ne savent pas terminer, pour dire qu'ils sont sujets à gâter leur ouvrage, au lieu de le perfectionner, en lui donnant le dernier fini, ou bien qu'ils ne terminent pas, pour, qu'ils omettent de donner ce dernier fini, ce qu'ils font quelquefois à dessein, parce qu'ils pensent que cette négligence apparente contribuera à l'effet, qu'un plus grand fini pourrait affaiblir.

\* **TERRAIN** (s. m.). Fig. 208. — Expression à l'usage du peintre-paysagiste, qui s'entend de toutes les parties du tableau-paysage sur lesquelles ne s'élèvent ni arbres, ni fabriques, ni montagnes, mais qui représentent la terre nue, ou seulement revêtue d'herbe, de cailloux et autres objets ordinaires à la surface du sol ras. Terrain ne s'emploie qu'au pluriel : les terrains d'un tableau, des terrains bien disposés. Les terrains sont une partie importante dans la composition du paysage.

**TERRASSE** (s. f.). — Le peintre désigne sous le nom de terrasse la partie de terrain qui forme le premier plan d'un tableau.

**TÊTE** (s. f.). — On appelle tête d'étude une tête peinte d'après le modèle, sans autre intention de la part de l'artiste que celle d'étudier lui-même, ou de faire un sujet d'étude pour ses élèves.

La tête est aussi prise pour l'une des mesures relatives, applicables à la figure dont il est parlé dans les traités de peinture : la tête, considérée comme mesure, se divise en quatre parties égales, savoir : du sommet de la tête au haut du front où les cheveux prennent ordinairement naissance ; de la naissance des cheveux à la racine du nez ; de la racine du nez à sa partie inférieure ; de la partie inférieure du nez à la partie inférieure du menton. L'ensemble de la figure, suivant qu'elle appartient à une nature ou plus svelte ou plus forte, a de sept têtes à sept têtes et demie (*V.* PROPORTION).

\* **THÉÂTRAL** (adj.). Fig. 209 et 210. — Qui est propre et ne convient qu'au théâtre. Les acteurs, même aux temps les plus florissants de l'art dramatique en France, affectaient des attitudes recherchées, une pantomime forcée, une impétuosité de mouvements et de gestes qui, bien qu'ils fussent une expression juste des passions en général et conformes à la pompe du langage de la poésie dramatique, sortaient cependant souvent des habitudes naturelles aux personnages qu'il s'agissait de représenter ; c'était l'idéal de l'art de l'acteur, sur le mérite ou le vice duquel ce n'est pas ici le lieu de discuter. Alors, aussi, la vérité du costume était entièrement négligée, et l'on ne connaissait rien de mieux pour le théâtre que des habillements excessivement surchargés de riches étoffes, de clinquants, d'oripeaux,

## CONSTITUTION DE CE QU'IL FAUT ENTENDRE PAR STYLE, EFFET THÉATRAL

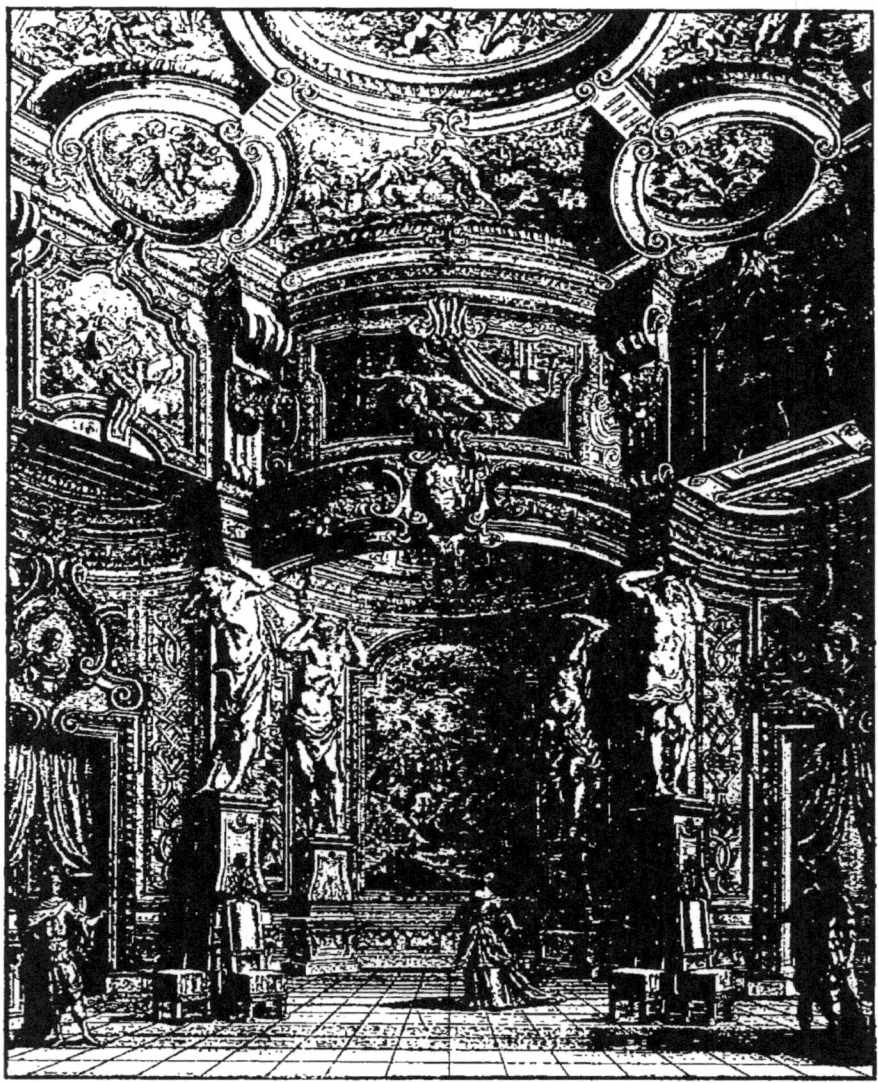

Fig. 209. — Giuseppe Galli, dit Bibbiena (1696 † 1757). — Salle de fêtes (Château de M. le comte P......, en Pologne).

Ce sont les *conventions*, les habitudes, le *style*, les travers propres au jeu et à la *décoration scéniques* qui, transportés dans les *compositions* du peintre, constituent ce qu'il faut entendre, en parlant de celles-ci, par *style théâtral*, *effet théâtral*, *composition théâtrale*.

ajustés plus ou moins à la manière des vêtements d'un usage commun, dans un temps où ceux-ci étaient de fort mauvais goût. Il en était de même des décorations et des accessoires de la scène; rien n'était moins pittoresque. Or, ce sont ces conventions, ces habitudes, ce style, ces travers propres au jeu et à la décoration scéniques qui, transportés dans les compositions du peintre, constituent ce qu'il faut entendre, en parlant de celles-ci, par style théâtral, effet théâtral, composition théâtrale. On est aujourd'hui peu enclin à ce vice duquel même on peut dire qu'il n'a plus lieu : non que les peintres de nos jours ne se laissent encore assez facilement aller à reproduire les poses et l'expression mimique habituelles aux expressions en vogue, mais parce que l'art de la scène s'est à son tour modelé sur ceux du dessin, que les acteurs ont étudié les statues antiques pour en imiter les attitudes et le mouvement, qu'ils se sont conformés pour le costume et les décorations à ce que font les peintres dans leurs tableaux, qu'ils ont recherché en tout l'effet pittoresque, et qu'il y a aujourd'hui peu d'effet théâtral, même sur le théâtre. Noël Coypel, en peignant la scène de la querelle d'Achille et d'Agamemnon, et la dernière scène d'Athalie comme les représentaient les plus célèbres acteurs de son temps, fit deux compositions théâtrales jusqu'au ridicule. Le tableau qui de nos jours représenterait ces deux scènes comme on les voit au Théâtre-Français à Paris, n'aurait presque rien du style théâtral. Toutefois, les peintres, sans avoir à ne s'en prendre qu'à leur seule imagination, tombent encore quelquefois dans une exagération de mouvement et d'expression, un fracas de contrastes, un luxe d'ornement, qui maintiennent en vigueur l'usage des mots : composition théâtrale, effet théâtral, style théâtral.

THÉORIE (s. f.). — La connaissance des règles, des préceptes, de ce qu'il y a de spéculatif dans la science d'un art, à l'exclusion de l'habitude pratique. Dans les arts qui participent beaucoup du sentiment et de l'opération manuelle, la théorie n'est pas d'une importance très grande.

La peinture, à laquelle elle est d'un plus grand secours pour l'intelligence des effets de lumière et de la perspective, s'en passe bien souvent : beaucoup de peintres, et même de bons peintres, n'ont eu que des notions très confuses de ces spéculations de la physique et des mathématiques.

TIMIDE (adj.). — Se dit de certaines manières d'opérer du peintre, qui se manifestent à la vue des ouvrages qui ont été ainsi faits, et par laquelle on est induit à penser que l'artiste avait une juste défiance de son habileté, qu'il maniait le pinceau avec une sorte d'indécision et mollement, qu'il n'osait dessiner à grands traits ou peindre par touches larges et fortes, ce qui s'exprime par ces phrases : faire timide, pinceau timide.

TON (s. m.). — Est la dégradation, l'opposition, le jeu de diverses

## EXAGÉRATION DE MOUVEMENT ET D'EXPRESSION, FRACAS DE CONTRASTES

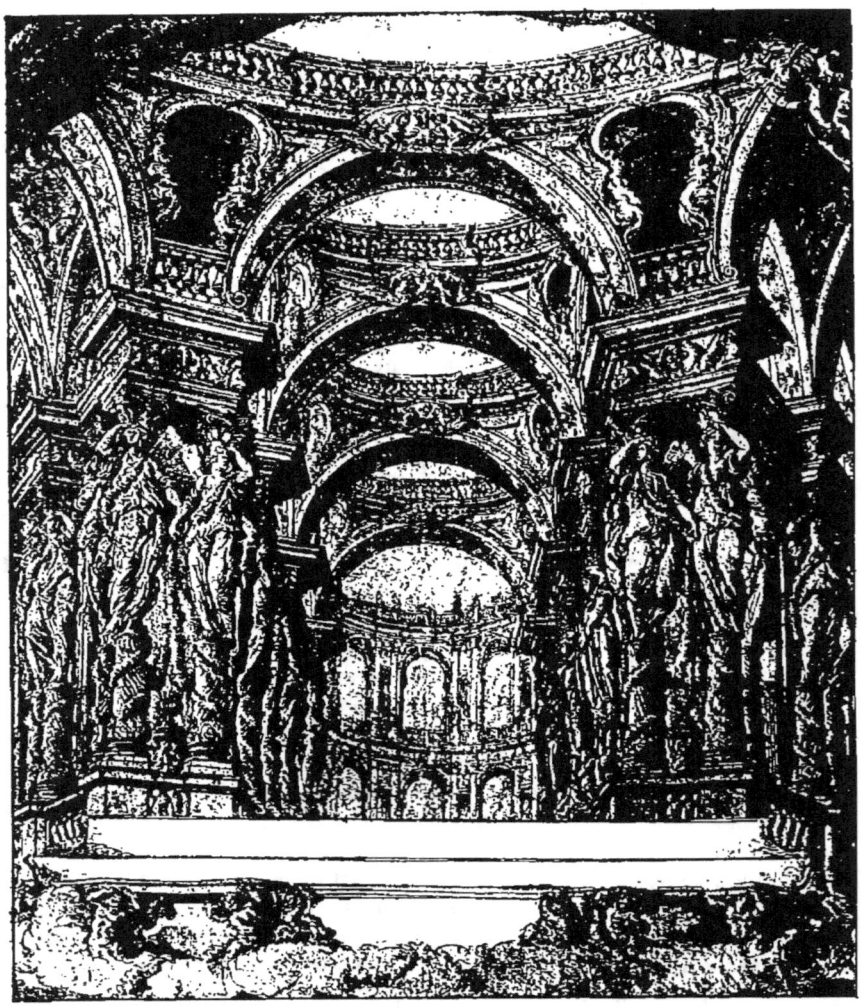

Fig. 210. — GIOVANNI-PAOLO PANINI (1692 † 1765).
Décoration de style théâtral, exécutée à l'occasion de la naissance du Dauphin.

Les peintres, sans avoir à ne s'en prendre qu'à leur seule *imagination*, tombent quelquefois dans une *exagération* de *mouvement* et d'*expression*, un *fracas* de *contrastes*, un luxe d'*ornement*.

nuances d'une couleur, ou des divers degrés d'intensité des ombres sur un corps coloré, suivant le système harmonique particulier à la peinture, en considérant ces diverses nuances d'une même couleur, ou ces divers degrés d'ombre et de clair, non chacun en lui-même, mais relativement l'un à l'autre, et dans l'ensemble de l'effet résultant de leur combinaison (V. TEINTE).

On appelle tons vigoureux ceux qui ont beaucoup d'intensité; tons chauds, ceux qui, à une grande intensité, joignent un certain éclat procédant de la couleur de feu; tons fins, ceux qui résultent de nuances légères, qui ont peu d'intensité, et se succèdent par des passages doux et en quelque sorte insensibles.

On dit d'un tableau qu'il est d'un beau ton, lorsque l'échelle des tons dont se compose son harmonie est étendue, et abondante en tons chauds.

On le dit même d'une estampe où les passages du plus grand noir au plus grand blanc sont habilement ménagés.

Par tons criards, on entend les tons trop crus, trop vifs; par tons cuits, ceux qui paraissent dorés, cuits pour ainsi dire par la lumière; et par ton intermédiaire, la valeur de ce ton qui se trouve entre deux tons posés l'un à côté de l'autre.

Plus les tons sont véhéments et montés, plus il faut rechercher la loi secrète de leur harmonie et de leurs rapports.

TOUCHE (s. f.). — L'action par laquelle le peintre applique les couleurs, et la manière dont il procède à cette opération; touche légère, facile, ferme, large, spirituelle, moelleuse, fière, hardie (V. tous ces mots). On entend particulièrement par touches, des coups d'un pinceau hardi, donnés çà et là à un tableau qui semblait achevé, pour imprimer à certains objets un caractère plus prononcé, former des réveillons et ajouter à l'effet général.

Lorsque les touches d'un tableau ont pris un ton brillant, poli et fin, on dit qu'elles sont agatifiées.

Touche se dit aussi, et dans le même sens, en parlant de l'œuvre du dessinateur au crayon.

TOUCHER (v. a.). — Exprime l'opération par laquelle le peintre pose et étend les couleurs sur le tableau. A la manière dont un tableau est touché, on reconnaît le maître qui l'a fait.

\* TOURMENTER (v. a.). Fig. 211. — Se dit en parlant du dessin, de la couleur, et quelquefois aussi de la pose des figures et de la composition du tableau.

La multiplicité des courbes et des inflexions, le premier trait surchargé d'un second qui témoigne l'incertitude du crayon, constituent ce qu'il faut entendre par un dessin tourmenté.

La couleur tourmentée est celle dont chaque teinte ne s'est pu former que du mélange d'un grand nombre de couleurs, et par des couches multipliées, imparfaitement fondues, qui demeurent confuses aux yeux, comme elles l'ont été sous le pinceau de l'artiste. Une

## ATTITUDES FORCÉES, ENSEMBLE DE COMPOSITION ET GROUPES TOURMENTÉS

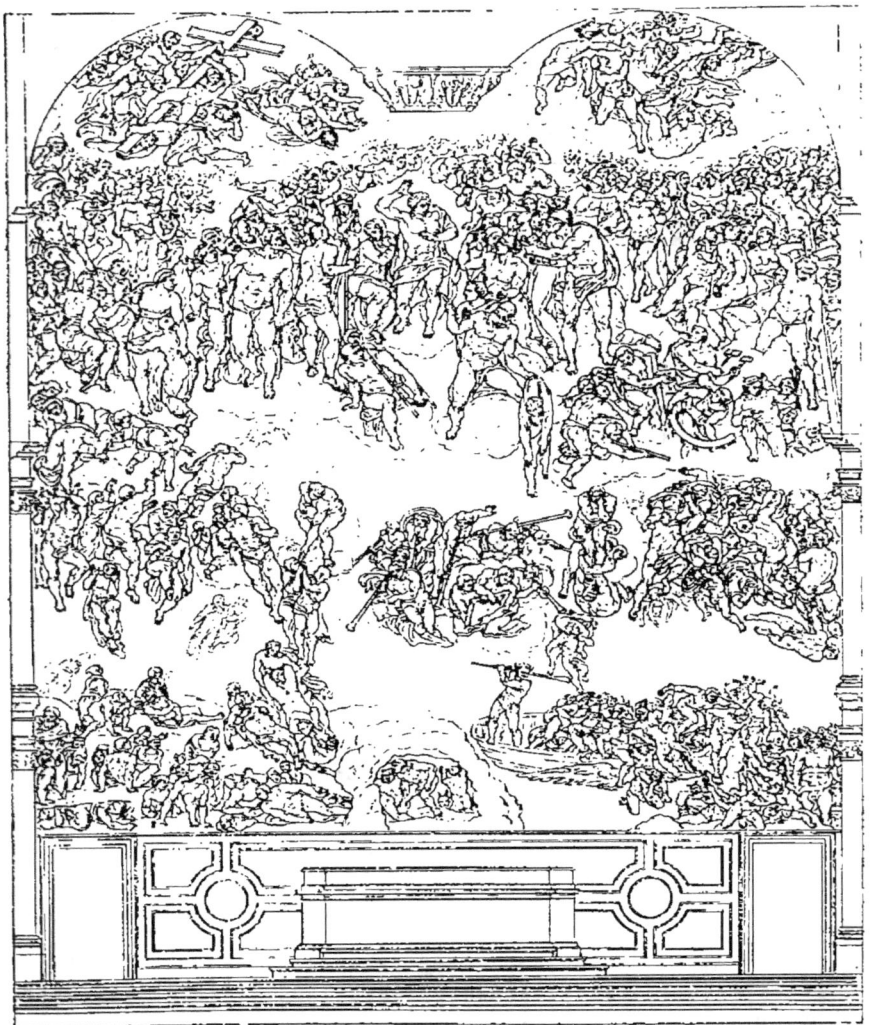

Fig. 211. — MICHELANGELO BUONARROTI (1475 † 1564). — Le Jugement dernier. Fresque (Chapelle Sixtine au Vatican, Rome).

Une *pose tourmentée* est celle pour laquelle on a fait prendre au *modèle* des *attitudes* forcées, *contrastées* avec grande *recherche*, telles que la *nature* ne les eût pas données d'elle-même, et que l'artiste n'a pu les concevoir sans se *tourmenter l'imagination*.

On reconnaît aux mêmes signes, à peu près, la *composition tourmentée*. Le Jugement dernier de Michelangelo Buonarroti abonde en *poses tourmentées* ; l'*ensemble* de la *composition* ainsi que plusieurs des *groupes* de cette *fresque* sont aussi fort *tourmentés*.

TABLEAUX. 40

pose tourmentée est celle pour laquelle on a fait prendre au modèle des attitudes forcées, contrastées avec grande recherche, telle que la nature ne les eût pas données d'elle-même, et que l'artiste n'a pu les concevoir sans se tourmenter l'imagination.

On reconnaît aux mêmes signes, à peu près, la composition tourmentée : le *Jugement dernier* de Michel-Ange (fig. 211) abonde en poses tourmentées ; l'ensemble de la composition, et plusieurs des groupes de cette fresque sont aussi fort tourmentés.

**TOURNER** (v. n.). — On dit d'un tableau qu'il tourne bien, pour exprimer que l'œil étant adroitement conduit du centre aux contours, par la succession des méplats et des tons, l'imagination se porte d'elle-même au delà, et se rend compte de la forme et de l'effet des parties postérieures dont la vue est dérobée par les parties antérieures.

On dit de même que l'air, que la lumière tournent autour d'un objet, d'une figure, pour exprimer que cet objet, cette figure, se détachent de la toile, et que l'œil a la perception, en quelque sorte, de l'espace qui les séparent du fond du tableau.

**TOUT-ENSEMBLE** (s. m.). — Se dit en parlant du résultat et de l'effet de la réunion des parties d'un ouvrage, particulièrement d'un tableau, abstraction faite du mérite de chacune de ces parties en elle-même.

De parties excellentes, prises chacune en particulier, peut résulter un tout-ensemble, fort peu satisfaisant, si ces belles parties ont été mal coordonnées entre elles ; de même qu'on obtiendrait un tout-ensemble, plus ou moins agréable, de parties dont aucune ne s'élèverait au-dessus du médiocre, si d'ailleurs toutes les règles de la composition avaient été observées, et tous les petits artifices de la peinture pratiqués avec esprit et, surtout, avec discernement.

* **TRAIT** (s. m.). Fig. 212. — Le trait est, dans le langage de la peinture, l'ensemble des lignes tant du contour de la figure, que des parties, en dedans du contour, qui peuvent être indiquées par le dessin, telles que l'enchâssement des yeux, la saillie du nez, la saillie des lèvres, l'ouverture de la bouche, les lignes les plus apparentes du système musculaire et osseux, enfin tout ce qui constitue la partie linéaire du dessin.

**TRAITER** (v. a.). — La signification de ce mot, dans la langue des arts, et dans la peinture en particulier, est la même, à peu près, que celle des verbes faire et exécuter.

Une figure bien traitée est une figure bien et soigneusement composée, dessinée et peinte ; une composition bien traitée est celle dans laquelle toutes les convenances poétiques et pittoresques, sont observées.

On dit aussi traiter un sujet, pour faire une composition et exécuter un tableau sur un sujet, bien qu'on ne pût dire, faire un sujet, exécuter un sujet.

## LE TRAIT EST TOUT CE QUI CONSTITUE LA PARTIE LINÉAIRE DU DESSIN

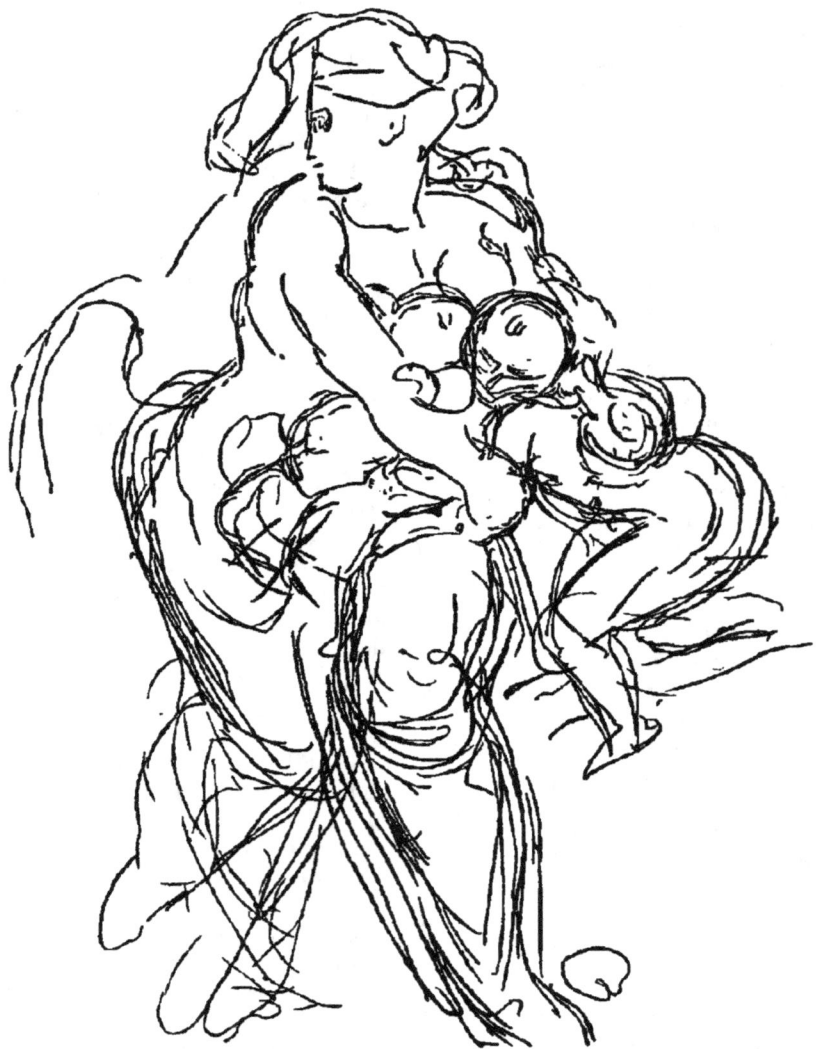

Fig. 212. — FERDINAND-VICTOR-EUGÈNE DELACROIX (1798 † 1863).
Traits pour son tableau « Médée » (Musée de Lille).

Le *trait* est, dans le langage de la peinture, l'ensemble des *lignes* tant du *contour* de la *figure*, que des parties, en dedans du *contour*, qui peuvent être indiquées par le *dessin*, telles que l'enchâssement des yeux, la saillie du nez, la saillie des lèvres, l'ouverture de la bouche, les *lignes* les plus apparentes du système musculaire et osseux, enfin tout ce qui constitue la partie *linéaire* du *dessin*.

**\* TRANCHANT** (adj.). —Tranchant se dit des couleurs qui, mises l'une auprès de l'autre, forment une opposition fortement prononcée et brusque, comme font la rencontre du blanc et du noir, le rouge mis à côté du bleu ou du vert et, en général, le rapprochement de couleurs différentes portées à un certain degré de vigueur et non fondues. Tranchant se dit aussi de l'effet qui résulte du passage de l'ombre à la grande lumière, sans dégradation de tons, sans interposition de demi-teintes.

**TRANSPARENT** (adj.). — Se dit des couleurs qui, étant couchées sur d'autres, laissent apercevoir plus ou moins ces dernières, de la même manière que ferait un verre colorié, et par là sont propres à être employées en glacis (V. GLACIS). De plus, dans le langage de l'art, transparent exprime l'effet des couleurs opaques de première couche qui se laissent voir au moyen de la transparence de celles de seconde couche. On dit, dans ce sens, que c'est par des glacis que l'on rend les couleurs transparentes; que le coloris d'un tableau est transparent, ou bien qu'il manque de transparence.

**TRAVAIL** (s. m ). — Manière dont s'exécute et dont paraît avoir été exécuté un ouvrage. Un beau travail est, dans la peinture, un beau maniement du pinceau; dans le dessin, un beau maniement du crayon.

On dit d'un ouvrage qu'il est d'un travail facile, spirituel, peiné, lourd, etc., pour exprimer l'idée qu'on se fait, en le voyant, de la manière dont il a été exécuté.

**\* TRÉZALÉ** (adj.). Fig. 213. — Se dit d'un tableau dont la surface est gercée, couverte d'innombrables rides. Cet accident a pour cause la dessiccation des couleurs dans la préparation desquelles on a fait entrer trop d'huile grasse. Les tableaux exposés à la chaleur, au soleil, et ceux qui ont été mis hermétiquement sous verre, ce qui les prive d'air, sont aussi destinés à devenir trézalés (V. GERÇURE).

**TROU** (s. m.). — Se dit en parlant de la composition et de l'effet d'un tableau. Il y a des trous dans la composition, lorsque les objets étant mal groupés, laissent voir, çà et là, le fond comme à travers plusieurs trous. Il y a des trous en ce qui concerne l'effet, quand certaines parties des premiers plans, étant du même ton que les plans reculés, fuient à l'œil et s'enfoncent à l'égal de ceux-ci.

**TUER** (v. a.). — On dit qu'une partie du tableau en tue une autre, quand, par son éclat, elle en détruit l'effet; et d'un tableau faible de couleur, que le voisinage d'un tableau vigoureux et éclatant de couleur le tue.

**TYPE** (s m.). — Image, modèle de quelque objet qui fait autorité et sert de règle pour la formation d'autres semblables images.

**UNION** (s. f.). — Se dit, en parlant du coloris, dans le même sens que le mot accord. Peut-être le faut-il entendre particulièrement de l'ac-

## TABLEAUX GERCÉS OU TRÉZALÉS, COUVERTS PAR D'INNOMBRABLES RIDES

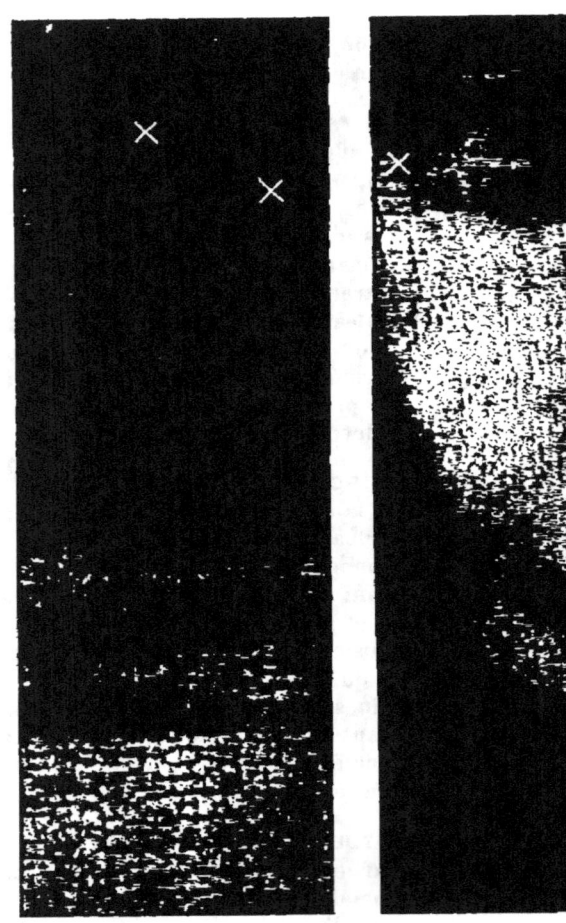
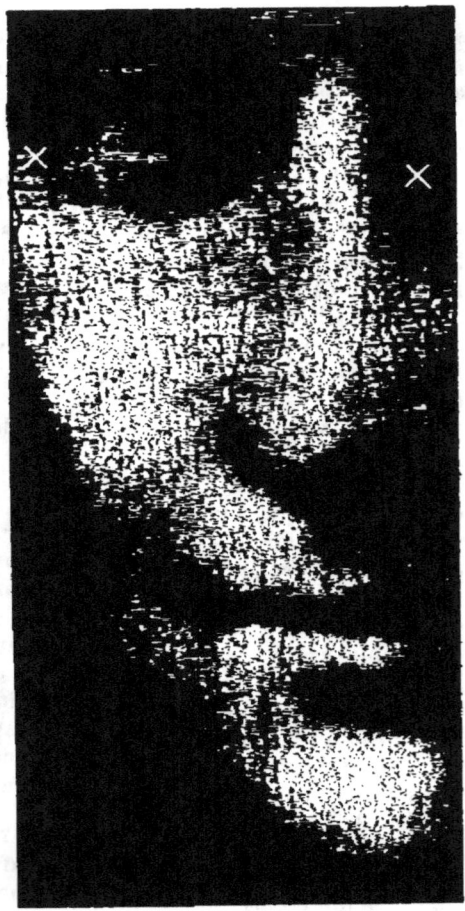

✕ NOUVEAUX REPEINTS ✕   ✕ ANCIENS REPEINTS ✕

Fig. 213. — LIONARDO DA VINCI (1452 † 1519) (*Voir* fig. 108).

Détails de « LA JOCONDE ». GRANDEUR DE L'ORIGINAL, permettant de se rendre compte que ce tableau est *trézalé*, c'est-à-dire que la peinture, en se rétrécissant, a formé d'innombrables rides, et que des *écailles* détachées ont été *repeintes*.

Aussi bien faits que soient les *repeints* (et ce n'est pas le cas de ceux que nous signalons ci-dessus ✕), ils n'échappent pas au connaisseur, qui reconnaît à cela qu'un tableau a subi des *restaurations*. De même que les anciens repeints se distinguent du travail primitif, les nouveaux sont plus visibles que les anciens.

On dit d'un *tableau* dont la surface est *gercée*, couverte d'innombrables rides, qu'il est *trézalé*. Cet accident a pour cause la dessiccation des couleurs dans la préparation desquelles on a fait entrer trop d'huile grasse. Les *tableaux* exposés à la chaleur, au soleil, et ceux qui, privés d'air par une erreur regrettable, ont été mis hermétiquement sous verre, sont aussi destinés à devenir *trézalés*. — (V. APPENDICE, pages 531 à 536 .

cord qui résulte de la dégradation et du jeu des tons contigus; ce mot est de ceux dont on use peu, lorsqu'on n'est pas prodigue de termes vagues.

\* UNITÉ (s. f.). Fig. 214. — La peinture est, plus incontestablement encore que le théâtre, soumise à la règle des trois unités d'action, de temps et de lieu, auxquelles il faut, pour elle, en ajouter une quatrième.

L'unité d'action ou de sujet, consiste dans la représentation d'un fait principal auquel tous les personnages de la composition participent de telle sorte, qu'alors même qu'ils fixent, chacun séparément, l'attention du spectateur, celui-ci ne saurait se rendre raison du caractère particulier et de l'action d'aucun d'eux, qu'en en cherchant le motif dans sa participation à ce fait principal, et sans être, par cette recherche, ramené au développement et à l'explication du sujet du tableau.

La règle de l'unité de temps est surtout rigoureuse pour le peintre qui, dans l'action même la plus compliquée, n'a à saisir et à représenter qu'un seul instant, l'instant présent, si rapide! Seulement, il peut quelquefois, à l'aide des épisodes et des accessoires, rappeler ce qui s'est passé le moment d'avant, faire pressentir ce qui va se faire le moment d'après, mais sans jamais représenter en effet ce qui n'est plus, ou ce qui n'est pas encore, relativement au sujet actuel du tableau. Les licences du genre romantique elles-mêmes ne vont pas jusqu'à ramener le temps où un peintre représentait sur une même toile toutes les circonstances de la vie d'un personnage, comme, par exemple, l'histoire de Joseph depuis son enfance jusqu'à sa mort dans la terre d'Égypte, ou seulement tous les événements d'une journée concernant un même événement, comme on voit dans quelques tableaux des premiers temps de la Renaissance, les diverses circonstances de la Passion.

Il semble que les limites du cadre du tableau et l'instantanéité de l'action dussent être, pour la peinture, une garantie suffisante de l'unité du lieu, sans qu'il fût besoin d'autre avertissement sur cette troisième unité; il n'en est rien cependant. A part même ces vieux maîtres qui, sans nulle difficulté, faisaient passer le spectateur de la vallée d'Hébron dans les palais de Memphis, ou l'envoyaient du tribunal de Caïphe à celui de Pilate; certains peintres se sont quelquefois laissés aller à enfreindre la règle d'unité de lieu. Citons, pour exemple fameux, le *Brutus* de David, dans lequel il a partagé en deux chambres contiguës la scène de son tableau. Or, bien que de ce parti hardi, résultent un beau développement du sujet et une situation infiniment pathétique, on peut remarquer que l'effet en est désagréable.

La quatrième unité voulue pour la peinture, est l'unité d'objet, laquelle résulte de la suite et du mouvement de la ligne de composition, du balancement et de l'arrangement des masses subordonnées les unes aux autres, de la marche de la lumière et de la com-

**TOUS LES PERSONNAGES D'UNE COMPOSITION PARTICIPENT A L'UNITÉ D'ACTION**

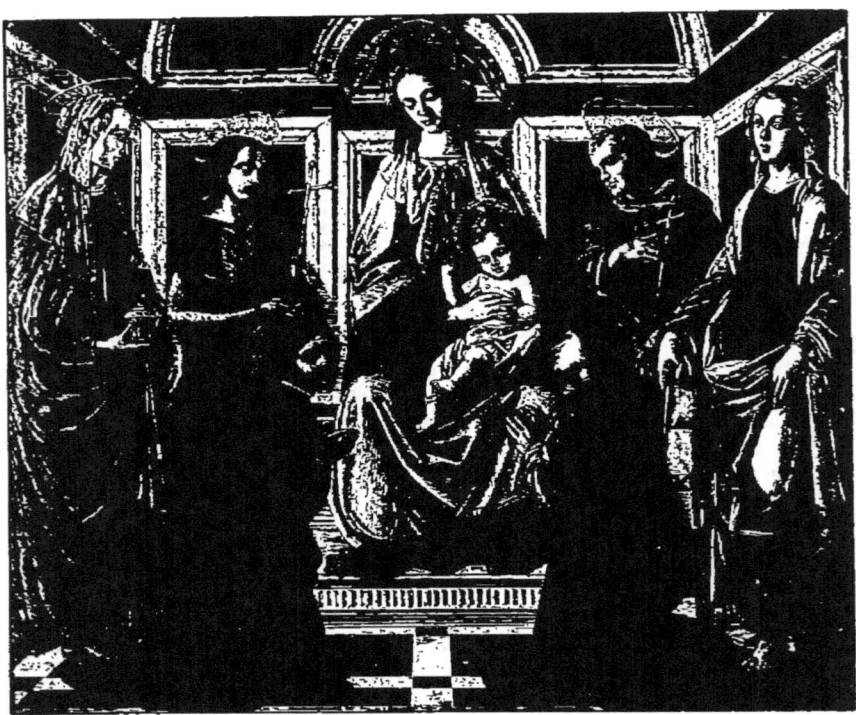

Fig. 214. — ALESSANDRO FILIPEPI, DIT SANDRO BOTTICELLI (1447 † 1510).
La Vierge et l'Enfant Jésus entourés de Saint Jean-Baptiste, Sainte Marie-Madeleine, Saint François et Sainte Catherine martyre, et adorés par Saint Côme et Saint Damien (Académie des Beaux-Arts, Florence).

L'*unité d'action* ou de sujet, consiste dans la représentation d'un fait *principal* auquel tous les *personnages* de la *composition* participent de telle sorte, qu'alors même qu'ils fixent, chacun séparément, l'attention du spectateur, celui-ci ne saurait se rendre raison du *caractère* particulier et de l'action d'aucun d'eux, qu'en cherchant le motif dans sa participation à ce fait *principal*, et sans être, par cette recherche, ramené au *développement* et à l'explication du sujet du tableau.

binaison des couleurs, tout cela tellement conçu et disposé, que la vue, sur quelque point qu'elle se porte, soit machinalement conduite vers un point principal, d'où, sans peine, elle embrasse simultanément l'ensemble du tableau, et en est agréablement affectée, quel que soit le mérite du sujet et de la composition : un paysage vague, dénué de personnages et où ne se manifeste aucune intention poétique, un tableau de fleurs, le tableau de nature-morte le plus insignifiant, sont susceptibles de cette espèce d'unité.

Ces tableaux la requièrent plus rigoureusement même que le tableau d'histoire, dont la vue parcourt l'étendue à la suite en quelque sorte, de la pensée, indépendamment de ses penchants naturels. Toutefois, l'unité d'objet, résultant des moyens que nous venons de dire, concourt puissamment aussi à l'effet du tableau d'histoire.

VAGUE (adj.). — Se dit de la couleur, particulièrement quand elle s'applique à des objets de forme indéterminée, comme l'apparence bleue de l'espace, les nuages du ciel, les vapeurs de la terre.

Dans ce cas, couleur vague se prend en bonne part.

Au contraire, le vague de la couleur est un défaut dans la représentation d'objets réguliers et positifs, en quelque sorte, dont elle efface et amollit les contours, dont elle rend les formes indécises. Quelquefois aussi ce vague est un artifice du coloriste, favorable à l'harmonie, et qui tend à rendre avec vérité la succession insensible des tons, le mélange et la fusion des couleurs qu'on observe en effet dans la plupart des objets colorés, par la nature elle-même.

VALEUR (s. f.). — Degré d'élévation, effet d'un ton de couleur, relativement aux tons avoisinants. On dit en ce sens qu'un ton manque de valeur ; qu'il faut éteindre certains tons pour donner de la valeur à d'autres, ou bien qu'il faut rehausser ceux-ci pour les porter à la valeur convenable.

VAPOREUX (adj.). — Se dit des ciels et des lointains, quand le peintre est parvenu à rendre l'effet de la vapeur légère dont se forment les nuages, et celui de l'atmosphère, alors qu'il voile plus ou moins les objets placés à une grande distance de nos yeux.

\* VARIÉTÉ (s. f.). Fig. 215. — La variété dont quelques auteurs ont, sans grande raison, fait un principe essentiel du beau, est du moins une chose fort agréable, particulièrement dans les arts qui ont pour but de flatter les sens. Le peintre doit surtout ne pas négliger de varier la nature, le caractère, les attitudes, les airs de tête de ses personnages, la forme et la disposition des masses des objets accessoires.

Trop souvent le peintre a dans l'imagination le type d'un petit nombre de figures, qu'il reproduit toujours les mêmes, posées, groupées, ajustées d'une même manière, jusque-là qu'il suffit quelquefois de ces caractères de tête, de ces habitudes de pose, d'ajustement, de

## LA VARIÉTÉ, DANS LES ARTS, DOIT AVOIR POUR BUT DE FLATTER LES SENS

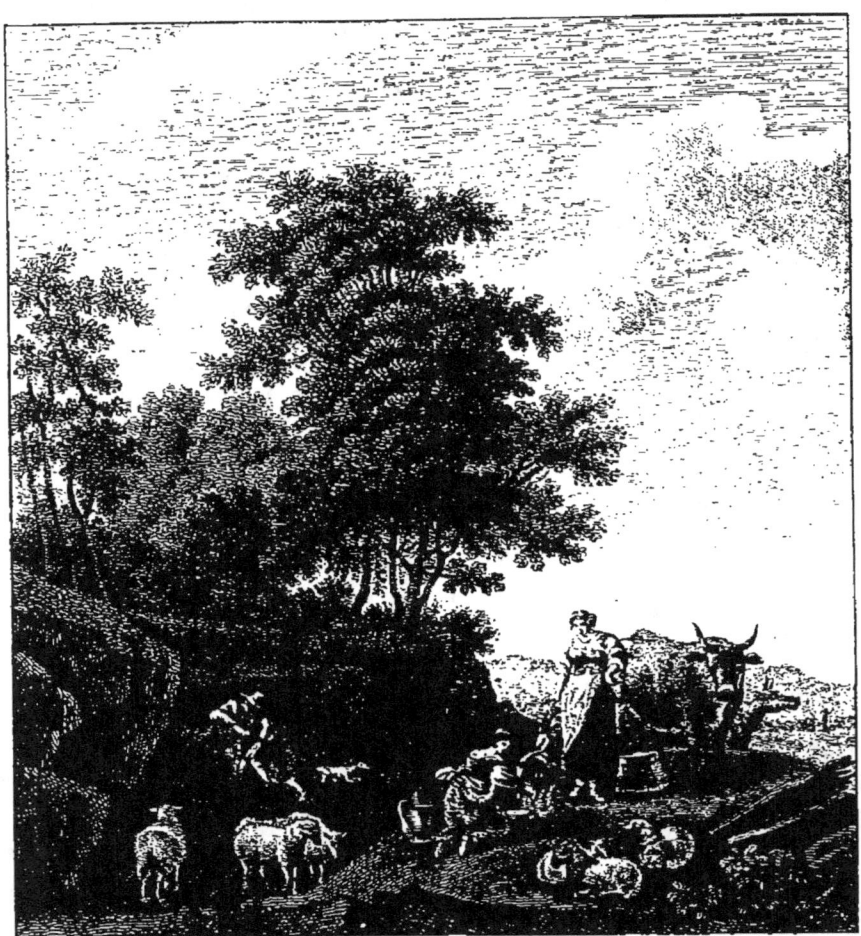

Fig. 215. — NICOLAS-PIERRE BERGHEM, ou BERCHEM (1620 † 1683).
Paysage avec figures et animaux.

La *variété* dont quelques auteurs ont, sans grande raison ce nous semble, fait un *principe* essentiel du *beau*, est du moins une chose fort agréable, particulièrement dans les arts qui ont pour but de flatter les sens.
  Le peintre doit surtout ne pas négliger de *varier* la *nature*, le *caractère*, les *attitudes*, les *airs* de *tête* de ses *personnages*, la *forme* et la *disposition* des *masses* des objets *accessoires*.

TABLEAUX. 41

composition, pour faire reconnaître les ouvrages d'un maître, ou même ceux de toute une École.

**VÉRITÉ** (s. f.). — On dit des fleurs, des fruits, d'une étoffe, d'un bas-relief en grisaille, et autres semblables objets de nature morte, qu'ils sont peints avec une grande vérité, qu'ils sont d'une grande vérité. On le dit des figures d'animaux, et quelquefois même d'un portrait. On ne le dirait pas en parlant des figures d'une composition de style élevé, sur un sujet plus ou moins compliqué, plus ou moins animé, pour la beauté et l'effet desquelles l'auteur aurait dû avoir recours à l'idéal, et substituer la créature de l'art, en quelque sorte, à l'être de la nature. Non que dans ces tableaux aussi, beaucoup de choses ne doivent être conformes à la vérité; mais celles-là, on les qualifie d'ordinaire par l'adjectif vrai (V. VRAI).

\* **VIE** (s. f.). Fig. 216. — S'entend, dans le langage de l'art, de l'apparence de la vie que la peinture doit donner à ses imitations insensibles, et immobiles. On dit, dans ce sens, que les figures des tableaux de la seconde période de la Renaissance de l'art manquent de vie, ce qui trop souvent se peut dire aussi d'ouvrages des temps postérieurs.

**VIGOUREUX** (adj.). — Se dit du coloris, alors que les teintes et les tons, portés à un haut degré d'intensité, et cependant convenablement dégradés, forment des oppositions vives avec les clairs, et accusent franchement et fortement les formes. Se dit aussi du dessin, alors que le crayon accuse d'un trait ferme, des formes ressenties.

**VIGUEUR** (s. f.). — Qualité propre au coloris ou au dessin vigoureux. Dans le langage de l'art on appelle vigueurs, au pluriel, des parties de brun opposées à des parties claires, des touches vigoureuses que l'on ménage à dessein, ou que l'on donne après coup, pour ajouter à l'effet du tableau. Dans cette acception, vigueur ne s'emploie pas au singulier. On dit qu'il y a dans un tableau de la vigueur en général, ou bien qu'il y a des vigueurs distribuées à propos. On ne dirait pas qu'il y a une vigueur sur tel point, et une autre sur tel autre point.

**VOTIF** (adj.). — TABLEAU VOTIF. Nous entendons, par cette expression, tout tableau offert à une église, une chapelle ou autres lieux consacrés, en action de grâces d'un bienfait obtenu par un particulier ou une famille.

Ce tableau peut être ou la déclaration de l'offrande ou du vœu, et être quelquefois lui-même l'objet offert pour l'accomplissement du vœu (V. DONATEUR et EX-VOTO).

**VRAI** (adj.). — Dans le langage de l'art, vrai a même sens que propre à une chose, particulier à une chose. Suivant cette acception, il se dit en parlant de l'expression des passions, et du coloris. L'expression vraie est la représentation des mouvements du corps et de la physionomie qui résultent naturellement de l'affection, de la pas-

## APPARENCE DE VIE QUE LA PEINTURE DOIT DONNER A SES IMITATIONS

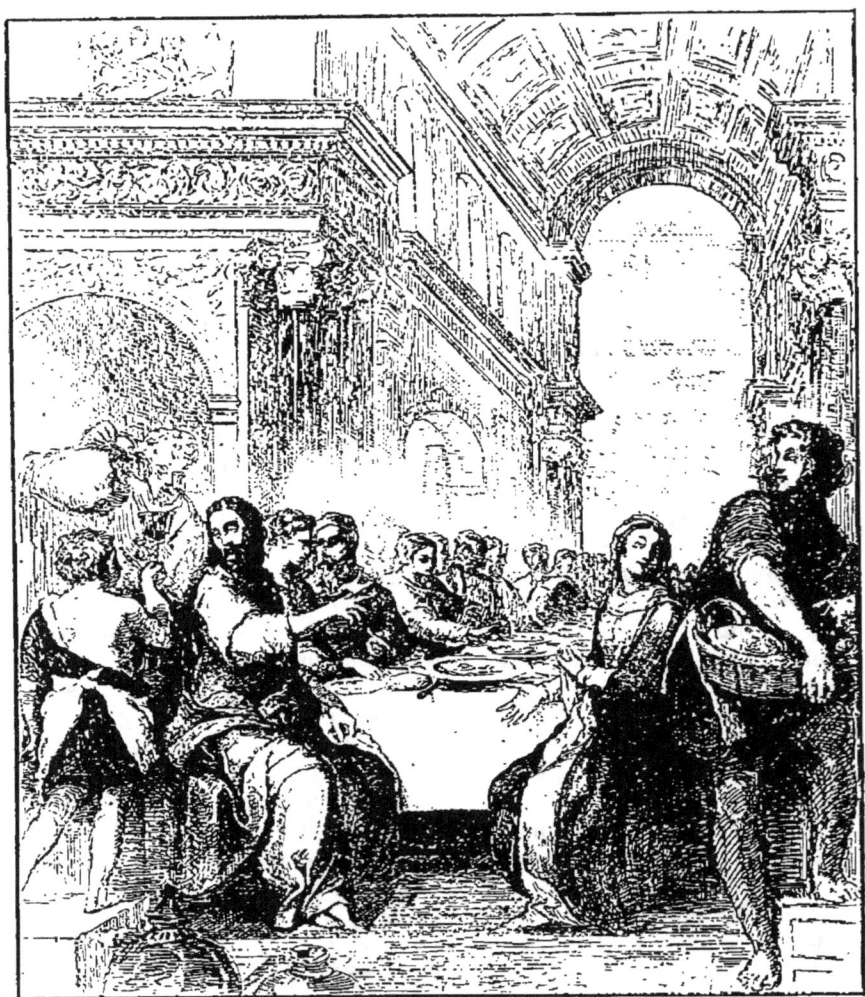

Fig. 216. — Jean Cousin? (1500? † 1589?). — Jésus aux noces de Cana.
Attribution erronée (Musée de Rennes).

On entend par *vie*, dans le langage de l'art, l'apparence de la *vie* que la *peinture* doit donner à ses *imitations* insensibles et immobiles.

On dit, dans ce sens, que les *figures* des *tableaux* de la seconde période de la Renaissance de l'art manquent de *vie*, ce qui trop souvent se peut dire aussi d'ouvrages des temps postérieurs.

sion, dont le sujet est ému. La couleur vraie, la lumière vraie, le ton vrai, sont la représentation de la couleur, et celle de la manière d'être éclairé et de recevoir et porter les ombres, propres à l'objet, dans la position et sous le jour donnés (*V.* VÉRITÉ).

**VUE** (s. f.). — Représentation exacte, le portrait en quelque sorte d'un site, d'un paysage, d'un édifice et des lieux qui l'environnent.

\* **YEUX** (s. m.). Fig. 217. — Yeux d'une draperie, sont les points où se cassent les plis. Le caractère général de la forme des yeux est déterminé par la nature de l'étoffe et le volume de la draperie. Pour ne pas s'y tromper, le peintre doit consulter le modèle, dans son étendue ordinaire. C'est dans les yeux des plis des étoffes que les artistes ont occasion d'exprimer la forme la plus sentie de leurs draperies, par la touche et par l'effet des lumières et des ombres. C'est par les yeux que les étoffes se caractérisent; ils sont aigus dans le taffetas et le satin, plus ronds dans la serge ou le drap, plus fins dans les linges et autres étoffes molles et très légères. Ainsi, il n'y a pas de manière unique qu'on puisse choisir exclusivement pour les yeux des étoffes ou des draperies, parce que la nature en offre de très variés.

Le genre de l'histoire n'est pas susceptible de ces différences, parce que les anciens se servaient des mêmes étoffes; cependant elles devenaient différentes suivant leurs usages, le sexe et le rang des personnages qui s'en revêtaient; ainsi, un artiste peut toujours varier les yeux dans les plis de ses étoffes, et suivre en cela les exemples que lui fournissent la peinture et la sculpture antiques (*V.* MANNEQUIN).

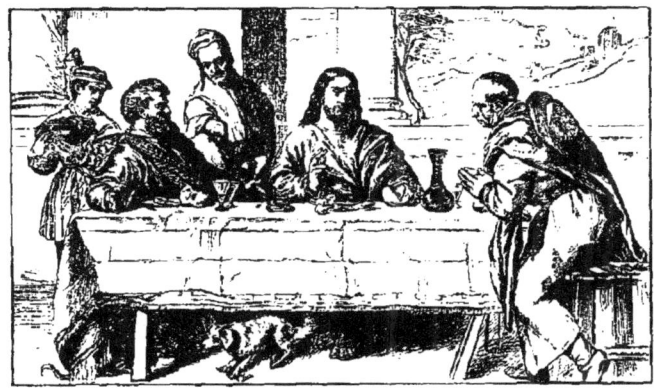

Fig. 217. — TIZIANO VECELLI, dit LE TITIEN (1477 † 1576). Les Pèlerins d'Emmaüs (Musée du Louvre, Paris).

C'est par les *yeux* que les *étoffes* et les *draperies* se *caractérisent*; ils sont aigus dans le taffetas et le satin, plus ronds dans la serge ou le drap, plus fins dans les linges très légers.

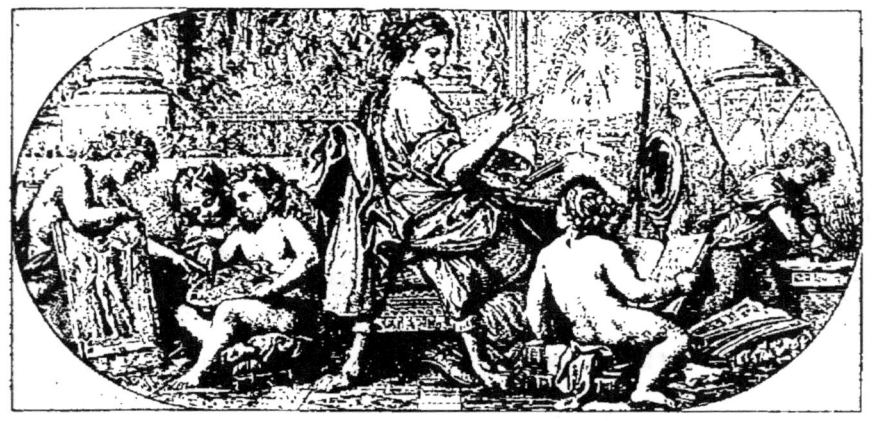

Fig. 218. — CLAUDE AUDRAN (1597 † 1679). — La Peinture (Allégorie).

## APPENDICE AU TERME ÉCOLES*

En ce qui concerne les arts du dessin, on entend par ÉCOLE une série d'artistes qui, ayant une origine commune, ont illustré une nation ou une contrée, et dont la caractéristique, la manière, offrent des ressemblances ; c'est ainsi que l'on désigne par les mots *École française*, les œuvres dues aux artistes français. Ce qui distingue les *Écoles* entre elles, c'est que chacune représente le tempérament de son climat et de son pays ; la manière d'interpréter la nature a donné lieu à leur diversité.

On se sert aussi du mot *École* pour indiquer qu'un tableau est de l'élève d'un grand Maître, qu'il est exécuté dans le même genre, le même style, que ceux de ce Maître, ou se rapproche de sa manière ; c'est dans ce sens qu'on dit *École* de Raphaël, de Léonard de Vinci, etc.

### NOTE SUR LES ÉCOLES ITALIENNES.

#### LES PRIMITIFS ITALIENS.

Les primitifs italiens, du treizième au milieu du quinzième siècle, sont divisés en : *École Siennoise, École Florentine, École de Giotto*, puis vient l'*École de Padoue*. Leurs sujets, d'une conception mystique et contem-

---

\* Nous n'avons pas la prétention de définir, en quelques lignes, la caractéristique des *Écoles de peinture*, d'en étudier et signaler les divisions, et d'analyser les manières des peintres célèbres ; nous nous en occuperons dans un prochain travail, accompagné de nombreuses reproductions documentaires. Nous étudierons en outre : 1° les diverses maladies dont les tableaux sont particulièrement atteints ; 2° les trois mille quatre cent cinquante-sept homonymes classés par Écoles, et comment les distinguer ; 3° les experts et les expertises ; les artifices mis en pratique ; 4° les répliques, les repeints, les imitations et les copies ; 5° le patinage des tableaux à tournures ; 6° les tableaux faux et l'inexpérience des acheteurs ; 7° les idées erronées sur la valeur des tableaux ; les prix d'autrefois et les prix d'aujourd'hui ; 8° la jurisprudence en matière d'art ; 9° les méfaits de la restauration ; les nettoyages, les remises à neuf et les réparations ; 10° les bordures et les cadres, 11° la construction et l'éclairage des galeries ; le soleil, et la lumière artificielle ; la mise sous verre et le placement des tableaux ; l'optique et la couleur ; 12° les tableaux détruits, volés ou perdus.

plative, sont empruntés à l'art byzantin ; les attitudes et la physionomie des personnages, ainsi que l'expression des sentiments qui les animent, ont un accent de vérité ; le lointain est inspiré par la nature, quelque peu idéalisée. Dans les œuvres du commencement du quinzième siècle, principalement, on distingue une foi profonde, exprimée avec candeur.

L'*École de Padoue* ne se discerne par aucun caractère bien tranché, sinon par une certaine science du clair-obscur et par la suavité de la touche ; le style en est délicatement travaillé et les compositions sont empreintes d'une grande émotion.

### LES ÉCOLES ITALIENNES AUX QUINZIÈME ET SEIZIÈME SIÈCLES.

Vers le milieu du quinzième siècle, on compte, en Italie, quatre *Écoles* qui ont chacune un caractère bien défini : l'*École Florentine*, l'*École d'Ombrie* ou *Romaine*, la première période de l'*École Vénitienne* et l'*École Milanaise*.

Les sujets de l'*École Florentine* sont d'une composition et d'un dessin pleins de vérité et de correction, d'un style élevé, d'une austérité de couleur et d'une expression de force et de grandeur.

Ceux de l'*École d'Ombrie* ou *Romaine* ont un coloris éclatant et moelleux tout à la fois ; on y remarque la science du dessin, la noblesse de la composition, la justesse de l'expression, la suprême beauté des formes.

La première période de l'*École Vénitienne*, fin du quinzième siècle, est caractérisée par des compositions symétriques, à figures multiples, d'un travail achevé ; toutefois le dessin en est moins recherché et la forme plus négligée que le coloris. Ce fut à Murano que la peinture vénitienne se constitua ; son coloris est vif, riche ; l'ensemble, les attitudes des personnages, se ressentent de l'influence du moyen âge.

L'*École Milanaise* marque, de la fin du quinzième au commencement du seizième siècle, la transition entre la manière des primitifs et celle des peintres de la grande période de l'art, c'est-à-dire du seizième siècle, dont la noblesse de la composition, la correction du dessin, celle des contours vaporeux ainsi que le fondu des teintes n'ont jamais été, sinon égalés, du moins dépassés.

Après avoir atteint la perfection dans la morbidesse, ainsi que dans des conceptions d'une grandeur incontestable, les peintres de l'*École d'Ombrie* ou *Romaine* tombèrent dans le maniérisme et le coloris conventionnels.

Le seizième siècle est l'âge d'or de l'*École Italienne* ; les tempéraments des chefs d'*Écoles*, quoique différents, témoignent d'un dessin impeccable, et d'un coloris incomparable. — La deuxième période de l'*École Vénitienne*, seizième siècle, est l'apogée de sa splendeur ; on ne peut que louer sa science du dessin, ses compositions éclatantes et luxueuses, son entente de la décoration, sa somptuosité du coloris. — L'*École de Parme* cherche, dans un style gracieux, séduisant, et par un coloris brillant, à combiner les qualités diverses des *Écoles* que nous venons d'énumérer.

La troisième période de l'*École Vénitienne*, fin du seizième siècle et premières années du dix-septième, empreinte d'un sentiment décoratif harmonieux et d'un grand éclat, affirme le souci qu'un grand nombre de ses peintres ont d'un dessin exact, d'une étude consciencieuse de la nature.

Les diverses *Écoles Italiennes* exercèrent, sur la direction de l'art, une influence extraordinaire qui dura près de deux siècles; elles ont démontré que la magie du clair-obscur résulte des juxtapositions de l'ombre avec l'ombre, de la lumière avec la lumière, disposées par grandes masses et graduées progressivement.

Il est intéressant de remarquer que c'est à leur influence qu'est due, vers la fin du dix-huitième siècle, la transformation de l'*École Française*.

### DÉCADENCE DES ÉCOLES ITALIENNES.

La décadence de l'*École Italienne* commence avec le dix-septième siècle; son éclectisme a pour centre Bologne; puis elle devient naturaliste.

Dans l'*École de Naples*, la dernière en date, les artistes font preuve d'une grande facilité d'exécution dans le coloris et les effets.

Quoique vers la fin du dix-septième siècle, la décadence de l'*École Italienne* soit complète, le rendu compliqué, les figures sans caractère, et que l'exagération du modelé ait tourné au maniérisme, ses œuvres du commencement du dix-neuvième siècle sont d'une pauvreté plus encore déconcertante, soit qu'on les compare à celles des dix-septième et dix-huitième siècles, soit surtout si on les analyse avec celles des maîtres de la seconde période de la Renaissance italienne.

Le grand mouvement imprimé à la peinture par les primitifs italiens des quatorzième et quinzième siècles ne s'arrêta pas à l'Italie. Modifié dans son essence comme dans son application, selon le génie des différents peuples d'Europe, cet art fut cultivé en France, en Espagne, en Allemagne, dans les Flandres, en Hollande et en Angleterre, et partout il donna naissance à autant d'*Écoles*.

### NOTE SUR L'ÉCOLE FLAMANDE.

Dès le milieu du quinzième siècle, l'*École Flamande*, l'*École de Bourgogne* et l'*École de Bruges* entrent en rivalité avec les plus célèbres *Écoles d'Italie*; elles doivent beaucoup, dès leur origine, à l'*École de Cologne*, la deuxième en date des *Écoles* célèbres de l'Occident; influencées par les traditions gothiques, elles tendent au réalisme. Les représentations des personnages, d'un fidèle rendu, expriment une profonde piété.

### INFLUENCE ITALIENNE SUR L'ÉCOLE FLAMANDE.

Pendant le seizième siècle l'*École Flamande* se ressent de l'influence italienne jusqu'à ce que, vers la fin de ce siècle, et au commencement du dix-septième, elle retrouve son caractère national, caractérisé par une composition ample et riche, des formes plantureuses, robustes, pleines de vie, un peu vulgaires, sensuelles ; par l'amour de la couleur et de la réalité, et par une singulière vigueur d'expression.

Le dessin en est bien construit, on y retrouve les dons d'invention, d'ordonnance, une grande chaleur, du mouvement, un vif éclat.

### NOTE SUR L'ÉCOLE HOLLANDAISE.

L'*École Hollandaise* (dix-septième et dix-huitième siècles) est surtout remarquable par la vérité du coloris et le fini du travail. Particulièrement fidèle à l'amour de la nature et à la patiente représentation des scènes de la vie commune, bourgeoise et familière, elle sait interpréter l'une et l'autre avec un tact souvent merveilleux ; aussi les artistes de haut mérite, que compte cette *École*, sont-ils nombreux.

### NOTE SUR L'ÉCOLE ALLEMANDE.

L'*École Allemande*, qui dérive de l'*École Byzantine*, rompit avec ses traditions et dès lors se proposa l'étude de la nature réelle.

Nous avons dit précédemment que l'*École de Cologne* est la deuxième en date des *Écoles* célèbres de l'Occident, nous pouvons ajouter que l'*École du Haut-Rhin*, avec Colmar pour siège, l'*École de Souabe* dont Augsbourg et Ulm furent les centres importants, l'*École de Franconie* et l'*École de Prague* la suivirent de près.

Ces *Écoles* du quinzième et du commencement du seizième siècle sont d'une conception étrange, douloureuse même, empreintes de grandeur et de pittoresque, d'une réalité prodigieuse s'affirmant par le sentiment le plus franc de la vie reproduite dans ses types et ses costumes.

Le développement de la peinture en Allemagne fut gêné par les règlements des corporations, et s'accommoda mal avec la Réforme. L'*École d'Augsbourg*, qui compte Hans Holbein le jeune parmi ses membres, fut célèbre, éclatante. Nous passerons rapidement sur le dix-septième siècle, pour signaler la formation de la seconde *École Allemande*, à la fin du dix-huitième.

### NOTE SUR L'ÉCOLE ESPAGNOLE.

L'influence de l'*École Flamande* tout d'abord, puis celle de l'*École Italienne*, se firent sentir dès le début de la peinture en Espagne. Vers le milieu du seizième siècle une réaction s'oppose à l'envahissement du caractère italianisant ; une note ardente, extatique domine.

L'*École de Séville*, la plus importante, est classique, coloriste ; elle se rattache à l'*École Vénitienne*. L'étude de la nature y domine, l'idéal est élevé et sentimental, et la vie rendue avec une grande puissance, quelquefois avec facilité; le modelé est large, le coloris flexible. Vers la fin du dix-huitième siècle, son expression devient réaliste, souvent bizarre; sa couleur est éclatante et sombre, puis l'*École Espagnole* traverse une période de dégénérescence.

### NOTE SUR L'ÉCOLE ANGLAISE.

L'*École Anglaise,* la dernière en date, ne remonte qu'au commencement du dix-septième siècle. Elle évolue sous l'impulsion des artistes de l'*École Flamande* qui l'avaient fondée, et sous celle des artistes hollandais.

Le protestantisme bannissant la représentation religieuse, l'*École Anglaise* s'est peu à peu adonnée à la peinture de genre et de paysage, et au portrait. Ce qui caractérise cette *École*, qui se développe vers la fin du dix-huitième et pendant le dix-neuvième siècle, c'est l'absence d'idéal, la recherche du gracieux, et un coloris qui plaît, quoique dénué de vigueur; elle ne doit rien aux autres *Écoles*. Une peinture anglaise se fait reconnaître par l'œil le moins exercé; l'invention, le goût, le dessin, la couleur, la touche, le sentiment, tout diffère. C'est un art autochtone, raffiné, bizarre, mais toujours aristocratique, d'une élégance mondaine et d'une grâce fashionable; l'antiquité n'a rien de commun avec lui.]

### NOTE SUR LES ÉCOLES FRANÇAISES.

C'est dans l'art du vitrail, dans les miniatures et les manuscrits historiés, qu'il faut rechercher les origines de la peinture française, et son dégagement, au quatorzième siècle, de l'influence byzantine.

Les miniatures des quatorzième et quinzième siècles, que nous avons étudiées dans le tome septième de nos *Connaissances nécessaires aux Bibliophiles,* sont d'une exécution parfaite, témoignent d'une imitation naïve de la nature, d'un grand fini de détails, sans puérilités, ni sécheresses.

#### LES PRIMITIFS FRANÇAIS.

La première période de l'*École Française,* comprend les primitifs du règne de Charles VI (1380-1422), puis ceux de l'*École de Bourgogne*; de l'*École Franco-Flamande* (milieu et fin du quinzième siècle); de l'*École de Touraine* et de l'*École d'Avignon* (seconde moitié du quinzième siècle); de l'*École de Valenciennes* (vers 1480); et de l'*École de la Loire* (fin du quinzième siècle). — Dès les premières années du seizième siècle, l'*École Française* reçoit une influence piémontaise considérable.

#### INFLUENCE DE L'ÉCOLE ITALIENNE AU SEIZIÈME SIÈCLE.

Lors du séjour que les artistes italiens firent en France, Fontainebleau, pendant le règne de François 1$^{er}$, devient un centre d'italianisme, connu sous le nom d'*École de Fontainebleau,* caractérisée par un style allégorique et mythologique, élégant, capricieux, séduisant, mais peu sincère.

A dater de 1530, la manière italienne, d'une exagération pompeuse et prétentieuse, se substitue aux traditions nationales françaises.

### L'ÉCOLE FRANÇAISE AU DIX-SEPTIÈME SIÈCLE.

Si, pendant le seizième siècle, l'*École Française* n'occupe qu'une place secondaire, le dix-septième siècle en est l'âge d'or. En effet, vers la fin du règne de Louis XIII (1643), elle compte dans la peinture d'histoire, le paysage et le portrait, des maîtres de premier ordre : peintres de sentiments, de scènes mythologiques ou de sujets empruntés à l'antiquité classique et chrétienne, et paysagistes de genre historique. L'éclectisme italien est remplacé par l'influence de l'*École Flamande*.

Pendant la seconde moitié du dix-septième siècle, toute liberté dans l'art est proscrite, l'*École Française* est officielle; la peinture riche et somptueuse, fastueuse, est alliée à l'architecture.

### L'ÉCOLE FRANÇAISE AU DIX-HUITIÈME SIÈCLE.

De même que l'*École Française* du dix-septième siècle, celle du dix-huitième, se divise en deux périodes.

La première est d'une manière dans laquelle domine la recherche du joli et de l'afféterie, et remplace celle du beau et du grand style.

Un art frivole, séduisant et sensuel en est la caractéristique ; art d'une pauvre inspiration, d'une facile invention, insignifiante, et d'un esprit d'observation pour ainsi dire nul, médiocre dans ses moyens d'expression, manquant de naturel et de vérité, de puissance et de largeur; l'exécution en est lâchée, la vraie nature, négligée, est remplacée par l'adresse du métier.

Si la science du dessin en est pour ainsi dire absente, le coloris plaît, produit un certain effet, est agréable dans certaines œuvres. La fadeur en est relevée par quelques tons aigres, d'un dessin maigre et pointu, mais d'une exécution assez adroite.

La seconde période se ressent des influences flamande et hollandaise. L'art pictural est bourgeois et familier, moraliste et sentimental, et produit des œuvres vraies, procurant des sensations intimes et saines.

Vers la fin du dix-huitième siècle, une réaction, archéologique et classique, commence à se dessiner; les encyclopédistes et les philosophes, le retour à l'antiquité, contribuent à l'avènement du *Classicisme*.

### L'ÉCOLE FRANÇAISE AU DIX-NEUVIÈME SIÈCLE.

Au commencement du dix-neuvième siècle, les chefs de la nouvelle *École* font appel à de sévères études; leur idéal est fait d'art grec et romain. Toutefois leurs œuvres, sujets héroïques, nobles de pensées et de style, tombent, comme toute œuvre de réaction, dans une exagération opposée à celle qu'elle voulait combattre. En cherchant la beauté austère de la forme et en s'attachant, par-dessus tout, à la reproduction du nu, ces chefs introduisent, en quelque sorte, la sculpture dans le domaine de la peinture. De cette *École Impériale* sont sortis des peintres éminents, *Luministes* et *Romantiques*, qui abandonnent le point de vue exclusif de leurs Maîtres et font rentrer l'art pictural dans ses limites.

Les *Luministes* savent varier les effets dans l'éclairage des corps, tirer un grand parti du clair-obscur, et donner une harmonie calme aux figures et sourde aux intérieurs.

La véritable doctrine de l'*École Romantique* est la liberté dans l'art; cette *École* s'affranchit de la convention et des traditions dites classiques; amoureuse du pittoresque, elle substitue le caractère à la beauté.
Paganique et religieuse tour à tour l'*École Romantique* s'engoue pour l'Orient et la chevalerie du moyen âge, et rompt avec le *Classicisme*. La technique en est habile, large, puissante; ses interprétations poétiques, ses compositions expressives, mouvementées et non torturées; la couleur en est remarquable. Elle a la science des Maîtres de Venise et de ceux des Pays-Bas, avec un sentiment de composition naïf et réel qu'on dirait renouvelé de Rembrandt, et le grand goût d'arrangement des Le Brun et des Lemoyne. Les *Romantiques* traduisent, dans le plus énergique langage, les tendances littéraires de leur époque, ses besoins de vérité, en même temps que ses aspirations lyriques.

Des idées opposées, tolérantes et conciliantes, modérées, forment le groupe des *Éclectiques*, qui engendre celui des *Néo-Grecs*. Cet *Éclectisme* règne en peinture pendant les premières années du second Empire; les diverses *Écoles*, les divers groupes, semblent s'être fondus en une nouvelle *École* dont Paris est le centre, quoique nous ayons à signaler les *Écoles des Provinces* dont l'influence est, pour ainsi dire, nulle.

L'influence du Poussin et celle de Claude Gellée, dit Claude Lorrain, sont incontestables sur la formation de l'*École Paysagiste* française du troisième quart du dix-neuvième siècle. Ce ne sont plus des combinaisons toutes de convention comme dans les paysages du dix-huitième siècle, mais bien l'interprétation de la nature, la serrant d'aussi près que possible, associant la nature et l'homme, le paysan et la terre, et large dans ses ensembles synthétiques, ses aspects grandioses. Cette *École des Maîtres de Fontainebleau* a produit des œuvres vraies, d'une grande liberté : l'art de l'avenir est créé, l'*École Naturaliste* est fondée par ceux-là mêmes qui eurent pour Maîtres les disciples de l'*École Néo-Romaine*.

### LES PEINTRES DE L'ÉCOLE FRANÇAISE MODERNE.

Revendiquant son droit à la doctrine du *Réalisme*, chaque *École* admet l'existence réelle des idées générales et des genres, s'applique à reconstituer exactement les faits, les personnages et les lieux, repousse tout ce qui est conventionnel ; ou bien encore, d'une franchise audacieuse, force, pour ainsi dire, la doctrine de la réalité dans toute représentation, sans aucune interprétation, reproduit, non ce qui est, mais ce qu'elle voit, sans se préoccuper de son choix.

Ces *Écoles* se réclament aussi du *Modernisme*, s'affranchissent des servitudes du passé, pour devenir expressives, naturalistes.

L'*École Impressionniste* est indépendante, anti-académique, proteste contre la tradition et la routine.

L'art en est robuste, la vision subtile et affinée, le métier puissant ; la réalité, d'un charme de vérité simple, semble, pour ainsi dire, vivante. Poétique et rurale, cette *École du Plein air* est observatrice, sincère et naturelle, sentimentale et mystique.

Le *Pointillisme* applique les méthodes analytiques de la science à l'étude de la nature, divise, juxtapose, orchestre les tons initiaux ; arrive, par le contraste simultané des couleurs, à rendre l'accord des ensembles, l'analogie des contrastes, et traduit la complexité des phénomènes lumineux.

Le *Caractérisme* est bref, libre et hardi ; l'observation, qui en est méthodique, surprend et éveille l'intérêt.

Consciencieux et observateur, le *caractériste* perçoit et rend ce qui doit être vu et retenu.

On peut appliquer le terme *Réaliste* aux interprètes fidèles de la nature, à ceux qui donnent à un paysage son juste accent et son vrai caractère, et ont le don d'une exécution large, primesautière, sans emphase, mais sans hésitation. En art, *Réalisme* se dit de la manière de peindre des artistes qui représentent ce qu'ils voient, abstraction faite de l'idéal.

L'*École Orientaliste* est réaliste dans ses études et ses impressions de voyage ; elle exprime avec hardiesse, exécute avec fermeté et justesse, netteté et sincérité, la décomposition et la décoloration des tons dans la lumière, leur mouvement et leur éclat ; et rend, avec observation et attention, clairvoyance et conscience, les visions fantastiques, les cités lunaires, les merveilleux caprices de rêves, les splendeurs exotiques.

La satire joviale et verveuse des *Humoristes* est bien française dans des œuvres de spirituelle et charmante fantaisie, compositions fines et bien observées, admirables de vérité.

L'*École Préraphaélique*, archaïque, toute de délicatesses déliquescentes ou de brutalités, emploie divers procédés. Les harmonies sont raffinées, l'expression des gestes juste, les images précieuses, musicales. Les qualités du style *Préraphaélique* sont d'un réalisme émotionnel, mais extrêmement minutieux. Ses adeptes sont doués de force et d'émotion dramatique, et maîtres en couleur passionnée et en poésie mystique.

L'influence des portraitistes anglais sur la peinture de la *Société nouvelle* a modifié quelques caractères; les images sont parfaites, les harmonies mystérieuses, le tout empreint d'un maniérisme qui plaît.

La dernière en date des *Écoles Françaises* est celle des *Post-Impressionnistes*, dont la caractéristique est la construction par masses ou plans, qualifiée à son début de peinture géométrique et synthétisée sous la désignation de *Cubisme*.

Classique ou Romantique, Naturaliste ou Réaliste, Impressionniste ou Éclectique, l'affirmation d'un caractère individuel prévaudra toujours contre les classifications conventionnelles, contre toutes les théories et toutes les *Écoles*.

La France est restée un terrain neutre qui relie et appelle à elle tous les éléments épars de l'art. Par des qualités particulières, telles que la grâce, une certaine entente de l'arrangement, de la précision, la clarté de la composition, l'exécution savante et la juste mesure qui les distinguent, ses artistes, pour le plus grand nombre, tiennent incontestablement le premier rang et exercent, sur les autres pays, une grande influence.

## APPENDICE AU TERME PORTRAITURE

Transcription de la *Lettre* de Nicolas Poussin au Père Nicaise, religieux de Dijon, datée de Rome le 18 février 1664. L'original se trouve au Département des Manuscrits de la Bibliothèque nationale, à Paris (*Voir* fig. 172, et pages 254 et 256).

**Monsieur**                    Le 18 fevrier. 1664. à Rome

J'ai tardé jusques a present a repondre a la vostre | du dernier janvier a cause d'un grand catarre qui m'est | tombe sur la poetrine qui mincommode fort. Je me | suis efforsé de vous faire ses deux lignes pour | ne vous pas tenir plus longtemps en doubte. | Il me deplayt beaucoup que je ne peux satisfaire | vostre curiosité parceque outre que je ne peux soufrir | l'incommodité de se faire portraire c'est que nous | n'avons ici outre les Italiens ni Etrangers personne qui ait | la pratique de faire resembler en peinture | et je conseille plustost de faire coppier l'un de | ceux qui sont a Paris qui ne me ressemble pas | mal et sont de ma main propre lors que je m'en servoi | encore passablement. L'un est Chez M$^r$ de Chantelou | Maîstre dostel ordinaire du Roy a La Rue St Thomas | du Louvre. L'autre Chez M$^r$ Serisier tout vis | a vis la porte St Mederic

Rue St Martin tous | les deux sont hommes faciles et courtois | qui ne vous refuseront pas cela. il se trouvera | a Paris plusieurs jeunes hommes qui copient | asses bien. Voila tout ce que je vous peux dire | sur ce sujet et me deplaist de vous estre inutile | et plain de bonne volonté, et serai jusque a ma | fin | monsieur | Vostre très humble et affectionné Serviteur | Le Poussin.

## APPENDICE AU TERME RESTAURATEUR

Consulter les notes relatives aux figures 8, 69, 108, 148, 185, 191, 213, et les termes : APPRÊT, ARTISONNÉ, CRASSE, CROUTE, DÉTREMPE, ÉCAILLAGE, EMBOIRE, EMBU, ENLÈVEMENT, GERÇURE, GLACIS, IMPRESSION, MAROUFLER, PANNEAU, RACCORDER, RAIES, RENTOILAGE, REPEINT, RÉSISTANCE, TREZALÉ.

Les tableaux sont endommagés par le froid et la chaleur\*, par l'humidité et le soleil, par les craquelures, les gerçures, les enlevures (fragments de peintures qui gonflent et se détachent), ainsi que par la litharge (effet désastreux produit par l'emploi de l'huile grasse dans les couleurs pour la confection des apprêts), et dans l'application de vernis fabriqués avec cet oxyde de plomb : les couleurs se ternissent, le tableau s'emboit.

Les œuvres des primitifs, peintes sur panneau, à l'œuf, avec fond et rehauts d'or, à l'huile, à l'huile et à l'œuf, et à la détrempe, s'artisonnent; sous l'action des influences atmosphériques, les bois se fendent suivant le fil, et occasionnent ce que l'on nomme des raies de bois.

Aux quatorzième, quinzième et seizième siècles, on a employé, pour fabriquer les panneaux de tableaux, du bois de Daniemarche, du bois d'Allemarck (Danemarck), variété du chêne, réputée incorruptible; du bois de cyprès, du bort d'Yllande ou bois d'Illande (bois d'Irlande).

Des artistes des Écoles Allemande, Flamande, Française, Hollandaise et Italienne ont peint de petits sujets sur vélin, ivoire, cire, verre, émail, marbre, albâtre et sur ardoise, réservant la toile, le bois, et même le cuivre pour des œuvres d'une certaine grandeur. — On s'est servi de bois de chêne, de cèdre, de sorbier, de peuplier, de châtaigner, de cyprès, de tilleul, selon le lieu d'origine où les tableaux ont été exécutés.

Le tilleul et autres bois tendres n'ont été en usage que chez les Allemands et les Italiens. Le châtaignier a été employé aussi par eux, et par quelques peintres Flamands. Les Hollandais et les Flamands, ainsi que les primitifs Français ont préféré les panneaux de chêne.

La ville d'Anvers avait le monopole de panneaux en chêne qui ont servi exclusivement aux peintres Flamands et Hollandais, et provenaient

---

\* Lors de notre dernier voyage d'études à Nuremberg, en août 1911, nous avons constaté que la chaleur causait de sérieux dommages aux Primitifs du Musée germanique; plusieurs panneaux, parmi les plus précieux, peints sur chêne, se fendillaient, et leur peinture se trezalait.

de la démolition des vieux vaisseaux, mis hors de service. Ces *shiff-brett*, bois de navires, portaient, pour en attester l'origine et la garantir, les armes de cette ville, marquées au fer rouge, tel un poinçon insculpé sur une pièce d'orfèvrerie..., il est vrai que, depuis, on en a fabriqué de faux.

Dans un prochain travail sur les tableaux, considérés en tant que valeur marchande (dont nous annonçons la publication page 325), nous donnerons tout un chapitre relatif à la conservation des tableaux anciens, et à la restauration de ceux qui n'ont pas été médicamentés et purgés, frictionnés, usés pour ainsi dire, puis repeints, travestis, défigurés, par des artistes-peintres improvisés restaurateurs.

Le talent du restaurateur consiste à réparer sans repeindre, et à ramener l'harmonie d'un tableau avec le moins de travail possible : et cela est si vrai que plus d'un amateur a accepté comme purs des tableaux restaurés, et parfois très malades. La restauration est un talent spécial, de nuances diverses, dont l'utilité ne peut être contestée que par ceux qui n'ont aucune espèce de notions sur cet art.

Tout tableau porte en soi des germes certains de destruction; le plus grand nombre ont souffert de la manière dont leurs auteurs ont exagéré l'emploi des siccatifs, ainsi que de l'incurie de leur palette, et des erreurs dans la manière dont ils préparaient les fonds.

Nous en citerons trois exemples, pris parmi des œuvres des quinzième, dix-huitième et dix-neuvième siècles.

Le polyptique de l'*Adoration de l'Agneau mystique* des frères van Eyck, que Philippe II fit copier par Michel Coxio, a dû subir de nombreuses restaurations (à commencer par celles de Lancelot Blondeel et Jean Schoorel), rendues indispensables par un emploi exagéré de siccatif pour accélérer le séchage. Il serait impossible de distinguer, sur les fractions éparpillées à Gand, Berlin et Bruxelles, en quoi a consisté la collaboration de Hubert et de Jean, si toutefois les nombreux repeints avaient laissé subsister quelques morceaux intacts.

Parmi les œuvres des Watteau, Boucher, Chardin, Fragonard, Greuze, etc., il en est qui ont dû être restaurées à cause du peu de soins que ces maîtres avaient de leur palette. En général, afin d'étendre plus facilement la couleur, ces peintres mettaient beaucoup trop d'huile grasse à leurs pinceaux.

Antoine Watteau en était coutumier : « il étoit dans l'habitude, dit Caylus, quand il reprenoit un tableau, de le frotter indifféremment d'huile grasse et de repeindre par-dessus. Cet avantage momentané a, par la suite, fait un tort considérable à ses tableaux; à quoi a encore beaucoup contribué une certaine malpropreté de pratique qui a dû faire tourner ses couleurs. Rarement il nettoioit sa palette et étoit souvent plusieurs jours sans la charger. Son pot d'huile grasse, dont il faisoit un si grand usage, étoit rempli d'ordure et de poussière et mêlé de toutes sortes de couleurs qui sortoient de ses pinceaux à mesure qu'il les y trempoit ».

On peut attribuer à cette négligence, et plus encore à l'usage de mauvais ingrédients, le lamentable état de quelques beaux morceaux, dont la peinture trézalée, rétrécie, forme d'innombrables petites rides; leur exécution trop hâtée, trop négligée, les a voués à une prompte détérioration.

De nombreux tableaux, principalement pendant le premier quart du dix-neuvième siècle, ont été préparés au bitume, qui a la propriété de s'oxygéner très rapidement à la surface. Une pellicule excessivement mince se forme et empêche l'oxydation de la couche profonde; le bitume, ainsi renfermé, ne peut jamais sécher.

De plus, quand le peintre recouvre cette surface toujours humide, avec une couleur dont la transformation en matière solide se fait rapidement, le bitume est emprisonné entre deux corps rigides, la couche de peinture qui est sur la toile, l'apprêt, et celle que l'artiste a posée. A chaque changement de température, l'enveloppe la plus faible, celle que le peintre a mise, cède sous les efforts du bitume qu'elle laisse passer par des craquelures qui ruinent les tableaux.

Peu de peintres ont su se résoudre à bannir ce corps liquide de leur palette, car le bitume est le véhicule le plus charmant qu'il y ait dans le métier; son état demi-pâteux fait que toute couleur placée dessus s'y incorpore en gardant son intensité dans son centre et en s'estompant sur les bords; aussi, plus de touches sèches. Mêlé aux couleurs il leur donne une grande harmonie, mais de peu de durée.

Le *Radeau de la Méduse* (voir fig. 42) est un triste exemple de son emploi; ce tableau, fortement endommagé, disparaîtra par écailles ou fragments, à moins qu'un enlevage, c'est-à-dire la séparation de la couleur d'avec la toile, permette de mettre à nu ses plaies et de leur enlever le virus qui les produit.

Note relative au terme CONTRE-ÉPREUVE. — Nous avons donné, fig. 12 et 199, deux exemples de *contre-épreuve*; les sujets sont donc représentés de gauche à droite, au lieu de droite à gauche.

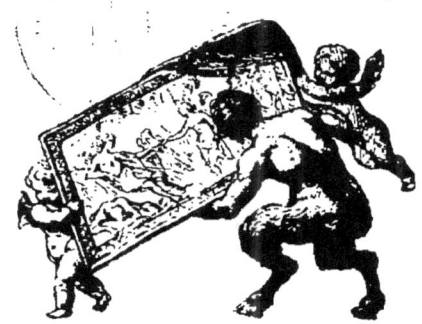

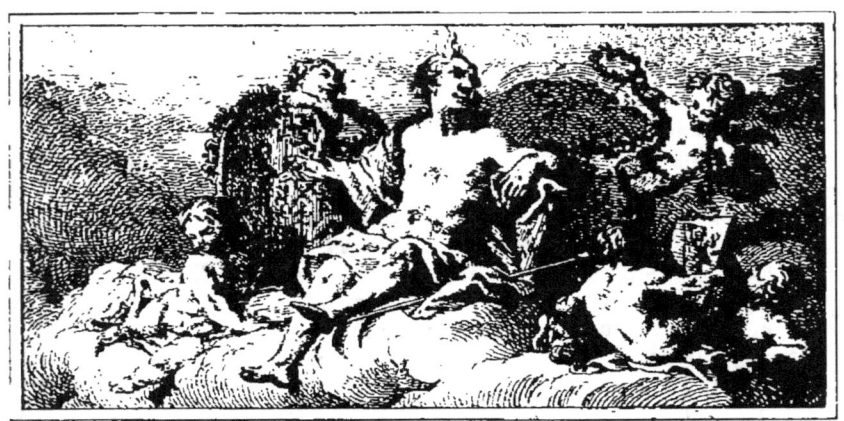

Fig. 219. — Le Génie des Arts du dessin.

## CE QUE CE VOLUME CONTIENT

Notre exposé sera d'une grande utilité pour quiconque s'intéresse aux croquis, esquisses, études, dessins, tableaux, pastels, etc.. . . . 7

### QUELQUES NOTES SUR LES DESSINS ET LES TABLEAUX.

C'est sur l'ensemble de ses ouvrages qu'il faut juger le mérite d'un peintre. . . . . . . . . . . . . . . . . . . . . . . . . . . . . 11

### QUALITÉS QUE DOIT POSSÉDER UN AMATEUR.

Amour de l'art. — Sentiment du beau. — Sensibilité vive et délicate. — Esprit fin et pénétrant. — Intelligence des parties essentielles de la peinture. — Raisonnement solide. — Méthode à suivre dans l'examen et l'étude d'un tableau . . . . . . . . . 16
Accord des couleurs et valeur du tout-ensemble. . . . . . . . . 17
Ce qui décide de l'effet d'un tableau . . . . . . . . . . . . . 18
Connaissance du sujet et Étude de la composition. . . . . . . . 18
Expressions de sentiment, Ordonnance. . . . . . . . . . . . . 19

### CE QUI APPARTIENT AU DESSIN ET AU COLORIS.

Artifice des groupes et règles de la perspective. — Proportions. — Appui. — Mouvement. — Attitudes. — Airs de tête. — Chairs. —

Draperies. — Extrémités. — Accord des couleurs entre elles. —
Visages. — Contours. — Intelligence des lumières et des ombres.
— Hardiesse et liberté de touches. . . . . . . . . . . . . . . . . 20
   L'Amateur doit s'agrandir avec le peintre. . . . . . . . . . . 22
   Ce qui distingue un amateur d'un connaisseur. . . . . . . . . 23
   Le tableau doit être jugé comme le livre. . . . . . . . . . . . 23
   Nomenclature des cinq cent quatre-vingt-seize termes analysés.
— Explications préliminaires. . . . . . . . . . . . . . . . . . 24 à 31
   Publications, Revues et Catalogues de ventes à consulter . . . . 32

DÉFINITION DE LA TECHNIQUE DES ARTISTES.

   Signification des cinq cent quatre-vingt-seize termes et application qu'il est d'usage d'en faire. . . . . . . . . . . . . . . . . 33 à 324

Appendice au terme ÉCOLES . . . . . . . . . . . . . . . . . . . 325
Appendice au terme PORTRAITURE. . . . . . . . . . . . . . . . . 333
Appendice au terme RESTAURATEUR . . . . . . . . . . . . . . . . 334
Appendice au terme CONTRE-ÉPREUVE. . . . . . . . . . . . . . . 336

---

   Noms des artistes dont nous avons choisi les œuvres pour servir à la rédaction de nos démonstrations par l'image, orthographiés suivant l'usage adopté en France, et classés par ordre alphabétique. (La numérotation qui les suit est celle des œuvres reproduites à titre documentaire.)

   N. DEL' ABBATE, 161. — ANGELICO, 48. — J. DE ARELLANO, 88. — C. AUDRAN, 218. — H.-B. GRÜN, 167. — J. DE BARBARI, 16. — G. BELLINI, 57. N.-P. BERGHEM, 215. — BIBBIENA, 197, 209. — J.-F. VAN BLOEMEN, 149. — ROSA BONHEUR, 89. — PÂRIS BORDONE, 168. — ANDRÉ BORNE, 56. — J. BOTH, 170. — S. BOTTICELLI, 45, 214. — F. BOUCHER, 58, 75, 99, 195. — A. CANALETTO, 144. — A. CARRACHE, 10. — P. DE CHAMPAIGNE, 128. — J.-B.-S. CHARDIN, 145, 199. — J.-B.-C. COROT, 18, 111, 112, 115, 157, 188. — G. COURBET, 68. — J. COUSIN, 124, 216. — N.-N. COYPEL, 9. — A. CUYP, 127. — C.-F. DAUBIGNY, 17, 106, 154. — H. DAUMIER, 43. — J.-L. DAVID, 41, 46. — A.-G. DECAMPS, 145. — F.-V.-E. DELACROIX, 156, 162, 194, 212, 220. — P. DELAROCHE, 95, 95 bis. — LE DOMINIQUIN, 121. M. DROLLING, 118. — J. DUPRÉ, 158. — A. DURER, 36, 50, 165, 169. — A. VAN DYCK, 40. — J. VAN EYCK, 61, 138. — G. FERRARI, 203. — J.-H. FRAGONARD, 200. — J. FYT, 137. — T. GAINSBOROUGH, 64. — CLAUDE GELLÉE, 65, 79, 80, 98, 101. — J.-L.-A.-T. GÉRICAULT, 42. — A.-L. GIRODET-TRIOSON, 54. — J. GLAUBER, 140. — J. VAN GOYEN, 104, 105. — J.-B. GREUZE, 76, 77, 78. — D. GRILLANDAJO, 52, 71. — F. HALS, le vieux, 163. — P.-A. Hennequin, 125. — H. Holbein, 97. — P. de Hooch, 123. — J.-A.-D. Ingres, 70. — E.-L.-G. Isabey, 195. — C.-E. Jacque, 164. — J. Jordaens, 94, 185. — A. van der Kaheb, 201, 201 bis. — J. de La Joue, 91, 135. — N. Lancret, 192. — N. de Largillière, 15. — Th. Lawrence, 175. — C. Le Brun, 13, 19, 159. — M. Le Nain, 186. — Léonard de Vinci, 35, 37, 108, 115, 182, 213. — J.-B. Leprince, 196. — Eustache Le Sueur, 72. — Fra F. Lippi, 116, 166. — B. Luini, 34. — A. Mantegna, 202. — Michel-Ange Buonarroti, 44, 51, 84, 85, 86, 211. — J.-F. Millet, 90, 198. — J.-B. Monnoyer, 189. — J.-M. Moreau, 139. — A. van Ostade, 59, 146. — G.-P. Panini, 66, 93, 210. — Il Pinturicchio, 92. — N. Poussin, 107, 109, 110, 150, 172, 173, 174. — P.-P. Prud'hon, 117. — Raphael Sanzio, 8, 14, 20, 32, 33, 58, 69, 87, 102, 160, 179, 180, 181, 184. — A.-G.-H. Regnault, 73. — Rembrandt, 39, 147. — Guido Reni, 114. — J. Reynolds, 136, 142. — J. de Ribera, 103. — Roberti, 6, 55. — S. Rosa, 141. — G.-B. Rosso, 55. — Th. Rousseau, 67, 155. — P.-P. Rubens, 11, 12, 21, 65, 82, 83, 177, 178, 190. — J.-I. van Ruisdael, 60, 130. — F. Snyders, 126. — J. Steen, 151. — D. Téniers, le jeune, 152, 153. — G.-B. Tiepolo, 119, 122. — Le Titien, 217. — L. Tocqué, 7. — J.-F. de Troy, 120. — C. Troyon, 81, 96, 208. — C. Tura, 171. — J.-M.-W. Turner, 62, 74. — C.-J. Vernet, 129. — Paul Veronèse, 47, 100. — J.-A. Watteau, 25, 183.

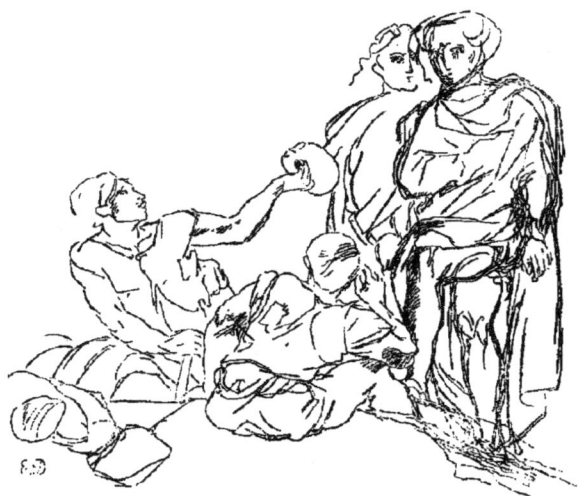

Fig. 220. — Ferdinand-Victor-Eugène Delacroix (1798 † 1863). Première *pensée* pour son tableau « Hamlet ». (*V.* page 236).

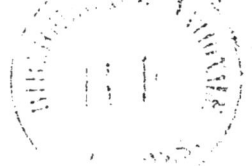

ACHEVÉ D'IMPRIMER A PARIS
LE XXVII OCTOBRE MCMXI
EN LA MAISON LAHURE

— LEGENDA AUREA —
## LA LÉGENDE DORÉE DE JACQUES DE VORAGINE
*Nouvellement traduite en français*
PAR
### L'ABBÉ J.-B.-M. ROZE
*Avec notice, notes et recherches sur les sources par Édouard Rouveyre.*
Trois volumes in-8° carré, ensemble 1720 pages............ ÉPUISÉ.

## FEUILLETS, MANUSCRITS ET CARNETS INÉDITS
DE
## LÉONARD DE VINCI
**Publiés par Édouard Rouveyre**

D'après les originaux conservés à la Bibliothèque royale du Château de Windsor, au British Museum et au South Kensington Museum, à Londres.

**ÉTUDES ANATOMIQUES. — SCIENCES PHYSICO-MATHÉMATIQUES
PROBLÈMES DE GÉOMÉTRIE ET D'HYDRAULIQUE**

Ensemble 29 volumes in-folio et in-4°.

*Publication honorée de la souscription
du Ministère de l'Instruction publique et des Beaux-Arts.*

## CONNAISSANCES NÉCESSAIRES AUX BIBLIOPHILES
*Accompagné de notes critiques et de documents bibliographiques*
**Recueillis et publiés par Édouard Rouveyre**
Dix volumes in-8° carré (14 × 22,5), illustrés de 1800 figures........ ÉPUISÉ.

*Publication honorée de la souscription
du Ministère de l'Instruction publique et des Beaux-Arts.*

DERNIÈRE PUBLICATION, PARUE EN AVRIL 1911
## CINQ CENT SOIXANTE RECETTES ET PROCÉDÉS
**Pratiques et Expérimentés**

Conservation, Nettoyage, Réparation des Meubles, Objets divers, Bibelots, Bois.
Argent, Bronze, Cuivre, Laque, Terre cuite, Albâtre, Marbre,
Faïences et Porcelaines, Statuettes, Étoffes, Tapisseries, Galons, etc.
Composition des Couleurs et Vernis, Entretien, Réparation des Murs, des Parquets,
Hygiène des Habitations et Désinfection des Appartements.

Un volume in-8° de 300 pages................. Prix. **3 fr. 50**

### L. ROGER-MILÈS et ED. ROUVEYRE

## Comment devenir Connaisseur
# Meubles et Objets d'Art

Accompagné de 1.337 reproductions documentaires dans le texte et hors-texte.
Un volume in-4° broché.... **25 fr.** | Un volume reliure amateur... **32 fr.**

IMP. LAHURE

www.ingramcontent.com/pod-product-compliance
Lightning Source LLC
Chambersburg PA
CBHW052239220526
45471CB00001B/109